“十二五”普通高等教育规划教材

市场调研与预测

Market Research and Forecast

冯花兰 编著

中国铁道出版社

图书在版编目（CIP）数据

市场调研与预测 / 冯花兰编著 .—北京：中国铁道出版社，2013.2（2017.1重印）
“十二五”普通高等教育规划教材
ISBN 978-7-113-15717-3

Ⅰ.①市…　Ⅱ.①冯…　Ⅲ.①市场调研—高等学校—教材②市场预测—高等学校—教材　Ⅳ.①F713.5

中国版本图书馆 CIP 数据核字（2012）第 281514 号

书　　名：“十二五”普通高等教育规划教材
　　　　　市场调研与预测
作　　者：冯花兰　编著

策　　划：夏　伟
责任编辑：夏　伟　贾淑媛
封面设计：刘　颖
责任校对：张玉华
责任印制：李　佳

出版发行：中国铁道出版社（100054，北京市西城区右安门西街 8 号）
网　　址：http://www.51eds.com
印　　刷：北京明恒达印务有限公司
版　　次：2013 年 2 月第 1 版　　2017 年 1 月第 3 次印刷
开　　本：787 mm×1 092 mm　1/16　印张：19.5　字数：499 千
印　　数：4 001 ～ 6 000 册
书　　号：ISBN 978-7-113-15717-3
定　　价：46.00 元

“十二五”普通高等教育规划教材
编审委员会

任　慧	内蒙古工业大学	国际商学院党委书记
单昭祥	广东海洋大学寸金学院	会计系主任
盛洪昌	长春大学	经济学院院长
孙国学	赤峰学院	经济与管理学院副院长
王庆生	天津商业大学	商学院副院长
王全在	内蒙古财经大学	会计学院院长
王信东	北京信息科技大学	经济管理学院教授
王　燕	佳木斯大学	经济管理学院副院长
吴中元	天津工业大学	管理学院院长
肖　强	天津工业大学	人文与法学院院长
徐德岭	天津师范大学	经济学院副院长
张国旺	天津商业大学	商学院教授
张　璞	内蒙古科技大学	经济管理学院院长
张　庆	湖北经济学院	会计学院财务管理系主任
张议元	廊坊师范学院	管理学院副院长
赵中利	山东交通学院	管理学院院长
朱春红	天津工业大学	经济学院院长

前言

当前，新技术发展日新月异，产品更新换代快如奔马，我国各类企业处在激烈的市场竞争之中，面临着来自国内外同行多方面的竞争和挑战，企业经营管理和各类业务人员必须注意研究和揭示市场运行的规律，把握和预测市场的未来，才能使企业在激烈的市场竞争中生存、发展、创新并壮大。为此作者根据多年对市场的关注和研究结果，以及长期的教学经验和体会编著了这本《市场调研与预测》。

本教材具有很强的新颖性，主要表现在三个非常重要的创新：第一，提供了调研内容的确定与调研方式的选择依据，为学生在众多调研内容、各种适用于不同情况的调研方式中进行准确选择提供了明确的思路。第二，强化了市场调研预测理论与方法在学生自身中的运用，尤其是在学生职业规划中的运用，能够大大提高学生的学习积极性。这一点主要体现在案例、实训题以及建议实行的“以学生的职业规划为题的实训型考试方式”之中。第三，增加了市场调研报告的编写、市场调研报告和预测报告的规范性模板。以上三点创新填补了目前我国同类教材在这几方面的空白。

本教材也具有很强的适用性，主要体现在三个方面：第一，针对部分章节的应用性内容，提供了促进学生运用市场调研与预测的方式进行实际操作的实训题；第二，调研报告和预测报告的规范性模板为学生或企业调研人员撰写市场调研报告或市场预测报告提供了科学的参考；第三，调研和预测方法的阐述非常具体详细，可操作性很强。

全书由天津商业大学冯花兰老师设计结构并编写。

本书为教育部第四批高等学校特色专业建设点（项目编号 TS11267）天津商业大学金融学国家特色专业建设成果之一，同时也是天津市高等学校“十二五”综合投资规划金融学品牌专业建设成果和高等学校“专业综合改革试点”项目建设成果。

本书是在作者多年的教研经验和对市场研究的体会的基础上完成的，但仍可能存在许多不足之处，敬请各位同仁、读者以及市场研究人士批评指正。

本书在编写过程中参考了国内外有关研究成果和文献，虽然已尽可能地列入参考文献中，但难免有所遗漏，对于遗漏文献之作者在此表示深深的歉意与衷心感谢！

衷心感谢中国铁道出版社，特别是夏伟主任与编辑贾淑媛老师的支持与帮助！

衷心感谢各位同事，特别是黄聚河与高微老师的支持与帮助！

冯花兰

教学建议

课程简介

市场调研与预测是建立在经济科学、现代管理理论基础之上的应用学科，是与经济学、数理统计学、消费心理学、社会学、管理学、公共关系学等学科密切结合的一门综合性、边缘性、实践性的经济管理学科。它是市场营销专业和工商管理专业的专业主干课程，也是经济学、会计学、旅游管理等专业的比较重要的专业课程。本课程的任务是帮助学生了解和掌握市场调研与预测的基本原理与应用方法，为今后更好地解决市场调研与预测的实际问题奠定扎实的理论基础和技能基础。

选课建议

本课程适合管理学类和经济学类等专业学生在先修课程（相关的经济学、数理统计学、消费者行为学、市场营销学等课程）基础上，进一步提高市场调研与预测的实践能力和综合能力所用。

课程任务和教学目标

通过本课程的学习，使学生充分认识到科学的市场调研与预测对现代企业或其他组织的重大作用，掌握本学科的基本概念和理论，明晰市场调研与预测的整个操作流程。通过市场调研与预测实务、案例分析、实际调研、调研数据的分析与处理、调研报告的撰写和市场预测实践的操作等，培养学生发现、分析和解决问题的基本技能，提高学生的创新能力，为后续课程的学习奠定牢固的基础。

教学内容、学习要点及课时安排

教学内容	学习要点	课时安排	
		必修课	选修课
第一章　市场调研导论	(1)了解市场调研的发展历史与类型 (2)充分认识市场调研对企业、个人以及各种非盈利性组织机构的重要作用 (3)掌握进行市场调研应该遵循的原则与市场调研的应用步骤	2	1
第二章　市场调研策划	(1)了解市场调研组织 (2)掌握市场调研策划方案的内容 (3)掌握市场调研策划书模板及编写技巧	3	2

续表

教学内容	学习要点	课时安排	
		必修课	选修课
第三章　市场调研内容及其确定	(1)了解市场宏观环境调研、市场供求状况调研、市场竞争状况调研、市场营销实务调研等内容 (2)掌握确定市场调研内容的依据 (3)恰当地确定市场调研的内容	4	3
第四章　市场调研问卷的设计	(1)明确设计市场调研问卷必须遵循的原则 (2)了解市场调研问卷结构的设计 (3)掌握市场调研问卷设计的程序、设计市场调研问卷必须注意的问题 (4)学会实际的市场调研问卷的设计	4	3
第五章　市场调研方式及其选择	(1)了解市场普查、重点调查与典型调查以及固定样本持续调查方式等调研方式 (2)掌握市场抽样调查方式的各种技巧 (3)学会市场调研方式的选择，恰当地选择具体的市场调研方式	5	4
第六章　市场调研方法及其选择	(1)了解文案调研法 (2)掌握市场访问调研法、市场观察调研法、实验调研法、网络调研法等市场调研方法的技巧 (3)学会市场调研方法的选择，恰当地选择具体的市场调研方法	6	4
第七章　市场调研资料的处理与调研报告的撰写	(1)了解市场调研资料的整理与分析方法 (2)掌握市场调研报告的撰写技巧 (3)学会运用市场调研报告的规范性模板撰写具体的市场调研报告	4	2
第八章　市场预测导论	(1)了解市场预测的作用、市场预测的种类与内容 (2)掌握市场预测的程序	2	1
第九章　定性分析预测法	(1)了解联测法和扩散指数法 (2)掌握集合意见法、德尔菲法和类比法等市场预测方法的运用	4	3
第十章　时间序列分析预测法	(1)了解简易平均法、三次曲线趋势法和戈珀资曲线趋势法 (2)掌握移动平均法、指数平滑法、季节指数法、直线趋势法、二次曲线趋势法的运用技巧	5	3
第十一章　市场因果分析预测法	(1)了解非线性回归分析预测法与计量经济预测法 (2)掌握市场因果分析预测法的应用条件 (3)掌握线性回归分析预测法的运用	4	2
第十二章　市场预测方法的选择与市场预测报告规范性模板	(1)掌握市场预测方法的选择技巧 (2)掌握市场预测报告的编写方法 (3)学会运用市场预测报告的规范性模板编写具体的市场预测报告	3	2
实训	随着课程理论的学习深入，应用市场调研与预测的操作技巧进行市场调研与预测方法运用的实训	10	6
课时总计		56	36

目录

市场调研与预测
Market Research and Forecast
Contents

第一章　市场调研导论

擦亮你心中的灯塔

著名日化企业A公司为了重整它的洁牙用品市场，举行了一场沸沸扬扬的广告比稿。最后，这家企业选择M广告公司提交的以“全新铝塑包装”为销售说辞的创意方案，而回绝了另一家公司“Q成分快效洁牙”的诉求策略。

现实中大多数企业就是跟着感觉走。A公司当时就是这样做的。A公司的总裁认为，铝塑包装生产线不仅是当地政府重点投资的技改项目，企业需要有个公开的交待，而且“全新铝塑包装”是该洁牙用品项目最突出的进步，消费者最应感到耳目一新。于是，这位企业家从一开始就在心中认定，这一卖点是该产品唯一正确的广告策略。很显然，我们从中能轻松看清，行销决策中“跟着感觉走”的做法，会天然地使广告运动患上生产导向思维的毒瘤，烂策略的出现也就成为一种必然。

不过，那些对先进行销技术有认知的人会给我们另一种答案：做市场调研。

当然M广告公司信誓旦旦地说，在向A公司提交方案之前也做过样本量颇大的市场调研。M公司在A公司所在的城市选择了2 000个家庭样本，有超过43%的家庭知道A公司上马铝塑生产线，而且对A公司走出困境充满信心。于是这个貌似专业的M广告公司居然以此认定：“全新铝塑包装”是这个洁牙产品最有力的销售说辞和广告诉求策略。

这里，我们看到了以“市场调研”作为幌子的两种后果。

一种后果是市场调研被当成了绘画工具，调研结果成了“画家”想要的那幅画。M广告公司和A公司同处一个城市，相关负责人又有紧密的关系。M广告公司的老总当然知道A公司总裁和当地政府想要什么样的风景，难免用市场调研这个工具来画出一幅投其所好的图幅。这做法就如同不公正的法官先给一个人定罪名再去网罗罪证一样。

另一种后果，即退一步来说，如果我们以最善意的姿态去评估M广告公司的市场调研，假设他们真的虔诚地对待了市场调研这个“灯塔”，那调研结果也就折射出另一类普遍存在的现象。这一现象的共同特点便是，市场调研被当成了一面简单的镜子，调研的结果只不过是影像的直观反射，而不是对事物本质的准确揭示和把握。此时，我们确实不能说M广告公司对A公司所在城市的家庭样本所得的调研数据不是事实，但谁都知道，那些表面上的事实不仅没有帮A公司揭示出本质性的认知，反而严重地误导了他们从根本上去把握洁牙产品的消费心理特征。

（本文由作者根据网络相关资料改写，原文见：http://www.m448.com）

这个案例中的M广告公司在市场调研方面犯了什么致命的错误？进行市场调研怎样才能够不犯严重错误呢？为了回答这些问题，让我们来学习和掌握这一章的内容。

第一节　市场调研的发展简史

市场调研是随着近代商品生产和商品交换的发展而出现的。要了解市场调研的发展历史，我们需要首先了解市场调研的含义。对于市场调研的含义，由于对它们进行定义的角度和侧重点的不同，国内外许多专家、学者、各类组织和从业人员有着不同的见解和说法。

一、市场调研的含义

（一）调研的含义

调研是调查与研究的简称。从字面来看，“调”乃“言”与“周”，就是广泛地听取大家的意见；“查”乃“杳 ”与“一”，可以说是有效信息离我们很远，我们要寻找一种方法，使其展现在决策者面前。这是一种拆字法，但也充分说明了调查的含义。当然更科学的说法应该是《现代汉语词典》的解释：为了了解情况进行考察（多指到现场）。

（二）市场调研的含义

对于市场调研这一概念，国内外有各种各样的定义。但比较普遍的观点是从企业市场营销的角度来研究市场，并把这一概念从狭义和广义加以区分。

狭义的市场调研：是指以可能购买（或购买）商品、消费商品的个人或企业、团体为对象，旨在探讨商品购买、消费的动机和行为等问题所进行的调查研究。

广义的市场调研：就是指运用科学的方法，有目的地、有系统地搜集、记录、整理有关市场营销信息和资料，分析市场情况，了解市场的现状及其发展趋势，为市场预测和营销决策提供客观的、全面的数据资料。

我们常说的市场调研是指上述广义的市场调研。

国外一些学者和组织也对市场调研给出了他们的定义。

市场营销学鼻祖菲利普·科特勒将市场调研定义为：市场调研是系统地设计、收集、分析和报告与公司所面临的具体市场形势有关的数据和发现的过程。

美国市场营销协会将市场调研定义为：一种借助信息把消费者、顾客及公共部门和市场联系起来的特定活动——这些信息用以识别和界定市场营销的机会和问题，产生、改进和评价营销活动，监控营销绩效，增进对营销过程的理解。

国际商会/欧洲民意和市场研究协会（ICC/ESOMAR）在关于市场和社会研究的国际准则中，给出了市场调研的定义：市场营销调研是市场信息领域中的一个关键元素。它把消费者、顾客、公众与商家通过信息的形式联系在一起。这些信息用于判断市场营销中的机会和问题；制定、改进和评估营销活动；加深对营销过程的理解。

二、市场调研活动的产生和发展

市场调研是伴随着商品生产和商品交换的发展而逐步形成的，商品的流通和市场经济的发展是市场调研产生和发展的根本动力。商品经济产生以前，由于技术落后，人们靠家庭作坊和落后的手工艺制作用品，仅能提供自己或周围人的需要，形不成商品和市场。所以，那时不需要调研活动。但是随着科技的发展、人类的进步，商品的交换和流通逐渐兴起，市场逐渐形成。此时一些精明的商人开始注意调研收集市场情报，为企业的经营决策提供帮助。而大规模的市场调研活动的开展，是伴随近代商品的大规模生产而出现的。

西方国家 17 世纪的工业革命，使世界经济得到了极大的发展，市场规模也随之扩大。在市场经济条件下，生产与消费必须相互配合，产品必须符合顾客的要求。为此，商家必须要了解消费者的需求、爱好、购买能力、购买行为等，才能生产和销售对路的商品，市场调研正是迎合了这一要求而出现的。这时，市场调研开始广泛展开。

据文献记载，最早的大规模调研来源于 1824 年 8 月美国的一场对总统当选选票的调研，这是由美国一家报纸开展的。同年不久，另一家报纸也进行了类似的一次民意调研。而真正为市场营销决策做的调研，则是 1879 年由一个广告代理商为了给农业设备制造商制定广告安排，而对当地农产品产量的收获水平做的一次市场调研和预测。专门的学者进入这个领域则是在 1895 年，美国明尼苏达大学的一名心理学教授用邮寄问卷调研法进行的调研，当时的问卷回收率仅为 10%(参见：魏炳麒，薛伟业．市场调研与预测[M]．大连：东北财经大学出版社，2003)。

20 世纪初，经济危机促使人们注意市场的力量。当时由于企业采取的科学管理手段，大大增加了生产效率，使产量迅速增加，而产品的销售则成了企业经营中的突出问题。此时企业开始重视对市场的深入调研。

同期，在学术界，市场调研作为一门学科也开始逐渐形成。市场调研的基本观念和理论也随之出现。1905 年，美宾州大学首先开设了有关市场调研与预测的课程“产品的销售”。

1911 年，美国柯迪斯出版公司成立了第一个专业市场调研机构——商业调查部，该部门经理帕林(Charles Peorlin)调研了美国 100 多个主要城市的人口、资源、风俗习惯等，于 1919 年著有《销售机会》一书，这是第一本关于市场调研研究的专著。此书对广大读者、企业人员及政府等，都极有参考价值。在此期间哈佛商业学院建立了商务调查所。西北商业学校也于 1918 年建立了商务调研所。许多调研统计方法也开始创建起来，如市场普查、市场抽样调研和回归分析方法等。

20 世纪 30 年代是市场调研发展的很重要的时期，美国市场营销协会宣告成立，并于 1937 年资助出版了《市场调研技术》等书籍，对市场调研这门学科的形成和发展作了重要的阐述。特别是从 1929 年开始的大萧条后，人们对运用问卷调研这种工具的兴趣越来越浓了。

20 世纪 40 年代以后，市场普查使得人们开始在市场调研中广泛应用统计分析手段。但是大范围、长期调查研究大量数据的统计和分析碰到了计算上的障碍。

1946 年计算机的诞生，促进了市场调研的研究和应用。逐步解决了大范围和中长期调查研究数据的统计、分析和推论问题，有利地促进了该学科的发展和应用。第二次世界大战后，市场调研作为一种应用科学被全世界广泛地接受，尤其是实验设计、民意测验、人为因素调研等逐步被调研者使用。那些在战争中被认为在处理情报方面行之有效的方法，如随机抽样、心理测试等方法也进入了这个领域。至 1948 年全美已有两百多家专门从事市场调研的公司。

20 世纪 50 年代，市场调研学科进入大发展阶段。很多大专院校把市场调研作为重要课程，有关市场调研的书籍、教材、报纸、杂志得到大量的出版发行。

进入 20 世纪 70 年代，随着科学技术的进步和发展，新的观念、技术、方法不断应用于市场调研，其理论、方法、技术越来越系统化、实用化。

20世纪80年代后，计算机技术的广泛运用及信息技术的出现和普及，使得市场调研成为企业及其他组织，或个人事业发展及生活质量提高的一种极为有效的工具。

至今，开展市场调研在发达国家已成为各类企业经营活动的共识，成为其科学决策的依据，企业的市场调研也日益规范。

三、我国市场调研的起步和发展

我国改革开放前，在计划经济下，企业的生产经营由国家统一安排，企业无须进行市场调研，所以企业的市场调研活动几乎为零。一些由城市调研队等政府所属机构进行的调研活动，也更多地表现为行政指令下进行的带有统计特征的资料收集、汇总、分析工作，其功能一般只局限于为政府提供某些信息资料。

随着20世纪70年代末80年代初我国的改革开放，社会主义市场经济的兴起和发展，我国的各类企业和学术界都开始了市场调研研究活动。1984年，在北京诞生了第一家私营的市场调研机构——社会调查中心。1986年，北京社会调查所(后改为中国市场调研所)首次公布一项民意调研结果。1988年，第一家私营公司制的调研机构——华南市场研究公司在广州成立。随后，20世纪90年代初，我国民办的专业市场调研机构纷纷成立，专业的调研公司大量涌现，并逐步形成行业规模。

1993年，全球知名的民意测验和商业调研/咨询公司——盖洛普，在北京成立了盖洛普(中国)有限公司。盖洛普(中国)拥有全国50多个城市和部分农村地区的消费者抽样框，能精确地进行各种全国或地区性的消费者调研。自1994年起，其持续进行的两年一度的全国消费者生活方式和态度调研，用数据准确而生动地描述了中国社会和经济生活的深刻变化。

1994年，全球最大的调研公司AC尼尔森公司也来到了中国。上海AC尼尔森市场研究公司在中国主要提供三大市场研究服务：零售研究，研究覆盖全国主要城市和城镇的70多类非耐用消费品；专项研究，包括一些独创的研究工具，如预测新产品销售量的BASES、顾客满意度研究(Customere QTM)、测量品牌资产的优胜品牌(Winning Bran MsTM)以及广告测试服务，最近推出了在线研究服务。其提供的电视收视率数据和报刊广告费用监测已成为媒体和广告行业的通用指标。其研究范围覆盖了全国超过75%的广告市场。

这一时期，不少外资调研机构进入我国，建立了一些独资或合资的市场调研公司。这些公司有着强大的业务实力和规范的操作理念，所以在中国的市场调研业，特别是高端业务方面占据了巨大的优势。

2001年，我国成立了全国市场研究行业协会。目前在中国市场上比较规范的大部分市场调研机构都是它的会员。该组织注重行业法律、规章的规范，行业内部企业之间的协作，以及客户的支持和配合，为我国市场调研行业的规范化发展起到了重大的引导和推动作用。同时，它还积极发展与国际调研业的联系，特别是同欧洲民意与市场研究协会(ESOMAR)、美国市场调研协会(AMA)和世界民意调研协会(WAPORR)的联系(参见：郑丹，孙更杰．市场调研实务[M]．北京：中国对外贸易出版社，2002．)。

2004年为了全面掌握我国第二产业、第三产业的发展规模、结构和效益等情况，建立健全基本单位名录库及其数据库系统，为研究制定国民经济和社会发展规划，提高决策和管理水平奠定基础，我国政府组织实施了第一次全国经济普查，其普查对象是在我国境内从事第二产业、第三产业活动的全部法人单位、产业活动单位和个体经营户。这次普查，以其规模大、范围广、调研内容丰富，为国内外统计界所罕见，备受中国社会各界及国际社会的关注。这次规模浩大的经济调研活动，标志着我国市场调研和经济行业日渐成熟。

在《全国经济普查条例》中还规定，以后经济普查每5年进行一次，标准时点为普查年份的12月31日。这说明我国的市场调研和经济调研，日渐正规化、程序化，即更加成熟。也证明了我国经济领域的各个方面，无论是企业、政府、还是个人，都离不开市场调研。

近十年来，随着网络技术在我国的普及，专业的问卷调研网站以及在线问卷调研平台相继成立。标志着我国市场调研行业已经到达了国际先进水平。

总之，相对于发达国家来说，我国的市场调研业虽然起步晚，但由于企业经营、政府决策、市场发展都迫切需要调查研究的支持，从而形成了巨大的市场调研需求，这为市场调研公司及整个行业的发展提供了契机。不仅专业调研机构、调研网站，而且各类企业也在自身从事的调研活动中得到锻炼，使得一般企业和调研公司的调查研究水平随着市场的发展而升华和提高。目前，我国市场调研业已很快成长为极具活力的一个行业，各类专业市场调研机构，从事着各个行业或综合性的市场调研。而许许多多的各类企业，从自身的市场调研实力和企业所需出发，都在不同程度上开展大大小小的市场调研活动，使我国的市场调研业更加兴旺。

四、我国市场调研研究业的特点

(一) 市场区隔日益明显

我国市场研究的需求基本可以分为以下四类：

(1)外资成熟客户。我国市场调研研究业的外资成熟客户一般有较为稳定的预算，对数据采集质量关注程度极高，价格敏感度较低。这类市场主要来自于巨型和历史悠久的跨国公司，个数不多，却是目前需求的中坚力量，也是推动市场研究专业技术和服务质量水平发展和提高的最主要力量。外贸成熟客户也是外资供应商的首选市场，并占有“海外关系”的优势。

(2)本土成熟客户。本土成熟客户一般也有较为稳定的预算，但这类客户价格敏感度中等。这类市场主要来自于本土巨型企业或上市公司，如中国移动、中石化、万科、长虹等，是需求增长的主要动力，也是推动有中国特色市场研究服务和技术发展的主要力量。

(3)一般外资客户和本土新兴客户。这两类客户对市场研究的使用不太稳定，策略性和市场/竞争摸底式研究类型使用比较多，而且，这类企业相对于成熟客户而言，规模相对较小，市场关注点通常比较区域性或集中在几个城市。

以上主要需求的划分，明显不同于早期以合资厂商、中国香港市场研究公司和海外市场研究公司发包业务的构成，可见，“内需”已经主导了目前需求结构。从全国范围看，华东地区需求侧重于外资客户，得益于上海国际大都市和区域性总部城市的地位；华北和华南的一条龙研究业务则更侧重于本土客户。

(二)国际性公司、综合性本土公司共存

国际性公司拥有国际品牌、强有力的技术支持和管理优势，许多借助海外服务的联系，在成熟外资客户中占有明显优势。

本土综合性市场研究公司以价格为最大优势，其次是专注的服务，所以较适合技术含量相对较低，量身定做要求很强的需求，对一般外资客户，特别是新兴本土客户有较大吸引力。在运作和服务达标的情况下，通常也为成熟客户所接受。

(三)数据采集方法丰富多样

我国市场研究业的数据采集方法是丰富多样的。入户访问、街头访问、电话访问、计算机

辅助电话访问(CATI)、神秘顾客、计算机辅助面访(CAPI)等已经开始百花齐放,各司其职了。但以互联网为基础的研究方法,似乎远不如互联网本身发展迅速。

(四)人才短缺问题严重

目前,我国市场调研研究业人才短缺问题比较严重,主要原因是:

第一,调研行业作为一个智力密集型行业,创业门槛较低,高层人才不断外流自我创业,导致高层技术和客户服务人才短缺。这严重牵制了本土企业规模的壮大;第二,调研行业仍然是一个相当辛苦的行业,流失率很高。

我国市场调研行业的市场区隔特点已经显现,竞争格局也非常明显,技术普及和多样化已经发展到一定水平,但本土技术创新仍需加倍的智慧和努力。人才规模已经扩大,但短缺现象依旧严重,这就是中国市场调研研究业的现状。

第二节　市场调研的作用

任何组织和个人在做出任何决策时都需要进行调研,企业的主要目的是盈利,所以市场调研在企业进行经营决策时尤其必要和重要。随着我国市场经济体制的逐步完善,不论从加强国家宏观调控,还是从发挥企业自主经营的作用来说,经济管理部门和各类企业都必须了解市场动态,掌握市场供求变化的规律。只有重视市场调研,才能在工作上取得主动权。社会和政府团体同样需要利用市场调研来把握公众舆论,并将之作为制定政策或测试宣传活动成功性的因素。

一、为确定或调整企业发展方向奠定基础

从企业宏观上来看,通过市场调研,了解市场总的供求情况,据以确定或调整企业的发展方向。

一个投资者或投资机构在决定投资什么行业、什么企业或什么产品时,绝对不可能盲目地做出决策,他必须首先对整个宏观环境和微观市场环境进行多方面的、细致的调研,只有在这种调研的基础上做出的投资决策才可能使投资风险到达最低。比如他要加入一个新行业,他就需要进行市场调研,要是市场看好就加入,要是市场不看好,那说明这个行业并不被多数人认可,如果他要强行进入,那么风险就很大。

同样,一个企业在调整其发展方向时也必须对它所处的市场状况进行充分的调研,了解市场供求。市场供求是由商品可供量和购买力组成的,了解商品可供量可通过对工农业生产、商品库存、进口和商品货源的调研进行;了解商品需求量与需求构成,可通过对购买力、人口、消费水平、消费构成及诸种影响因素与影响程度的调研进行。调整企业发展方向时还必须通过市场调研了解竞争对手的战略与策略。

总之,通过市场调研,企业可根据市场情况和企业自身的实际情况,决定企业的发展方向。

二、为企业准确的市场定位服务

在当今越来越激烈的市场竞争中,企业要生存发展、要做大做强就必须进行准确的市场定位。通过市场调研,企业可以进行正确的市场定位并按照消费者的需要组织生产和销售。

企业的发展方向确定以后,还要根据企业自身的经营资源和经营能力以及市场需求和营销环境,来决定企业正确的目标市场,并具体确定生产计划,安排商品的数量、质量、品种。消费者的需求是多种多样的,而且会随着有关因素的变化而变化。企业只有通过市场调研,才能

了解和掌握消费者的需求变化情况，以进行正确的市场定位，并按照消费者的需求（包括潜在需求）来组织生产和销售，顺利地完成商品从生产到消费的转移，使商品的价值和使用价值得以实现，使企业获取更大的经济效益。

三、可以发现市场机会并促使企业开发新产品

企业为了在竞争中处于主动的地位，必须不断地寻找新的经济增长点。随着科学技术的进步，新技术、新工艺不断涌现，新产品研制不断成功上市。企业只有通过市场调研，分析产品处在市场寿命周期的哪个阶段上，并分析市场空缺，才能确定在什么时候开发研制、生产、销售新产品，以满足消费者的需求，把握市场机会，使企业在市场竞争中处于不败之地。

企业需要不断开发新产品，而新产品开发能否成功同样在很大程度上取决于市场调研。企业开发了一个新产品要向市场投入时，它并不知道消费者是否能接受该产品，也不知道在消费者心目中该产品的缺陷，所以在投放之前，它需要进行调研，看看消费者对这方面的看法。要是消费者很满意，没有意见，那么说明它的产品在市场上具备投入的条件。要是有意见，则它可以收集意见，从而进行改善。在这方面福特汽车公司就做得非常好。福特汽车公司开办了一个汽车市场调研诊所，对自己的新车型设计进行检验。其邀请客户在预定的路线上驾驶新汽车的原型，同时，派一位经过训练的调研人员坐在驾驶人员的旁边，记录驾驶员对汽车的全部反应。驾驶结束以后，给每一位参与者一份长达六页的调研问卷，询问参与者对汽车每一部分优缺点的评价。通过参与者提供的信息，福特汽车公司就可以了解到消费者对其新车型的反应，然后做出适当的改进，使之更受目标消费者的欢迎。

四、可以充分发挥广告促销的作用

当今世界，广告无处不在，无时没有，然而有的广告让我们终身难忘，而有的广告却让人视而不见。究其原因就在于，有的广告不仅能够充分吸引人们的注意力，更使人们有一种艺术上的享受，而有的广告却是万分枯燥乏味的。为什么会具有如此大的差别呢？这就是有无市场调研或市场调研成功与否的区别。成功的市场调研，可以使企业了解到采用哪种广告媒体最适合宣传自己的商品，了解到什么样的广告最能够吸引目标受众的注意力，从而选择恰当的广告媒体，设计完美的广告策划，以达到更好的广告效果，促进商品的销售，树立良好的产品和企业形象。

五、为市场预测奠定基础

从市场调研的研究内容和结果来看，它是对历史和现实市场行为的了解、认识和研究。市场预测是基于历史和当前的调研资料，对市场的未来发展情况进行的估计和判断。所以，市场调研是市场预测的依据和基础，也就是说在市场预测之前，一般先要进行市场调研。

虽然市场预测也可在某种假设的情况下进行研究，并得出一些结论。但对众多的企业或不同的经营活动，以及不同时期的市场、经济发展阶段和特征，市场预测不能凭空想象，而应建立在认识和把握客观规律的基础之上，即建立在经过严密市场调研获得的充足的信息资料基础之上。

另一方面，市场调研不仅为市场预测提供历史和当前资料的支持，还可以在市场预测得出结论后，调研检验预测结果的正确性或精确性，还可以通过新的市场调研获得新的信息，从而对预测结果进行修正。所以，市场调研与市场预测有着相互依存和相互支持的关系。

六、促进企业提高经营管理水平

在企业的经营管理中，要以最少的劳动占用和劳动消耗、最低的成本和费用、最合理的储

存等取得最大的经济效益。企业的经营管理者要使其管理水平达到最高，他也必须调研了解市场上哪里有最有能力、最有发展潜力的人才，而这些人才又最重视什么，从而有效地招聘并运用这些人才，以便达到以最少的人力成本实现最佳的劳动效益。另一方面，当今世界，科技发展迅速，新发明、新创造、新技术和新产品层出不穷，日新月异。这种技术的进步自然会在商品市场上以产品的形式反映出来。通过市场调研，可以得到有助于我们及时地了解市场经济动态和科技信息的资料信息，为企业提供最新的市场情报和技术生产情报，以便更好地学习和吸取同行业的先进经验和最新技术，改进企业的生产技术，提高人员的技术水平，提高企业的管理水平。

总之，市场调研可应用于经济活动中的各个方面，类似的市场调研方法也可应用于其他的研究领域，如：由政府机构、民间团体、媒介和学术机构等考察公众对社会的、政治的和其他问题的行为和态度的研究。虽然市场调研和社会研究所研究的对象不同，但两者在研究所关注的焦点上、研究方法的运用上和研究所遇到的问题上，都有很多的共同点。

需要强调的是，在认识市场调研的重要性的同时，也需要了解市场调研的局限性。市场调研不是万能的，并非所有的信息都是通过市场调研而获得的，而且市场调研获得的信息不一定都是真实的。因此，企业在开展市场调研时，应该对市场调研有一个比较清楚的认识：随着企业竞争的加剧、消费者行为的多变，使得市场调研的重要性更加突出；同时，也使得人们对信息的需求不断膨胀，而仅仅通过市场调研活动有可能使企业随波逐流，提供与其他企业相同的产品和服务。这就要求通过创造性的市场调研，满足多元化的信息需求，使企业准确地、及时地把握信息并制定相应的营销策略。

第三节　市场调研的类型

市场调研涉及的内容很广，为了使其更有针对性的开展，对同一个调研问题，可以从不同的角度将市场调研划分为不同的类型。其中一些类型在后面的章节详细介绍，本节只作概要性阐述。

一、按照调研目的划分

（一）探索性调研

探索性调研是指市场情况不十分明了时，为掌握和理解调研人员所面临的调研问题的特征和与之相关的各种因素所做的市场调研。它的作用在于发现问题的端倪，而不在于揭露问题的本质。常常用于调研初期，对市场缺乏足够了解，没有形成具体的假设，难以找到调研切入点的时候，目的是发现新的想法和新的机会。例如，某人拟投资开设一家大型超市，首先可作探索性调研。从需求大小、顾客流量、交通运输条件和投资效益等方面初步论证其可行性。如果可行，则再作进一步的、深入细致的调研。

探索性调研一般不像正式调研那么严密、详细，一般不需要制定详细的调研方案，尽量节省时间以求迅速达到目的。它主要利用现成的历史资料、业务资料和财务资料，或政府公布的统计数据、长远规划、网络上的间接资料，或一些学者的研究报告等二手资料。如果需要一手资料，它也是一般采用小样本，不一定强调样本的代表性，运用定性分析方法。

（二）描述性调研

描述性调研是对市场调研课题所关注的各种事物的状态、规模、特点和过程进行准确的定量描述，实现对变量值的测量，它回答各种市场现象“是什么”“谁、在什么时候、什么地点、发生了什么事情”等描述性问题。它的作用在于说明市场事物的表现，而一般不涉及事物的本质及影响事物变化的内在原因。它像个扫描仪，描绘市场的轮廓，不求最深但求最全。例如，消费者需求描述性调研，主要收集有关消费者收入、支出、商品需求量、需求倾向等方面的基本情况。

（三）因果性调研

因果性调研是旨在确定市场事物的关系的调查研究，它先对事物变化的原因或事物间的因果联系提出尝试性说明，从某一假设出发，通过调研取得经验性数据，系统地对假设进行检验。它回答的是“为什么”的问题。因果性调研像个水井，集中一点，一直探到底，直到找到水源。它的目的是识别市场变化的前因后果，通过找出影响市场某种变化的原因，达到控制原因、获得其果的目的。

（四）预测性调研

预测性调研是指为了预测市场供求变化趋势或企业生产经营前景而进行的具有推断性的调研。它回答的问题是“未来的市场是怎样的”，目的是使企业根据未来市场的发展趋势进行决策，以降低决策的风险。预测性调研可以充分利用描述性调研和因果性调研所获得的现成消息数据，但它更需要符合预测市场发展趋势的信息，既要有现实信息，更要有未来市场发展趋势的信息，特别是新问题、新动态、新情况等信息。

二、按照调研登记时间的连续性划分

（一）连续性调研

连续性调研是指确定调研的课题和内容后，组织长时间的、连续的、不间断的调研，以获得具有时间序列化的信息资料。如企业内部的产品销售数据统计、竞争对手的连续多年的价格变化调研或某一固定客户对某种产品的连续多年的消费等。

（二）定期性调研

定期性调研是指企业对市场情况或业务经营情况每隔一段时期所进行的调研。如大型超市所进行的国庆销售调研、春节销售调研或月末调研、年末调研等。定期性调研是周期性的调研，调研的方式一般有定期报表调研、定期抽样调研、定期普查（如定期工业普查）。

（三）一次性调研

一次性调研又称临时性调研，是指为了某一特殊问题而进行的一次完结的调研。如开办新企业、开拓新市场、开发新产品等都需要进行一次性的市场调研，以便进行可行性分析。

三、按照市场调研收集的信息类型分

（一）定量调研

定量调研是要寻求将数据定量表示的方法，并要采用一些统计分析的形式，即调研、收集、研究数量化的信息，其结果一般是以数据形式呈现的，主要在于回答“有多少”或是“多大”的问题。如有多少消费者使用甲产品，有多少消费者使用乙产品？平均收入多少？……

（二）定性调研

定性调研是根据研究者的认识和经验确定研究对象是否具有某种性质或某一现象变化的过程和变化的原因，是回答“为什么”或“是什么”的问题，通常用来对研究对象获得一个初步的了解，或用来定义问题或寻找处理问题的途径。如为什么某些消费者购买甲产品而不购买乙产品？定性调研通常用来考察消费者的态度、感觉、动机、反应，或者用来了解问题的性质以及

发展的方向。

定性调研的优点有以下几点：

(1)在了解消费者的态度、感觉、动机、反应等方面，其作用无可替代。以最常见的定性调研方式——配有单面镜的座谈会为例，坐在单面镜后的客户研究人员发现，消费者的很多反应都是问卷上见不到的。

(2)可以有效配合定量调研。为了使搜集的资料在广度和深度上扩展范围，每次正规的定量调研的前后阶段，定性调研既是准备，又是补充。

(3)定性调研时间短、成本低。由于定性调研的"样本规模"较小，在某些消费者认同度较高(如手机功能)的问题研究中，定性调研的这一优势往往有助于企业抢得市场先机。

定性调研的缺陷：

(1)定性调研的代表性不如定量调研，很难有把握地断定参加座谈会的消费者或专家能够代表他们所属的总体。

(2)定性调研不能提供比较具体详细的信息，也不能表现市场机会或细分市场间的细微差异。

(3)定性调研对访谈者和受访者的要求比较严格，双方的条件有任何不足都可能影响调研的质量。

四、按照不同的调研内容划分

按照不同的调研内容可以将市场调研分为：宏观环境调研、市场供求状况调研、市场竞争状况调研和市场营销实务调研。(具体内容在第三章详细介绍)

五、按照不同的市场调研方式划分

按照不同的市场调研方式，可以将市场调研分为：市场普查、抽样调研、市场重点调研、市场典型调研和固定样本持续调研。(具体内容在第五章详细介绍)

市场调研划分为各种不同类型，其目的是为了对各种市场调研问题进行深入分析研究，便于针对不同类型调研的特点，提出不同的调研要求和选择相应的调研方式、方法及技术，以获得好的调研结果。

但是在实际调研活动中，一个市场调研项目可能用上了多种不同类型的调研方式，而且它们在实际调研工作中往往是相辅相成的，不能绝对的分割开来。例如，如果对调研问题的情况了解不多，那么市场调研就要从探索性调研开始，然后进行描述性调研，即调研这一项目的深层表现，最后再调研发现问题产生的原因以及可能的后果，这就是因果性调研了。所以完成一个市场调研项目，可能用到了多种类型的调研。

第四节　市场调研的原则与国际准则

一、市场调研必须遵循的原则

市场调研是一种复杂的认识市场现象及其变化规律的活动，必须坚持以下原则：

(一)客观性原则

市场调研所获取的资料是过去和现在的信息资料，调研人员通过对这些资料进行筛选、整理和分析后得出调研结论，为市场预测及决策服务。这就要求资料必须真实、准确地反映客观实际，对调研资料的分析必须实事求是，尊重客观事实，只有准确的信息资料，才会有正确的认识及科学的决策。所以，市场调研机构和调研人员必须要讲诚信。诚信是市场调研业之本。

（二）系统性原则

营销调研是一个计划严密的系统过程，应按照预定的计划和要求去收集、分析、解释有关资料，而不能心血来潮地在街上随便拦截行人，询问他对某一问题的看法或态度，把一时一事或把个别现象当作整体特征来看待，也不能将营销调研理解为仅是提出问题和记录答案的活动。市场调研涉及对调研问题的确认到提出报告一系列的过程，其中的每一环节相互关联，并形成一个有机的整体，即一个完整的系统。在市场调研过程中，如果不按照这一系统的要求开展工作，就难以得出正确的调研结果，所以必须遵循系统性原则。

（三）科学性原则

市场调研的科学性是指市场调研的整个过程要科学安排，要以科学的知识理论为基础，要应用科学的方法。市场调研是企业为达到有效营销目的而进行的活动。为减少调研的盲目性和人、财、物的浪费，对所需要收集的资料和信息及调研步骤要科学规划。

企业在进行市场调研时，必须以科学方法为指导，即在调研过程的设计中，按照科学的程序进行：在调研内容的确定上要科学设计，使调研内容能以最简洁、明了而又易答的方式呈现给调研对象；在调研方法的选择上，根据科学的原理，选择最恰当的市场调研方法；在调研报告写作中，必须排除调研人员的主观偏见及其他人的干扰，以科学的态度提供市场调研报告。如果调研方法选择不当，或为了迎合上级领导的意见而提供报告，其结果都会给企业带来不利的影响。

（四）及时性原则

市场信息是具有一定的时效性的，一份好的市场调研资料应该是最及时的，因为只有最及时的调研资料，才能反映市场的最新情况。在市场调研工作开始进行之后，要在规定时间内，尽可能多地收集所需的信息资料。市场环境的变化十分迅速，这在客观上要求信息资料的处理和分析与之相同步，如果调研工作拖延了时间，不仅会增加费用支出，而且不能捕获即时信息，即出现信息资料滞后的现象，不能满足市场调研的需要。

（五）全面性原则

市场调研的全面性原则是指要全面系统地收集企业生产营销活动有关的市场现象的信息资料。市场现象不是孤立、静止存在的。市场现象与政治、经济、文化、风俗、法律等社会现象之间，有着千丝万缕的联系；市场现象随着时间、地点、条件的变化而不断发生着变化。在进行市场调研时，必须对相互联系的市场现象的各种影响因素做全面性的调研，而不能片面地观察市场；必须对市场现象的发展变化全过程进行系统性的调研。如果单纯就事论事调研，而不考虑周围环境等因素的影响，就不能真实地把握事物发生、发展及其变化的本质。

（六）经济性原则

市场调研的经济性原则是指在保证调研质量的同时，还要考虑到经济效益，即考虑投入和产出之间的对比关系。要以尽可能少的费用取得相对满意的市场信息资料。在市场调研中，必须根据明确的调研目的，确定市场调研的内容，选择适当的调研方式和方法，尽可能地用较少的消耗来获取更多的、有效的资料数据。为此，对市场调研进行投入与产出的比较，寻找一个最佳的结合点是必要的。

（七）创造性原则

市场调研虽然有一些通用的程序和规范，也有不少的具体方法技术可供使用和参考。但不同的市场调研项目，调研目标不同，调研对象不同，调研方法不同，调研范围也不同。所以实际操作中很难严格地遵从某一特定的调研模式和调研程序。这就需要调研人员不断地创新和修正。例如一个企业在天津建立了一整套市场调研模式，但在成都就未必好用，也许必须重新建立一个新的调研模式，以适应新的调研范围，这就是创新。

(八)技术性原则

市场调研的技术性很强，先进的调研技术和信息处理手段可以有效地帮助调研者完成市场调研，并获得非常好的调研成果。比如，现在许多企业充分利用网上市场调研技术，广泛收集消费信息。另有些大公司在其主要市场都建立了固定样本群，以及日常信息收集、记录和分类的数据库，为常规性和战略性的预测决策提供各种支持。

二、市场调研的国际准则

国际商会/欧洲民意和市场研究协会(ICC/ESOMAR)等市场调研组织，为从事市场调研的所有人员制订了一些具体、严格，并且可实际操作的行业标准或行为规则。ICC/ESOMAR 1977年颁布的关于市场和社会研究的国际准则，是当前世界公认的调研行业国际准则。我国市场调研研究行业协会——全国市场研究行业协会，也要求全体会员遵守此项国际准则。这一准则对实施或使用市场研究的行为均具有约束力。该准则尽可能简明地阐述了从事市场和社会研究的基本职业道德和行业运作原则。同时，准则还规定了在研究过程中研究人员同各方面人士(如:公众和商业机构，其中包括客户和其他类型的业内人士)接触时应该遵循的规则。

这一准则对实施或使用市场研究的行为均具有约束力。任何有关的组织或个人必须遵循它和它所倡导的精神。

(ICC/ESOMAR 的关于市场和社会研究的国际准则的内容见本书附录 D)

第五节　市场调研的步骤

市场调研是一项复杂、细致的工作，为了使整个调研工作有节奏、高效率地进行，使调研取得良好的预期效果，必须综合策划市场调研方案，加强调研组织工作，严密控制调研过程。通常市场调研有 10 个步骤，如图 1.1 所示。

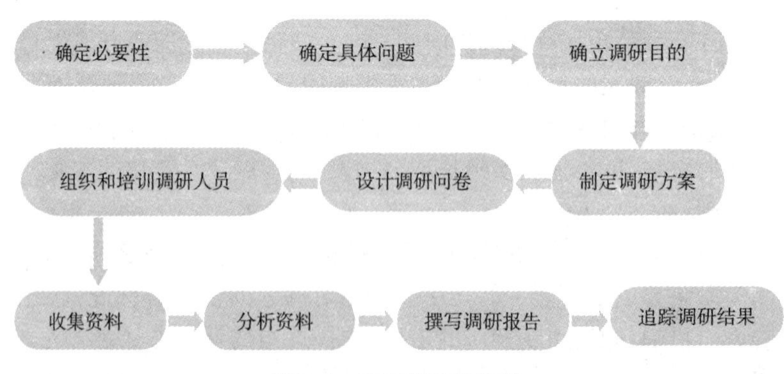

图 1.1　市场调研的步骤

市场调研的具体步骤如下：

一、确定调研的必要性

一般企业在日常经营中都必须持续不断地监测其周围的市场环境，例如通过销售人员每

目的销售情况汇报、财务人员每天的成本核算汇总等，将企业的运营信息传递给管理层。这些规范(依靠严密的监测系统)或不规范(依靠观察或感觉)的信息，可以帮助企业查找自己的营销方案与市场的不一致性，这是一种非常有价值的市场调研方式。以此获得的信息支撑了企业管理人的常规决策。对企业的重大问题、特殊问题、临时出现问题等的决策，一般需要做市场调研。但当出现下列情况时，就不需要做市场调研。

(1)已获得所需的信息。

(2)没有足够的市场调研时间。

(3)缺乏足够的资金。

(4)市场调研成本超过其带来的收益。

二、确定要调研的具体问题

确定要调研的具体问题，即定义问题是市场调研流程中一个相当重要的步骤，对调研问题清晰、简洁的陈述是市场调研成功的关键。在任何一个问题上都存在着许许多多可以调研的事情，如果对该问题不作出清晰的定义，那收集信息的成本可能会超过调研提出的结果价值。例如某公司发现其销售量已连续下降达6个月之久，管理者想知道真正原因究竟是什么：是经济衰退？广告支出减少？消费者偏好转变？还是代理商推销不力？市场调研者应先分析有关资料，然后找出研究问题并进一步作出假设、提出研究目标。假如调研人员认为上述问题是消费者偏好转变原因的话，再进一步分析、提出若干假设。如：①消费者认为该公司产品设计落伍；②竞争产品品牌的广告设计较佳。所以定义问题先要确定问题的征兆，再详细列出产生征兆的各种可能原因(这可能需要先做一些探索性的调研)，最后得出调研信息的预期效果。这样才能清楚地鉴定问题，从而进行正确的市场调研。

三、确立调研目的

市场调研的动因一般来自于某种问题，当问题出现时，涉及面比较广泛，问题本身并不一定构成市场调研的目的，这时，调研人员必须在清楚所要调研问题的基础上，明确调研的目的是什么，确定调研目的一个好方法是询问“解决问题需要什么信息”，所以按调研目的执行调研并获得相应的信息后，问题便解决了。调研目的的描述可以是“要获得哪些方面的精确度是多少的市场信息?”

四、制定调研方案

几乎所有的调研方案都是不同的，但调研方案都要详细说明调研的目的，调研的范围，所采用的调研方式、调研方法、抽样方式和样本容量，以及所需的人员、设备。并对各项内容的进度进行安排，还要核算各项调研任务的成本。(详见第二章第二节)

五、设计调研问卷

同一个调研项目，由于调研对象不同，可能需要设计不同的调研问卷，如对专家的面谈问卷，对消费者的抽样调研问卷等，都应规范设计。(详见第四章)

六、组织和培训调研人员

市场调研工作可能需要大量人员的参与，所以临时性组织、聘用和培训调研人员，是一项非常重要的工作。对调研人员的培训主要包括：

(1)调研行业的基本知识和行为准则，如市场研究的行业标准等。

(2)该项调研工作的具体要求。

(3)访问技巧及市场调研项目的专项要求等。

七、收集资料

收集资料，就是具体实施市场调研方案，按照调研方案的要求去收集市场信息资料，也就是进入实地调研过程。在整个市场调研工作中，收集市场信息资料阶段是唯一的现场实施阶段，是取得市场第一手资料的关键阶段。在此阶段，调研组织者应对每位调研人员的收集资料工作进行指导和监控，力求以最少的人力、最短的时间、最好的质量完成收集市场信息资料的任务。

八、分析资料

资料收集后，应检查所有答案，不完整的答案应考虑剔除，或者再询问该应答者，以求填补资料空缺。资料分析应将分析结果编成统计表或统计图，方便读者了解分析结果，并可从统计资料中看出与第一步确定问题假设之间的关系。同时又应将结果以各类资料的百分比与平均数形式表示，使读者对分析结果形成清晰对比。不过各种资料的百分率与平均数之间的差异是否真正有统计意义，应使用适当的统计检验方法来鉴定。例如两种收入家庭对某种家庭用品的月消费支出，从表面上看有差异，但是否真有差异可用平均数检定法来分析。资料还可运用相关分析、回归分析等一些统计方法来分析。整理、分析资料是一项严密、繁杂的工作，对工作人员的信息处理分析能力要求很高。特别是从浩瀚的资料中发现深层的问题根源，并得出精确的调研结论，甚至给出有创意性的建议，都需要工作者良好的科学素养和较高的能力水平。所以选择合适的分析人才是做好这项工作的关键。（详见第七章第一、二节）

九、撰写市场调研报告

市场调研报告是整个调研的成果体现。它将容纳全体调研人员的智慧、才能和全部的付出。所以，不能忽视调研报告的任一小段，甚至一字一句的表述，务必做到客观、准确、全面、系统、简洁和有创见性。（详见第七章三、四节）

十、追踪调研结果

市场调研报告完成后，不是完事大吉了，而还应关注调研结果的反馈意见。当发现新的信息或问题时，可能需要对原调研结果做出适当的修正。

需要说明的是，尽管这些步骤意味着一个有序的流程，但一个实际的市场调研项目未必完全遵循这些步骤进行操作。一是因为在操作中可能发现新的问题，从而会回到前一个步骤中去。二是因为一个特定的计划未必适应新的信息。一项可靠并具代表性的信息，可能中断许多调研步骤，所以这些步骤仅供参考。

典型案例

这样的调研程序科学吗

JC 是智利饭店的老板，遇到了同其他许多小企业主一样的问题。他在一个中型社区成功地经营着一家饭店，直到 6 个月前。从那时起，他注意到平均每周顾客数量开始小幅下降，相应的利润也受到了波及。他很重视这件事，曾花费了大量时间在高峰时间到饭店，观察他的雇员对满足主顾需要方面做得是否够好和有效，但是他没有发现什么问题。

于是 JC 请当地大学教授 Gilmore 进行市场调研，以帮他解决利润下降的问题。Gilmore

教授承诺下个星期领着一组学生来，开展这项调研工作。JC 向学生们讲了饭店的历史和这些时期的所有财务指标。学生们向 JC 问了很多有关当地饭店、行业趋势的问题，以及任何可能存在的周期性变化。大部分情况下，JC 都能向小组的提问传递信息。不过，有一件事他没有做，就是调研他的顾客以弄清楚他的饭店和菜肴对消费者有哪种吸引力。小组确定了下列目标用来指导针对饭店的调研。

(1)在空气、服务、位置、饭菜质量和数量以及饭菜价格方面确定 JC 的饭店最有吸引力的特色。

(2)评估顾客在空气、服务、位置、饭菜质量和数量以及饭菜价格方面满意度的重要性。

(3)确定在空气、服务、位置、饭菜质量和数量以及饭菜价格方面选择饭店时考虑的因素。

(4)确定顾客对于将来在这里就餐的意识和最有可能的反应。

(5)根据地区和顾客人口统计量评估顾客在人口统计和地理方面的特征。

(6)推导结果的战略性含义。

小组在这些研究领域选择了一种两步取样法。第一步涉及对一组饭店员工的取样，在这一步收集的信息会在准备设计用于第二步的问卷时对小组有帮助。第二步应用问卷调研对一组随机挑选的饭店顾客进行了调研。

这个样本包括了在两个不同的星期天的下午 5 点到 7 点随机挑选的顾客。总共收到了 91 份有效答卷。小组首先总体上对数据进行了分析，接着使用 SPSS 对结果进行了交叉制表处理，以便分析与具体的人口统计和个人品质相关的具体问题。使用概率、交叉表和百分率对数据进行了系统分析，而且确定了基于人口统计和个人品质差异的调研对象差异。基于收集的这些信息，制定了表 1.1～表 1.3 所示的 3 个表格。

表 1.1 消费者是如何评价饭店的

评分	百分率/%
最好	77
第二	8
第三	5
第四	4

表 1.2 饭店进行改善的建议

改善	百分率/%
停车场	34.5
油漆	17.2
空气	13.8
儿童食品	10.3
位置	6.9
音乐	17.2

表 1.3 不同年龄段的满意度

年龄	很好	好	一般
小于 20	5	2	2
21～30	22	1	5
31～40	10	7	2
41～50	14	1	2
51 及以上	14	2	2

(本文由作者根据网络资料改写，原文见 http://ycy.njtvu.edu.cn/)

案例讨论题：这个案例中进行的调研程序是怎样的？科学吗？为什么？

实训题

(1)调研你所学专业的就业情况。

(2)上网或实地调研你所在地的最大一家市场调研公司的一次实际调研情况。

第二章　市场调研策划

宝洁公司的市场调研部门

宝洁公司早在1925年便成立了市场调研部门，投入大量的时间与金钱，取得有关消费者需求的资料。

这个部门在当时已具有迄今未改的形象：极为量化取向；拥有实力雄厚的广告媒体；为取得更快、更精确的资料，不惜投入大量的时间与金钱；可独立于业务部门的客观性；保持着一种神秘色彩。

组织成员：1934年宝洁的市场调研部门已有34名市场调研员。而市场调研的基础，就在于实地的现场问卷调研。市场调研部经理史梅塞在20世纪20年代末期即开始储备市场调研人员，除了是清一色具大专学历的年轻女性外，尚需辛辛那提受训4个月后，再分派工作；随后，她们以小组为单位，搭乘火车或汽车展开挨家挨户的市场调研实务工作（男性则多需两年实习时间）。

唐玲是优秀的领导人才。史梅塞遂指派她招训员工。而后担任经理职务的薛普德强调："我们招训大专毕业女性，因为她们深思熟虑，足堪大任，且能单独旅行。当然机智也是考虑条件之一。"

在史梅赛及唐玲研究出的市场调研技巧中，要求市场调研员熟记所有的指示、问题和答案。眼前没有任何笔记本、笔或问卷，因为这些东西都有碍自然的对话及公开坦诚的态度。访谈结束后，调研人员便立即躲进汽车，记下顾客的反应，如此便完成一次访问。

20世纪60年代中期，由于挨家挨户拜访的成本越来越高，而宝洁也装置了一套长途电话系统，市场调研部门便开始减少调研人员，并训练年轻女性以电话访问，以降低成本。

遍及全球的市场调研部门：在史梅赛的领导下，柯普开始到国外分公司招募人员成立市场调研部。这是一件艰巨的工作。经历11年，到1961年，柯普才完成了在26个国家招聘调研人员的工作。在柯普众多的故事中，最让人津津乐道的，便是他如何于20世纪50年代在委内瑞拉首都，指挥一个挨家挨户的收音机听众调研。这个构想是以最快的速度，沿街观察每一户人家所收听的电台。宝洁如何只用15分钟的时间有效观察这么多户人家呢？据了解，它雇用了一些斗牛士，这些人有足够的速度与体力，能在预定的时间内绕完整个街道。有趣的是，这种方法居然奏效了。经由这种方式，宝洁的市场调研部能够比电台本身还了解听众群的规模，并以此研究结果向电台讨价还价，以购得最佳的广告时段。而这种从广告媒体及听众方面着手的工作方针，使宝洁市场调研部在制定媒体策略时，扮演了举足轻重的角色。

有效整理庞大资料的组织：宝洁市场调研部门组织的严谨，表明它能有效地整合各种资料来源，供决策层参考。消费者研究小组是依各事业部门而分工的，包括纸类制品、食品、个人卫生保健用品、饮料等，小组成员的大部分工作，在于协助品牌经理执行消费者习性研究调研。

大部分使用单一来源市场测试工具（如行为扫描）的公司，都只从供应商那里取得总结报告。但宝洁却把整个原始资料库拿回来分析，供教育员工。

（资料来源：本文由作者根据网络资料改写，原文见 http://blog. sina. com. cn）

宝洁公司在全球的成功营销与它的市场调研部门有多大的关系？保洁公司严谨的市场调研组织给我国企业建立市场调研组织以什么启示？要回答这些问题，我们需要首先了解什么是市场调研组织，以及企业要如何建立市场调研组织。

第一节　市场调研组织

市场调研组织是指接受本部门或外部门、本企业或外企业的委托，专门从事市场调研、分析与研究的机构。

一、市场调研组织的类型

市场调研组织可以是企业或某机构的一个职能部门，也可以是一个专门提供市场营销调研服务的独立组织。

其主要类型有：

（一）企业内部市场调研组织

市场调研是市场营销的主要职能之一，受到了各种机构的重视，尤其是以利润最大化为主要目的的各类企业。

由于各企业对市场调研重视程度不同和调研任务多少的不同，各企业内设置调研组织的方式也不同。从目前来看，主要有以下几种：

1. 企业内部设立专门的市场调研部门

企业内部设立的专门市场调研部门，专职负责企业内或接受外部的委托，专门从事市场营销调研的设计、组织、计划、协调、管理等工作。目前国外许多大中型企业都设立了专门的调研组织。在我国，也有许多大企业设立了市场调研部门。

图 2.1 展示了一家大型企业营销调研部门的组织情况。

需要指出的是，即使是设立了专门的市场调研部门，也不一定必须将本企业所有的市场调研工作都交由这个部门来承担，它同样可以委托企业外部的市场调研专业公司进行，如何取舍取决于哪一种方式更符合经济性原则。

2. 企业内部没有设立专门的市场调研部门，但有专人负责市场调研

这种类型是企业内部虽然没有设立专门的市场调研部门，但有一些相关部门的专人承担企业的市场调研职能。一般由市场部、广告部、销售部等设立专人负责与本部门业务相关的调研任务。

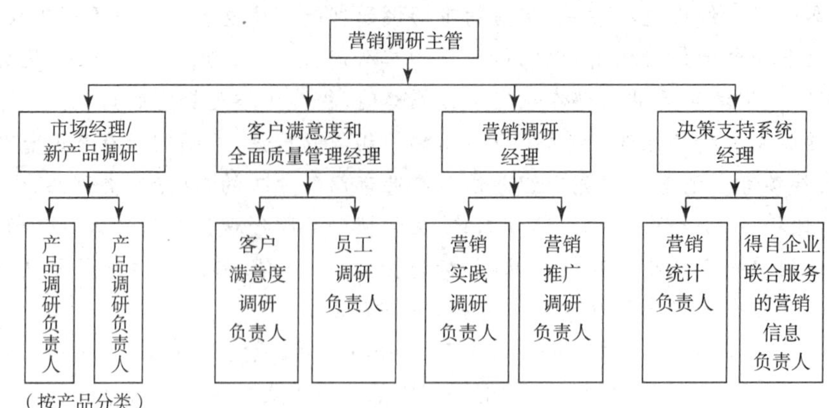

图 2.1　营销调研组织图

3. 企业内部既没有专门的市场调研组织，也没有专人负责市场调研工作

这种类型是企业内部既没有专门的市场调研组织，也没有专人负责市场调研工作，而是当需要进行市场调研时，组成一支临时的调研队伍，调研工作一旦结束就立即解散。其成员可能完全来自于企业内有关部门，也可能由企业内一名经验丰富的人员从社会上招聘而来。这往往是一些中小型企业采用的一种市场调研组织形式。由于企业较小，没有设立专门的机构或人员，而委托外部专业公司又成本太高，不得已而采用了这样一种花费少，而调研效果也可能不高的组织形式。

（二）企业外部市场调研组织

企业外部的市场调研组织，根据其隶属关系和独立程度不同，又分为以下三种：

1. 各级政府部门的调研组织

在美国，各级政府部门的调研组织通常是由美国联邦政府主持，负责一些旨在发展政府经济工作的调查研究，具体调研由政府各部门所属的调研机构实施。我国最大的政府部门市场调研组织是国家统计部门。为了适应市场经济的发展，国家统计部门相继建立了城市社会经济调研队、农村社会经济调研队、企业调研队和人口调研队等。除统计部门外，各级财政、银行、工商等职能部门和行业管理机构也设有各种形式的市场调研组织。这些组织在完成国家的调研任务后，也接受一些企业委托调研业务。

2. 新闻单位、大学和研究机关附设的调研组织

这些组织或者是接受政府部门或企业的委托，或者是由于自己的需要进行独立的市场调研活动，定期或不定期地公布市场信息。如英国的路透社在全世界设立了许多的分社和记者站，不断地提供各类经济新闻。又如我国最大的专业媒体与市场研究公司——2001 年 12 月成立的央视市场研究股份有限公司，该公司由中国国际电视总公司与世界第四大市场调研和咨询集团——TNS 合资组建。该公司拥有覆盖全国的媒介、市场和广告调研网络，而且拥有连续 6 年的媒介、市场、广告研究数据库，能够结合最新的研究技术和对市场的深入理解，提供快速、全面的中国市场分析或商业解决方案。

需要指出的是，新闻单位、大学和研究机关附设的调研组织也接受其他企事业单位委托的调研业务。有些这类调研组织甚至比一些专业性市场调研组织更具实力和信誉。

3. 专业性市场调研组织

专业性市场调研组织是社会经济高度信息化和社会分工日益专业化的产物。目前世界上

这类组织很多。根据行业专家的估计，欧洲的市场调研组织最少拥有 2 500 多家专业性调研机构。美国有 1 000 多家。中国内地大大小小有 500～600 家专业性的调研机构，但业内公认比较有规模的专业性调研机构则不超过 50 家，大都集中在北京、上海和广州三城市。

就目前在中国市场运作的调研公司来说，如果细分的话，大型的企业主要是国际性企业，如 AC 尼尔森(外资)、泛亚 AMI(外资)、华南国际(民企)等四五家，年营业额突破 1 亿元人民币，雇佣人数为 200～500 人，该类型企业的业务范围比较集中在某一个领域；第二类企业业务比较广泛，年营业额在 1 000 万元人民币左右，主要有东方、现代国际、致联、达通、零点、大正等，人数在 50～100 人之间；第三类企业主要是小型的十几个人的公司，年营业额在二三百万元。

专业性的市场调研公司，一般拥有经验丰富、技能高超的市场研究专业人才，具备先进的设备，能够以较快的速度进行有效的市场调研，任何组织或个人都可以委托它们进行各类市场调研活动。但是，它们的收费往往也较高。

(三)市场信息网络

市场信息网络是一种新的市场调研形式，也可算是一种特殊的市场调研组织。市场信息网络可分为宏观和微观两种。宏观信息网络是为整个市场服务的信息系统。如，纺织系统信息网，就是一个专门进行纺织系统信息交流的网络。微观市场信息网络是以企业为典型代表的企业市场信息系统，不断地为企业提供各种市场信息。

市场信息网络在国外发展非常快速。比如美国，它的各种信息网络覆盖了全世界，能在几分钟内了解世界各地的市场信息。随着世界各国信息高速公路的建设，市场信息网络会越来越普及和适用。

我国自 20 世纪 80 年代起逐步建立各种市场信息网络，主要有以下几种形式：

1. 行业性市场信息网

它是以行业为主体，广泛建立信息点组织调研、收集信息，进行综合分析。如中国人民银行信息网、国家计委信息网。

2. 产品市场信息网

它是以产品为龙头，广泛组织有关单位参加，互相交换信息的信息网络。如全国汽车信息网，电子产品信息网。

3. 联合性市场信息网

这种网络不受行业和产品的限制，按照市场活动自动联合、交流信息。如中国商业信息网。

4. 临时性市场信息网

这主要是通过会议或展览的形式，组织有关人员参加会议、沟通信息所建立形成的市场信息网络。

市场信息网络构成一个整体，具有经常性、广泛性、灵活性和开放性等优点，但同时它又具有深度低、针对性差的缺点，所以需要与其他形式互相配合、补充、协调发展。

二、企业对外部市场调研组织的选择

如果企业内没有市场调研组织，或企业的市场调研部门无能力或不方便承担某项市场调研活动，企业就需要借助外部的市场调研组织，如何选择外部市场调研组织是关系到市场调研成功与否的首要问题。

(一)企业在委托外部调研组织时首先明确的问题

企业在委托外部调研组织时,需要明确以下几点:

第一,希望外部调研组织提供何种调研活动。企业外部的调研组织能够提供的活动多种多样,包括衡量市场需求潜量、确定目标市场特征、市场占有率分析、竞争对手研究、产品市场生命周期分析与预测、产品价格、流通渠道、促销调研、企业的长期或短期预测等;第二,希望提供综合性服务还是某种专门或特定性服务;第三,希望长期合作还是短期合作;第四,在调研时间上有什么要求,提交调研报告的最后期限;第五,对调研信息精确度的要求和衡量精确度的方法或标准;第六,调研预算费用是多少;第七,调研资料是归企业独有,还是与委托的调研组织共享;第八,目前有哪些调研组织,如何与它们联系,它们的信誉、能力、经验、软件与硬件设施等如何,它们的收费是否合理等。

(二)企业选择外部市场调研组织时应该遵循的原则

1. 专业对口,特长对路

市场调研组织的专业特长各有不同,天下没有包医百病的医生,也没有无所不能的市场调研组织,一般可分为很多专业类型,各调研组织对行业的认知深度也各不相同,这些都是企业在选择市场调研组织时必须做出正确判断的。目前很多市场调研组织内部都有明确的分工,比如内部设立了按照行业划分的专业研究事业部,或者有些市场调研组织只从事某一些行业的市场研究,这样的市场调研组织在解决问题的有效性和针对性方面都比较强。因此,关系到企业重大营销决策的长远的或综合性调研问题,就需要选择实力强大的或在各方面都较强的市场调研组织。而对于专业性较强的市场调研问题,就应该根据各调研组织的特长,选择最擅长于该调研问题的调研组织。

2. 距离就近

要求在国外或国内其他地区调研的问题,就最好选择与该国家或地区距离最近的调研组织。这样一方面便于调研工作的开展,另一方面也可节省费用。

3. 选择能够为自己提供最满意服务的调研组织

同一调研项目,不同的组织所需要的投入是不同的。一般地,知名度越高、实力越雄厚的市场调研组织,收费也越高,但不一定对每一特定的市场调研任务都能够提供最好的服务。因为实力越雄厚、知名度越高的调研组织越倾向于接受大的市场调研项目,这些项目的报酬更高、挑战性更强。如果企业提供的市场调研投入有限,就难以得到这类调研组织的重视,所配备的调研力量也会受到限制。反之,如果企业将这类项目委托给实力较小的调研组织,这个项目对所选的组织来说可能是一个很大的项目,必然会引起它们的高度重视,这些组织就会配备精兵强将来为企业服务,所完成得调研项目可能比实力强大的调研组织完成得更好。

可见,企业应该根据自己的调研费用预算,选择能够为自己提供最满意服务的调研组织。

4. 所选择的市场调研组织的信誉、能力与调研项目相匹配

市场调研组织的信誉和业务能力是保证企业调研活动获得准确市场信息的前提条件。市场调研组织的信誉是指该调研组织在同行业和客户中的声誉和知名度、对客户的责任和职业道德等。调研组织的能力是指调研组织内专业人员拥有的进行市场调研工作所需要的各种能力,他们是否具备创新观念、系统观念和营销观念。分析和评价市场调研组织的业务能力可以从该组织曾经承担过的市场调研项目完成情况和质量,所提交的调研方案和调研报告,该组织调研人员的专业水平和业务能力,该组织所拥有的硬件设施以及所使用的工具,比如能够使用

什么样的模型和方法来简单明了地解决和阐释问题等方面进行考察与评价。

企业在选择调研组织时，应该选择信誉和能力都与企业要进行的市场调研项目相匹配的组织。需要特别指出的是，实力最强大的调研组织不一定是最适合负责企业调研任务的组织。

5. 将市场调研组织过去的经验作为参考

主要考察调研组织创建时间的长短、主要人员在市场调研方面的服务年限，已完成的市场调研项目的性质、范围和质量等。

6. 综合分析，全面衡量

上述几个原则要求的是企业在选择市场调研组织时要考虑的几个方面。而实际上，上述每一个方面都或多或少地影响着企业对市场调研组织的选择，所以企业在选择时，必须对上述几个方面进行综合分析，全面比较衡量，在有限的费用和时间约束条件下，选择能够以最好的质量完成企业的市场调研任务的组织。

此外，由于市场调研行业的不规范和政府管理上的问题，我们需要将业务委托给专业调研公司时，还需要注意以下几点：对方是否有正规的营业执照及正规的相关手续；对方是否有正规、健全、专业的委托协议或合同；在工商网站上核实该企业的真实性；对方的企业是否为临时性的办公地点；对方企业是否为正规化的办公场所，有无固定的联系方式；对方的管理人员及工作人员是否为社会闲杂人员；对方企业实力的宣传与实际是否相符；对方经办人的身份是否为该公司正式员工；对方收费是否异常得低于正常水平；对方是否愿意当面洽谈；对方是否以公司名义收取服务费用等。

第二节　市场调研方案的设计

任何个人或组织机构在进行市场调研之前都必须进行市场调研策划。市场调研策划就是对市场调研的内容、调研的方式、调研的方法、调研的具体活动进行科学的、系统的规划。市场调研策划的主要工作就是市场调研方案的设计。

一、市场调研方案设计的含义

市场调研方案的设计，是指有关调研人员依据市场调研研究的目的要求和具体调研对象的特点，在进行实际调研前，对市场调研工作的各方面和全部过程进行全面的分析和安排，提出相应的调研实施方案，制定合理的调研程序，从而为科学的市场预测和决策奠定良好的基础。

每一次调查研究的目的和要求都会有所不同，每一次调研对象也会具有不同的特点，但不论有什么样的调研目的和要求，不论调研对象具有什么样的特点，任何一次具体的市场调研也都会涉及相互联系的各个方面和各个阶段。

这里所说的调研工作的各个方面，是指进行市场调研时必须要考虑到市场调研所要涉及的各个方面的内容。如，对某产品市场生命周期的调研，就必须将该产品目前处于其市场生命周期的哪一阶段，在这个阶段里，它在销售方面、生产技术方面、市场方面、消费者反映方面等多方面内容列入市场调研问卷中，对各种相互区别又相互联系的各个方面进行全面整体的分析，以避免在调研内容上出现重复和遗漏。

这里所说的各个阶段，是指市场调研工作所要经历的各个阶段和环节，也就是调研资料的收集、整理和分析等阶段。市场调研人员只有事先对调研的各个阶段进行统一的考虑和安排，才能确保调研工作稳定、有序的进行，降低调研各个阶段的各种误差，从而提高调研质量。

二、市场调研方案设计的必要性

市场调研是一项复杂的、严肃的、技术性较强的工作。调研方案是否科学、可行，是决定整个调研工作成败的关键。具体说来，它的必要性主要体现在以下 3 个方面：

（一）它是统一所有有关人员认识的强有力工具

市场调研工作涉及委托调研的人员和被委托调研的人员。若是需要调研的机构决定由本机构自己进行调研，则它包括该机构的有关决策人员和直接参加调研的人员。若是需要进行调研的项目委托给专职的调研机构进行，则除了该机构内部有关的决策人员外，还包括被委托的调研机构中的有关决策人员和直接参与调研的人员。不论是哪一种调研方式，所有有关人员都需要事先统一认识，以便统一行动。而在正式的市场调研工作进行之前所设计的调研方案正是统一所有人员认识的强有力工具。

（二）它具有使整个调研工作统筹兼顾、统一协调的作用

从整个调研过程来看，市场调研方案起着对调研工作的各个方面、各个环节和各类人员所进行的调研活动统筹兼顾、统一协调的作用。现代企业的市场调研是一项复杂的系统工程，尤其是大规模的市场调研工作。在实际的市场调研过程中，各类人员之间可能会出现许多复杂的矛盾。例如，抽样调研中样本量的确定，按照抽样调研理论，可以根据允许误差和调研母体幅度的大小，应用公式计算出来，但这样计算出来的抽样数目是否可行，还受到调研经费和调研时间等条件的限制，样本数目是由直接参与调研人员所确定，而调研经费和调研时间一般是由调研机构的决策人员所决定的，这时在这两方面的人员之间就可能出现矛盾和问题。再如，在一项大型的市场调研中，它需要一个具有多功能的调研小组，既要有善于管理的组长，又要有擅长于进行具体调研工作的人员，还要有善于写作的人员，而这些人员都是在某一方面具有一定的特长，他们可能在调研工作中难以相互合作。但是，如果事先设计了调研方案，设置了调研工作操作规程，统一了认识，分清了各方的责、权、利，这类问题就都迎刃而解了。

（三）从发展趋势来看，市场调研方案的设计是适应现代市场调研发展的需要

现代市场调研已经由单纯的搜集资料的活动发展到把调研的各个方面、各个环节和各类有关人员进行有效整合的系统工程。与此相适应，市场调研过程也被视为市场调研方案设计、资料搜集、资料整理和分析、调研报告撰写的一个完整的工作过程，而调研方案设计正是这个全过程的第一步。

三、市场调研方案设计的主要内容

市场调研方案设计涉及市场调研的各个方面和各个环节。一份完整调研方案的设计应该包括以下 14 个方面的内容：

（一）确定调研目的

提出一项调研要求时，总是有一定目的的。有的是想了解出现某种现象的原因，以便采取相应的对策；有的是准备采取某种行动，但缺乏事实依据，不敢贸然行动，试图通过市场调研来判断行动的效果；也有的已经采取了某种行动，但不清楚效果如何，希望通过调研加以了解。作为调研人员必须了解委托者的真正调研意图，否则，将会是一种无效的调研。确定调研目的实际上是要弄清楚以下几个问题：

（1）这次调研的原因是什么？

（2）这次调研的主题是什么？

(3)这次的调研结果有什么用?

(4)这次调研的重点是什么?

(二)明确调研的要求

一般来说,调研的要求包括对调研精确度、调研时间和调研费用的要求。本来,这些要求是由委托方提出的,但有时委托方仅仅提出一个大概的要求,如精确度高、时间快、费用低。这时,调研人员就必须将这些要求具体化,如精确度达到百分之多少、调研时间是一个月还是更多、具体费用预算为多少人民币或美元,同时还必须征得委托方的同意。只有在这样明确、具体的要求下,才能确定具体有效的调研范围、调研内容、调研方式、调研方法和调研组织,也才能搜集到全面有效的市场信息。

(三)确定调研内容

总的来看,市场调研的内容很多,包括市场环境、市场供求状况、市场竞争状况和市场营销实务等多方面内容,而每一个方面又包含着众多的子项目。是不是每一次调研都需要对所有这些方面进行调研呢?显然,答案是否定的。那么在一次具体的市场调研中究竟应该调研哪些内容呢?又如何来决定某次调研的具体内容呢?

一般来说,某一次调研的具体内容的确定应该根据该次调研的目的、要求、条件以及需要进行调研机构所处的市场环境和所经营产品或项目的特点等来决定。

例如:某日用品公司是世界市场上同行业的巨头之一,为了进入一个人口众多、资源丰富、土地辽阔但比较贫穷的国家市场,准备进行一次大规模的市场调研,主要的调研目的是了解该市场消费者对日用品的需求特点,以为公司确定营销策略提供全面准确的市场信息。这次调研要求的精确度为98%,但没有时间和经费的限制。在这样的条件下,该公司这次调研的主要内容应该是什么呢?①市场基本状况调研:特别是消费者的可支配收入、支出模式以及对日用品的需求特点和购买心理。这是由这次调研的目的所决定的。②市场营销实务中的分销渠道调研:主要调研经销日用品的中间商数量、规模和信誉等。这是由日用品这种生活必需品常常是经由中间商进行密集分销这个特点所决定的。③竞争者的促销和产品状况调研。④市场环境调研:人口环境,包括人口数量、家庭构成;政治法律,对日用品销售的鼓励或限制政策法规;经济环境、社会文化环境等。最后两点是由这次调研的要求和条件所决定的,要求精确度为98%,这是很高的要求了,所以调研的内容必须全面,而没有时间和经费的限制使全面深入的调研成为可能。反之,如果该次调研的要求和条件相反,则调研的主要内容就只是前面两方面了。

(四)确定调研范围

市场调研范围是指调研的具体的地理区域范围,或特定群体单位。而调研范围的确定就是根据调研目的、要求、条件和特点等决定在某次具体调研中是调研全国范围,还是某一个或几个地区,是调研全世界,还是某一个或几个国家地区;又或者是某一个或几个大群体又或是某一个大群体中的某一个或几个小群体。

(五)确定调研方式

市场调研的方式(详见第五章)主要是市场普查和抽样调研,抽样调研又分为随机抽样(包括单纯随机抽样、分层随机抽样、整群随机抽样和等距离抽样)和非随机抽样(包括任意抽样、判断抽样和配额抽样)。每一种具体的调研方式都有其优缺点和适用范围,进行某一次具体调研时,我们必须根据该次调研的要求、条件、特点,结合每一种调研方式的优缺点和适用范围,进行取舍选择。

（六）确定样本量

确定了调研方式后，就需要确定所要调研的样本数量。如果调研方式是市场普查，则自然调研范围内的所有对象都是要调研的。如果调研方式是抽样调研，则需要考虑多种因素，确定适当的样本数量。（详见第五章）

（七）确定调研对象

调研对象指具体要调研的单位，它可能是一个一个的组织群体，如对中间商的调研，其调研对象就是各个批发商、零售商和代理商等，也可能是单个人或家庭。

具体的调研对象主要是根据调研方式来确定，如确定的调研方式是市场普查，则所确定的调研范围内的每一个个体或组织都是调研对象。如果确定的调研方式是抽样调研，则其调研对象是根据不同的抽样方式在调研范围内所抽取的某些个体或组织。

（八）设计调研问卷

此部分内容详见第四章。

（九）确定调研方法

市场调研的方法（详见第六章）包括间接资料调研法（文案法）和直接资料调研法（实地调研法）。直接资料调研又包括访问法（面谈调研法、邮寄调研法、电话调研法、留置调研和网络调研法）、实验法（事前事后对比实验、控制组同实验组对比实验、有控制组的事前事后对比实验和新产品试销实验等）和观察法（直接观察法、亲身经历法、痕迹观察法和行为记录法）。每一种具体的调研方法也都有其优缺点和适用范围，在具体的市场调研中，我们要充分发挥各种调研方法的优势，在实践中必须熟悉各种调研方法的特点，综合考虑多方面的因素，在不同的调研方法中进行对比分析，选择合理、恰当的市场调研方法。

（十）确定市场调研人员的构成

如果企业自己进行调研，需要组织一个调研小组。如果是委托外部调研组织进行，那么这个被委托的组织也需要为这一次特定的调研组织一个调研小组。

一个有效的调研小组必须包括进行市场调研所需要的各方面人才，见表 2.1，且他们还必须具有与他人高度合作的精神。

表 2.1　一个中型调研团队的市场调研人员构成表

承担任务	人数	年龄	特　　长
组长	1	40	管理技能
策划	2	30～40	方案设计
访问员	6	22～30	交际、性格外向、语音美、容貌佳、认真、说话风趣幽默
资料分析整理	2	35～45	认真、细致、精于计算和计算机操作
撰写调研报告	1	35	精于计算机操作、善于写作
督导	2	40～50	正直、敢于直言

在确定市场调研人员时应注意：

（1）要根据调研的目的和范围，确定参加人员的多少。

（2）要以专业调研人员为基础，根据需要，组成专业人员与非专业人员相结合的调研队伍。

（3）调研人员的基本素质要达到：①熟悉业务，善于发现和分析问题；②要有实事求是的作风，沉着稳重；③思维敏捷、口齿清楚，善于表达。

（4）调研小组中应该既有富于管理经验、管理技能的人员作组长，又要有善于策划的人员进行市场调研方案的设计，还要具有丰富的公关经验、较高交际能力的人员进行实地调研，以及写作水平较高的人员撰写调研报告，还要有严肃认真、敢于直言的督导。

在设计调研方案时应该将某次调研所选择的小组成员以表格的形式列举出来。在表格中将每一个成员的姓名、年龄、性别、所承担调研工作的具体任务、基本素质、特长等详细地列举出来。

（十一）确定调研工作的监督方式

为了保证调研的质量，必须对调研工作进行必要的监督。要使监督真正有效，就需要在设计调研方案时确定具体的监督方式，然后上传、下达给每一个参与调研的人员，使他们每一个人都心中有数。

对调研工作的监督主要由督导进行。一般地，如果是直接调研，则可应用现场督导、电话督导和网上督导的方式；如果是间接调研，则一般只是应用现场督导。

（十二）确定调研时间和调研资料所属的时期

规定调研时间是指规定调研工作从开始到结束的时间段。

对于调研资料所属的时期，如果所要调研的是时期现象，就需要明确规定资料所反映的是调研对象从何时起到何时止的资料。如果所要调研的是时点现象，就要明确规定统一的标准调研时点。

（十三）调研费用预算安排

在任何一项市场调研前，都必须对其总的费用进行预算安排，将其分解到调研的各项工作、各个环节中。调研费用安排的原则是：在保证实现调研目标的前提下，力求调研费用支出最少，或在调研费用有限的情况下，力求取得最好的调研效果。

一般来说，调研活动中发生的费用包括调研人员的工资、奖金、培训费、交通费、调研费、交际费、资料费、数据资料统计处理费、调研报告制作费、通讯费和给被调研者的礼品等。为了详细估计全部费用，使参与调研的各类人员心中有数，估算时最好用表格形式把所有可能的费用列举出来，如表2.2所示。

表2.2　调研费用预算表

<table>
<tr><td>调研题目</td><td colspan="2"></td><td>调研地点</td><td></td><td>样本数量</td><td></td></tr>
<tr><td>项目</td><td colspan="2">数量</td><td>单价</td><td>金额（元）</td><td colspan="2">备注</td></tr>
<tr><td>调研人员工资
培训费
调研费
交际费
资料费
数据处理费
调研报告制作费
⋮</td><td colspan="2"></td><td></td><td></td><td colspan="2"></td></tr>
<tr><td>总计</td><td colspan="2"></td><td></td><td></td><td colspan="2"></td></tr>
</table>

（十四）拟订调研活动进度表

调研活动进度表既是调研活动进行的时间依据，也是提高工作效率、控制调研成本的手段。通常，调研活动进度表要将调研过程分为几个阶段，并说明各阶段要完成的任务和所需要的时间。在实际调研中，由于调研的目的不同，调研的内容多少的不同，时间安排也就有长短之分。需要指出的是，调研活动进度表也不是一成不变的，它可根据调研过程中出现的某些问题进行调整。

例如：某次市场调研总计划一个月，可拟订调研活动进度表如表 2.3 所示。

表 2.3　调研活动进度表

项　目		计划时间/天
准备阶段	人员挑选与培训	2
	设计调研方案	2
	抽取样本	1
实施阶段		20
分析与处理资料阶段		3
撰写与提交调研报告		2

上例只是一个简单的调研活动进度表的例子，在市场调研的实践中，其调研活动进度表要复杂得多。主要反映在市场调研的实施阶段，它可以根据调研内容的分类，将调研实施阶段的总时间分配给每类调研内容；也可以按照调研对象的分类，将调研实施阶段的总时间分配给每类调研对象；还可以根据调研的不同区域，将调研实施阶段的总时间分配给每个调研地区，等等。

四、市场调研方案的可行性分析与评价

市场调研方案常常不是唯一的，需要从多个方案中选取最佳方案。同时，调研方案的设计也不是一次就能完成的，需要通过必要的可行性分析与评价，再对方案进行试行和修改，这是使调研方案具有科学性、实效性的必经步骤。

（一）调研方案可行性分析的方法

1. 逻辑分析法

逻辑分析法是指分析所设计的调研方案的内容是否符合逻辑和情理。比如，要求总的调研期限是一个月，而调研方案所确定的调研时间进度表中规定调研报告的撰写时间为 10 天。我们知道，调研工作主要由准备阶段、实施阶段和资料的分析处理阶段。按照一般的逻辑和情理，在 3 个调研环节中，实施阶段所占用的时间应该占最大比例，而调研报告的撰写只是资料的分析与处理的一部分，它就占用 1/3 的时间显然不合情理。

2. 经验判断法

经验判断是指组织一些具有丰富调研经验的人士，运用他们的知识、经验和判断能力对调研方案进行初步的判断和研究，以说明方案的可行性。这种方法简便易行，费用低，时间短，但它具有较大的局限性，因为人们的知识、经验和判断能力是有限的，而且人们对事物的认识也是有偏差的。

3. 实验检验法

实验检验是调研方案可行性分析的重要步骤。对于大型调研更是必要的步骤，它可以真正检验出调研方案是否切合实际，哪些部分具有较大的可行性，哪些部分可行性较小，必须进行修改。

进行实验检验需要注意：建立一支具有实干精神的实验团队；选择一个规模较小的具有典型代表意义的实验区域；必须认真分析实验的结果，找到方案成败的真正原因，充实和完善原调研方案。

显然，与前面两种分析方法相比，这种分析方法更科学、更有效，但它也更费时间和金钱。在实践中，往往是对于中小型调研，仅仅应用前两种方法进行分析，而对于大型调研则将三种方法结合起来应用。

（二）市场调研方案的评价

对于一个调研方案的优劣，可以从以下几方面进行评价：

(1)方案设计是否体现了调研目的和要求。

(2)方案是否科学、合理、完整和适用。

(3)方案设计能否提高调研质量。

(4)调研实效检验，即通过实践检验评价调研方案。

第三节 市场调研策划书

市场调研策划书就是主要根据市场调研方案设计的内容编制成的规范性模板。市场调研策划书对调研方案内容的编制可能由于每一次的不同的调研项目、调研目的、调研要求等而不同。也就是说并不是每一份市场调研策划书所包含的内容都完全相同，都一定是上述的 14 个方面。

下面是某调研公司编制的一份市场调研策划书，可供读者结合实例了解市场调研策划书的内容与形成。

天津市大学生笔记本电脑市场调研计划书

一、调研课题

天津市大学生笔记本电脑市场调研。

二、调研背景

在这个信息发展日新月异，产品更新换代快的时代，笔记本电脑广为大众使用。在笔记本电脑市场上，笔记本品牌多样，消费者对电脑的认知和需求也不尽相同，为了更好地开发某公司的笔记本电脑市场，确立某品牌笔记本电脑在本市的市场地位，拓展本品牌笔记本的市场发展空间，更好地满足消费者的消费需求，计划对本市大学生笔记本电脑市场进行一次比较系统、全面而深入的市场调研。

三、调研目的

针对目前天津市大学生笔记本电脑市场的基本情况，本次市场调研必须本着科学严谨的态度，以真实可靠的信息为基础，遵循调研与论证相结合的原则，对此项调研进行深入细致的研究。本次市场调研的目的包括：

(1)明确笔记本电脑市场的品牌认知与竞争情况。

(2)了解和分析各层次消费群体的消费需求和消费行为。

(3)掌握笔记本电脑销售市场终端各品牌的销售状况。

(4)了解消费者及各笔记本销售市场终端对某品牌笔记本的认知和建议，以及与其他品牌相比之下的优缺点。

(5)掌握其他品牌笔记本产品的营销策略与推广方式。

(6)最终目的：一是为调整本公司笔记本电脑产品的营销策略提供市场依据；二是为确立本公司在天津市笔记本电脑的营销定位。

四、调研时间

2011年8月27日至2011年10月6日。

五、调研地点

天津市南开大学等十七所大学校园，笔记本电脑市场销售终端。

六、调研人员

公司内原行政管理部门具有问卷设计或调研经验之人2人，市场营销部8人。

调研员要求要熟悉所要调研市场情况，专业素质高，从事过此方面调研工作，并且具有科学严谨的调研态度，在调研工作中能做到勤奋踏实、从容有耐心。

七、调研对象

天津市南开大学等十七所大学部分学生，销售市场终端部分零售商。

八、调研内容

(一)各笔记本电脑品牌的认知与竞争情况

(1)各笔记本电脑品牌的认知度。

(2)各笔记本电脑品牌的购买频率。

(3)不同档次笔记本电脑的购买频率。

(4)各笔记本电脑品牌的购买意向。

(5)各笔记本电脑所占有的市场份额。

(二)消费者的消费需求与消费行为

(1)消费者对各品牌笔记本电脑质量的评价。

(2)消费者对各笔记本电脑产品款式的认知与要求。

(3)不同层次消费者对笔记本电脑价格的接受程度。

(4)消费者对笔记本电脑功能的要求。

(5)影响消费者购买笔记本电脑产品的主要因素。

(6)各层次消费者购买笔记本电脑的地点和场所。

(三)各笔记本电脑市场销售终端笔记本电脑的销售情况

(1)各销售市场终端不同品牌笔记本电脑的数量与月(季度/年)销售总量。

(2)各销售市场终端不同品牌笔记本电脑的质量、款式和功效以及它们的评价或要求。

(3)各销售市场终端不同品牌笔记本电脑的销售价格。

(4)各销售市场终端不同品牌笔记本电脑的促销和推广方式。

(5)各销售市场终端不同品牌笔记本电脑之间的互评和品牌互比的优缺点。

(6)请各销售市场终端提出本公司笔记本电脑存在的问题和相应建议。

九、调研方法

(1)校园定点拦截法：在各大学校园内学生流量较大的地方采用租用场地的形式，由访问员对访问对象进行解释后，进行一对一的访问(建议样本数量为每个学校15～25份，也可根据学校人数的多少做相应的调整)。

(2)深访调研法:对各笔记本销售终端进行深度访问,目的是了解各零售商对笔记本电脑的认识以及定位情况,同时这也有利于把大学生群体的调研结果与之相匹配分析,计划访问样本为11份。

十、调研进度

2011年8月27日～8月29日:设计问卷,选择样本,了解品牌;2011年8月30日～9月2日:前期准备(踩点,问卷试调研);2011年9月3日～9月8日:进行调研(深访调研,定点拦截调研);2011年9月9日～9月15日:问卷复核与审核。

2011年9月16日～9月26日:对问卷进行统计分析,编写调研报告;2011年9月27日～10月6日:印刷和提交调研报告。

十一、调研经费

(1)问卷费用:17所高校所需问卷数量＝17×20＝340,共印刷340份问卷,每份问卷4页,所需费用＝340×4×0.3＝408(元)。

(2)期间费用:根据各大学地理位置等情况,估计在访问期间所需费用,如交通费用、伙食费以及一些其他费用等,约为2 100元。

(3)场地租用费:17×100＝1 700(元)。

(资料来源:本文由作者根据网络资料改写,原文见 http://wenku.baidu.com)

典型案例

大学生消费情况调研方案

一、调研背景

随着经济水平的不断发展,一种新型经济——学生经济逐渐发展起来。现在,学生,特别是大学生成为推动社会经济发展的一支不可忽视的、重要的特殊群体。他们对餐饮、服务、教育、文化等行业的发展起到了重要作用。但是大学生没有自己独立的经济来源,却进行着一些不相称的行为。他们的价值观发生了很大的转变,享乐主义、拜金主义、奢侈浪费等现象频频出现在大学生的生活中。

二、调研目的

要求详细了解大学生消费各方面的情况,为大学生合理消费制定科学的管理方案提供依据。

(1)全面摸清大学生的消费结构与现状。

(2)全面了解大学生的消费观念与价值观。

三、调研对象及抽样

因为大学生的消费不同于中学阶段,也不同于家庭消费,但具有普遍性,全体在校学生都是调研对象,但因为家庭经济背景的差异,全校学生月生活支出还是存在较大的差距,导致消费购买习惯与结构的差异性。为了准确、快速地得出调研结果,此次调研决定采用分层随机抽样法:先按其住宿条件的不同分为两层(住宿条件基本上能反映各学生的家庭经济条件)——公寓学生与普通宿舍学生,然后再进行随机抽样。

消费者(学生):300名,其中住公寓的学生占50%。

四、调研内容与工具

(1)调研工具:问卷准备。

(2)调研内容:大学生的消费结构;大学生的消费观念。

五、对调研人员的规定与培训

(一)规定

(1)仪表端正、大方。

(2)举止谈吐得体,态度亲切、热情。

(二)培训

培训必须以实效为导向,本次调研人员的培训采用举办培训班、集中讲授的方法,针对本次活动聘请有丰富经验的调研人员面授调研技巧、经验。并对他们进行思想道德方面的教育,使之充分认识到市场调研的重要意义,培养他们强烈的事业心和责任感,端正其工作态度、作风,激发他们对调研工作的积极性。

六、人员安排

根据我们的调研方案,在学校内进行本次调研需要的人员安排具体配置如下:

调研人员:6名。

资料整理与数据分析:3名。

七、调研方法及具体实施

(1)以问卷调研为主,具体实施方法如下:

在完成市场调研问卷的设计与制作以及调研人员的培训等相关工作后,就可以开展具体的问卷调研了。把调研问卷平均分发给各调研人员,统一选择中餐或晚餐后这段时间开始进行调研(因为此时学生们多呆在宿舍里,便于集中调研,能够给本次调研节约时间和成本)。调研员在进入各宿舍时说明来意,并特别声明在调研结束后将赠送被调研者精美礼物一份以吸引被调研者的积极参与、得到正确有效的调研结果。调研过程中,调研员应耐心等待,切不可督促。调研员可以在当时收回问卷,也可以第二天收回(这有利于被调研者充分考虑,得出更真实有效的结果)。

(2)以访谈为辅助调研,具体实施方法如下:

由于调研形式的不同,对调研者所提出的要求也有所差异。访谈前调研员要做好充分的准备,列出调研所要了解的所有问题。调研者在访谈过程中应占据主导地位,把握着整个谈话的方向,能够准确筛选谈话内容并快速做好笔记以得到真实有效的调研结果。

(3)通过网上查询或资料查询调研统计资料。调研者查找资料时应注意其权威性及时效性,以尽量减少误差。因为其简易性,该工作可直接由撰写人完成。

八、调研程序及时间安排

调研大致来说可分为准备、实施、总结3个阶段。

(1)准备阶段:准备问卷调研内容。

(2)实施阶段:开始问卷调研。

(3)总结阶段:将收集的信息进行整理。

九、经费预算

(1)调研人员劳务费600元。

(2)问卷打印150元。

总共:750元。

(资料来源:本文由作者根据相关资料改写,原文见http://www.worlduc.com)

案例讨论题:案例中的市场调研方案是否科学?为什么?

实训题

(1)试调研,目前我国著名的专业市场调研机构有哪些?可列举几个,他们主要从事哪些方面或行业的市场调研业务?建议:先从网上做一些初级的市场调研。

(2)调研一下,你家乡所在地或周围地区的专业市场调研机构有哪些?他们的主要业务是什么?了解一下他们的诚信情况。

(3)自拟一个调研主题,试拟一份调研方案和调研工作计划。

第三章　市场调研内容及其确定

百年来最大的营销失误

1985年4月23日，可口可乐在纽约宣布更改其经销了99年的饮料配方，并由此陷入了商业史上无出其右的品牌忠诚漩涡。

一、口味测试出卖了可口可乐

自从1886年亚特兰大药剂师约翰·潘伯顿发明了神奇的可口可乐配方以来，该品牌饮料在全球开疆辟土可谓无往而不利，直到1975年百事可乐从达拉斯开始发起“口味挑战”。

在随后的几年中，百事怂恿越来越多的美国消费者参加未标明品牌的可乐饮料口味测试，并不断传播人们更喜欢口味偏甜的百事可乐的结论。在一浪高过一浪的攻势中，百事宣扬青春、激情、冒险的品牌精神，声称其产品口味足以担当起挑战经典与传统的重任，并引发了美国年青一代的共鸣。口味挑战导致可口可乐的国内占有率稳中微降，而百事却在缓慢而顽强的增长。于是，可口可乐的第一位外国人首席执行官——古巴人罗伯托·郭思达在1981年上任伊始便宣称：可口可乐已没有任何值得沾沾自喜的东西了，公司必须全面进入变革时代，其突破口便是数十年来神圣不可侵犯、但如今已不适应时代的饮料配方。

为此，1982年可口可乐开始实施代号为“堪萨斯计划”的划时代营销行动。2 000名调研员在十大城市调研顾客是否愿意接受一种全新的可乐。其问题包括：如果可口可乐增加一种新成分，使它喝起来更柔和，你愿意吗？如果可口可乐将与百事可乐口味相仿，你会感到不安吗？你想试一试新饮料吗？调研结果显示，只有10%～12%的顾客对新口味可口可乐表示不安，而且其中一半的人认为以后会适应新可口可乐。在这一结论的鼓舞下，可口可乐技术部门在1984年终于拿出了全新口感的样品，新饮料采用了含糖量更高的谷物糖浆，更甜、气泡更少，柔和且略带胶粘感。在接下来的第一次口味测试中，品尝者对新可乐的满意度超过了百事可乐，调研人员认为，新配方可乐至少可以将市场占有率提升一个百分点，即增加2亿美元的销售额。

但更换百年配方毕竟是天大的事，为了万无一失，可口可乐又掏出400万美元进行了一次由13个城市的19.1万名消费者参加的口味大测试，在众多未标明品牌的饮料中，品尝者仍对新配方“感冒”，新可乐以61%比39%的压倒性优势战胜旧可乐。

正是这次耗资巨大的口味测试，促使可口可乐下决心推陈出新，应对百事的挑战。

二、篡改商业圣经的营销噩梦

1985 年 4 月 23 日，行销了 99 年的可口可乐在纽约市林肯中心举行了盛大的新闻发布会，主题为“公司百年历史中最有意义的饮料营销新动向”。郭思达当众宣布，“最好的饮料——可口可乐，将要变得更好”：新可乐取代传统可乐上市。

共有 700 余位媒介记者出席了新闻发布会，通信卫星还将现场图像传送到洛杉矶、亚特兰大和休斯敦等地。在 24 小时之内，81%的美国人知道了可口可乐改变配方的消息，这个比例甚至高于 16 年前阿波罗登月时的 24 小时内公众获悉率；据说更有 70%以上的美国人在“新可乐”问世的几天内品尝了它，超过任何一种新产品面世时的尝试群体。

但对于可口可乐公司而言，一场营销噩梦恰恰是从 4 月 23 日上午的那个新闻发布会开始了。仅以电话热线的统计为例：在“新可乐”上市 4 小时之内，接到抗议更改可乐口味的电话 650 个；4 月末，抗议电话的数量是每天上千个；到 5 月中旬，批评电话多达每天 5 000 个；6 月，这个数字上升为 8 000 多个——相伴电话而来的，是数万封抗议信，大多数的美国人表达了同样的意见：可口可乐背叛了他们，“重写《宪法》合理吗？《圣经》呢？在我看来，改变可口可乐配方，其性质一样严重。”为此，可口可乐公司不得不新开辟数十条免费热线，雇用了更多的公关人员来处理这些抱怨与批评。

但是似乎任何劝说也无法阻止人们因可口可乐的改变而引发的震惊与愤怒，《新闻周刊》的大标题宣称“可口可乐乱弹琴”，人们表示，作为美国的象征、美国人的老朋友，可口可乐如今突然被抛弃了。在西雅图，57 岁的马斯林建立了美国老可口可乐饮用者协会，身着印有抗议文字的 T 恤公然将新可乐倒在大街上；在休斯顿棒球场，人们面对大屏幕上新可乐的广告嘘声四起；在更多的地方，人们开始囤积已停产的老可口可乐，导致这一“紧俏饮料”的价格一涨再涨；而歌词作者皮卡德因其《老可口可乐最好喝》的唱片畅销，迅速暴富。作为老对头的百事可乐，更是幸灾乐祸的宣布 4 月 23 日为公司假日，并称既然新可乐的口味更像百事了，那么可口可乐的消费者不如直接改喝百事算了。

大惑不解的可口可乐市场调研部门紧急出击，新的市场调研结果使他们发现，在 5 月 30 日前还有 53%的顾客声称喜欢“新可乐”，可到了 6 月，一半以上的人说他们不喜欢了。到 7 月，只剩下 30%的人说“新可乐”的好话了。

三、品牌精神引领消费忠诚

在 1985 年 6 月底，“新可乐”的销量仍不见起色，愤怒的情绪却继续在美国蔓延，传媒还不停地煽风点火。焦头烂额的可口可乐决定恢复传统配方的生产，定名为 Coca - Cala Classic（古典可口可乐）；同时继续生产“新可乐”（NewCoke）。7 月 11 日，郭思达率领公司高层管理群站在可口可乐标志下宣布了这一消息，并使美国上下一片沸腾，当天即有 18 000 个感激电话打入公司免费热线。ABC 电视网中断了周三下午正在播出的热点节目插播了这条新闻。经典可口可乐的复出几乎成了第二天全美各大报的头版头条新闻，“老可乐”的归来甚至被民主党参议员大卫・普赖尔在议院演讲时称为“美国历史上一个非常有意义的时刻，它表明有些民族精神是不可更改的。”当月，可口可乐的销量同比增长了 8%，股票攀升到 12 年来的最高点每股 2.37 美元，而新可乐的市场占有额降至 0.6%，同时下降的还有百事可乐的股票，其下跌了 0.75 美元。

尽管经历了营销噩梦，可口可乐在 1985 年还是占到了全球饮料总销量的 21.7%，雄踞世界第一。对于业界巨无霸、品牌营销大家竟会产生如此失误，至今圈内人士仍有众多疑惑，而“新可乐”幽灵亦成为品牌重新定位的镜鉴。笔者窃以为正如可口可乐依靠品牌的光芒迅速走出阴影一样，当年百事可乐的上升同样在于品牌精神的胜利而非口味的迎合；可口可乐调研部门的错误，一样在于只计算了产品口感成分，却忽略了万万不该忽略的品牌情感成分。

事实上，在经历了1985年的春夏之后，可口可乐的管理层仍然未全盘放弃新可乐，甚至五年后，这个配方的产品还被更名为“可乐Ⅱ”继续销售，直到缺少购买而最终消亡。而没有消亡的，则是可口可乐这个品牌，尽管其更改配方被《纽约时报》称为美国商界一百年来最重大的失误之一，但只要其不丧失引领时代的品牌精神，就永远不会消亡。

（资料来源：顾环宇．一百年来最重大的营销失误．全球品牌网，www.globrand.com.）

可口可乐这次事件被业界称为一百年来最重大的营销失误。那么这个重大失误究竟是由什么原因造成的？其中一个原因是否是由于其营销决策前所进行的市场调研中的调研内容的选择与确定的严重失误呢？企业究竟应该怎样选择与确定其调研内容才能够避免重大失误？为了解答这些问题，我们需要首先了解市场调研究竟有哪些内容。

第一节　市场宏观环境调研

市场宏观环境调研是从宏观上把握企业运营的外部影响因素及产品的销售条件。对企业而言，市场环境调研的内容基本上属于不可控制的因素。市场环境调研包括政治法律、经济、社会文化、技术等方面的调研，如图3.1所示。它们每一个因素对所有企业的生产和经营都产生巨大的影响，因此，每一个企业都必须对主要的环境因素及其发展趋势进行深入细致的调查研究。

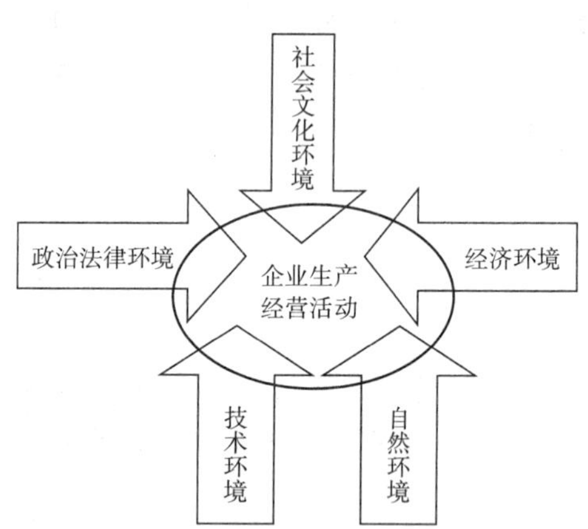

图3.1　环境因素对企业活动的影响

一、政治法律环境调研

政治是经济的集中体现，又对经济产生巨大影响。当今社会，任何经济活动都不可能独立于政治因素之外。因此，政治环境是企业在国内和国际市场经营中面临的一个重要而复杂的问题。企业对此必须保持高度的政治敏感性，对政治环境中的各种因素给予足够的重视。

对于一个内向型的企业来说，把握政治环境，主要是了解我国政府有关政治经济的发展战略、方针、政策和具体的行业政策、规定等，包括生产力布局、产业结构优化与调整、财政、信贷、税收、价格等方面的内容。还应调研了解有关省市或地区的一些具体政策和措施等，如在中央西部大开发的宏观政策下，西部一些省份的具体优惠政策等。

对于一个外向型的企业来说，除以上一些国内政治环境的因素以外，还应了解国际政治环境的有关因素。包括主要国家或地区的政府类型、政党体制、政府政策及其稳定性等，以及国家或地区之间的政治关系，有关国际政治同盟等方面的情况。

由于一国政府用以实现国家目标的方针不同，对外商的基本政策和态度会有很大差别。而政府对外商的政策和态度又主要取决于一国政府的类型和政党体制。国际市场营销者若能深入分析，并予以正确评价，则东道国政府会对他们的国外投资或国际市场营销的成功起到重要作用。

一国政府的类型取决于公民形成和表达他们意愿的程序及对政府构成和政策的影响程度。多数国家的政府可分为两类：议会制政府和专制政府。政府类型不同，则民主与集中的程度就不同。政党可以影响政府对外商的态度，而更重要的是，政党对外商在其国家经济中的地位具有决定作用。政府内部的政党体制可以分为四种：两党制、多党制、一党制和一党专制制。

一个企业要研究外国政府的政治气候，就应考虑政府的主张，并尽可能考虑其政治发展的长远方向。为此，就得了解各个政党的政治主张及其对发展本国经济和现任政府的态度，特别是它们对外商和外国政府的态度。世界各国对国际投资和国际贸易的态度差异很大。有些国家很愿意接受而且实际上很欢迎外国企业；有些国家却十分反对；有些国家则是有条件的允许进入等。总之，各国对国际投资和国际贸易的态度，依各国的经济发展水平等具体情况不同而各异，具体表现为鼓励（欢迎）、限制、禁止等。国内企业若想进军某一国家的市场，必须得到该国政府的批准或许可，必须遵循该国政府的有关政策和法律法规。

一般而言，只要一国政府的政策是稳定的，企业就可以在了解掌握的基础上，制定相应的策略或对策，因此，就可以取得国外经营的成功，但是，如果政策是不稳定的，则企业对该国的政策就无法准确了解，因此，国外经营就容易遭遇政治风险。

法律是企业国内、国际经营中一个重要而又复杂的环境因素，尤其是在企业的跨国经营中更是如此。因为迄今为止，世界范围内，还没有一个能够解决国际商事争端的统一的国际司法机关，也没有一个适用于解决一切争端的超国家的法律制度。所以，企业进入多少个国家，就要面临多少种不同的法律环境。不了解企业所面临的具体法律环境，不掌握目标市场国具体的法律内容和规定，企业的国内、国际经营活动就会面临很大的困难，甚至遭受巨大的损失。

从某种意义上讲，市场经济就是法制经济。在市场上，法律法规作为调整、约束人们一切活动的行为规范的总称起着决定性的作用。这些立法的主要目的一是维持公平竞争，保护企业；二是保护消费者免受企业不法行为的侵害；三是保护社会利益，以免受毫无限制的企业活动的侵犯等。近年来，法律对企业的影响日益增加。因此，企业一方面要对现有的法律法规的具体内容有较深入的了解，另一方面要对新的法律的不断增加或实施的发展趋势特别关注，以便及时调整企业的经营战略或策略，规避风险，抢占先机。

对于跨国经营的企业而言，法律环境的内容还有很多特殊的方面：如有关解决涉外经济纠纷的国际私法；有关协调国际贸易活动的国际惯例、国际条约或公约、支付协定；有关目标市场国的外国投资、市场竞争、广告促销、进出口关税、商品检验、卫生安全、环境保护等法律法规。

二、经济环境调研

经济环境是企业在国内、国际市场经营中，确定目标市场、制定营销决策首先要考虑的环境因素。各国、各地区经济发展状况的不同,往往成为不同市场营销决策之间差异性的最重要的因素。分析企业外部的经济环境,一般可以从经济发展水平、经济结构和经济特征等方面入手,如图 3.2 所示。

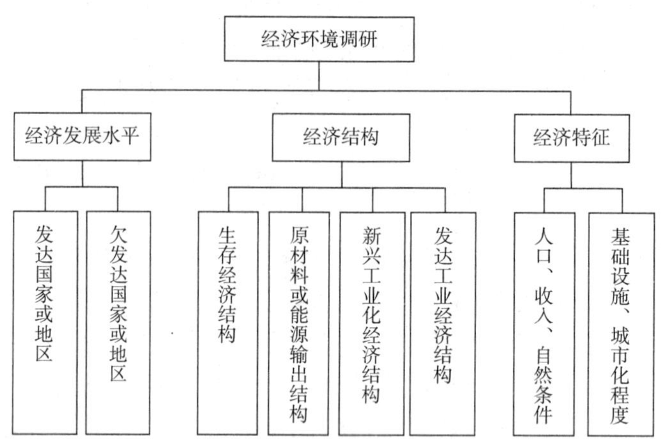

图 3.2　经济环境调研内容

各国、各地区的经济发展水平可以粗略地划分为发达国家或地区和欠发达国家或地区。它是通过调研国民生产总值和国民收入,劳动手段和劳动效率,科学技术的普及与应用程度,人民的受教育水平和健康、福利状况,社会发展的基础设施等因素后,综合确定的。

经济结构也是选择目标市场的首要依据之一,因为它与市场机会、贸易方向直接有关,是决定一个国家或一个地区市场需求结构的重要因素。从目前情况看,各国或各地的经济结构大致可以划分为生存经济结构、原材料或能源输出经济结构、新兴工业化经济结构和发达工业经济结构 4 种。不同经济结构下的市场商品供给与需求状况明显不同。正是这种差异为企业提供了巨大的商机,即企业可以从国与国、地区与地区间的经济互补性中,寻求有相对竞争的理想目标市场所在。

经济特征包括人口、收入、自然条件、基础设施和城市化程度等因素。通过这些因素的具体分析,可以判断出一国的市场规模、发展潜力、需求结构与特点等,这些是影响企业国际、国内市场经营中不可缺少的重要信息,有助于企业了解一个国家或一个地区的市场结构、市场容量及其发展趋势等。首先,市场结构是指构成商品交换行为主体之间以及各要素之间的比例关系。它是国民经济总体结构的有机组成部分,也是保证国民经济协调发展的重要条件。市场结构包括所有制结构、行业结构、空间结构和规模结构等。其次,对市场容量的调研包括现有的和潜在的购买人数、购买数量和需求结构,市场最佳销售量和本企业在同类产品市场(或地方市场)的占有率,多渠道经营和营销策略的变化,以及由于市场竞争的加剧,对需求量可能带来的变化趋势等。

三、社会文化环境调研

社会文化是一种沟通体系,是生活方式的总和,它提供了许多标准和规则,促进了社会成员的生存与发展。文化作为一种适合本民族、本地区、本阶层的是非观念,影响着消费者的行为,进而影响到这一市场的消费结构、消费方式,并使生活在同一文化范围里的人们的个性具有相同的方面。

不同国家的人民，不同的社会文化，代表不同的生活模式，对同一产品可能持不同的态度，因此，社会文化因素会直接或间接地影响产品的设计、包装、产品被接受的程度、信息的传递方法、分销与推广的措施等。此外，人们的消费方式，满足需要与欲望的考虑顺序，以及他们满足自我的方式等也都是以他们的文化为基础的。文化形成并支配着人们的生活风格。因此，商界中有一条定律：重视文化分析者成功，忽略文化分析者失败。

一个国家或一个社会的文化主要由语言文字、宗教信仰、教育程度、风俗习惯、民族构成与分布、态度和价值观念、社会时尚（如计算机热、摩托车热）等众多因素组成。每个因素都或多或少地影响着企业的经营活动，所以为了提高顾客的满意度与忠诚度，企业必须重视对有关社会文化环境因素的调研与分析。

四、技术环境调研

科学技术是生产力。随着新技术革命的兴起，各国对科学技术的重视，科学技术得到了突飞猛进的发展，也促进生产力发展到了前所未有的高度，并对全球经济产生了极大的影响。尤其是以微电子、原子能、航空航天等为特征的第三次科技革命，不仅带来了全新的生产方式和生活方式，而且使空间和时间不再那么难以逾越，世界变成了一个“地球村”。新技术作为一种“创造性的毁灭力量”，不断给企业原有的经营活动带来威胁，同时又创造出大量新的市场机会。技术的发展使旧的行业遭到冲击甚至淘汰，使新兴产业迅速成长。此外，现代科学技术从开发到应用的时间大大缩短，产品更新换代速度加快，产品的生命周期越来越短，产品的质量和技术含量水平的高低，日益成为决定许多企业经营成败的重要因素。新技术的发展和应用，还使消费领域发生了一系列的变革，改变了人们原有的生活方式和需求结构，尤其是在发达国家或地区，与高科技产业有关的产品销售明显增长，消费者对产品的需求趋向于高质量、多功能、小型化、系列化、节能化、方便化、环保化和健康化等。为了应付日趋激烈的国内、国际市场的竞争，有效满足消费者的需求，企业必须对新技术、新工艺、新材料的发展趋势和发展速度，新产品的技术现状、发展趋势和对市场可能带来的影响，国内外新产品的发展情况，以及引进、改造和生产的条件等所有技术环境的因素进行大量细致的调查研究，这样，才能跟上现代科学技术的发展步伐，不断以更新的技术、更优的产品抢占新的、更广阔的市场，巩固原有的市场。

五、自然环境调研

自然环境调研主要调研哪些自然资源短缺或即将短缺、目标市场环境污染状况、目标国政府对自然资源的干预状况、目标市场地理状况对企业营销活动的影响、目标市场气候变化趋势等。自然环境的调研对于那些生产经营与自然环境有关的产品的企业来说是非常重要的，比如房地产开发企业在开发一个新的项目前必须严格认真地调研拟开发地的地质地貌状况，并据此决定开发的战略与策略，否则就很有可能出现“楼歪歪、楼脆脆、楼倒倒”等严重事故，给企业带来毁灭性打击。

第二节　市场供求状况调研

一、市场需求调研

（一）市场需求量调研

具有一定支付能力的需求构成现实的市场。企业要预测未来的销售状况和获利水平，就必须调查研究其目标市场的需求量。决定一个国家或地区市场需求量大小的主要有该国或地区的人口数量、社会购买力、购买动机等几个因素。

1. 人口数量的调研

一个国家或地区的人口数量是决定该国家或地区市场需求量大小的最基本的因素。特别是日常食品和生活必需的日用品,人口数量是决定其市场需求量最主要的因素。因此,调研一个市场需求量大小必须首先调研其人口数量。在调研人口数量时要注意人口的流动状况和人口的增长趋势。

2. 社会购买力调研

一个市场的人口数量越大,并不等于其现实需求量也越大,这主要是因为要形成现实的需求还取决于该市场的社会购买力。

社会购买力是指在一定时期内,全社会在市场上用于购买商品和服务的货币支付能力。它包括居民购买力、社会集团购买力和生产资料购买力。其中居民购买力尤其是居民消费品购买力是社会购买力最重要的内容,是市场需求量调研的重点。

(1)居民购买力调研。一个市场居民购买力的大小取决于其居民的现实支出水平,而其现实支出水平又是由其收入及其变化、个人投资、个人储蓄或借贷等决定的。所以,需要分别调研这几个方面。

在调研居民的收入水平时必须区分总收入、可支配收入和可任意支配收入。在消费者的总收入中,扣除纳税和其他非商业性支出以后,才是个人可支配收入。个人可支配收入中扣除日常必不可少的开支,如房租、水电费、保险费、债务等,剩下的为个人可任意支配的收入。个人可任意支配的收入多少,是影响除基本生活必需品以外的其他消费品的主要购买力因素。

个人投资在世界各国中都越来越被众多的居民所青睐。包括购买有价证券、房屋、邮票和古董等。所以,需要调研在居民的总收入或可支配收入或可任意支配收入中有多少是用于现实消费,又有多少用于个人投资。

个人储蓄或借贷,在不同的国家或不同的民族有不同的反映,在中国和另外一些东方国家坚持储蓄,反对以借贷进行消费的观念比较普遍,尤其是老年人群,因此企业的目标市场如果是这类人群,就需要调研居民的个人储蓄状况。而在西方国家尤其是发达国家,使用未来的钱财观念比较普遍,这就需要调研他们的个人借贷状况。

(2)社会集团购买力调研。社会集团购买力是指社会集团用公款购买公用消费品和服务的货币支付能力。它作为社会购买力的组成部分,具有独立的经济意义,它是影响全部经营或部分经营社会集团消费品或服务企业经济效益的主要因素。

社会集团购买力的大小,主要受国家行政机关、部门、学校、社会团体与企事业单位对公用消费品或服务的需要的多少,以及各级政府对社会购买力控制或发展经济的一些政策措施的贯彻执行情况等因素的影响。比如,当经济发展较缓慢时,国家为了刺激消费,促使经济增长,这时对企事业单位的消费控制就较少,这个时期,社会购买力就会增长。

(3)生产资料购买力调研。生产资料购买力是各行各业的企业用于购买进行生产所需要的生产设备、房屋、原材料和各种用具等的货币支付能力。对生产资料购买力的调研的内容主要是以下两个方面:一是国家基本建设投资规模、构成和重点。基本建设的投资量大,生产资料的购买力就会提高,投资构成和重点不同,就会影响到生产资料需求量构成的不同。二是生产单位或生产个人的获利能力。生产者的获利能力强,在一定时期内获利多,用于发展生产的基金也就多。不同生产者的获利能力不同,也影响着生产资料购买力的构成。

3. 消费者购买动机调研

购买动机是指人们为满足一定需要而进行购买活动的愿望和意念。人们的购买动机常常是由那些最紧迫的需要决定的,但购买动机又可以通过运用一些相应的手段来诱发和刺激。消费者购买动机调研的目的主要是弄清购买动机产生的各种原因,以便企业采取相应的刺激和诱发策略。

消费者购买动机是复杂多变的,一般可以分为三大类:即本能动机、心理动机和社会动机。

(1)本能动机。本能动机是由消费者生理本能的需要,如饥渴、寒暖、行止、作息等所引起的购买动机。在这种为满足生理需要的购买动机推动下,购买行为具有经常性、重复性和习惯性的特点。消费者在维持生命动机的驱使下,产生购买食品、饮料和房屋、家具、家电等具体行为;在保护生命动机的驱使下,购买药品、医疗服务、保险等;在延续和发展生命动机的驱使下,消费者为子女的抚育、成长购买商品、书籍,支付学费等。为满足生理本能的需要而购买的商品,多数是日常生活不可缺少的必需品,其需求弹性较小。

(2)心理动机。心理动机是由人们的认识、感情、意志等心理过程引起的行为动机。具体可以分为:

①理智动机。这是消费者在对商品的客观认识基础上,经过分析、比较和综合以后产生的动机。它具有客观性、周密性和控制性的特点。在理智动机驱使下进行的购买,比较注意商品的物美价廉,实用耐用、方便简单等,能为消费者提供预期的效用。

②情感动机。主要分为冲动型和伦理型两类。冲动型情感动机又称情绪动机,是由人的喜、怒、哀、欲、爱、恶、惧等情感冲动引起的动机。这类动机一般都是在外界的刺激下产生的,所购买的商品并不是生活必需或急需的,事前也没有计划和考虑。凡是由于满意、快乐、喜欢、好奇、好胜、嫉妒或愤怒等情感冲动引起的购买行为,都属于这类动机。它具有冲动性、即景性和不稳定性的特点。伦理型情感动机是道德、群体感、美感等人类高级伦理情感引起的动机。例如出于道德感购买保护环境的商品、为了友谊购买礼品、为了爱美购买化妆品等,都属于这一类型。伦理型情感动机引起的购买行为,一般具有较大的稳定性和深刻性。

③惠顾动机。是消费者基于理智和情感的经验,对特定的商品、推销员、品牌或商品产生特殊的信任和偏好,习惯或重复地购买某种商品的行为动机。这类动机的产生,可能由于商品的品种丰富,质量优异,价格合理,或者推销员的服务热情、周到和诚恳等。这类动机推动的购买,具有经验性和重复性的特点。

(3)社会动机。人们的动机和行为,不可避免地会受到来自社会的各个方面和各种因素的影响。这种后天的、由社会因素引起的行为动机叫做社会动机。它主要受社会文化、社会风俗、社会群体、社会阶层等因素的影响。社会动机是后天形成的,主要有民族心理动机、地域心理动机、传统心理动机、宗教心理动机、群体心理动机、职业心理动机和时代心理动机等。社会动机中,由社交、归属、自主、传统等意念引起的购买动机,属于基本的社会动机;由成就、威望、荣誉等意念引起的购买动机,属于高级的社会心理动机。

购买动机调研要了解消费者潜在的需要,以及刺激这种需要的条件。下面是购买动机调研的常见问题:是否听说过这种产品?是否有意向购买这种产品?对产品各方面特征(包括外观、性能、质量等)的要求如何?更愿意在什么地方购买?等等。对于企业的产品开发人员来说,这些信息有助于改进产品设计,突出或强化深受消费者欢迎的方面,使产品适销对路。对于企业的销售人员来说,将有利于准确把握消费者对产品的核心需求,提高产品诉求、推广的针对性。

(二)消费者的支出模式调研

消费者的支出模式是指消费者将其货币收入用于不同商品的比例。它决定了消费者的消费投向。对消费者的支出模式调研的主要内容有:

1. 人口构成调研

由于消费者的性别、年龄、职业、文化程度、民族和居住地区的不同,其支出模式会有很大的不同。比如,就性别而言,女性消费者在美容、服装和零食方面的支出较大;而男性消费者则在烟酒、社交方面的开销较大;就年龄来讲,儿童在游玩和食品方面的支出较多,而老年人则在药品和保健品方面的消费较大;从文化程度来看,知识水平高的消费者比较注重商品性能的科学性、外包装的艺术性和个性。不同民族和不同地区的消费者,由于风俗习惯、宗教信仰和生活方式的不同,其消费支出模式更是千差万别。因此,企业为了更好地满足目标市场的需求,必须进行人口构成的调研,以此了解不同特征的消费者的不同需求特点,从而采取不同的市场营销组合。

2. 家庭生命周期和家庭的构成调研

家庭生命周期是指一个家庭可以细分为九个时期:单身期——离开父母独居的青年;新婚期——新婚的年轻夫妻,无子女;"满巢"Ⅰ期——子女在6岁以下,即学龄前儿童;"满巢"Ⅱ期——子女6岁以上,已入学;"满巢"Ⅲ期——结婚已久,子女已长大,但仍需抚养;"空巢"Ⅰ期——结婚已很久,子女已成人分居,夫妻仍有劳动能力;"空巢"Ⅱ期——已退休的老年夫妻,子女早已离家分居;鳏寡就业期——独居老人,尚有劳动能力;鳏寡退休期——独居老人,已退休养老。不同阶段的家庭有不同的需求特点,企业必须调研自己的目标消费群处于家庭生命周期的什么阶段,并据此开发适销对路的产品,拟定适当的营销计划。

在家庭的构成上,过去四世同堂的大家庭构成已越来越让位于3口之家,两个大人一个子女的家庭构成已具有普遍性,由于家庭人口少,且两人只负担一个孩子,其购买力的潜力较大,尤其是独生子女的开销更大,用于耐用消费品、奢侈品、文化娱乐等方面的支出也在不断增长。另外两口人的丁克之家甚至非家庭关系而合租的临时家庭也越来越多。这些都带来了家庭消费的独特之处,企业必须及时调研了解,以便制定相应的营销策略。

3. 收入增长状况调研

根据恩格尔定律,收入水平越低,用于食物的开支占全部支出的比重越大;随着收入水平的提高,用于购买食品的支出占家庭收入的比重下降,住宅、家居用品的支出所占的比重大体不变,而用于服装、娱乐、保健等的支出会上升。一些调研结果也表明了在生活水平提高了以后,吃的比重在下降,而穿、用、住的花费增长很快,这种由于收入增长所带来的消费支出模式的变化,对企业今后的经营方向具有较大的指导意义。

4. 商品供应状况以及价格变化调研

当市场上某种商品供应不足或限量供应时,消费者可能会转移消费投向,同样,当某种商品的价格由于某种原因提高或降低时,消费投向也会转移。可消费者的消费投向会转向哪里呢?企业应该就此做出什么样的反应?这就需要进行调研,一方面了解由于供应和价格的变动,会引起什么样的需求变动,另一方面也为那些经营替代产品的企业提供有效的信息。

(三)消费者购买行为调研

消费者购买行为调研包括购买行为类型和购买活动两个方面的调研。

1. 消费者购买行为类型调研

根据消费者购买产品的品牌差异程度和消费者购买时的介入程度可将消费者购买行为分为 4 种类型，如表 3.1 所示。

表 3.1　消费者购买行为类型

品牌差异 \ 介入程度	高	低
大	复杂型购买行为	变换型购买行为
小	协调型购买行为	习惯型购买行为

(1)复杂型购买行为。当消费者参与购买程度较高，并且了解品牌间的显著差异时，则其表现为复杂的购买行为。显然，如果产品价格昂贵、技术复杂、购买频率小，具有很高的自我表现作用时，消费者参与购买活动的程度就较高。特别是当消费者对产品不太熟悉且性能不易掌握时购买活动就更为复杂。如普通消费者在决定购买个人电脑时，对诸如内存、硬盘、显示器等知识缺乏了解，不会贸然购买。这位购买者要经历一个学习的过程，即首先产生对产品的信念，然后逐步形成态度，接着对产品产生喜爱，最后作出慎重的购买选择。对于购买者参与程度较高的商品，市场营销人员必须了解购买者的信息是如何收集、整理和评价的。市场营销人员还应制定出各种策略，帮助消费者了解产品的属性、这些属性的重要程度，以及公司的品牌在比较重要的属性上的知名度。对于复杂的购买行为，企业形象和企业品牌的知名度无疑会在某种程度上使之简化。

(2)协调型购买行为。表现为消费者虽参与程度较高，但各品牌产品之间的差异不明显。由于此类产品价值较高、不经常购买且冒一定的风险等，因而消费者参与程度较高。但与复杂的购买行为相比，消费者购后容易出现因产品缺陷或其他品牌更优而使心理不和谐的现象。为协调心理平衡，他试图收集更多的信息以支持自己的决策。基于此点，企业市场营销人员应注意与消费者的信息沟通，向消费者提供更多的服务与信息，使他们确信自己的选择是正确的。

(3)习惯型购买行为。对于日用商品的购买，消费者的参与程度一般较低，同时品牌间差异也不大。比食盐，消费者对这类产品的购买几乎不加参与，凭以往的经验和习惯。在这种情况下，消费者的购买行为并不经过正常的信息—态度—行为的顺序。他们无须广泛收集商品信息，也不评价品牌特性，更不对购买什么品牌进行加权决策。广告的重复只是造成熟悉品牌，而没有信服品牌。消费者不会对品牌形成强烈的态度。经营者通过运用适当的促销策略和价格策略，可有效地吸引消费者；也可以通过某种策略将参与程度低的商品转化为参与程度较高的商品，其方法是将产品与某些相关的问题联系起来，比如高露洁牙膏与防止蛀牙联系起来；也可以将该产品与某些个人情景相联系，如咖啡广告可与消费者清晨想要驱除睡意联系起来。

(4)变换型购买行为。其特点是消费者参与程度低，同时各品牌间的差异很大，此时消费者表现为经常改变品牌的选择。如在食品购买中消费者出于追求口味的变化而不断地在各种品牌之间转换。品牌的转换是因为寻求变化，而不是对产品的不满。

不同的消费者面对不同品牌的产品会有不同的购买行为表现，而这些表现或多或少地影响着企业的经营活动，所以企业必须调研消费者的购买行为，判断其属于哪一种购买行为，以采取不同的营销决策。

2. 消费者购买活动调研

对消费者购买活动的调查，即通常所讲的“三 W”、“一 H”调研。了解消费者在何时购买(When)、何处购买(Where)、由谁购买(Who)和如何购买(How)等方面的情况，

(1)消费者何时购买。消费者在购物时间上存在着一定的习惯和规律。一些商品的销售随着自然气候和商业气候的不同，具有明显的季节性。尤其在春节、“五一”、中秋节、“十一”等节日期间，消费者购买商品的数量会比平时增加很多。企业应按照季节要求和消费者的购买习惯，适时、适量地调整对市场商品的供应数量，增加一线销售人员，合理分配劳动力，以满足不同的市场需求特点。

(2)消费者在何处购买。主要包括消费者在什么地方决定购买和在什么地方实际购买两个方面。对于多数商品，尤其是价值较高的大件商品、家庭用品等，消费者一般在购买前就已经在家中作出购买决定了，如购买商品房、家用电器产品等。因此，对这类商品的信息传播应以电视、广播、报刊杂志等媒体为主，使消费者在作出购买决定时，就可以获得所需要的信息。而对一般日用品、食品和服装等，具体购买哪种商品，通常是在购买现场，受商品陈列、外部包装、卖场气氛、导购人员的介绍的影响，临时作出购买决定的，具有一定的随意性。所以，对这类商品，企业应特别注意销售现场的广告和促销活动，要突出本企业产品的特性，加强营业员的销售技巧培训，把更多消费者的潜在需求变成现实的购买行为。

(3)谁负责家庭购买。主要包括在家庭中，谁作出购买决定；谁去购买以及和谁一起去购买三个方面。对于日用品、服装、食品等，大多是由女方作出购买决定，并由女方实际购买；对于耐用消费品，需要共同协商，最终以男方作出购买决定的较多，较多的是全家人集体去购买。对于儿童或青少年服装及生活用品，常常是由孩子提出购买要求，由父母最后决定，并与孩子一同前往购买。因此，企业应针对不同决策者、实际购买者的性别差异采取相应的营销对策。

(4)消费者如何购买。不同的消费者具有各自不同的购物爱好和习惯。有的重视商品的品牌；有的关注商品的款式、性能；有的看重购物环境和氛围；有的对于价格十分敏感等。企业必须根据自身的特点，有的放矢，在科学的市场细分的基础上，进行准确的定位，以最大限度地满足目标消费群的各种需要。

二、市场供应调研

市场供应调研是指对为本企业提供所需产品的整个市场状况的调研。如果说市场需求是影响企业销售及其获利能力的主要因素之一，那么市场供应就是影响企业生产经营的主要因素之一。如果市场供应不足，使企业缺乏生产经营所需要的原材料、生产设备或其他产品，那么企业的生产经营就会成为无水之源，即使是实力雄厚，生产经营能力巨大的企业，也会是难做无米之炊的巧妇。所以企业在生产经营过程中，不仅要掌握市场需求状况，还必须了解整个市场供应货源，包括货源总量、构成、质量、价格和供应时间等一系列情况。尤其是当企业需要进行商品的采购决策时，市场供应调研起着决定性的作用。

(一)商品供应来源及其影响因素调研

市场商品供应量的形成有着不同的来源，从全部供应量的宏观角度看，除由国内各行业生产部门提供的产品、进口产品、国家储备拨付和挖掘社会潜在物资外，还有期初结余的供应量。可以先对不同的来源进行调研，了解本期市场全部商品供应量变化的特点和趋势，再进一步了

解影响各种来源供应量的因素。

(二)商品供应能力调研

商品供应能力调研包括：

(1)能提供企业所需要产品的现有生产企业有多少？都有哪些？其商品生产或商品流转的规模、速度、结构状况如何？能否满足市场需要？

(2)能提供企业所需要产品的现有生产企业的生产经营设施、设备条件如何？其技术水平和设备现代化程度在同行业中处于什么样的地位？是否适应商品生产和流通的发展？是否得到了充分的利用？

(3)现有生产企业是否需要进行投资扩建或者更新改造？

(4)现有生产企业的资金状况如何？自有资金、借贷资金和股份资金的总量、构成以及分配使用状况如何？其经营的安全性、稳定性如何？

(5)现有生产企业的现实盈利状况如何？综合效益怎么样？

(6)现有生产企业的职工数量、构成、思想文化素质、业务水平如何？是否适应生产、经营业务不断发展的需要？

(7)市场上是否可能出现能提供企业所需要产品的新企业？出现的概率有多大？有可能出现多少这样的企业？将为市场增加多大的商品供应能力？等等。

第三节　市场竞争状况调研

市场竞争状况调研是对与本企业经营存在竞争关系的各类企业以及现有竞争程度、范围和方式等情况的掌握。优胜劣汰是竞争的必然结果。对企业来说，随时了解竞争对手的情况，是使自己立于不败之地的有效方法。调研的内容主要包括谁是竞争者，竞争有多激烈，什么是竞争者的优势和劣势，各类竞争者的市场地位和战略策略，竞争者可能的反应是什么，今后的竞争者可能是谁等。

一、调研竞争者的数量

在现代市场上几乎不存在没有竞争的市场，只是有些市场竞争者多，而有的市场竞争者相对少一些，那么在一个有限范围的市场上究竟存在多少竞争者，谁是主要的竞争者，这是每一个企业在进入一个新市场时首先必须要调研了解的。

识别竞争者是分析竞争者的起点。一般在现有的市场上，企业可能知道谁是主要的现有竞争者。但是，企业有时忽略了新的竞争者常常不声不响地建立了企业。此外，在市场上，最明显的竞争通常是品牌的竞争，如可口可乐与百事可乐的饮料竞争等。产品类型竞争是指不同的产品实际上满足同样的需要，如35毫米照相机的生产企业与录像机的企业相竞争，现在还要与计算机的生产者相竞争。因此说，所有的争取消费者的自主消费能力的产品都在某种意义上处于竞争中。实践中，最有用的识别竞争者的方法是分析消费者的选择，特别是要确定当消费者购买时，会考虑哪些竞争者的产品作为替代品，哪些产品与特定的用途相联系。正是消费者通过他们的选择过程和对替代品的思考，决定了企业的竞争者是谁。

二、调研竞争的激烈程度

它反映的是市场上现有的和潜在的竞争强度。若一些产品的市场竞争比另一些产品的市场竞争激烈得多，说明这些产品的市场有较大的潜在需求，对企业来说，这样的市场就很重要，特别是在评估新市场时更是如此。凡是激烈竞争的市场，都具有以下几个条件：大量的竞争者；阻止进入的壁垒低；阻止退出的壁垒高；相同的产品；有利可图和正在成长的市场。

三、调研主要竞争者的状况

宏观层面上，对主要竞争者的调研内容如图 3.3 所示。

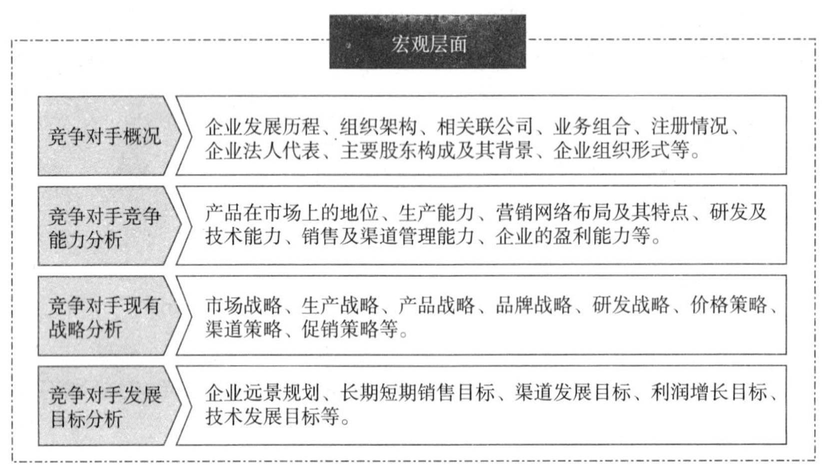

图 3.3　对主要竞争者的调研内容(宏观层面)

对主要竞争者状况微观层面上调研的内容，上海上咨市场咨询有限公司进行了非常详细的注解。具体内容如图 3.4 所示。

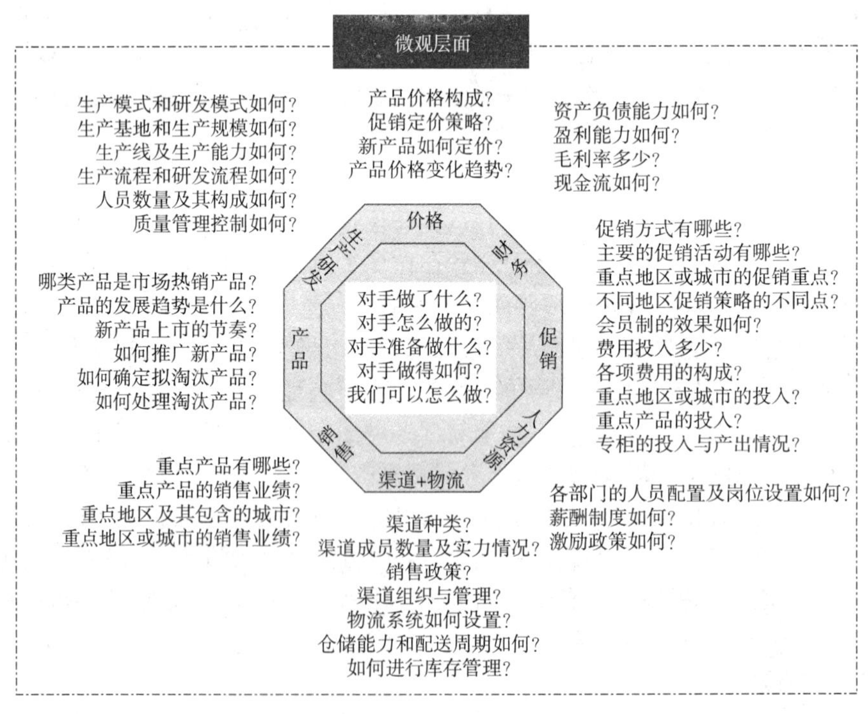

图 3.4　对主要竞争者的调研内容(微观层面)

四、调研各类竞争者的市场地位和竞争战略

根据竞争者的地位和战略，可将竞争者分为市场主导者、市场挑战者、市场跟随者和市场补缺者。

企业进行营销活动必须要了解在市场上的所有竞争者中，谁是市场主导者，哪些是市场挑战者，哪些是市场跟随者和市场补缺者，他们各自都采取了哪些竞争战略，取得了什么样的成效，更重要的是他们将来又会采取什么战略。前三类竞争者可能采用的战略如图 3.5～图 3.7 所示。

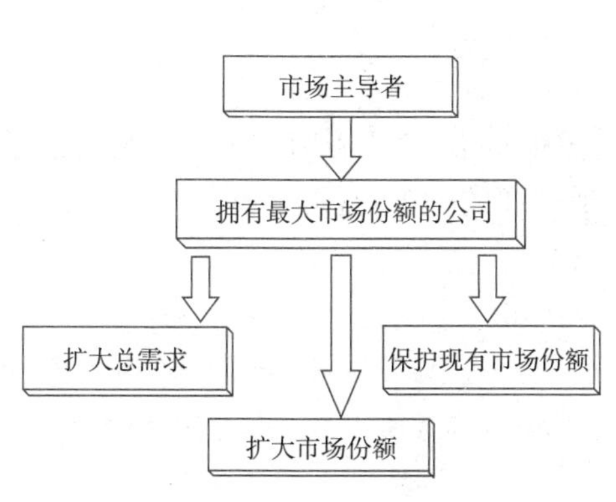

图 3.5 市场主导者的竞争战略

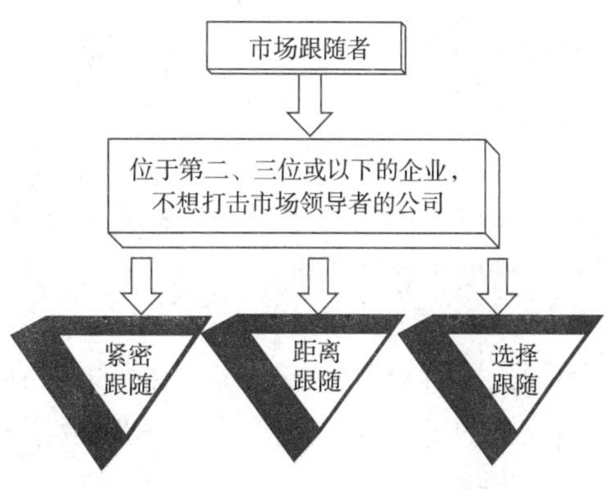

图 3.6 市场跟随者战略

这些调研能够提供思路，知道如何以更好的方式与竞争者打交道。例如若能确定竞争者打算推出一种新产品，就可以采取措施减少这种影响或抢得先机。

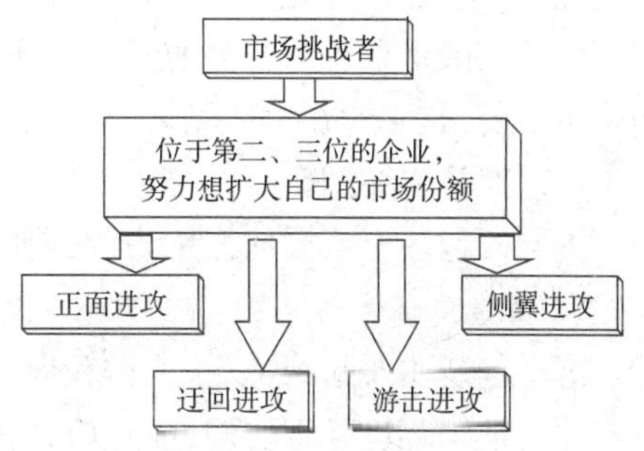

图 3.7 市场挑战者战略

五、调研竞争者可能的反应

即估计竞争者对任何我们在市场上的行动的可能的反应。如一些竞争者是有选择地进行反应，可能只是在他们认为受到威胁时才做出反应；还有些竞争者可能对对手的反应是非常具有攻击性的。因此，调研竞争者可能的反应是十分必要的。

六、调研今后的竞争者可能是谁

市场，特别是竞争者，从来都不是一成不变的。就竞争者而论，现有的将会逐渐消失，新的将会出现。有时新的竞争者来自未曾预料的方面。例如新技术在企业作出反应之前，可能会威胁旧技术。在市场上经常也会看到，由于消费者的需要和购买方式的变化，而导致新的竞争者的产生。

第四节 市场营销实务调研

本节所说的营销实务调研主要是指企业要进行一些特定的营销活动时需要进行的一些调研。

一、产品调研

当企业需要开发新产品或对其产品的价格、包装、品种等方面进行改变时需要进行产品调研。包括对产品实体、产品包装、产品使用价值和产品市场生命周期的调研。

(一)产品实体调研

1. 产品的规格

产品规格的大小会在不同的消费中产生不同的反应,对于企业所服务的目标市场,企业所提供的产品规格必须符合当地消费者的习惯或偏好。有些市场人们需要各种规格的产品,越齐全越好,但有的市场却只喜欢某一种或几种特别规格的产品。

2. 产品的颜色和图案

颜色和图案在不同地区、不同民族可能有不同的象征意义,消费者对颜色和图案的偏好也会因人因地区因民族而有异。在某些地区或民族受到欢迎的颜色或图案,在其他地区或民族可能是忌讳或不祥的象征。

3. 产品的式样和类型

不同消费者对产品的式样和类型可能有不同的要求,通过调研了解企业目标市场消费者对产品式样和类型的具体意见和要求,以便提供目标市场消费者所需要式样和类型的产品。

4. 产品的性能

产品性能是产品最基本、最主要的属性,是消费者最为关注的问题之一。产品的耐用性、安全性、使用和维修的方便性、有些产品使用时的能源损耗等都是消费者在购买时要考虑的问题。但不同的消费者对产品的某一个或几个性能的关注是不同的,企业需要通过调研了解哪些是主要的,是企业在生产经营中应该特别注重的。

(二)产品包装调研

不同的包装有不同的作用,其调研的内容也不同。

1. 销售包装

这种包装主要起到美观、保护和促销商品的作用。这就需要调研以下内容:①产品的包装与当地的推销环境是否协调,或是否显得突出?②消费者对何种包装图案或颜色有特殊的偏好?③在同类产品中消费者认为最好、最受欢迎的产品包装造型是什么样的?④竞争产品的包装是什么样的?⑤包装上是否需要详尽的说明?⑥什么样的包装材料能起到保护商品的作用?⑦目标顾客对包装的材料有什么要求?等等。

2. 运输包装

在运输过程中,产品包装是否适应运输方式的要求以保证产品的使用价值不受损害、包装材料不破损;对不同的运输工具要求的包装形式、装卸方法、防盗、防晒、防潮、仓储形式以及包装成本等内容的调研,为决定采取何种包装材料和形式提供了有用的参考资料。

(三)产品使用价值调研

产品的使用价值是产品的核心功能,是消费者最为关心的方面。不同的消费者对同一种产品的使用价值有不同的要求。比如对化妆品,有的消费者最关注的是它的美容作用,而有的消费者关心的是它能否保护皮肤。再比如果汁饮料,本来它原来的主要功能就是为了解渴健康,但现在也有追求时尚的女性把它当成美容食品。所以企业必须调研目标市场的消费者对本企业提供产品使用价值最关注的方面,以便采取相应的营销对策。

(四)产品市场生命周期调研

任何进入市场的产品都有市场生命周期。产品的市场生命周期包括导入期、成长期、成熟期和衰退期4个阶段。企业首先需要明确自己所生产经营的产品处于生命周期的哪一阶段,在不同的市场生命周期阶段应该采取什么样的营销策略,所以需要在产品的销售量、利润率、经营者和消费者对产品的兴趣等方面进行调研。

当产品在导入期时,作为一种新产品,带有一定的风险,必须要消费者接受才能在市场上站稳脚跟。这时需要调研的是:第一,消费者为什么选择此种产品?第二,消费者对该产品价格的承受能力有多高?第三,市场上有无类似产品?第四,消费者对该产品的需求程度如何?第五,该产品有什么特殊优势?

当产品处于成长期时,市场上已经基本上接受了它,这时调研的重点转入:第一,产品受欢迎的原因。第二,产品在哪些方面还有不足,需要改进。第三,市场上是否出现了竞争产品,其竞争能力如何。第四,产品处于这个时期的时间有多长。

当产品进入成熟期时,产品已到了销售的最高点,市场上竞争激烈,销售量不仅难以提高,反而有下降的趋势。这时应该主要调研:第一,市场需求下降的原因。第二,本企业产品的优势与劣势。第三,竞争产品的优势。第四,何时可能进入衰退期。

当产品到了衰退期时,企业就不需要进行调查了,应该改变经营方向。

(五)产品的价格调研

产品的价格直接影响企业的产品销售和获利。企业如何确定产品的价格关系到企业的生存与发展,而产品价格的确定又受到多种因素的影响。因此,企业要成功地确定产品的价格,必须对这方面进行细致的调研。主要调研以下内容:

(1)影响产品价格的因素。

(2)目标市场不同阶层顾客对产品的需求程度。

(3)竞争产品的定价水平及销售量。

(4)采用浮动价格是否合适?提价和降价带来的反应。

(5)目标市场不同消费者对产品价格的要求。

(6)替代产品价格的高低。

(7)产品最适宜的销售价格是多少?

二、分销渠道调研

产品要想从生产者手中转移到消费者或用户的手中,必须要通过一定的分销渠道才能够实现。由于生产者同消费者或用户之间不可避免地存在着时间、地点、数量和所有权等方面的差异和矛盾,因此,必须首先解决和克服这些差异和矛盾,才能在适当的时间、适当的地点,以适当的数量和价格,将产品从生产者手中转移到消费者或用户手中,并最终实现商品的价值。

(一)分销渠道类型

市场营销活动中,分销渠道按照有无中间环节和中间环节的多少,可分为4种基本类型:

1. 直接渠道

即生产者将产品直接卖给消费者或用户。它有推销员上门推销、邮寄销售、电话销售、网上销售、电视直销等多种具体形式。

2. 一层渠道

即生产者和消费者或用户之间，只通过一层中间环节，一般消费品是零售商，生产用品是代理商。

3. 二层渠道

即生产者和消费者或用户之间经过二层中间环节，一般消费品是批发商和零售商，生产用品则可能是总代理商和批发商。

4. 三层渠道

即在批发商与零售商之间再增加一道二级批发，因为广泛分布于城乡各个角落的小零售门店，不可能直接从大批发商那里进货。

图 3.8 所示为消费品分销渠道的类型。

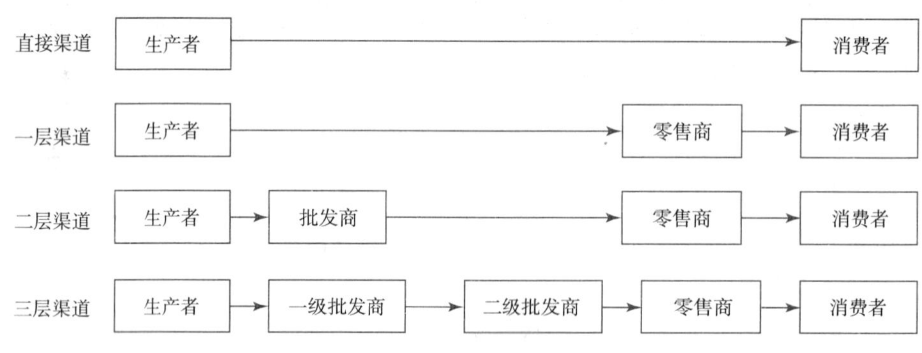

图 3.8　消费品分销渠道的类型

此外，如果生产者的产品是销往国外市场的，则还需要国内出口商和国外进口商的参与，因此，渠道层次可能会更多。

以上 4 种类型是就分销渠道的长度而言的，也可概括为直接渠道和间接渠道两大类。直接渠道也称“零层渠道”，即产品从生产者流向最终消费者或用户的过程中不经过任何中间环节。间接渠道则是在产品从生产者流向最终消费者或用户的过程中需经过一层或一层以上的中间环节，消费者市场多数采用这种间接渠道。

渠道类型除长度问题外，还有宽度问题。不同层次环节的多少是长度问题，即产品流通所经过的中间环节愈多，则渠道愈长，反之则愈短。而同一环节上同种中间商数量的多少则是渠道的宽度问题。如饮料、冰淇淋、儿童食品、胶卷等在零售环节上的零售商数目很多，说明渠道很宽，而一些专用设备、机器、工具等只在一个地区设独家总代理，则意味着在批发环节的批发商数目是少到只有 1 个，显然渠道宽度是最窄的。

面对这样复杂的多元的分销渠道，企业究竟应该如何决策，就需要对分销渠道的各个方面进行调研。

(二)就渠道类型选择所需要调研的内容

(1)影响此类商品分销渠道选择的因素有哪些?

(2)对于本企业生产经营的产品来说，各类分销渠道有哪些优势与劣势?

(3)此类商品最常见的分销渠道情况，是直接供应用户还是通过中间商?

(4)现行分销渠道中最成功的类型。

(5)市场上是否存在分销此种产品的权威性机构，如果存在，它们经销的商品在市场上所占的份额有多少？

(6)产品在每一环节上的加价或折扣是多少？

(7)主要竞争对手是如何对其产品进行分销的？其效果如何？

(8)企业是否有通畅的分销渠道？如果不通畅，其原因是什么？

(9)分销渠道中各个环节的商品库存是否合理？能否满足随时供应市场的需要？有无积压或脱销现象？

(10)分销渠道中的每一个环节对商品销售提供哪些支持？能否为销售提供技术服务或开展促销活动？

(三)就中间商选择所需要调研的内容

1. 批发环节

(1)批发商分销渠道的参加者有多少？有哪些？各个批发商的规模、信誉、经销商品的能力与水平、各个批发商之间的竞争状况、特别是各批发商的未来发展趋势和经销本企业产品的意愿等。

(2)批发商业流转环节的层次多少，各个层次的必要性，影响流转环节层次的因素等。

2. 零售环节

(1)调研经销此类产品的零售商参加者数量，具体有哪些，各主要零售商的规模、信誉、顾客流动量、经销商品的能力与水平、各主要零售商之间的竞争状况、价格策略、特别是其发展能力和经销本企业产品的意愿等。

(2)调研零售商企业网点的分布。

(3)调研零售商市场的商品产销服务形式。

三、促销活动调研

企业的促销活动有广告宣传、人员推销、公关活动、现场演示、优惠或有奖销售等多种多样，而每一种活动又包括多种方式，这些活动可以组成各种各样的促销组合。另一方面，不同的市场、不同的产品以及同一种产品处于不同的市场生命周期阶段需要不同的促销。企业应该进行什么样的促销组合需要依据调研信息来进行决策。

(一)广告调研

广告活动调研包括以下几个方面的内容：

(1)广告诉求调研。广告诉求调研就是在进行广告策划前找出消费者对广告要宣传的产品的最重视点。主要调研消费者的收入、消费心理、知识水平、广告意识、接受广告的特点等，以此决定适当的广告主题(诉求)，并测定广告主题的效果。

(2)广告媒体调研。针对网络、电视、广播、报纸、杂志等大众媒体及户外、海报等个别媒体，分析诉求对象的接触广告情形及媒体的特性。同时，也要掌握各种媒体的到达范围及收费情况。广告媒体调研包括媒体的质与量的调研。

(3)广告效果测定。指测定产品广告及企业广告的效果等。有关广告效果测定又可分成事前、事后、同时3种调研。由于广告属传播的一种，从传播的过程也可以体会出，广告调研牵涉的层面甚广。不过，为了考虑广告的效果性、经济性，广告调研的重要性已日渐受到肯定，尤其是正值广告费日益增加的今天，为了使广告活动符合目标管理的原则，广告主、广告代理商或有关人士，对于广告调研将会更热衷、更积极也更执着。表3.2是一种广告沟通效果调研的示例，可供读者参考。

表 3.2 广告沟通效果调研示例

广告沟通效果评分

此广告吸引读者的注意力如何?	—— (20)
此广告促使读者进一步细读的可能性如何?	—— (20)
此广告的中心内容或其利益是否交代清楚?	—— (20)
此特定诉求的有效性如何?	—— (20)
此广告激起行为的可能性如何?	—— (20)

劣等	中等	普通	好的	最佳

下面有一市场调研公司设计的广告效果调研系统,可供读者了解实际的调研公司是如何调研广告效果的,见表 3.3。

表 3.3 广告效果快速调研系统

广告效果快速调研系统 AET

一、AET 是什么

AET(advertising effectiveness test)是北京世纪蓝图市场调研公司(CPMR)研究开发的电视广告效果调研系统的简称。AET 通过在广告播出不同阶段对消费者的快速电话访问,评估特定广告的心理效果与销售效果。

二、AET 的作用

(1)测试广告产品的心理效果

(2)测试广告产生的购买效果

三、AET 的调研内容

(1)品牌知名度

(2)广告接触率

(3)对广告的理解程度

(4)对广告的美誉度

(5)购买行动

四、AET 的费用

在北京实施 300 样本的消费者广告效果的快速调研,如果产品渗透率为 50%,访问时间不超过 15 分钟,则每次 AET 调研费用为 12 000 元。

由于 AET 系统在连续使用时能更准确反映广告效果的变化,所以 CPMR 希望和客户建立较长时间的合作关系,并能给予客户进一步的价格优惠。

五、AET 的适用范围

AET 适用于大众化的快速包装消费品的电视广告效果调研。使用电话访问,AET 能够快速完成数据采集,但也约束了向不拥有电话的居民(以低收入阶层为主)搜集信息的能力。由于采用电话调研,AET 不适用于需向受访者出示材料的文案测试类广告效果调研。

(资料来源:本文由作者根据相关资料改写,原文见 http://jpkc.cuit.edu.cn)

(二)人员推销、公共关系、现场演示等其他促销活动调研

人员推销、公共关系、现场演示等其他促销活动调研与广告调研类似,在进行这些促销活

动之前必须调研目标受众的最主要关注点，以此作为促销活动的诉求要点，同样这些活动完成后也需要调研其效果。

人员推销、公共关系、现场演示等其他促销活动的效果调研主要是调研：

(1)企业采用人员推销、公共关系、现场演示、有奖销售等促销活动后，消费者的反应。

(2)开展上述活动后有多少使用其他企业产品的消费者改用本企业产品？他们的反应如何？

(3)促销活动展开以后企业市场占有率的变化，在竞争中的是否发生变化？

四、商圈调研

当一个投资者或投资机构要投资建立一个商业网点时必须进行商圈调研。

商圈是一个地理概念。从行业角度讲，不同业种和业态的零售业者在一个相对集中的区域从事经营活动，这个区域的范围就叫商圈。

商圈调研是商业地产开发不可或缺的重要一环。研究和了解商圈，准确地进行商圈分析，对商业物业的开发规划定位，业态规划及招商的商户组合，以及开业后的经营都是至关重要的。

在商业项目开发前期，商圈调研是要为项目的开发提供依据，确保商业项目开发的可行性，并为进一步制定项目的经营战略提供方向和依据。

专业的市场研究公司一般都有专门的商圈调研。图 3.9 是上海上咨市场咨询有限公司关于商圈调研的主要内容，可供读者了解参考。

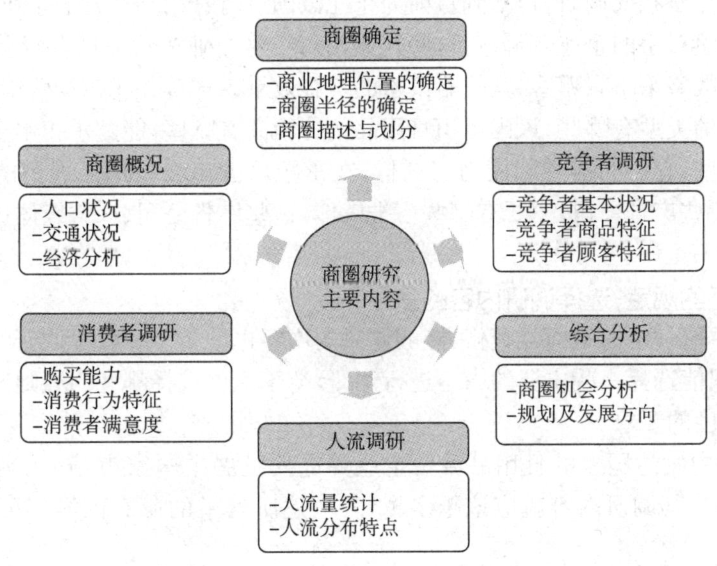

(资料来源：由作者根据相关资料整理，可参见 http://www.sicc-mc.com)

图 3.9　商圈调研内容

第五节　确定市场调研内容的依据

如上所述，市场调研的内容很多，包括市场宏观环境、市场供求状况和市场营销实务等多方面内容，而每一个方面又包含着众多的子项目。是不是每一次调研都需要对所有这些方面进行调研呢？显然，答案是否定的。那么在一次具体的市场调研中究竟应该调研哪些内容呢？确定市场调研内容的依据有哪些呢？

一、根据市场调研的主题，确定全面的市场调研内容

企业任何一次调研项目，在设计调研问卷之前都必须决定调研哪些内容。调研人员在决定市场调研内容时，首先应该将上述四大方面的所有内容与本次调研主题进行比较研究，应该将所有与本次调研主题相关的内容都列举出来，作为本次调研内容的选择。至于是否将这些内容都作为本次调研的内容，就还需要根据其他依据来决定。

例如：某发达国家的日用品公司是世界市场上同行业的巨头之一，为了进入一个人口众多，资源丰富，土地辽阔但比较贫穷的发展中国家市场，准备进行一次大规模的市场调研，主题是关于该公司日用品进入该目标市场的调研，目的是为公司确定营销战略提供全面准确的市场信息。这次调研要求的精确度为98%，但没有时间和经费的限制。在这样的调研主题下，该公司这次调研的内容应该是什么呢？我们说该公司的这次调研应该首先将所有与该公司日用品进入该国市场有关的内容都列举出来，如下：①市场宏观环境，包括人口数量、家庭构成，所有日用品进入该国市场的方针政策、法律法规。该国政府对外国生产的日用品有哪些限制、哪些支持。该国的交通设施、该国消费者的风俗习惯等。②市场供求状况调研：包括影响该国消费者对日用品需求的因素，特别是该国消费者的可支配收入、支出模式以及对日用品的消费心理；该国消费者对日用品的需求特点，特别是需求量的大小和需求的品种结构。③市场竞争状况调研：包括到目前为止在该国进行日用品经营的企业有多少，主要的与本企业构成竞争对手的企业有哪些，这些企业相对于本企业来说有哪些优势、劣势，它们在该国市场经营的战略策略有哪些，其战略策略的实施效果怎样等。④市场营销实务调查：包括该国日用品分销的类型有哪些，该国承担日用品的分销商有哪些，能够承担本企业产品分销的经销商可能有哪些，它们的信誉和能力怎么样，在承担该国市场日用品促销的企业主要有哪些，比如主要有哪些广告公司，主要有哪些广告媒体，这些广告公司、广告媒体进行的广告活动效果怎么样等。

二、依据调研时间的规定，选择调研内容的多少

众所周知，调研规定的时间越宽裕，能够调研的内容也就越多。反之调研的内容就会受到一定的限制，就只能选择一些主要的内容进行调研，至于主要选择哪些内容则还需要考虑调研费用和调研精确度的要求。

如上述例子中发达国家的日用品巨头企业要进入发展中国家市场，从调研时间方面来看，由于没有限制，其调研内容就应该越多越好，上述所列举的所有内容都可以也应该进行调研。

三、依据调研费用的预算，确定调研内容

对大多数企业来说，任何一次调研都有调研费用的预算。每一次调研内容的确定都必须根据调研费用的多少来确定调研内容的多少。当然调研费用预算越多，其调研的内容也可以更多，反之，其调研内容也必然受到限制。

如上述例子中发达国家的日用品巨头企业要进入发展中国家市场，从调研费用预算方面来看，由于没有限制，其调研内容就应该越多越好，上述所列举的内容都可以也应该进行调研。在上述例子中，如果调研时间和调研费用比较少，则在上述所列举的调研内容中就必须进行一

定的选择，舍弃一些对调研主题影响不大的内容。至于舍弃哪些、舍弃多少则要考虑具体规定的调研时间的长短和调研费用的多少，与那些调研内容所需要的调研时间、调研费用权衡对比。比如，上述例子中，如果规定调研时间为两个月，调研预算费用为5万美元。从影响该公司本次调研主题、调研目的的重要程度来看，可将上述所有内容排列如下：市场供求状况、市场营销实务、市场竞争状况和市场宏观环境。如果初步估计调研前两方面内容就需要两个月时间和5万美元的经费，很显然该公司的此次调研的内容就只能是前两方面内容。

四、依据调研精确度的要求，确定恰当的调研内容

市场调研精确度的要求，是每一次市场调研的一项必须的要求。人们一般认为市场调研精确度是越高越好，其实不然，市场调研精确度的要求是与每一次调研的主题、调研目的、调研时间和调研费用密切相关的。市场调研主题与调研目的决定市场调研精确度是否有必要达到很高，有的市场调研主题和调研目的对调研精确度的要求并不需要很高，比如只需要确定市场的大致走势时。同时市场调研精确度又受到市场调研时间和费用的限制。所以市场调研精确度有的要求很高，有的要求也不太高。市场调研内容的多少也受到精确度要求的影响，很自然地，精确度要求越高，市场调研内容也要求越全面。

如上述例子中，发达国家的日用品巨头企业要进入发展中国家市场，这次的市场调研要求的精确度要达到98％，这是很高的要求了，所以调研内容也要求很全面，即所有与市场调研主题相关的内容都需要进行调研。

总之，市场调研的内容不是市场调研人员拍拍脑袋随随便便就决定的，它必须按照上述四个方面依据再结合每一次市场调研实际情况，准确的确定恰当的市场调研内容。

典型案例

某矿物质水市场调研内容

某大型企业在向市场推出矿物质水之前，为准确了解消费者对各类包装水的类别、品牌、包装类型等方面的需求，委托某调研公司进行了一次大规模的市场调研。这次调研的时间比较宽裕、费用预算较多，但是调研的精确度要求很高。该调研公司进行此次调研的内容如下：

一、饮用包装水的类别、品牌

(1)消费者喜欢饮用包装水的主要类别（包括纯净水、矿泉水、富氧水、天然水、矿物质水等）和原因。

(2)消费者喜欢饮用包装水的品牌（娃哈哈、农夫山泉、乐百氏、雀巢、天与地、水森活等）及品牌选择因素。

(3)现有包装水产品有哪些不足。

(4)对包装水新产品的需求。

二、包装水的饮用动机

(1)消费者饮用包装水的原因（方便、便宜、品牌、解渴、营养、卫生等）。

(2)影响包装水购买的主要因素。

(3)饮用包装水主要能满足哪些需求。

三、包装水的口味差异

(1)不同类别的包装水在口感上是否有差异,表现在哪些方面。

(2)不同品牌的包装水在口感上是否有差异,表现在哪些方面。

四、矿物质水的概念测试

(1)说到“矿物质水”首先会想到什么?

(2)用一些词语来描述矿物质水的特点。

(3)(给出矿物质水的概念)对矿物质水以下2个概念的评价;

矿物质水1:由符合生活饮用卫生标准的水为水源,经纯化处理(或未经纯化处理)后,添加或通过一种特定装置,以使水中含有一定量的有利于人体健康的微量元素或矿物质的水。

矿物质水2:在纯净水的基础上添加部分矿物质元素,使水不仅保留了解渴的概念,更具有补充矿物质的特性,扩大了水的使用功能。

(4)不考虑价格,在纯净水中加入营养元素的吸引力:钾、镁、钙、磷、锌、硒、偏硅酸盐及其他元素。

(5)考虑价格,在纯净水中加入营养元素的吸引力。

(6)希望矿物质水是在纯净水中加入哪几种营养元素?

(7)矿物质水的哪一点最能吸引你。

(8)矿物质水有哪些优、缺点。

(9)矿物质水给您带来的利益有哪些?

五、纯净水与矿物质水之间的差异

饮用纯净水:以符合生活饮用水卫生标准的水为水源,采用蒸馏法、电渗析法、离子交换法、反渗透法及其他适当的加工方法,去除水中的矿物质、有机成分、有害物质及微生物等加工制成的水。

在口味、营养成分、卫生、天然、解渴、消费偏好方面进行调研。

六、矿泉水与矿物质水之间的差异

饮用天然矿泉水:从地下深处自然涌出的或经人工揭露的、未受污染的地下矿水,含有一定量的矿物盐、微量元素或二氧化碳气体;在通常情况下,其化学成分、流量、水温等动态在自然波动范围内相对稳定。允许添加二氧化碳气体。

在口味、营养成分、卫生、天然、解渴、消费偏好方面进行调研。

七、对矿物质水的接受程度、消费心理

(1)是否喜欢矿物质水,原因。

(2)是否会购买矿物质水,原因。

(3)饮食习惯、生活环境对购买矿物质水的影响。

(4)包装对购买矿物质水的影响。

(5)瓶子的颜色与水的类别是否有相关性。

(6)不同的品牌同时推出矿物质水,会选择购买哪一个品牌。

(7)同一品牌同时推出不同类别的包装水,会选择购买哪一类别。

(8)喝矿物质水会有哪些顾虑。

(9)哪类消费者对矿物质水的接受程度最高。

(10)矿物质水价格测试(最高、最低承受价格)。

(11)矿物质水包装测试:PET 瓶装,每瓶容量为 600 ml。

(12)矿物质水口味需求。

(13)纯净水、矿泉水和矿物质水的饮用趋势。

八、纯净饮品加入成分测试

给出产品概念:

加味水:在纯净水的基础上添加部分香料成分(如清凉香精、薄荷香精或水果香精),使水不仅保留了解渴的概念,更因为它具有一定的清凉香味或果味,扩大了水的使用功能,使一些认为水没有口感的消费者增加了选择范围。

(1)在纯净水中加入薄荷香精的吸引力。

(2)在纯净水中加入清凉香精的吸引力。

水果水:在纯净水的基础上添加少量糖、酸、果汁、香精,介于纯净水与果汁之间,因此兼有纯净水与果汁的概念,但它比纯净水具有更好的口感,同时又不会像果汁的口感那么粘稠,因此清凉感好于果汁,而口味又好于纯净水。

(3)在纯净水中加入果汁的吸引力。

(4)除了在纯净水中加入果汁外,再加糖、酸、香精、乳酸钙的吸引力。

(5)希望在纯净水中加入的物质有哪些。

(6)喜欢以上加入哪种成分的饮品。

(7)是否会购买。

(8)该类饮品的价格测试(最高、最低承受价格)。

(9)该类饮品的价值表现。

(10)该类饮品能取代平时饮用的哪些饮品。

(11)该类饮品的包装测试。

(12)该类饮品的口味需求等。

九、包装水的饮用习惯

(1)购买时机。

(2)购买地点。

(3)饮用方式。

(4)饮用场合。

(5)饮用频次。

(6)决策过程。

十、包装水的包装类型

消费者喜欢的包装形式、类别、容量、风格、图案等。

(资料来源:本文由作者根据网络资料改写,原文见 http://www. tech—food. com)

案例讨论题:案例中确定的调研内容是否恰当?为什么?

调研内容的确定

某汽车公司是世界汽车市场的第二大公司,为了打败第一大公司,准备进行一次大规模的市场调研。主要的调研目的是认识消费者印象中本公司产品与第一大公司产品的差别,为调整公司的经营战略与广告策略、形成本公司产品特色、创建区别于第一大公司产品的本公司产品形象，提供可靠的市场信息。

假如这次调研要求的精确度很高，要达到98%，但没有时间和经费的限制。

案例讨论题：请你为该公司确定这次调研的主要内容。

实训题

(1)为你所在学校附近开设零售商店设计市场调研内容。

(2)利用周末时间参加一次某市场调研咨询公司为某一次市场调研确定调研内容的工作。

第四章　市场调研问卷的设计

个人调研问卷

您的性别：男(　　)　女(　　)

1. 同学集体活动时，您认为我

   很拘谨(　　)　比较拘谨(　　)　不太拘谨(　　)　很不拘谨(　　)

2. 您眼中的我是

   开心(　　)　烦恼(　　)　自信(　　)　自卑(　　)　其他(请注明)__________

3. 路上遇到同学，您认为我会

   主动打招呼(　　)　等对方先打招呼(　　)　假装没看见(　　)　其他(　　)

4. 我给您的第一印象是

   稳重(　　)　不稳重(　　)

   幽默(　　)　不幽默(　　)

   成熟(　　)　不成熟(　　)

   友善(　　)　不友善(　　)

5. 同学请求帮助时，您认为我的态度是

   主动热情(　　)　不冷不热(　　)　十分冷淡(　　)　其他(　　)

6. 您认为我的学习成绩

   很好(　　)　较好(　　)　较差(　　)　很差(　　)

7. 您认为课堂上我是

   认真听讲(　　)　无所事事(　　)　睡大觉(　　)　其他(请注明)__________

8. 对待学习的态度，您认为我是

   治学严谨，勤奋认真，对知识的理解透彻清晰(　　)

   马马虎虎，对所学东西都是一知半解(　　)

   懒散怠惰，很难将心思用在学习上(　　)

   不学无术，根本没有学习的概念(　　)

9. 您认为在学习方法上我是

灵活多变，懂得变通（　）
比较保守，很少借鉴（　）
过于死板，追求一竿子到底（　）
根本没有方法可言（　）

10. 您认为大学的学习在我眼中是
获得知识，充实和提升自我的途径（　）
进入社会的一个必不可少的程序（　）
纯属形式，可有可无（　）
根本学不到什么东西，应该废止（　）

11. 大学期间，您认为我的工作成绩是
十分出色（　）　比较出色（　）　比较差（　）　相当差（　）

12. 您认为我会把什么看成工作的重点
报酬（　）　职位（　）　挑战（　）　关系（　）　其他（请注明）________

13. 您认为我的工作态度是
积极热情，充满精力（　）
脚踏实地，一步一个脚印（　）
比较急躁，遇事缺乏耐心（　）
十分消极，把工作当负担（　）

14. 您认为我的工作方法是
能抓住工作重点，屡清工作思路，循序渐进（　）
遇事懂得变通，工作中有创新意识（　）
没有条理，杂乱无章，像无头苍蝇（　）
过于保守，不愿接受新事物（　）

上述问卷是某大学生为了确定自己最适合什么样的职业而向熟悉了解自己的人调研对自己的看法而设计的调研问卷。该问卷存在不少问题，首先标题不够明确，没有点明调研的主题，其次没有前言，最后也没有谢语，会使被调研者反感而拒绝填写，再次是很枯燥乏味，使被调研者没有兴趣填写。很明显这样不科学的调研问卷是难以了解到准确全面的信息的。可是我们怎样才能设计出没有问题科学的调研问卷呢？答案很简单，那就是设计调研问卷首先必须要遵循一定的原则。

第一节　设计市场调研问卷必须遵循的原则

设计调研问卷的目的是为了能够把所要调研询问的问题正确地传达给被调研者，同时，设法得到对方的充分合作，让他们如实地、明白无误地针对问题做出回答，除了要正确地根据调研目的要求确定调研主题和调研项目之外，还要求我们在设计调研问卷时遵循以下原则：

一、联系性原则

调研问卷中的每一个问题必须是和调研主题密切相关的，那些可有可无的问题或者与调研主题有着一定的关系但是被调研者无法回答或者不愿意回答的问题，都不宜列入调研问卷中。违背了这一点，再漂亮或精美的问卷都是无益的。而所谓问卷体现调研主题其实质是在问卷设计之初要找出与“调研主题相关的要素”。

例如:“调研某化妆品的用户消费感受”。这里并没有一个现成的选择要素的法则。但从问题出发,特别是结合一定的行业经验与商业知识,要素是能够被寻找出来的:一是使用者(可认定为购买者)。包括她(他)的基本情况(自然状况:如性别、年龄、皮肤性质等);使用化妆品的情况(是否使用过该化妆品、周期、使用化妆品的日常习惯等);二是购买力和购买欲。包括她(他)的社会状况、收入水平、受教育程度、职业等;三是化妆品消费特点(品牌、包装、价位、产品外观等)、使用该化妆品的效果评价;四是产品本身。包括对包装与商标的评价、广告等促销手段的影响力、与市场上同类产品的横向比较等……应该说,具有了这样几个要素对于调研主题的结果是有直接帮助的。被访问者也相对容易了解调研员的意图,从而予以配合。

二、可接受性原则

调研问卷设计得要让被调研者容易接受。回答调研问卷中的问题对于被调研者来说是一种额外的负担,他们可以采取积极配合的态度来回答问题,也可以采取拒绝的方式回答问题或草率地、不真实地回答问题。所以,为了得到被调研者的配合,在设计调研问卷的时候,从文字到问题的编排都要考虑到能够吸引被调研者乐意参与。另外,问卷中的用词要亲切、温和、有礼貌和有趣味性,还要考虑到被调研者的身份、水平等。一般要采取一些物质奖励以获取被调研者的积极配合。问卷设计者也可以运用多种问题表达方式、与调研内容有关联的颜色或图片甚至是漫画等来增强调研问卷的趣味性,从而使被调研者更乐意配合。

三、逻辑性原则

在设计调研问卷时,要注意调研问卷中问题的排列顺序。

(1)先易后难。熟悉的、容易回答的问题排在前面,使被调研者有一种轻松的感觉,也会乐于继续合作。

(2)轻松的、感兴趣的问题在前,紧张的、带敏感性的问题在后。

(3)行为方面的问题在前,态度、观念方面的问题在后。一般来说,个人行为方面问题涉及的是客观事实,态度、意见、观点等涉及的是主观因素,前者容易回答,后者往往要有一个思考过程。

(4)封闭式问题在前,开放式问题在后。在同一份问卷中,开放式问题是对封闭式问题的补充,所以要放在封闭式问题之后,排在问卷最后的位置,这样也有利于填答者集中精力思考,认真回答。

(5)复杂、敏感、容易引起被调研者反感和厌烦的问题放在最后。

(6)对于时间顺序的问题,应按时间序列依次排列,以免被调研者的记忆受到干扰。

(7)注意渐进性问题的排列,要从易到难、从浅至深、由表及里,层层深入。

比如:

(1)你通常每日读几份报纸?

a. 不读报;b. 1 份;c. 2 份;d. 3 份以上

(2)你通常用多长时间读报?

a. 10 分钟以内;b. 半小时左右;c. 1 小时;d. 1 小时以上

(3)你经常读的是下面哪类(或几类)报纸?

a. ×市晚报;b. ×省日报;c. 人民日报;d. 参考消息;e. 中央广播电视报;f. 足球……

在以上的几个问题中,由于问题设置紧密相关,因而能够获得比较完整的信息。调研对象也会感到问题集中、提问有章法。相反,假如问题是发散的、带有意识流痕迹的,问卷就会给人以随意性而不是严谨性的感觉。

四、简明性原则

调研内容要简单明了,调研问卷中的问题不要过多,如果调研内容过多,所花费的调研时间过长,就会使被调研者反感,影响调研效果。

简明性原则主要体现在以下两个方面:

(一)调研内容要简明

没有价值或无关紧要的问题不要列入,同时要避免出现重复,力求以最少的项目设计必要的、完整的信息资料。

(二)调研时间要简短,问题和整个问卷都不宜过长

设计问卷时,不能单纯从调研者角度出发,而要为被调研者着想。调研内容过多,调研时间过长,都会招致被调研者的反感。通常调研的场合一般都在路上、店内或居民家中,应答者行色匆匆,或不愿让调研者在家中久留等,而有些问卷多达几十页,让被调研者望而生畏,一时勉强做答也只有草率应付。根据经验,一般问卷回答时间应控制在 20 分钟以内。

五、便于统计分析原则

成功的问卷设计除了考虑到紧密结合调研主题与方便信息收集外,还要考虑到调研结果的容易得出和调研结果的说服力。这就需要考虑到问卷在调研后的整理与分析工作。便于处理是指要使被调研者的回答便于进行检查、数据处理和分析。设计好的问卷在调研完成后,能够方便地对所采集的信息资料进行检查核对,以判别其正确性和实用性,也便于对调研结果的整理和统计分析。首先,这要求调研指标是能够累加和便于累加的;其次,指标的累计与相对数的计算是有意义的;再次,能够通过数据清楚明了地说明所要调研的问题。如果不注意这一点,很可能出现调研结束,信息资料获得很多,但是统计处理却无从着手的难堪局面。

六、政治性原则

设计选项时,不能存在政治性错误选项,以免产生暗示性的错误诱导。因为,有些被调研者原来还只是较为模糊、零散的认识,经这类问卷的"启发",可能会迅即上升为明晰的错误观点;有些答卷者有求异的思维特点,对问卷中表面看来有"独到"见解的错误观点更容易认同;另外,这类带有政治性却不置可否的问题,回答者可能明知不对,但问卷"启发",会以为"允许存在"或"可供选择",客观上模糊了是非界限。

例如:

你对"实现共产主义的理解":

A. 是人类社会的奋斗目标　B. 只是一种学派观点　C. 只是一种梦想而已

选项 B、C 有可能会对答卷者产生暗示性的错误诱导,使本来处在认识上的不确定者选错答案。对于这类涉及政治的问题,设计选项时需考虑到我国的制度、政策以及舆论导向,谨慎列出。

第二节　市场调研问卷结构的设计

一份完整的市场调研问卷应该由五个部分构成:标题、前言、被调研者项目、调研项目和结束语。一般来说,这五部分的每一部分都非常重要,都需要认真仔细的设计。

一、市场调研问卷标题的设计

任何一份调研问卷都必须具有标题。标题必须要简明扼要，一般有两种表达方式：一是直叙式，通常包含有调研对象和调研内容，并带有“调研问卷”字样。例如《天津市大学生网络使用情况的调研问卷》；二是设问式，以提问的方式引起被调研者的兴趣。如：“天津市大学生对网络的使用情况怎样?”。

二、调研问卷前言的构想

前言，也称为说明词，它是为了引起被调研者的注意和兴趣，以取得他们的配合。前言部分，文字一定要精炼并具有很强的吸引力，要能够说明调研者的身份和调研的目的。如果需要说明如何填写调研问卷，也应包括在前言中。说明词写得好坏与否，直接影响到被调研者的合作态度及合作程度，从而影响到调研的结果。

前言要放在问卷的开头部分，尽量简明易懂。主要包括下列内容：

(1)调研机构和调研人员身份。

(2)市场调研的重要性。

(3)被调研者填写问卷的重要性。

(4)强调被调研者的回答不存在对或错并将得到充分的信度和保密。

(5)说明如何回答问题。

以下两种说明词仅供参考。

例1：

您好！我们是××区文化局工作人员，为了促进区文化体育事业持续健康和谐发展，努力打造“廉洁、勤政、务实、高效”的文化行业形象，我们拟定了区文体局综合情况群众满意度情况调研表，希望听取您对区文化体育服务基层的意见和建议，敬请您客观评价并给予配合和认真填写，衷心感谢您的支持与合作。谢谢！

例2：

我校各类助学形式对大学生心理影响的调研问卷

亲爱的同学：您好，为了深入了解我校各类助学形式对大学生的心理影响，帮助大学生全面健康成长，我们开展这项调研活动。本调研问卷采取无记名形式，答案没有正确与错误之分。你只需要按自己的实际情况在合适的答案上打×或√就可以。希望得到你的支持，也请你如实填写。我们将予以保密。对你的合作表示衷心的感谢！

某高校学生资助管理中心

三、被调研者项目的确定

被调研者项目是指被调研者的基本情况。如姓名、性别、年龄、职业、文化程度、收入、居住地区等有关内容。

在设计调研问卷时，被调研者的基本情况究竟选择哪些，要根据调研的目的及要求而定。比如，对于电视机需求的调研，与被调研者的收入、年龄、职业及居住面积有关，而与被调研者的性别和所居住的地区关系不大，所以对于这类调研则不需要被调研者的性别和居住地区项目。

四、调研项目的设计

调研项目是调研问卷最主要的部分，是指需要调研的具体项目和问题，如何确定调研项目和命题是调研问卷设计的关键，也决定着调研的成功与否。首先，根据调研主题及调研内容来确定具体的调研项目，并对具体的调研项目进行分析，然后针对每一个具体的调研项目，根据要了解问题的深度的不同，来确定选用何种提问方式。

(一)封闭式提问

封闭式提问，是指比较具体、明确、范围较窄的提问，要求被调研者回答只能限于提问的具体内容。是要求被调研者从事先拟定好的备选答案中选择一个或一个以上的答案。封闭式问卷是将问题内容和备选答案做了精心设计，调研对象只需按规定进行选择，没有自由发挥的余地。

1. 两项选择式

两项选择式是将提出的问题事先罗列出两个答案，由被调研者任选其一做出回答。

例如：

请问您使用手机吗？

①是(　　)　　②否(　　)

2. 多项选择式

多项选择式是对提出的问题，事先准备若干个可供选择的答案，让被调研者选择其中的一个或几个答案。

例如：

您的皮鞋一般在哪儿购买？

①专营商店(　　)　②超级市场(　　)　③百货商场(　　)

④自由市场(　　)　⑤其他(请注明)(　　)

3. 语义差别式

被调研者在两个语意相反的两个答案中作出一个选择。

例如：

请问您对××牌电视机的看法：

①式样新颖(　　)　式样陈旧(　　)

②图像清晰(　　)　图像一般(　　)

③耗电少　(　　)　耗电多　(　　)

④音质好　(　　)　音质差　(　　)

⑤价格便宜(　　)　价格贵　(　　)

4. 比较式

比较式是指采用对比方式，把调研对象中同一类型不同品种或品牌的商品，每两个配成一对，要求被调研者进行对比分析并做出肯定回答。

例如：比较康佳电视机和长虹电视机的图像哪一个更加清晰，请您在您认为图像更清晰的电视机的后面空格处打“√”。

康佳电视机□　　长虹电视机□

5. 顺位式

顺位式是在多项选择法的基础上，要求被调研者对所询问问题的各种可能答案，按照不同重要程度或不同喜欢程度顺序排列回答。

例如：

您装修房屋时，考虑的因素是(按重要程度排列回答并用1、2、3、4、5……填在括号中)：

①装修设计(　　)　　②装修费用(　　)　　③装修质量(　　)

④装修材料(　　)　　⑤装修施工单位(　　)

6. 语词配对式

给被调研者一份问卷,问卷一边列出同样产品不同品牌名称,另一边则列出形容词汇,然后要求被调研者,将二组文字作适当配对。例如:

汽车品牌　　　　形容词

奔驰　　　　舒适

天王星　　　　经济

喜美　　　　豪华

裕隆　　　　安全

雷诺　　　　快速

7. 过滤式

过滤式是指最初提出的问题比较广泛,然后根据被调研者回答的问题的情况逐渐缩小提问范围,最后有目的地引向调研的某个专题性问题。

例如:

您毕业后是否考虑马上工作?

①是(　　)　②不是(　　)

如果是,请问您将选择:

①国企(　　)　　②私企(　　)　　③外资企业(　　)

④合资企业(　　)　　⑤其他(请注明)

为什么? ________________________________

针对封闭式问题的设计而言,要求备选答案的设计具有完整性、穷尽性,而不能残缺不全。例如:

你的最高学历是:

①高中　　②大专　　③本科　　④研究生

备选答案中关于学历的选项显然是不完整的,一些初中及初中以下学历的人便无法选择,还有中专毕业生,从学历层次来看,相当于高中,但又与普通高中有些区别,那么在设计选项时,不妨事先约定"高中(含中专)",研究生分为硕士和博士,学历水平也是不一样的,所以应设定研究生(硕士和博士)。否则如按照以上方式设置则不可避免地会发生选择上的困难和有效信息的流失。

封闭式提问有利于被调研者准确理解问题,作答比较容易,可以提高问卷的回收率;由于答案都是标准化的,便于资料的整理和分析;问题的含义比较清楚。因为所提供的答案有助于理解题意,这样就可以避免回答者由于不理解题意而拒绝回答。因此在大多数调研问卷中,封闭式提问占较大的比例。但封闭式提问也有它的缺点:回答者对题目不正确理解的,难以觉察出来;答案范围比较小,具有不同程度的强制性,限制了被调研者的自由发挥;可能产生"顺序偏差"或"位置偏差",即被调研者选择答案可能与该答案的排列位置有关。研究表明,对陈述性答案,被调研者趋向于选第一个或最后一个答案,特别是第一个答案。而对一组数字(数量或价格)则趋向于取中间位置。因此一份较合理的调研问卷还应该包括一定量的开放式提问项目。

(二)开放式提问

开放式提问是指提出比较概括、广泛、抽象、范围较大的提问,对回答的内容限制不严格,给被调研者自由发挥的余地。

1. 自由回答式

自由回答式是调研人员围绕着调研主题提出开放式的问题,被调研者可以不受任何约束,自由地回答问题。

例如:您对海尔冰箱有什么看法?

2. 完成式

给出一个不完整的句子,由被调研者来完成。

比如:当您去超市时,您想去____________________。

3. 联想式

给出一个词汇,由被调研者回答出他所联想到的一个词或一句话。

比如:网络——新闻、娱乐、音乐、乱……

开放式提问的优点是被调研者可以不受限制地回答问题,调研人员可以获得比较全面的答案,它的缺点被调研者可能没有耐心详细作答;答案比较分散,资料整理与分析比较困难。由于各种应答者的答案可能不同,所用字眼各异,因此在答案分类时难免出现困难,整个过程相当耗费时间,而且免不了夹杂整理者个人的偏见。因此,开放性问题在探索性调研中是很有帮助的,但在大规模的抽样调研中,它就弊大于利了。

(三)态度测量表法

消费者在市场上选购什么商品,不选购什么商品,不是随意决定的,而是在内心里有一定的尺度,这种尺度在心理学中称为量表。运用量表调研测量消费者对商品的需求心理评价尺度,便是态度测量表法。这是市场调研中比较深入细致的一种调研方法,对于深入研究消费者心理活动,判断消费心理差别,进而预测由此引发的未来消费流行趋势,具有重要的意义。这种方法的缺点是测量的工作量大,花费时间长,费用高。

1. 评比量表

这是一种顺序量表,测量消费者对市场销售商品的态度经常采用评比量表。评比量表的特点是,提出的问题以两端为极端,中间按程度顺序排列,以此表测量消费者的态度。排列顺序可以划分为5～10个阶段,格式如下:

很喜欢	喜欢	比较喜欢	无所谓	不太喜欢	不喜欢	很不喜欢
−3	−2	−1	0	1	2	3

表中的记分也可采用1,2,3,4,5,6,7。

按照所反映的评比量表的要求,分别进行统计,取得的平均分数值便可以代表被调研者的态度,并且还可以计算各个项目的百分率。需要注意的是,由评比量表所表示的态度项目,采取正负对应的态度,能够比较客观地反映出被调研者的态度。因此,在市场调研实践中,更多的是采用正负对应的奇数项评比量表。

2. 数值分配量表

数值分配量表系指按调研对象的特征,由被调研者分配数值的一种态度测量表。

数值分配量表分为等级数值分配量表和固定总值分配量表。

(1)等级数值分配量表。等级数值分配量表是一种由被调研者给所测事物或问题划分相对等级,用顺序数值作标记的一种态度量表。

例如:

下列 4 种牌子的手机,请按您的喜爱程度分别给予适当数值(顺序由 1～4 表示由低到高喜爱程度)。

摩托罗拉______ 诺基亚______ 爱立信______ 三星______

(2)固定总值分配量表。固定总值分配量表是调研人员提出问题后给定总分数值,被调研者在此数值范围内,对所列事物或问题依次分配一定数值表示不同评价的一种态度测量表。在对被调研者的态度测量中,分配的数值可以 10 或 100 为固定值,也就是说,对几种商品的态度测量之和应为 10 或 100。例如,以 100 为固定值,调研消费者对 A、B、C 三种牌号的商品的态度,如果被调研者认为 A 牌商品比 B 牌商品好,B 牌商品又比 C 牌商品好,那么可以给 A 牌商品 50 分,B 牌商品 30 分,C 牌商品 20 分。或者表示差别更大一些,给 A 牌商品 60 分,B 牌商品 30 分,C 牌商品 10 分。同样,也可以调研消费者对 A、B 两种牌号商品的态度,而由被调研者对 A、B 商品分别给以 90 分、10 分或 70 分、30 分;等等。

应用数值分配量表,便于汇总和进行百分率对比。例如,调研 8 个消费者对 A、B、C 三种商品的态度,8 个消费者对 A、B、C 的数值分配如表 4.1 所示。

表 4.1 固定总值分配量表

被调研者	1	2	3	4	5	6	7	8
A 商品	10	30	50	20	30	40	50	60
B 商品	50	40	20	40	30	20	20	20
C 商品	40	30	30	40	40	40	30	20

可以用微软 Excel 软件实现以上计算。通过这种态度测量,可以判别消费者对 A、B、C 三商品的偏好程度,以作为制定竞争策略、开拓市场、提高市场占有率的有意义的信息资料。若数值分配量表的项目较多,如对比的商品牌号多,可以以得分最低的牌号为基础,其他牌号商品分别同基准商品对比,这样就形成了由低到高的一系列量值表。数值分配量表所表现的量表值,大致能够反映出被调研者对调研对象的态度的差别程度。

五、结束语的安排

一般在调研内容完成后,要向被调研者表示谢意,注意语言一定要简洁、精炼,起到画龙点睛的作用。

第三节 市场调研问卷设计的程序

市场调研问卷的设计不是随意的,不是想先做什么就做什么,它是有一定的程序的,必须按照科学的程序才能设计出科学合理的调研问卷。在实际操作中,问卷设计的程序最容易被忽略,这也是导致一些问卷不合理,缺乏较高信度和效度的原因之一。调研问卷设计的程序如图 4.1 所示。

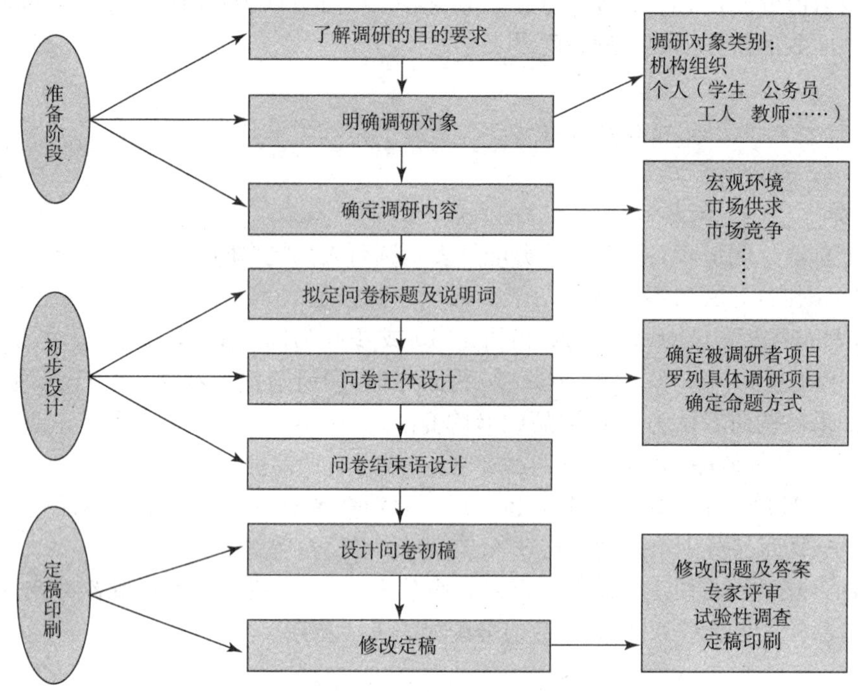

图 4.1 调研问卷设计的程序

具体设计过程如下:

一、准备阶段

(一)了解调研目的要求

每一次市场调研都有其特别的目的要求,在设计调研问卷时必须首先了解调研委托人或委托组织机构的调研目的和要求,设计的调研问卷必须要能够符合其调研目的,满足其调研要求。

(二)明确调研对象的类型

不同的调研对象具有不同的特点,调研问卷必须针对具体的调研对象的特点而进行设计,这样才能够保证问卷的科学性。比如,调研生产商和经销商的调研项目是不能相同的,调研个体与组织机构的问卷也不能一样,调研学生和职员也是有区别的。

在这里,重点是需要明确调研对象是组织还是个人;如果是组织,就要进一步明确是盈利性组织还是非盈利组织;如果是盈利组织还要明确是生产商还是经销商;如果是个人,则需要明确是现实消费者还是潜在消费者,明确调研对象的年龄、性别和性格特征等;此外,还应该了解各类调研对象所处的社会阶层、社会环境、行为规范、价值观念和风俗习惯等社会特征;了解他们的需求动机和潜在欲望等心理特征;还有他们的理解能力、文化程度和知识水平等学识特征。

(三)确定调研内容,拟订调研内容提纲

每一次具体调研的目的和调研的主题不同,调研的内容也是不同的,而且调研的内容不可能是单一的,而是多项的。因此需要对调研内容进行决策,如果调研费用多、调研时间允许较长而调研的精确度也要求很高,则需要非常全面的调研内容;反之,则需要进行筛选。不管怎

样，都需要拟订调研内容提纲，将所需要调研的内容一一列出。只有这样做到心中有数，才不至于漏掉一些调研内容。

调研内容的确定必须慎重，否则具有错误调研内容的调研问卷会带来重大的调研失误，将会给企业带来重大的损失。

二、初步设计

（一）拟定调研问卷标题及说明词

调研问卷标题及说明词的设计见本章第二节。

（二）问卷主体设计

1. 根据调研主题，确定被调研者项目

一般地，被调研者项目不是越多越好，而是要与调研主题有关，要根据调研的主题和目的确定恰当的被调研者项目。

2. 罗列具体的调研项目

调研的内容不可能是单一的，事实上反映调研内容的调研项目很多很杂，所以必须根据调研对象的特点按照调研内容提纲，一一列出具体的调研细目。需要对每一个具体的调研项目进行分析研究，必须注意几个问题：第一，所列出的项目应涵盖调研主题的所有范围；第二，要考虑可行性，无法胜任的项目不要包括进去；第三，调研项目的含义要明确和具体，各项目之间既界限分明，又相互联系，构成一个完整的体系。另外，还应明确起决定性影响的核心项目。以超市顾客满意度调研为例，顾客对超市的印象是多维的，要调研顾客对超市的满意度，首先要搞清楚“满意度”表现在哪几个方面。一般来讲，顾客走进超市，首先希望能够买到称心如意的商品，同时能够得到优质的服务和享受良好的购物环境。因此，顾客满意度调研的项目至少应有商品、服务、店容、环境等几个方面，其中最为核心的项目是对商品的印象。而设计具体的调研项目时还必须清楚满意度包含哪些指标。通过文献检索可以得到满意度的概念以及测量满意度的各级指标。得到了指标后，通常根据最后一级指标来编制问卷。如果“满意度指标”被划分为七个维度的二级指标，在问卷设计中就要从七个维度设计问卷测量“满意度”这个指标。如果二级指标又可以细分为三级指标甚至四级指标，则需要按照四级指标设计调研项目。

3. 根据不同的问题，确定不同的命题方式

如前所述，调研项目的命题方式有封闭式、开放式和态度测量表式，每一种命题方式中还有多种具体的方式。不同的命题方式适用于不同的问题、不同的调研对象和不同的调研目的，所以必须根据每一次调研的具体情况来确定每一个调研项目的命题方式，必须要使每一个调研项目的命题方式都科学合理。比如对于调研目的，如果只是想简单地了解一个问题，可采用两项选择式和多项选择式，如果想了解被调研者对一个问题的程度差别，可采用比较式、自由回答式和态度测量表式。

（三）调研问卷结束语设计

应该设计一种让被调研者感到愉快的结束语。

三、定稿印刷

（一）设计调研问卷的初稿

这一步是要将前言、被调研者项目、多种命题方式形成的调研项目和结束语整合在一起，形成一份初步的调研问卷。这里需要特别注意的是，各调研项目之间的先后顺序，必须要有逻辑性。

(二)检查、试答和修改

问卷设计好后,要进行检查,主要从问题表述、问题排序、选择项是否全面,以及其他细微差错,如错别字、语病等方面进行检查。检查时,最好由问卷设计人员以外的人进行。

调研者在设计调研问卷时始终是站在调研者的角度,虽然他尽可能地进行了换位思考,但他始终不是被调研者,始终会有差异。所以为了使调研问卷更科学合理,就需要将设计成的调研问卷初稿,在小范围内进行实验性调研,以便发现问题。试调研时,要选择那些与样本特征相近的调研对象进行调研,同时尽可能不要对样本产生影响。要鉴定命题的提问方式是否能够使被调研者充分理解,是否有不妥当的命题方式,问题是否充分反映了所需资料的内容,如果发现问题要及时修改,力求完善,当确认调研问卷没有大的纰漏后才可以正式使用。初稿要经过多次检查,确认无误。

(三)计算问卷的信度和效度

为了保证问卷的质量,在试调研后,最好对问卷的信度和效度进行计算与分析。只有问卷具有较高的信度和效度时,才能收集到合格的调研数据。

小资料　　调研问卷的评估

对于调研问卷的评估主要从信度和效度两个方面着手:

一是信度,即可靠性,是指采用同一方法对同一对象进行调研时,问卷调研结果的稳定性和一致性,即测量工具(问卷或量表)能否稳定地测量所测的事物或变量。具体评价方法有:①重复检验法。同样的问卷,对同一组访问对象在尽可能相同的情况下,在不同时间进行两次测量。两次测量相距一般在两到四周之内。用两次测量结果间的相关分析或差异的显著性检验方法,评价量表信度的高低。②交错法。用两个不同形式的等价问卷,对同一组受访者在不同的时间(通常间隔两到四周)进行测量。两次测量结果间的相关性被用来评价问卷的信度。③折半法。折半法是将上述两份问卷合成一份问卷(通常要求这两份问卷的问题数目相等),每一份作为一部分,然后考察这两个部分的测量结果之间的相关性。

二是效度,是指问卷正确测量研究者所要测量的变量的程度。检验效度的主要指标和方法有:①表面效度(face validity)。也称为内容效度或逻辑效度,指的是测量的内容与测量目标之间是否适合,也可以说是指测量所选择的项目是否“看起来”符合测量的目的和要求。主要依据调研设计人员的主观判断。②准则效度(criterion validity)。准则效度是指量表所得到的数据和其他被选择的变量(准则变量)的值相比是否有意义。根据时间跨度的不同,准则效度可分为同时效度和预测效度。③建构效度(construct validity)。建构效度最关心的问题是:量表实际测量的是哪些特征?在评价建构效度时,调研人员要试图解释“量表为什么有效”这一理论问题以及考虑从这一理论问题中能得出什么推论。

(资料来源:本文由作者根据网络资料整理,原文见 http://www.topo100.com)

(四)付印

确定修改后市场调研问卷的格式,然后进行排版打印。

第四节　设计市场调研问卷必须注意的问题

要使设计的调研问卷科学合理，有许多必须要注意的问题。

一、命题的用语要具体、准确

在调研问卷的设计中，避免使用“经常”、“普通”、“美丽”等词汇，更不可以用模棱两可的词汇，这样会造成被调研者的理解偏差，从而导致调研结果的不准确。所以设计调研问卷时，每一个命题的用语都要具体、准确。

例如：您是否经常购买××牌的化妆品？

被调研者很难理解这里所说的“经常”是指多长时间。

可以改为：在您购买的化妆品中××牌的占多大的比重？

二、最好不用否定词

事实表明人们在快速阅读时容易忽略否定词，如果出现这种情况就会造成答非所问。如：“您不认为我国少数民族和汉族正在同化吗？”被调研者很可能看漏“不”字，而得出相反的答案。

三、注意自填式问卷和访问式问卷设计的不同要求

按照调研方式可将市场调研问卷分为自填式问卷和访问式问卷。自填式问卷是指发给(或邮寄给)被调研者，由被调研者自行填写的问卷。访问式问卷是指由调研人员按照事先设计好的问卷或问卷提纲向被调研者提问，然后调研人员根据被调研者的回答进行填写的问卷。一般来说，访问式问卷要求简便，最好采用两项式选择题进行设计；而自填式问卷可以借助于视觉功能，在问卷的设计上可以更详尽、全面和美观。

四、避免提出诱导性的问题

我们在设计调研问卷的时候，不可以从自己的好恶角度出发，要客观地提问题，不可以提出带有诱导性的问题。

例如：你认为这种化妆品对你的吸引力在哪里？

答案：a. 色泽；b. 气味；c. 使用效果；d. 包装；e. 价格；……

这种设置是客观的。

若换一种答案设置：

a. 迷人的色泽；b. 芳香的气味；c. 满意的效果；d. 精美的包装……

这样一种设置则具有了诱导和提示性，从而在不自觉中掩盖了事物的真实性。

五、避免提出笼统和过于专业化的问题

笼统和过于专业化的问题容易造成理解失误，从而带来调研信息的失真。

例1：您对天津百货大楼的印象如何？

这样的问题很难准确地回答。应该更具体地问。如：您认为天津百货大楼的商品品种齐全吗？您认为它的服务态度怎样？等等。

例2：您认为植入式广告的效果如何？

这个问题是个很专业化的问题，不了解有关广告理论的被调研者是不会明白什么是植入式广告的。对于这类问题必须给被调研者解释，所以一般利用口头访问来调研了解。

六、要考虑被调研者的心理因素

在设计命题的时候，除了要考虑到被调研者是否有能力来回答，还要考虑到被调研者的心理因素，避免提出那些有可能令被调研者难堪、禁忌和敏感的问题。

防御心是人性最自然的一面，在被调研者接触到问卷调研时，第一个反应就是考虑填写问卷对自己有什么坏处或者好处；对于销售网络状况调研来说，被调研的零售商更是有这一层的顾虑，害怕问卷的填写不当直接会影响到后期的生意发展，因此如果不能消除被调研者的警戒心理、拉近与被调研者的距离，是很难得到真实、可靠的信息反馈的。

问卷的问题设计应尽量避免尖锐性的问题，假如在设计问卷时，直截了当地询问被调研者："你吸过毒吗?"，"你参加过赌博吗?"，"你乘坐公交车逃过票吗?"，"你服用过非法药品吗?"，"你逃避收入所得税了吗？数额有多大?"等等。由于绝大多数被调研者反感回答这些问题，这种调研不可能得到真实可靠的信息。而这些问题又是客观存在，有关部门在制定公共政策时，需要的是可靠的数据。

对于这类问题，被调研者可能不愿意回答或不真实地回答，应该尽量避免。但有时可能非常需要了解，这就需要注意提问的方式、技巧。可采用以下几种提问方式：

(一)释疑式

在问题的前面加上一段消除被调研者顾虑的文字，或在问卷的前言中注明严格替被调研者保密，并说明采取保密的措施。

(二)假设式

用假设条件句作为问句的前提，然后再问被调研者的看法。

例如：如果允许逃税，您会逃税吗?

(三)转移式

这是本该由被调研者根据自己的情况来回答的问题，转移到根据别人的情况来回答，这就可以免除被调研者的顾虑或难堪。

如"您没有购买别墅的原因"，可以这样来问：您认为许多人没有购买别墅是否是有经济能力方面的原因?

(四)变开放式为封闭式

这是对于某些问题用开放式可能更直接但却会使人产生顾虑，那就将它变成封闭式提问。

例如：为了了解被调研者的收入，直接问：您的收入是多少？这个虽然简单明了，但被调研者却不一定愿意回答。将它改为：

您的月收入是：

①1 000 元以下　②1 000～3 000 元　③3 000～5 000 元　④5 000 以上

这样来问，一般地，被调研者会选择一个符合他的答案。

(五)随机化应答——西蒙斯模型

随机化应答，是指在调研中使用特定的随机化装置，使得被调研者以预定的概率来回答敏感问题，目的是最大限度地为被调研者保守秘密，从而取得被调研者的信任。

随机化应答技术的一种典型模型是西蒙斯模型，这个模型是 1967 年由西蒙斯提出的。在这个模型中，让每个人用一个机会装置确定是回答被问的"真"问题还是去回答一个无关的"诱饵性"问题。下面来说明这种调研技术的具体做法。首先列出如下两个问题："真"问题：你作弊了吗？"诱饵"问题：你是男生吗？对每一问题，只要求被调研者回答"是"或者"否"。在回答前，要求被调研者每个人秘密地掷一枚硬币，记住是正面还是反面。如果掷出正面，回答真问题；如果掷出反面，回答诱饵问题。被调研者抛掷硬币的结果只有自己知道，而答案内容的信息又是保密的。调研者收到答卷后不可能知道被调研者回答的是哪一个问题，这样可以解除被调研者的顾虑，一般情况下能得到对问题真实的回答。

类似调研作弊的问题还可以采用其他随机化装置，比如，让被调研者从装有 7 个红球、3 个黑球的箱中任意摸出一球，摸到红色球，回答真问题；摸到黑色球，回答诱饵问题。

七、避免双主题问题

双主题问题：即一个问题中含有两方面内容。

例如：

你认为自己的知识结构与能力水平：

①很高　　②较高　　③一般　　④较低　　⑤很低

问题设计中将“知识结构”与“能力水平”并列在一起，实际上涉及两个方面，不能等同。

八、要使整个问卷看起来有趣，富有吸引力

可用采用漫画、图形、多彩的颜色等，前提当然是调研对象喜欢的图形和色彩。注意不同国家、不同民族都可能有不同颜色的喜好。

在国际上，各国对颜色有各种喜厌。

在法国和德国，人们一见到墨绿色就会联想起纳粹，因而许多人厌恶墨绿色；而在利比亚、埃及等国家将绿色视为高贵色；在我国，红色则象征着欢快、喜庆。可见，企业只有在对此了解的基础上，投其所好，避其所恶，才能设计出使调研对象容易接受的问卷。

九、注意“分块”设计

将差异较大的问卷分块设置，从而保证了每个“分块”的问题相对独立，整个问卷的条理也更加清晰，整体感更加突出。一般地，对于差异明显较大的调研对象，人们很自然地会分别设计不同的调研问卷。比如要调研的对象有中间商和个体消费者，调研人员自然而然就会设计两种不同的调研问卷。但是如果表面看起来差异不太大但实际差异较大的调研对象，就可能忽略这个问题。比如，要调研的对象是回族和白族的消费者，很多人就可能认为都是少数民族的消费者，对同一个企业、同一件商品的看法的调研问卷就可以是一样的。其实不然，如果调研问卷中涉及风俗习惯、语言文字和颜色等内容，那么调研问卷中关于这些方面的问题就可能需要不同的表达语言和提问方式，那么就应该分别设计两份不同的调研问卷。

典型案例

关于对曼秀雷敦化妆品满意度的问卷调研表

同学：

您好！随着社会的发展，许多的化妆品越来越受到人们的钟爱，为了能够深入了解您对曼秀雷敦这个品牌的印象。我们特做此问卷，希望您能抽出宝贵的时间认真填写，谢谢您的合作！

(1)您用化妆品吗？

A. 经常用　　B. 偶尔用　　C. 不用

(2)您使用曼秀雷敦的产品吗?

A. 正在使用　　B. 曾经使用过　　C. 从未使用

(3)您的皮肤是哪种类型?

A. 干性　　B. 混合偏干　　C. 混合偏油　　D. 油性　　E. 敏感性

(4)您一般购买哪些类型的化妆品呢?

A. 日常护理　　B. 美白保湿　　C. 祛斑　　D. 专业修复

(5)您通常多久购买一次化妆品?

A. 3 个月以下　　B. 3～6 个月　　C. 6～9 个月　　D. 9 个月以上

(6)您一般在哪里购买化妆品?

A. 商场专柜　　B. 超市化妆品　　C. 专卖商店　　D. 网上订购　　E. 其他

(7)您平均每个月的生活费是多少?

A. 500 以下　　B. 500～700　　C. 700～900　　D. 900 以上

(8)您大概每个月有多少钱用于购买化妆品?

A. 50 以下　B. 50～100　　C. 100～150　　D. 150 以上

(9)您都从哪些渠道获得了曼秀雷敦化妆品的资料?

A. 电视广告　　B. 印刷品资料　　C. 他人介绍　　D. 网络　　E. 其他

(10)您对曼秀雷敦化妆品的印象是哪种?

A. 时尚潮流　　B. 专业护肤　　C. 年轻活力　　D. 保守过时　　E. 其他

(11)您购买曼秀雷敦化妆品的主要原因是什么?

A. 专业护肤　　B. 价格合理　　C. 包装精美　　D. 适合身份　　E. 广告
F. 他人介绍　G. 其他

(12)您认为曼秀雷敦化妆品的产品齐全吗?

A. 很齐全　　B. 齐全　　C. 一般　　D. 不齐全　　E. 很不齐全

(13)您认为曼秀雷敦化妆品定位是在?

A. 高档　　B. 中高档　　C. 中档　　D. 中低档　　E. 低档

(14)您使用的曼秀雷敦化妆品产品是?(多选题)

A. 保湿霜　　B. 防晒霜　　C. 洗面奶　　D. 面膜　　E. 唇膏　　F. 沐浴露
G. 保湿水　　H. 其他

(15)你对男士用化妆品有何态度?

A. 赞同　　B. 不赞同　　C. 无所谓　　D. 反感

(16)如果您曾经使用过曼秀雷敦化妆品,那么以下哪项原因使您不选择曼秀雷敦化妆品的产品?

A. 香味　　B. 价格　　C. 质量　　D. 包装　　E. 其他

(17)您对曼秀雷敦化妆品产品的总体满意度如何?

A. 很满意　　B. 满意　　C. 一般　　D. 不满意　　E. 很不满意

(18)那您以后会购买曼秀雷敦的化妆品吗?

A. 会　　B. 不会

(19)您的性别是?

A. 男　　B. 女

(20)您对个人护理品牌定义清楚吗？列举一个您印象最深的品牌。

(21)一个护肤品牌，如果您没用过，哪方面最吸引您？请简述。

（资料来源：本文由作者根据网络资料整理，原文见 http://www.diaochapai.com）

案例讨论题：案例中的调研问卷设计得是否科学？如果你认为不科学，那么存在哪些问题？

实训题

(1)利用周末去调研公司参加一次市场调研问卷的设计活动。

(2)为自己的职业规划的调研设计一份调研问卷。主要是向熟悉你的人调研你在他们心目中的性格、能力、优势劣势等，目的是了解在他们心目中你最适合做什么工作。

第五章　市场调研方式及其选择

1936年美国著名杂志《文学摘要》做了一次美国总统选举的民意调研，该杂志社以电话簿为抽样框，从中选出大批选民做抽样调研。基于调研结果，它预言共和党的兰登将在竞选中击败民主党富兰克林·罗斯福。尽管样本量超过200万，但调研结果与事实恰好相反。

（资料来源：作者根据相关资料改写）

这是美国总统选举预测的唯一一次失败，为什么会失败？是否与其这次调研方式的设计失误有关呢？市场调研的方式究竟有哪些呢？

第一节　市场普查调研方式

市场调研的方式有多种，我们首先需要了解市场普查。

一、市场普查的含义

市场普查又叫全面调研、普遍调研，它是指调研者为了收集一定时空范围内调研对象的准确、系统的调研资料，对调研总体的全部单位无一例外地进行逐一调研的一种调研方式。

市场普查主要有3种类型：一是宏观市场普查，即全国范围内的市场普查。如各国每隔几年进行一次的人口普查、工业经济普查等；二是中观市场普查，即一定地区或一定行业（部门）范围内的市场普查，如IT行业、电力行业、全省等的市场普查；三是微观市场普查，即企业组织范围内的员工基本情况普查、设备物资普查、员工忠诚度全面测评，以及企业组织的对其某一个较小的目标市场的普查。

宏观市场普查和中观市场普查通常是由专门的普查机构来主持，需要组织统一的人力和物力，确定调研的标准时间，提出调研的要求和计划。由于市场普查的侧重点是宏观与中观的，它本身包含着很多具体内容，因此它也是实际调研中运用较少的一种。

普查主要是调研在特定时点上或某一时期内的社会或经济现象总体的数量。例如，人口普查是现代世界各国广泛采用的收集人口资料的一种科学方法，是提供全国人口基本数据的主要来源，人口资料的取得主要来自人口普查、经常性的人口登记和人口抽样调研三个方面，人口普查是最基本的方法。人口普查是在国家统一规定的时间内，按照统一的方法、统一的项目、统一的表格和统一的标准时点，对全国人口普遍地逐户逐人地进行一次调研登记，通过这种普遍的调研登记，查清全国人口的数量、结构和分布情况；同时，还要查清全国人口的社会、经济、文化的特征。新中国成立后，我们先后于1953、1964、1982、1990、2000、2010年进行了六次全国人口普查，为推动我国的现代化建设和经济发展发挥了重要作用。从理论上讲，对全及总体进行无一遗漏的全面调研，所得到的资料是最全面的，也是比较可靠的，因而最有价值。

二、市场普查的作用

市场普查可以提供有关经济现象的全面、原始、可靠的数据资料，为制定长期计划、宏伟发展目标、重大决策提供全面、详细的信息和资料。如2010年第六次的我国人口普查的主要目的是查清自2000年第五次人口普查以来的十年来，我国人口在数量、结构、分布和居住环境等方面的变化情况，为实施可持续发展战略，构建社会主义和谐社会，提供科学准确的统计信息支持。通过人口普查，了解我国各种文化程度人口的比重，就可以制定教育政策；了解各行业人口的分布，可以制定人口的就业政策；摸清就业人口的行业分布，可以为产业政策的制定和调整提供科学基础。此外，社会保障和福利政策、民族政策、老年人口政策等，都需要根据人口资料进行研究。可见，人口普查是国家制定社会、经济、科教等各项发展政策所必需的。没有准确的人口数据，国家很多方针、政策及发展战略的制定，就缺乏足够的科学依据。

三、市场普查的优缺点

由于市场普查是为了特定的目的而专门组织的调研，是对全部单位都无一例外地进行调研，统一规定调研项目、时间、方法，统一组织，统一数据处理，获取的数据具有较高的标准化程度，也不存在抽样调研误差，所以收集的信息资料全面、系统、准确可靠。

然而由于市场普查涉及调研对象的全及总体，工作量大，耗费大量的人力、物力和财力，并且需要较长的时间才能得到调研结果。以2010年第六次人口普查为例：人口普查是一项规模庞大的系统工程，经历机构建立、普查专项试点、培训普查员、户口整顿、普查摸底、普查登记、事后质量抽查、资料快速汇总、数据处理、分析研究、资料的编印出版等若干阶段。据前几次人口普查的经验，从制定普查方案，到普查数据的电子计算机处理，直到普查资料的最终发表和公布，前后需要持续五六年的时间，2010年的第六次人口普查仅参加普查登记的现场工作人员全国就招聘了近800万人。人口普查的大量工作，是由各级人口普查工作人员来做的。人口普查的登记，即原始资料的收集工作是由普查指导员和普查员来完成的。

所以，市场普查在实践中的应用范围受到了很大的局限，只适用于某些特定的或不必要经常进行的调研，即间隔时间较长而又必须全面掌握其数量状态的调研，如人口普查、工业普查、企业库存普查、各种资源普查等。这些调研所获得的资料是其他任何调研方式所无法得到的，对于制定一定时期内社会经济发展的长远规划、有关宏观政策以及企业重大决策等具有重要的意义。

四、市场普查的组织

（一）市场普查的具体方式

1. 市场普查员直接登记式

由聘请和培训过的市场普查员依据调研表或问卷，深入调研单位对每一个被调研对象（可能是机构组织、可能是个人、也可能是物）进行观察、询问和登记。要注意尽可能地降低调研问卷的设计误差和普查员登记误差。

2. 被调研者自填式

将调研表或问卷下放到企业、事业等基层单位，各基层单位根据原始记录和现成资料进行填报。要注意降低调研问卷的设计误差和被调研者的填报误差。

(二)市场普查的原则

(1)必须统一调研项目,确保调研内容的一致性。

(2)必须统一调研的标准时点,保证调研数据时间的一致性。

(3)必须统一制定各种标准,保证调研数据的标准化。包括产业或行业、企业划分标准,产品分类目录,调研表式,指标解释,计算方法,数据编码,数据处理程序等各种标准。

(4)必须统一调研的步骤和方法。调研范围内各个调研点必须统一行动,统一进度、统一方法,力求步骤和方法上协同一致。

(三)市场普查的实施

1. 市场普查的实施步骤

市场普查必须按照科学的步骤进行,具体实施步骤如图 5.1 所示。

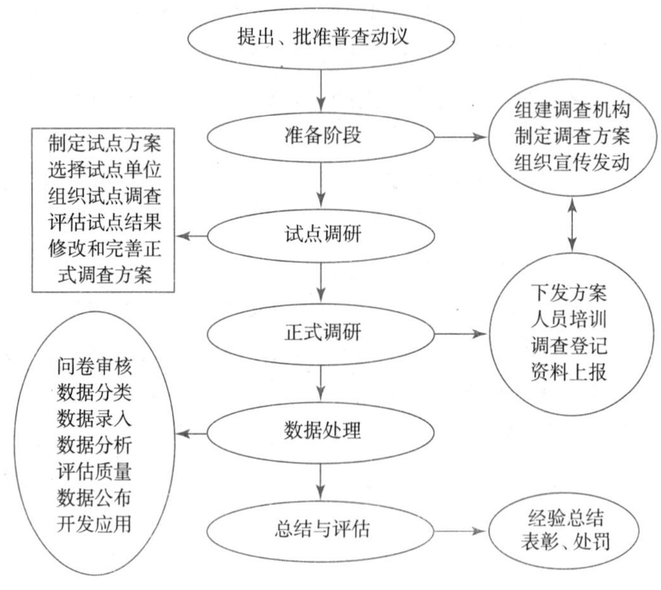

图 5.1　市场普查的实施步骤

2. 进行市场普查需要注意的问题

第一,非常认真地确定普查的标准时间。一般选择在被调研现象变动最小的时期或是普查工作最方便的时期。普查的标准时间是登记调研单位项目所依据的统一时点,所有调研资料都必须是反映在这一时点上的情况。普查标准时间的选择还应注意一定的周期,应尽可能使调研资料连贯有序,以便于认识和把握事物的发展规律。如 2010 年 11 月 1 日零时是全国第六次人口普查的标准时间,凡是在这个时点以前死亡或以后出生的,都不能计入人口总数中。

第二,保证普查的登记工作在整个普查范围内,按标准时间同时进行,以确保普查资料的时效性、准确性。

第三,严格进行普查人员的选调、培训和普查登记工作。普查人员的素质是非常重要的,必须严格按照一定的标准进行选拔。如 2010 年的第六次人口普查的普查员和普查指导员就要求必须具有初中以上文化水平,能工整、清楚地填写普查表;热心社会公益事业,待人和气,作风正派，为群众所信任；认真负责，工作细致，能独立工作，吃苦耐劳，有奉献精神；身心健康，能坚持工作。普查指导员除应具备以上条件外，还要具有一定的组织能力和社会工作经验，并熟悉当地情况。普查人员由县、市人民政府负责配备，可以从各级党政机关干部、企事业单位职工、中小学教师以及离退休干部中选调，也可以临时从社会招聘。普查工作人员、普查员的培训工作由各级人口普查办公室负责。培训工作是普查准备阶段的一个重要环节，通过培训，使全体普查人员明确普查目的、意义，掌握普查对象、范围、指标含义、资料来源及普查的具体操作要求等，切实提高广大普查人员的业务素质，保证普查方案统一、规范地贯彻实施，保证客观、准确、及时地填报普查表。普查指导员和普查员的培训主要以《第六次全国人口普查普查员手册》为基本内容，掌握绘制和使用《普查小区图》、编制《户主姓名底册》、填写普查表、搞好复查和快速汇总等工作的方法。要强调工作职责、工作纪律、调研技巧、填报方法和注意事项，并加强对普查员保密教育的培训。

上述人员经过短期训练并测试合格后，由县、市人口普查机构发给证件。各单位都要保证被选调人员在本单位的各种福利待遇。普查任务完成以前，不得调动普查员和普查指导员做普查以外的工作。人口普查的登记工作，采用普查员入户查点询问、当场填报的方式进行，普查员应当按照普查项目逐户逐人的询问清楚，逐项进行填写；每个公民都有申报普查项目的义务，申报人必须如实报告，做到不重不漏、准确无误。普查员每调研完一户，要将填写的内容，向本户申报人当面宣读，进行核对。

第二节　市场抽样调研方式

由于市场普查的要求较高，对于企业来说市场调研的主要方式不是市场普查，而是抽样调研。

一、抽样调研概述

（一）抽样调研的含义

抽样调研是指按一定方式从调研总体中抽取部分作为样本，只对样本进行调研，然后用样本调研所得的结果说明总体情况的一种调研方式。抽样调研是一种专门组织的非全面调研。随着数理统计理论的发展和现代计算机技术的普及，抽样调研成为现代市场调研中一种普遍采用的调研方式，也是目前国际上公认的科学的调研手段。

（二）抽样调研的优越性与局限性

1. 抽样调研的优越性

抽样调研具有很强的优越性，在我国得到越来越广泛的应用。究其原因主要有三个：

第一，抽样调研方式和其他调研方式相比有其优越性。和市场普查方式相比较，抽样调研由于只对总体中的一部分（百分之一、千分之一、万分之一甚至更少）进行调研，所以具有省时（能提高其时效性）、省力（能节省较多人力），适应性广（有些社会经济现象是不能用市场普查方式的，但可用抽样调研方式，也只能应用抽样调研方式），获得的市场信息多（由于调研的单位数较少，这样在每次调研中就可设较多的调研指标）等优点。和其他非全面调研方式（如重点调研、典型调研等）相比，抽样调研方式是建立在概率论大数法则基础上的，经过了严密的数学论证，因而具有较强的科学性。应用抽样调研方式，在对某一现象进行调研之前能对其可能产生的误差进行计算和控制，因而可以保证其结果达到一定的可靠程度，还可通过抽样调研获得的部分资料推算出总体资料，这就决定了它具有更广泛的实用价值。

第二，我国客观形势的发展变化，显示出抽样调研方式具有较强的生命力。我国经过30年的改革开放，已经确立了社会主义市场经济体制。经济体制的巨大变革，使得经济类型、经济利益体、经济成分等各方面都趋于多元化，社会经济单位更是成倍、成十倍、甚至成百倍的增加。如在农村，由原来的村（生产大队）为主的生产单位，变成了每家每户为主的生产单位；在城市涌现出了成千上万的个体工业、个体运输户、个体商业、个体服务业等；各种经济成分，特别是私营个体经济的迅速发展，不仅使统计总体数量急速扩大，而且给市场资料的搜集带来不少困难。在这种情况下，以往那种全面报表调研的方式，已然不相适应。抽样调研方式自然就应运而生，并且越来越显示出优越性。

第三，破坏性调研的唯一选择。当调研过程造成调研对象的破坏时（例如：测试子弹穿透力、电灯寿命等），无法对所有的对象调研，只能部分抽查。

2. 抽样调研的局限性

抽样调研方式虽然可以弥补其他调研方式的不足，但抽样调研的特点也决定了它的局限性。

第一，正因为抽样是建立在大数法则基础之上的，所以应用抽样方式得出的以平均数形式表现出来的研究现象的规律性，只有当现象总体包含的单位足够多时才能充分显示出来。即被调研对象的数量越多，就越适合采用抽样调研方式，也就是说，在一个省乃至全国范围内采用抽样调研方式，比在一个地区或一个县显得更具优越性。如果我们按照相同的把握程度、抽样允许误差和标志变动度，同时在全国和一个地区（如一个市）进行抽样调研，所要调研的必要数量占全部总体数量的比例是很不相同的。前者所占比例很低，而后者所占比例则要高得多。

第二，进行抽样调研的目的，是要通过样本资料去推算总体资料，通过对总体一部分的认识达到对总体全部的认识。而用样本资料去推算某一个总体数据时，往往要依赖于另一个总体数据。例如：我们通过抽样调研取得某一农作物的平均亩产，要用这个平均亩产去推算某市、某省直至全国某种农作物的总产量时，就必须要有相应市、省、全国这种农作物的种植面积这样一个总体数据，而这样的总体往往是抽样调研无法取得的，而只能通过普查（如全面报表等）方法才能得到。

第三，由于抽样调研方法只对总体中被抽中的很少的一部分单位进行调研。因而取得的数据只能是这总体中很少一部分抽中的样本单位的数据。即使通过推算，也只能得到一个孤立的总体数据，不能也不可能得到总体所辖范围内各单位、各系统（行业）的全面数据。因而，研究结果的可靠性有时很低。

第四，在抽样中，需要更严格的控制。在抽查中可采用有代表性抽样和无代表性抽样两种。在采用后一种方法时，事先并无预定计划，只是以碰运气的方式从整体中任意抽出一部分调研对象进行调研，获得的结果并不具备代表性。由于这一原因，这种方法只适用于市场调研的教学。在实践中它常被记者用来向顾客或观众进行现场采访。例如，电视记者在现场采访时提问："您对公交体制改革的方案有什么看法？"就属于这种无代表性任意抽样法。但是，大多数抽样调研时所选的调研对象要求具有同整体相一致的特征，即具有代表性。一个具有代表性的抽样调研要求有尽可能小的调研范围，但同时能准确和真实地反映整体的特征。当一个样本的所有主要特征与整体一致时，这个样本便具有代表性。也就是说，尽管这部分样本同整体相比其规模是缩小了，但它还是忠实地体现了整体的特征。由于是否具有代表性能明显地影响调研结果的质量，因此它是市场调研中的一个关键性的问题，需要严格控制。

二、市场抽样调研的几个基本概念

（一）总体与样本

总体是调研总体的简称，是指调查研究者根据一定的调研目的而规定的所要调研对象的全体。一般用英文字母大写 N 来表示总体的单位数。总体的单位数通常是很大的，甚至是无限的，这样才有必要组织抽样调研。即无限的总体在每一次抽样调研中可以转化为有限的。当我们要进行一个有关“天津市中学生品牌消费现状”的调研时，“中学生”这个总体由于受到了“天津市”和“现状”这两个方面的限定，而成为一个有限的总体，这就是目前天津市所有中学的在校生总人数。这也是以后调研结果的应用范围。所以，总体是抽样调研的母体，是调查研究者限定的最大研究范围。

样本就是抽样总体，是指从调研总体中抽取的、作为直接观察对象的全部单位。样本的数目总是有限的，相对于调研总体单位数 N 来说，它的数目比较小，一般用英文小写字母 n 来表示样本的单位数。如对“天津市中学生品牌消费现状”的调研，可以在市内六个区及塘沽、汉沽、大港等所有中学生中随机抽取 4 500 名学生，这样样本总数就是 4 500 名中学生。在抽样调研中，样本单位数要有一定的数量才能保证抽样资料的准确性。一般说来，样本单位数达到或超过 30 个称为大样本，而在 30 个以下称为小样本。企业的市场抽样调研一般多取大样本。

（二）抽样框

抽样框是指供抽样所用的总体清单，是抽样的实际总体，也就是供抽样所用的所有调研单位的详细名单。每次调研的总体只有一个，但实际上可用于抽样的基础可能有许多。一般来说，抽样框有 3 类：

1. 一次性抽样框

从一个具有不同完整程度的调研单位总体中抽取样本，可称为一次性抽样框。如某中学在某一个班中按学号随机抽取 20 名同学，调研其日常零用钱的数额和支出结构等方面的情况，在此，该班级全体同学的名册就是一个一次性抽样框。

2. 多个抽样框

抽样是多段的，要经过两个或更多的阶段才能最终完成，例如，对“天津市中学生品牌消费现状”的调研，第一阶段是在市内六个区及塘沽区、汉沽区、大港区的区内所有中学（第一个抽样单元，也是第一个抽样框）中，先各抽选一所中学；再在每所选中的中学的所有在校生（第二个抽样单元，也是第二个抽样框）中，随机抽取 50 名学生来作为样本。在这里，总体被划分为数个抽样单元，每个单元都有一个抽样框。

3. 多重抽样框

即在一次调研中采用两个或两个以上的相互独立的抽样框。最新研究和实践表明：采用多重抽样框的抽样方式越来越重要。传统抽样调研的抽样设计往往以单一抽样框为基础。我国当今社会，由于城市化进程与产业转移等原因致使人口流动与生产单位转移变得比以往任何时期都要频繁。而人口和生产单位往往是社会经济调研的目标对象，故很难建成覆盖所有目标单位的单一抽样框。如果坚持要建成接近完整的单一抽样框，将花费高昂的费用，也可能需要很长的时间才能完成，建成后还得耗费大量资源对其进行不断地更新与维护，这显然不能体现抽样调研成本低、追求时效性的优点。采用多重抽样框的策略，使它们联合起来，可以完全覆盖目标总体，这是弥补单一抽样框覆盖不完整问题的一种方法。同时，还要求这些抽样框是现有的资料，或者能够轻松构建起来，这样就可以既保证样本数据对总体信息推断的可靠性，又可以节约抽样调研中建框的固定成本。

抽样框一般可以采用现成的名单，如户口、企业名录、职工或学生名册等。在没有现成名单的情况下，可由调研人员自己编制。应注意的是：在利用现有名单作为抽样框时，要现对该名单进行检查，避免重复、遗漏等情况，以提高样本对总体的代表性。

(三)总体指标和抽样指标

总体指标是指根据调研总体而计算的综合指标。在抽样调研中，总体指标是个未知数，即要推算的数。抽样指标是指根据所抽取的样本计算出的综合指标。常用的调研指标与抽样指标有平均数、成数、方差和标准差等。

1. 平均数

平均数即平均指标，分为总体平均数和样本平均数。总体平均数是指调研总体所研究标志的平均值。根据所掌握资料的情况，可有简单式和加权式两种计算方法。若用 X 表示变量，N 表示总体单位数，F 为各组权数，$\bar{X}$ 表示总体平均数，则总体平均数的计算公式为

简单式：
$$\bar{X}=\frac{\sum X}{N}$$

加权式：
$$\bar{X}=\frac{\sum XF}{\sum F}$$

样本平均数的计算方法与此相同(x 表示变量，n 表示样本单位数，f 为各组权数，$\bar{x}$ 表示样本平均数)：

简单式：
$$\bar{x}=\frac{\sum x}{n}$$

加权式：
$$\bar{x}=\frac{\sum xf}{\sum f}$$

2. 成数

成数即成数指标，分为调研成数和样本成数。调研成数是指在调研总体中，具有某一特征的单位数占调研总体单位数的比重。若用 N 表示调研总体单位数，N_1 表示具有某种特征的单位数，P 表示调研总体的成数，则调研成数的计算公式是

$$P=\frac{N_1}{N}$$

若用 N_0 表示具有相反特征的单位数，Q 表示具有另一特征的单位数占全体单位数的比重，则

$$Q=\frac{N_0}{N}$$

由于 $N_1+N_0=N$，所以

$$P+Q=\frac{N_1+N_0}{N}=1$$

因此，$Q=1-P$ 或 $P=1-Q$。

样本成数的计算方法与此相同。若用 n 表示样本单位数，n_1 表示具有某种特征的样本单位数，n_0 表示具有另一特征的样本单位数，而 $n_1+n_0=n$，则样本成数的计算公式是

$$p=\frac{n_1}{n}$$

$$q=\frac{n_0}{n}$$

所以，
$$p+q=\frac{n_1+n_0}{n}=1$$

则 $p=1-q$ 或 $q=1-p$。

3. 方差和标准差

总体平均数的标准差用 σ 表示，方差 σ^2 用表示，计算公式为

简单式：

$$\sigma=\sqrt{\frac{\sum (X-\bar{X})^2 F}{N}}$$

$$\sigma^2=\frac{\sum (X-\bar{X})^2 F}{N}$$

加权式：

$$\sigma=\sqrt{\frac{\sum (X-\bar{X})^2 F}{\sum F}}$$

$$\sigma^2=\frac{\sum (X-\bar{X})^2 F}{\sum F}$$

总体成数的方差为：$\sigma^2=P(1-P)$，总体成数的标准差为：$\sigma=\sqrt{P(1-P)}$。

样本平均数的方差、标准差以及样本成数的方差、标准差计算方法与上述调研总体的有关指标的计算方法相同，故不再重复，只列表 5.1 以便于记忆。

表 5.1　样本特征统计方法计算表

	调研总体	抽样总体
单位数	N	n
平均数	$\bar{X}$	$\bar{x}$
成数	$P=\frac{N_1}{N}$ $Q=\frac{N_0}{N}=1-P$	$p=\frac{n_1}{n}$ $q=\frac{n_0}{n}=1-p$
方差	σ^2	s^2
标准差	σ	s

(四)重复抽样和不重复抽样

从 N 个总体单位中抽取 n 个样本，有两种抽取方式：重复抽样和不重复抽样。

重复抽样又称重置抽样，即每抽取一个单位进行登记后，放回去，混合均匀后，再抽取下一个，直到抽满 n 个为止。重复抽样有可能出现极大值或极小值构成的极端样本。

不重复抽样又称不重置抽样，亦称不放回式抽样，每次从总体中抽取的样本单位，经登记后也不放回总体，在下次抽样时不会再次抽到前面已抽中过的单位。该种抽样过程为：从总体

N 个单位中要抽取一个量为 n 的样本，每次从总体中抽取一个单位，连续进行 n 次抽选，构成一个样本。但每次抽选一个单位就不再放回。不重置抽样的样本是由 n 次连续抽选的结果组成，实质上等于一次同时从总体中抽 n 个单位组成样本。连续 n 次抽选的结果不是相互独立的，第一次抽选的结果影响下一次抽样，每抽一次，总体的单位数就少一个。因此，每个单位最多只有一次被抽中的机会；随着抽中单位的不断增多，剩下的单位被抽中的机会不断增大；不重复抽样的误差小于重复抽样。

(五)市场调研中的误差

市场调研人员在评估调研的质量时，必须检测其准确性，估算调研误差。图 5.2 列举了市场调研误差的各种形式。随机抽样误差和系统性误差是调研误差的两个最主要来源。

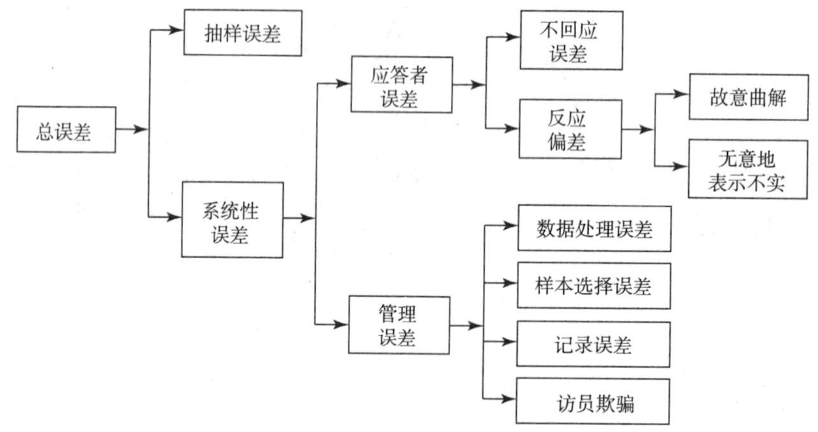

图 5.2　调研误差的类型

1. 抽样误差

每一个市场调研人员都试图使其样本具有最大的代表性，但是由于机遇值的缘故，即使是具有最恰当的概率样本，抽样误差依然还是会出现。如果不增加样本，这些统计性抽样误差是无法避免的。不过可以利用统计理论确定其大小。

抽样误差是指样本指标与调研指标之间的平均离差，即样本平均数与调研平均数之间的平均离差，样本成数与调研成数之间的平均离差。抽样误差的大小与样本的代表性成反比，即抽样误差越大，表示所抽样本的代表性越低；反之，样本的代表性越高。因此，样本误差的大小表明抽样的效果好坏，如果误差超过了允许的限度，抽样调研也就失去了价值。

由于重复抽样和不重复抽样在抽样方法上不同，所以计算抽样误差的公式也不同，抽样误差的大小也不同。

(1)抽样平均数的抽样误差公式。

①重复抽样时

$$\mu_X = \frac{\sigma}{\sqrt{n}}$$

式中：μ_X 为平均数的抽样误差；σ 为调研总体标准；n 为抽样单位数。

②不重复抽样时

$$\mu_X = \sqrt{\frac{\sigma^2}{n}\left(\frac{N-n}{N-1}\right)}$$

式中：σ^2为调研总体方差；N为调研总体单位数。

当调研总体单位数N很大时，$N-1$接近于N，即可用N代替，则上述公式可简化为

$$\mu_X=\sqrt{\frac{\sigma^2}{n}\left(1-\frac{n}{N}\right)}$$

(2)抽样成数的抽样误差公式。

①重复抽样时

$$\mu_P=\sqrt{\frac{P(1-P)}{n}}$$

式中：μ_P为成数的抽样误差；P为成数；n为抽样单位数。

②不重复抽样时

$$\mu_P=\sqrt{\frac{P(1-P)}{n}\left(\frac{N-n}{N-1}\right)}$$

当N很大时

$$\mu_P=\sqrt{\frac{P(1-P)}{n}\left(1-\frac{n}{N}\right)}$$

抽样误差的大小与所研究现象的标准差成正比，与抽样单位数的平方根成反比。一般重复抽样的误差比不重复抽样的误差要大。

2. 极限抽样误差

极限抽样误差是从另一角度考虑抽样误差问题。抽样误差是说明样本指标与调研总体指标之间的离差的平均数。所说明的是一个可能的范围。根据概率原理，用一定的概率可以保证抽样误差不超过某一给定范围Δ，这个给定的范围就是极限抽样误差。极限抽样误差的计算方法是用概率度t与抽样误差之积求得，其计算公式是

$$\Delta=t\mu$$

式中：Δ为极限抽样误差；t为概率度(其值查正态分布概率表获得)；μ为抽样误差。

这一公式是计算极限抽样误差的一般公式。但由于抽样调研所采用的抽样方法不同，计算样本的指标不同，极限抽样误差的计算公式可以具体化为：

(1)抽样平均数的极限抽样误差公式。

①重复抽样时

$$\Delta_x=t\mu_X=t\sqrt{\frac{\sigma^2}{n}}$$

②不重复抽样时

$$\Delta_x=t\mu_X=t\sqrt{\frac{\sigma^2}{n}\left(1-\frac{n}{N}\right)}$$

(2)抽样成数的极限抽样误差公式。

①重复抽样时

$$\Delta_P=t\mu_P=t\sqrt{\frac{P(1-P)}{n}}$$

②不重复抽样时

$$\Delta_P=t\mu_P=t\sqrt{\frac{P(1-P)}{n}\left(1-\frac{n}{N}\right)}$$

由此可见，极限误差取决于 t 值和抽样误差，随着 t 值的变化，极限误差可能大于或小于抽样误差，也可能等于抽样误差。当概率度 t 值小时，允许误差范围缩小，调研的精度提高，但把握程度降低；当概率度 t 值大时，允许误差范围扩大，调研的精度降低，但把握程度提高。在市场调研中，要根据所研究问题的性质来确定把握程度的高低。

3. 系统性误差

系统性误差又称为非抽样误差，是由调研设计或调研执行过程中的问题所引起的。

(1)应答者误差。市场调研是向被调研者寻求答案，如果被调研者能够积极合作，给出诚实的答案，则调研就可能实现目标。否则，就会出现应答者误差，而这种情况是经常出现的，可以说是难以避免的。应答者误差包括不回应误差(问卷回收不齐全或填答项目不完整)和反应偏差。反应偏差由故意曲解和无意地表示不实造成的偏差所构成。

(2)管理误差。管理误差是指由于对调研任务不正确的管理或者执行而产生错误造成的偏差。产生这种偏差的原因有多种，主要有粗心、混乱、忽视、冗长或其他失误等。管理误差主要有：

①市场调研准备阶段中出现的误差。其一是由于调研问卷设计阶段没有进行试调研，即问卷初稿的试使用造成的误差。其二是在问卷设计前所做的准备工作，比如探索性调研工作往往做得不到位，在对调研对象的有关现实情况知之甚少，感性认识严重不足的情况下，设计出的问卷初稿必然会出现错误和漏洞，甚至弄虚作假，导致很大的误差。

②调研方案设计过程中出现的误差。在调研方案设计过程中出现的非抽样误差的原因很多，主要归纳起来有 3 方面：第一，抽样方式不恰当，样本覆盖不全，样本未能包括总体的各种类型，使它的构成与总体构成有较大偏差，从而形成系统性偏差。第二，市场调研问卷设计不科学，如：问卷中涉及的问题太庞杂，需要被调研者用较长的时间才能做出回答，结果是被调研对象拒绝回答或敷衍了事；问卷的问题或被选答案含义不明，使被调研者难以回答；对敏感性问题估计不足，导致被调研者拒绝回答等引起的误差；设计问卷时目的不明确，问卷设计者与调研资料分析者相分离，致使很多问题被白白浪费，而且资料分析者也不明确问卷设计者设计问题的意图，使分析报告与所需资料相背离而导致的误差。

③市场调研实施阶段出现的误差。在整个资料收集过程中，这部分非抽样误差是最难避免的，也是量最大、情况最复杂的一部分。造成误差的因素主要有：调研人员工作过失，主要表现为调研人员凭个人的主观判断决定样本单位的取舍，造成误差；调研人员工作疏忽所产生的错误和漏报，没有按规定对现场的实物进行观察，只听信被调研者的口头回答等；调研人员故意舞弊，主要表现为调研人员根本没有按规定进行调研，而是擅自编造和篡改调研资料，以达到自己省时省力的目的；被调研者的态度引起的误差，它主要表现在，对一些敏感性问题，如涉及被调研者个人隐私、利益问题，或调研人员没能同被调研者进行有效的沟通、提问方法不当，导致拒答而引起误差；一些调研对象，由于不明调研目的，怕“露富”，怕多缴税费，甚至怕受罚(因报出的数据与过去的不同)等，一般在回答家庭利益，如单位收入、员工收入、业务员回扣、单位奖金数额等问题时出现有意无意的做假，不愿如实申报数据，害怕如实回答会给自己、家庭、单位造成损害，导致瞒报引起误差；或因为被调研者记忆不清，对问题理解错误或者随便应付所造成误差；或因为被调研者的心态，如有的属好人主义，对问题总是回答“是”，有的逆反心理较强，对调研问题总是回答“否”，有的态度淡漠，对调研问题的回答是“无所谓”、“还可以”等由个人态度引起误差；还有就是市场调研主管人员工作失职造成的误差，它主要表现在，没有

对调研员进行挑选，包括个人基本素质、思想品德、职业道德等方面，调研之前没严格按要求对访问员进行培训或培训没达到所要达到的要求，在市场调研中没能很好地实施监控督导，发现问题没能及时解决，对一些已发现的误差没及时进行有效的修正或根本没有进行复查而造成误差。

④市场调研资料整理汇总阶段出现的误差。主要是调研资料分析人员对原始资料进行编码、分类、汇总，由于编辑改变资料形式过程引起的非抽样误差。这类误差是各种混合因素的结果，主要表现在：其一是组织者思想上的放松，没有严格的按计划进行；其二是使用分析的理论方法不当；其三是进行数据汇总分析的工具落后；其四是不同的编码者或编辑人员对样本资料进行汇总、计算、编码、储存等过程方法有很大的差异；其五是调研资料统计结果的篡改、虚夸、隐瞒等造成数据失真的现象等引起的误差。

三、市场抽样调研中样本数的确定

在进行抽样调研之前，抽样数目 n 的多少，直接影响着抽样误差的大小。抽样数目过少，会使调研结果出现较大的误差，与预期目标相去甚远；而抽样数目过多，又会造成人力、物力、财力及时间的浪费。因此，科学地确定必要的抽样数目，可以使抽样误差控制在预先规定的范围内，以使抽样调研取得满意的预期效果。

（一）定性调研中样本数的确定

1. 参考同类成功调研的样本数确定

市场调研发展到今天已经经历了百年的历史，在这漫长的市场调研历史中，有无数市场调研个案供今天的调研人员参考借鉴。不论调研人员有无调研经验，都可以也应该尽可能地借鉴别人的成功经验。在定性调研中，调研人员不能运用一些数学公式来求得样本数量，但可以参考同类成功调研的样本数来确定。当然参考借鉴必须是与本次调研具有较大可比性的市场调研个案。也就是说，必须参考的是在调研目的、调研范围、调研要求、调研总体大小、调研总体特征等多方面很相似的市场调研成功个案的样本数来确定。

2. 根据经验确定

市场调研人员根据经验确定样本数时需要考虑以下几个因素：

(1)市场母体幅度。市场母体幅度是指市场调研总体中各分子之间差异的大小程度。差异大，则说市场母体幅度大，反之，则说明市场母体幅度小。如：调研消费者对服装的需求，我们知道在现代的社会水平下，不同年龄、不同职业、不同的受教育程度的消费者对服装的需求有很大的不同，这样，在对消费者对服装需求的调研上，要调研的市场母体的幅度就很大。

一般地，如果市场母体幅度大，则需要抽取的样本就应该多一些，反之，则可以少一些。如调研消费者对服装的需求状况，由于要调研的市场母体幅度较大，所以需要抽取较多样本；反之，如果是调研消费者对大米的需求状况，由于即使是不同年龄、不同职业、不同的受教育程度的消费者对大米的需求差异都不会很大，所以这时的调研母体幅度较小，需要抽取的样本就可以较少。

(2)允许误差。每一次的市场调研由于其调研的内容和要求不同，其允许的误差也会不同。如果调研允许的误差较大，则调研较少的样本就能够达到目的，所以抽取的样本可以少一些；反之，如果允许的误差较小，调研结果的精确度要求较高，则必须调研较多的样本才能达到目的，当然就需要抽取较多样本。

(3)调研预算费用与单位样本调研费用之比。若预算费用多而单位样本调研费用小，则样本可多一些；反之，则样本可少一些。比如，某一次的市场调研费用为 10 万元人民币，而直接用在被调研对象上的费用为 4 万元人民币，而根据估算，调研一个被调研对象所需要的平均费用为 200 元人民币，则可抽取 200 个样本。但是，如果一个被调研对象所需要的平均费用为 400 元人民币，则只能抽取 100 个样本进行调研。

一些市场调研实践人员认为：如果是大型城市，省市一级的地区性调研，样本数在 500～1 000之间可能比较适合；而对于中小城市，样本量在 200～300 之间可能比较适合；如果是多省市或者全国性的调研，则样本量可能在 1 000～3 000 之间比较适合；如果要进行分组研究，每组样本量应该为 30～50 个。

（二）定量调研中样本数的确定

1. 参考同类成功调研的样本数确定

定量调研中，参考同类成功调研的样本数，来确定此次调研的样本数，原则同定性调研。

2. 利用以前数据估计标准差，再利用公式求得

抽样数目 n 的确定，可以由极限抽样误差公式演变而来，其计算公式为：

（1）简单随机抽样方式平均数的必要抽样数目：

①重复抽样时

由于
$$\Delta_x = t\sqrt{\frac{\sigma^2}{n}}$$

所以
$$n = \frac{t^2\sigma^2}{\Delta_x^2}$$

②不重复抽样时

$$n = \frac{t^2\sigma^2 N}{N\Delta_x^2 + t^2\sigma^2}$$

（2）简单随机抽样方式成数的必要抽样数目：

①重复抽样时

$$n = \frac{t^2 P(1-P)}{\Delta_P^2}$$

②不重复抽样时

$$n = \frac{t^2 P(1-P)N}{N\Delta_P^2 + t^2 P(1-P)}$$

抽样调研的必要抽样数目的多少，与方差 σ^2 或 $P(1-P)$ 的大小成正比，与概率度 t 的平方成正比，与极限抽样误差的平方成反比。同等条件下，重复抽样要比不重复抽样抽取的样本多一些。

例如，某市按照简单随机不重复抽样方式进行居民家居调研。

已知 $N=100\ 000$，$\sigma^2=10\ 000$，$\mu_x=5$ 元，要求计算在 $t=2$ 时的必要抽样数目。

$$\Delta_x = t\mu_x = 2\times5 = 10(\text{元})$$

$$n = \frac{t^2\sigma^2 N}{N\Delta_x^2 + t^2\sigma^2} = \frac{2^2\times10\ 000\times100\ 000}{100\ 000\times10^2 + 2^2\times10\ 000} = 398$$

即需要抽 398 户。

如果在其他条件不变的情况下，计算 $t=3$ 时的必要抽样数目，则

$$n = \frac{t^2\sigma^2 N}{N\Delta_x^2 + t^2\sigma^2} = \frac{3^2\times10\ 000\times100\ 000}{100\ 000\times10^2 + 3^2\times10\ 000} = 892$$

即需要抽 892 户。

可见，在允许误差和其他条件不变的情况下，把握程度由 95.45%（$t=2$）提高到 99.73%（$t=3$），抽样数目为原来的 2.24 倍。

(3)进行很小范围的调研求得标准差，再利用上述公式求得。进行很小范围的调研求得标准差时，关键的问题是这个要调研的小范围的选择。一般地，这个小范围应该具有一定的代表性，为了节省时间和调研费用，最好是地理区域上的选择。比如要调研整个天津市的居民消费支出，就可以选择天津市中一个有代表性的居民住宅小区，如奥林匹克花园小区。

四、随机抽样调研

随机抽样调研是按照随机原理抽取样本，即在总体中抽取单位时，完全排除了人的主观因素的影响，使每一个单位都有同等的可能性被抽中。遵循随机原则，一方面可使抽选出来的部分单位的分布情况最大限度地接近总体的分布情况，从而使根据样本所做出的结论对总体具有充分的代表性；另一方面，遵循随机原则，有助于调研人员准确地计算抽样误差，并有效地加以控制，从而提高调研的精度。

随着调研对象的性质和研究目的的不同，随机抽样方式又有 4 种基本的形式，即简单随机抽样、等距离抽样（系统抽样）、分层随机抽样和整群随机抽样。

（一）单纯随机抽样

单纯随机抽样也称简单随机抽样、纯随机抽样，是所有抽样方式的基础。其原理是对调研总体不进行任何分组、排列，完全客观地凭借偶然的机会从中抽取调研单位加以调研。这样，每一个单位都以相同的概率进入样本。例如，对现阶段中学生的名牌消费情况或品牌消费意识的调研，可以对某学校的所有学生，通过随机抽取学号的方法进行选择，对于这个学校的所有同学而言，他们进入样本的概率是相同的。

单纯随机抽样调研不等于随意抽样，所谓随机是指抽选过程与企业或调研人员的主观行为均不相关，而是单纯受客观因素的影响或决定。为此，应采用以下几种方法进行单纯随机抽样调研。

1. 抽签法

当总体数量较少，并且有现成的可用于抽取的材料时，可选用抽签的方法。抽签法又称“抓阄法”。它是先将调研总体的每个单位编号，然后采用随机的方法任意抽取号码，直到抽足样本。例如，要在 10 个人中选取 3 个人作为代表，先把总体中的 10 个个体编号，把号码写在号签上，将号签放在一个容器中，搅拌均匀后，每次从中抽取一个号签，连续抽取 3 次，就得到一个容量为 3 的样本。这就是抽签法。但是，如果调研所涉及的总体数量很大，例如，若对 300 万户家庭进行某项调研，则不能直接采用抽签法。一般需要先划分出不同的阶段，减少所涉及的单位数，之后才有可能在某些阶段中采用抽签的方法。如首先在全国的每一个省和自治区、直辖市中，确定有代表性的城市，在选定的城市中的每一个市区中，随机抽取若干个街道办事处。即在这项调研的某个或某些阶段上，在总体数量较少的情况下，采用抽签的方法。

2. 利用随机数骰子

随机数骰子是一种用均匀材料制成的正 20 面体，面上分别刻有 0～9 的数字各 2 个。使用时，先将总体单位进行编号，然后采用掷或者摇的方法，产生若干个 0～9 之间的数，按先后顺序排列后可得到一个任意大的随机数。

3. 使用随机数表法

采用随机数表法,必须先将总体中的全部个体分别标上 $1\sim n$ 个号码,然后利用随机数表随机抽取所需的样本。随机数表是一种利用随机数方法,按双位编排的大小数互相间杂的数表,客观上为表内任何数码都提供了相等的出现机会,并且,所有同一行、同一列中任意一个数字或一组数字组合出现的概率也都是相同的。例如,表 5.2 的数表就是一个随机数表的一部分。

表 5.2 随机数表

	(1)	(2)	(3)	(4)	(5)	(6)
1	044	942	354	764	934	250
2	456	244	578	642	719	833
3	786	946	672	677	157	556
4	310	245	103	089	523	753
5	856	729	570	414	378	760
6	001	996	008	523	442	713
7	457	158	923	378	785	566
8	247	084	749	433	118	987
9	987	378	406	322	359	037
10	675	716	436	220	940	853
11	369	628	231	361	549	205
12	654	392	402	199	707	639
13	876	362	178	456	950	807
14	085	597	934	142	436	566
15	654	097	373	819	289	620

使用随机数表需要事先确定按行使用还是按列使用,然后再确定从第几行或者第几列开始使用。从表 5.2 的排列看,两个号码为一组,平行相邻的两个小组为一大组,但使用时不受任何限制,可组成两位数或四位数的号码,也可组成三位数或五位数的号码。

例如,某居民区有 700 户居民,拟抽取 15 户调研其家庭收入情况。首先需要将居民根据其门牌号码重新编号为 1～500。然后确定从随机数表的第二排第三列的数组开始自上而下、自左而右取样,则顺序取得的 15 个样本号为:578、672、103、570、008、923、749、406、436、231、402、178、934、373、764。由于 923、749、934 都超过了 700,所以,必须舍弃,再顺序抽取 414、523、378。这样,15 个样本才最后产生。

为了节省时间,也可以用下列方法进行调整。

假如需要抽选的最大数字是 700,则:

①当抽选的数字小于或等于 700 时,予以保留;

②当抽选的数字大于 700,但小于或等于 1 400 时,则用该数减去 700,用其差作为抽选的有效数字。如上述 923 可调整为 223,749 可调整为 049。等等。

③当抽选的数字大于 1 400 时,必须予以放弃。

4. 其他方法

除了以上 3 种方法以外,还可以采用其他方法,如采用计算机产生随机数;使用普通骰子反复投掷,产生一组六进制数作为随机数;总体数量小于 60 的还可以使用数字显示的电子手表作为随机数发生器,将第一眼看到的秒数作为随机数;还可以用一枚硬币进行反复投掷,记正面为 1,反面为 0,将产生的数进行连续记录,得到若干二进制数后,再换算成十进制数,由此得到随机数,等等。

单纯随机抽样的优点是:方法简单,易于理解,直接从抽样总体中抽取样本,抽取概率相同,计算抽样误差及总体指标比较方便。但在实际调研中,却很少单独使用。因为,采用简单随机抽样,一般必须对总体各单位加以编号,而实际所需调研的总体往往很大,而且有时不能事先确定,因此,逐一编号几乎是不可能的。总之,单纯随机抽样法适用于总体单位数量不大,或总体差别性不大且容易得到总体清单的较大总体的情况。当情况相反时则需要运用分层随机抽样等其他抽样调研方式。单纯随机抽样调研具有简单明了的特点,在操作上也相对简单得多。在有些情况下,对总体进行一些特定的处理,结合一些先验数据修改样本方法,则可以有效提高抽样效率,使得在同样的样本总量情况下,达到更高的抽样精度。

(二)等距离抽样

等距离抽样又称系统随机抽样或机械抽样,就是将总体各单位按一定标志排列起来,然后按照一定间隔和一定顺序来抽取样本单位的随机抽样方式。在理论上可以得到一个与简单随机抽样方式一样的调研结果。

在将总体各单位按某一标志排队时有两种方法。一是按与所调研的项目无关的标志排队。例如,抽样调研的目的是了解职工家庭的收支结构情况,而对总体各单位——家庭户按门牌号或户主姓氏笔画多少等标志进行排序,然后每隔若干个号码或笔画抽选一户进行调研。另一种是按与所调研的项目有关的标志排队。例如,同样是对职工家庭收支结构的调研,可以按家庭总收入的多少由高到低排队,再进行抽选。

在排队的基础上,还要计算抽选距离(间隔)。可以由总体单位数除以样本单位数,即

$$抽选距离=\frac{N}{n}$$

确定抽选距离后,可以采用简单随机抽样的方式,从第一段距离中抽取第一个样本单位,然后按照相等的间距抽选下去,直到抽够预先规定的样本单位数为止。

例:某地区有零售店 110 户,采用等距离抽样方法抽选 11 户进行调研。

第一步,将总体调研对象(110 户零售店)进行编号,即从 1 号至 110 号。

第二步,确定抽样间隔。已知调研总体 $N=110$,样本数 $n=11$ 户,故抽样间隔=110/11=10(户)。

第三步,确定起抽号数。用 10 张卡片(即抽样间隔)从 1 号至 10 号编号,然后从中随机抽取 1 张作为起抽数号。如果抽出的是 2 号,2 号则为起抽号数。

第四步,确定被抽取单位。从起抽号开始,按照抽样间隔选择样本。本例从 2 号起每隔 10 号抽选一个,直至抽足 11 个为止。计算方法是

$$\begin{cases}2\\2+10=12\\2+10\times2=22\\\cdots\cdots\\2+10\times10=102\end{cases}$$

即所抽的单位是编号为 2、12、22、32、42、52、62、72、82、92、102 的 11 个零售店。

等距离抽样由于是在各单位大小顺序排队的基础上,再按某种规则依一定间隔取样,这样

可以保证所取得的样本单位比较均匀地分布在总体的各部分中，所以，有较高的代表性，尤其是当被研究对象的标志变异程度较大，而在实际工作中，又不可能抽选更多的样本单位时，这种方式更为有效，因此成为市场调研中应用广泛的一种抽样方式。但是，等距离抽样也存在一些局限性。首先，运用等距离抽样的前提是要有调研总体每个单位的有关资料，特别是按无关标志排队时，就需要有更为详细的资料，这是一项很复杂和细致的工作。其次，无论是按什么标志排队，都应注意抽样间隔与事物本身的周期性相重合而引起的系统误差的问题。如对商业企业销售量及其变化规律的调研，如果抽选间距是 7 天，第一段距离中抽取的是星期六，则其抽取的所有样本单位都是星期六的较大的销售量，其最终的调研结果就必然缺乏代表性，产生较大的系统性偏差。

(三)分层随机抽样

分层随机抽样，又称分类随机抽样或类型随机抽样。就是先将总体按一定标志分层(类)，然后在各层(类)中采用单纯随机抽样或等距抽样抽取样本的一种抽样方式。

当总体具有非常明显的分层特性时，可以采用分层抽样的方法提高抽样效率。所谓分层特性是指总体中的单位可以较明显的分为若干层，不同层次之间在被调研的指标上具有显著的差异性，而同一层内部差异性不显著。分层抽样便是在每一层次中分别抽选一部分样本，对该层的数量进行估计，最后再进行汇总，获得总体情况。例如，调研城市居民消费水平，可以选用居民家庭收入水平作为分层标志，将总体划分为高收入、中等收入和低收入 3 层或 3 类，然后再在 3 层(类)中分别采用单纯随机抽样或等距抽样抽取样本。

分层抽样使样本在总体中的分布更加均匀，有助于提高样本的代表性。由于分层的原则是使各层内部差异较小，所以在分层中抽选出少数几个单位就可以代表整层的情况，而尽管各层之间存在明显差异，但在抽样时确保了每一层都有代表性，因此，每一层的信息都能够被反映出来，从而也就能够保证估计量是相对精确了。

分层抽样的具体形式有：分层比例抽样、分层最佳抽样、最低成本抽样。

1. 分层比例抽样

分层比例抽样是指按每一个层次占抽样总体的比例来确定每一层次样本数的分层抽样。

各层应该抽取的样本数的计算公式为

$$n_i = \frac{N_i}{N} \cdot n$$

式中：n_i 为第 i 层应该抽取的样本数；N 为总体中的子体总数；N_i 为第 i 层的子体数；n 为计划抽取的样本数。

例如，某企业准备应用分层比例抽样方式调研其原材料供应商状况，已知：可供应其原材料的供应商共有 1 000 家，按规模可分成三种类型，其中大型的有 100 家，中型的有 400 家，小型的 500 家，计划共抽取 100 家作为样本，那么每一层应该抽取多少样本？

大型供应商应该抽取的样本为：$n_{大} = \frac{N_{大}}{N} \cdot n = \frac{100}{1\ 000} \times 100 = 10$(家)

中型的供应商应抽取的样本数为：$n_i = \frac{N_i}{N} \cdot n = \frac{400}{1\ 000} \times 100 = 40$(家)

小型的供应商应抽取的样本数为：$n_i = \frac{N_i}{N} \cdot n = \frac{500}{1\ 000} \times 100 = 50$(家)

确定了各层应该抽取的样本数后，就可以按单纯随机抽样原则抽取各层的样本，对每层供应商进行调研，然后推算每层供应商的状况，再汇总所有供应商状况。

在应用分层抽样法时，如果各层之间虽然有差异，但每层内部各子体之间差异较小，且各层差异在调研总体差异中所占比例大小差别不太大，这时应用分层比例确定各层应该抽取的样本数比较恰当。

2. 分层最佳抽样

分层最佳抽样是一种非等比例抽样法，它是在按各层所占比例分配样本数的基础上，再根据各层样本标准差的大小，调整各层样本数目的抽样方式。在这种抽样方式下，在各层差异过分悬殊，每层内部各子体之间差异较大，某些层的重要性大于其他层的情况下，这些层抽取的样本数就多，反之，抽取的样本数就少。这种同时兼顾层的大小和差异程度的大小的抽样方式，有利于调和、降低各层及其各层内部各子体之间差异，能够提高样本的代表性。

分层最佳抽样，各层样本数的计算公式为

$$n_i = \frac{N_i S_i}{\sum N_i S_i} \cdot n$$

式中：S_i 为第 i 层调研对象的标准差估计值；其他字母的与分层比例抽样公式代表的含义相同。

例如，某汽车公司要进入一个新的国家市场，需要调研这个国家小汽车消费者的需求特点。准备应用分层最佳抽样法进行调研。已知：该国共有小汽车消费者 50 万人，可按其收入的高低分成 3 个层次，其中，高收入层 5 万人，估计标准差为 400，中等收入的 10 万人，估计标准差为 150，低收入的 35 万人，估计标准差为 100，计划总的抽取 1 万人作为样本。那么，各层应该抽取的样本数是多少？

高收入层应该抽取的样本数为

$$n_{高} = \frac{N_{高}\ S_{高}}{\sum N_i S_i} \cdot n = \frac{50\ 000 \times 400}{50\ 000 \times 400 + 100\ 000 \times 150 + 350\ 000 \times 100} \times 10\ 000 \approx 2\ 857(人)$$

中收入层应该抽取的样本数为

$$n_{中} = \frac{N_{中}\ S_{中}}{\sum N_i S_i} \cdot n = \frac{100\ 000 \times 150}{50\ 000 \times 400 + 100\ 000 \times 150 + 350\ 000 \times 100} \times 10\ 000 \approx 2\ 143(人)$$

低收入层应抽取的样本数为

$$n_{低} = \frac{N_{低}\ S_{低}}{\sum N_i S_i} \cdot n = \frac{350\ 000 \times 100}{50\ 000 \times 400 + 100\ 000 \times 150 + 350\ 000 \times 100} \times 10\ 000 \approx 5\ 000(人)$$

从以上计算，我们可以看出高收入层次的消费者，虽然占总消费者的数目的比例较小，但由于其标准差较大，所以抽取的样本数占样本总数的比例相对于该层消费者占总消费者数量的比例大大地提高了。从理论上说，该层标准差大，说明在该层中，各个消费者之间的差异较大，那么就应该抽取更多的样本，这样才不至于降低调研信息的精确度。

从以上例题的计算以及分析，我们可以得出这样的结论：分层最佳抽样方式主要适用于分层后各层内各个子体之间差异较大，且每一层差异在总差异中所占比例不同的抽样调研。

3. 最低成本抽样

最低成本抽样是在考虑各层所占比例大小和各层内各子体之间差异大小的基础上，再根据各层子体的调研所需费用调整各层应抽取的样本数。这种抽样方法既照顾了调研信息的统计效果，又兼顾了调研的经济核算。如果各层所需要的调研费用差异较大，则在不影响样本的代表性的前提下，调整各层样本数，使总的调研费用降低。

最低成本抽样各层应该抽取样本数的计算公式为

$$n_i=\frac{N_iS_i/\sqrt{C_i}}{\sum(N_iS_i/\sqrt{C_i})}\cdot n$$

我们仍以分层最佳抽样的例子为例，如果调研每个高收入层次消费者的费用为 900 元人民币，中收入消费者为 100 元人民币，而低收入的消费者为 16 元人民币，那么每个层次应抽取的样本调整为：

高收入层应抽取的样本是

$$n_{高}=\frac{N_{高}S_{高}/\sqrt{C_{高}}}{\sum N_iS_i/\sqrt{C_i}}\cdot n$$

$$=\frac{50\ 000\times400/\sqrt{900}}{50\ 000\times400/\sqrt{900}+100\ 000\times150/\sqrt{100}+350\ 000\times100/\sqrt{16}}\times10\ 000\approx611(人)$$

中收入层应抽取样本数是

$$n_{中}=\frac{N_{中}S_{中}/\sqrt{C_{中}}}{\sum N_iS_i/\sqrt{C_i}}\cdot n$$

$$=\frac{100\ 000\times150/\sqrt{100}}{50\ 000\times400/\sqrt{900}+100\ 000\times150/\sqrt{100}+350\ 000\times100/\sqrt{16}}\times10\ 000\approx1\ 374(人)$$

低收入层应抽取样本数是

$$n_{低}=\frac{N_{低}S_{低}/\sqrt{C_{低}}}{\sum N_iS_i/\sqrt{C_i}}\cdot n$$

$$=\frac{350\ 000\times100/\sqrt{16}}{50\ 000\times400/\sqrt{900}+100\ 000\times150/\sqrt{100}+350\ 000\times100/\sqrt{16}}\times10\ 000\approx8\ 015(人)$$

将以上计算结果与分层最佳抽样法例题的计算结果相比较，我们发现高收入层和中收入层的样本减少了，而低收入层的样本增加了，这是因为对高收入层和中收入层消费者的调研所需费用较高，应用最低成本抽样法，使其调研样本减少，这符合经济效益原则。

分层随机抽样较单纯随机抽样更精确，能够通过对较少样本单位的调研，得到更精确的推论结果。这是因为，通过对总体的分层，划分出同质性较高的各层次，从而减少了各层次内部的离散度。当研究者选择的分层标志与其他总值特征标志有较强的相关性时，如在消费者调研时，采用年龄标志对总体分层，而年龄与其他变量如收入、文化程度等高度相关时，采用分层抽样的优点就更明显。

然而与单纯随机抽样一样，分层抽样严格要求抽样之前必须确定样本的总体数量，对总体单位的情况也要有较多的了解，否则难以作出科学的分层。这使分层随机抽样的应用范围受到很大限制。尽管如此，在实际工作中，只要有可能，还是尽量采用分层抽样，这是由精确、高效的优点决定的。

分层随机抽样适用于总体单位数较多并且单位之间差异较大的调研对象，如社会购买力调研、居民家庭收支调研以及商品销售量调研等。

小资料　　盖洛普民意测验机构的分层随机抽样设计

盖洛普抽样按照地理位置、都市化程度和社区规模进行分层，以多阶段概率抽样方式，分阶段抽取地区样本。在城市以街区为单位，在乡村以乡（或者同等大小面积的地区）为单位，抽取入户调研点。在进行全国性调研时，大约需要300个这样的调研点。

盖洛普抽样首先根据1980年人口普查资料，按照地区的人口规模和都市化程度进行分层，将全国各地区划分为以下7类：①中心城市。人口在100万人和100万人以上；②中心城市。人口在25万人至100万人之间；③中心城市。人口在5万人至25万人之间；④人口规模低于以上3组，但其地理位置处在（人口普查局确认的）都市化地区；⑤城市和乡镇（人口密集地区和人口普查标识地区）的人口数为2 500人至49 999人之间；⑥乡镇和村庄（人口密集地点和人口普查标识地点）的人口数在2 500人以下；⑦其他地区。

接下来，根据城市规模和都市化程度，盖洛普抽样又把全国划分为若干地理区域：新英格兰地区，大西洋中部地区，中东部地区，中西部地区，东南部地区，山区和太平洋沿海地区。经过这样的以社区规模、都市化程度和地理区域的逐次分层之后，全国被划分为人口规模相等的若干地区，并且将这些地区按照各自的地理位置排列成呈螺旋状的带状。这样，便可根据与人口规模等比例的原则，从这一带状分布的地区中抽出调研地区。

盖洛普抽样的第二阶段，将抽中的调研地区进一步分成数个分区，然后仍然按照各分区的人口规模，等比例地抽取分区样本。倘若缺少分区的人口资料，而且各分区的地理面积差异又不大时，亦可采取等概率方式抽取分区样本。

（资料来源：本文由作者根据网络资料改写，原文见 http://www2.lzcc.edu.cn）

（四）整群随机抽样

整群抽样，又称集团抽样，就是依据总体的特征，将其按一定标志分成若干不同的群（组），然后对抽中的群（组）中的单位进行调研的一种随机抽样方法。与前面介绍的方式不同，整群抽样不是从总体中直接选取最终的调研单位，而是首先随机抽取包括样本单位的群，最后再从中随机抽取出样本单位。例如，对某城市家庭消费状况进行抽样调研，就可以在该城市中先选出街道，然后再从选中的街道中选出居委会，最后在选中的居委会中再确定调研的家庭。

在实际操作中，整群抽样最重要的特征是组建样本的多阶段性，可以是二阶段、三阶段、四阶段，甚至是更多阶段地整群地抽取样本。如，某农民教育培训机构对农民教育培训需求特点调研所进行的整群抽样，采用的是省抽县，县抽乡，乡抽村，村抽农户的4级抽样阶段进行。具体是指，全国34个省市自治区都参加此次抽样调研，每个省根据所属县农民人均年收入水平排队，按照分配的样本数量，抽取调研县；在抽中的调研县同样按照去年农民人均收入对所属乡进行排队，按照分配的样本数量抽取调研乡；抽中的调研乡按以上方法依次抽调研村，抽中的村依次抽取调研农户。

整群抽样在大规模市场调研中应用很广泛，特别是在不可能直接得到拟调研的样本总体数量时，整群抽样的优点最为明显。它可以使研究者得到一个随机的调研样本。从实际中看，整群抽样是对简单随机抽样和等距抽样的综合运用，在调研样本抽选和实施调研组织方面都有很大的方便性。但这种方便性是以整体抽样方案设计、抽样误差计算和总体推论的复杂性和严谨性为前提的，即正因为是以群为单位进行抽样，使抽样单位比较集中，明显地影响了样本分布的均匀性。整群抽样与其他抽样方式相比,在抽样单位数目相同的条件下,抽样误差较大,代表性较低。在抽样调研实践中,采用整群抽样时,一般都要比其他抽样方式抽选更多的单位,以降低抽样误差,提高抽样结果的准确程度。

当然,整群抽样的可靠程度,主要还是取决于群与群之间的差异性大小。当各群间差异越小时,整群抽样的调研结果就越准确。因此,在大规模的市场调研中,当群体内各单位间的差异较大,而各群之间差异较小时,最适于采取整群抽样调研。

小资料　　普通居民对某种新产品的接受程度调研的整群抽样实例

为了解普通居民对某种新产品的接受程度,需要在一个城市中抽选 1 000 户居民开展市场调研,在每户居民中,选择 1 名家庭成员作为受访者。

根据调研要求,抽样分为两个阶段进行,第一阶段是从全市的居委会名单中抽选出 50 个样本居委会,第二阶段是从每个被选中的居委会中,抽选出 20 户居民。

1. 对居委会的抽选

从统计或者民政部门,获得一个城市的居委会名单。将居委会编上序号后,用计算机产生随机数的方法,可以简单地抽选出所需要的 50 个居委会。如果在居委会名单中还包括了居委会户数等资料,则在抽选时采用不等概率抽选的方法。

2. 在居委会中的抽样

在选定了居委会之后,对居民户的抽选将使用居委会地图来进行操作。此时,派出一些抽样员,到各居委会绘制居民户的分布图,抽样员首先了解居委会的实际位置、实际覆盖范围,并计算每一幢楼中实际的居住户数。然后,抽样员根据样本量的要求,采用等距或者其他方法,抽选出其中的若干户,作为最终访问的样本。

3. 确定受访者

访问员根据抽样员选定的样本户,进行入户访问。以谁为实际的被调研者呢?根据成员在家庭生活中的地位确定,比如使用计算机最多的人、收入最高的人、实际负责购买决策的人,等等。

五、非随机抽样

随机抽样具有能够精确估计抽样误差的优点,但在很多时候,要进行随机抽样必须获得严格的抽样框和其他辅助条件,所有这些都会加大调研的成本。因此,实际工作中,非随机抽样的使用比纯随机抽样更多一些。

非随机抽样不遵循随机原则,它是按照调研人员的主观设立的某个标准,从方便的角度来抽取样本。非随机抽样无法估计和控制抽样误差,无法用样本的定量资料采用统计方法来推断总体,因此,在非随机抽样的条件下,事先无法确定一个单位进入样本的概率,也无法了解到一个单位以何种方式被抽中。但非随机抽样简单易行,尤其适用于做探索性研究。常见的非随机抽样方法主要有任意抽样法、判断抽样法、配额抽样法和滚雪球抽样法等。

(一)任意抽样法

任意抽样法也称偶遇抽样法或便利抽样法。是根据调研方便而抽取调研对象的一种方法。“街头拦截法”和“方位选择法”是任意抽样的两种最常见方式。记者在街上对行人的访问、市场调研人员在街头向行人询问其某种看法或进行问卷调研,这都是属于“街头拦截法”的表现。“方位选择法”是对某聚集在一起的人群，从空间的不同方向选择被调研对象的一种方法，例如在大商场的各个楼层进行的任意抽样调研等。

任意抽样最大的特点是简便易行，能够及时获得所需的信息，省时、省力，节约调研费用。但是抽样偏差无法控制，而且，偏差一般较大，所以只能就调研样本本身得到推测性的判断。这种方式一般用于非正式的探索性研究。

(二)判断抽样法

判断抽样法也称目的抽样，是凭调研人员的主观意愿、经验和知识，从总体中选择被认为是具有代表性的样本进行调研。例如某次调研要求对象是“单位中对计算机采购有发言权的人”，访问员就需要根据自己的经验、知识能力等判断，在一个单位的所有人员中进行选择，这种抽选样本的方式就称为判断抽样法。

判断抽样法要求选择最能代表普遍情况的调研对象。选择最能代表普遍情况的调研对象，常以“平均型”或“多数型”为标准。“平均型”是在调研总体中具有代表性的平均水平的单位；“多数型”是在调研总体中占多数的单位。

利用调研总体的全面统计资料，按照一定标准，主观选择样本。判断抽样的意图在于选择更具有代表性的样本，当访问员具有较高判断能力并且忠诚地工作时，判断抽样能够有效地提高调研效率，保证所调研的对象正确地反映总体的情况。与便利抽样相比，判断抽样可以要求调研人员在选择样本时尽可能综合考虑各类人员的构成，不集中于一类受访者，这就避免了系统性的偏差。但也正由于判断抽样对调研人员的能力和工作态度要求较高，在实际操作中往往不能很好地实现，从主观上说，调研人员可能仍然会有意地选择便于访问的受访者，而不考虑真实调研意图所要求的受访者身份；从客观上说，调研人员人为的判断也可能存在偏差，比如当调研人员访问到年龄较大的受访者时，可能会人为地认为这一类人不能满足某些调研要求，从而主动放弃这一受访者，因此，也可能造成偏差。在许多的调研中，使用判断抽样的效果并不好。判断抽样法在样本规模小、样本不易分门别类挑选时有其较大的优越性。

(三)配额抽样法

配额抽样也称定额抽样或计划抽样，是指将总体中的所有单位按一定的标志分为若干组(类、层)，确定各组(类、层)样本分配的数额，然后在每组(类、层)中用任意抽样法或判断抽样法选取样本单位的一种抽样方式。配额抽样类似于随机抽样中的分层抽样，区别在于后者是按随机原则抽选样本，而前者则是由调研者由于方便或主观判断抽选分配的样本单位。配额抽样是非随机抽样中最流行的一种抽样方式。

配额抽样方法要事先对样本的结构进行一些人为的规定，在调研时要求受访者身份的结构满足配额要求。例如在调研中，要求受访者中有25%为学生，35%为机关干部，40%为其他职业，则访问员在进行访问时，就需要严格按照这一配额进行，当接受访问的受访者中某一身份已经达到配额要求时，即不能再访问此身份的人员了。

配额抽样法简便易行，可以保证总体的各个类别都能包括在所抽样本之中，故与其他非随机抽样方法相比，样本具有较高的代表性。但也应注意到这种方法是具有一定的假定性的，即假定具有某种相同特性的调研对象。而这种假定性是否成立，在很大程度上取决于调研者的知识、水平和经验。按照配额的要求不同，配额抽样法又可分为独立控制配额抽样法和交叉控制配额抽样法两种。

1. 独立控制配额抽样法

独立控制配额抽样法是指根据调研总体的不同特征，对具有某个特征的调研样本分别单独分配数额，而不规定必须同时具有更多特征的样本数额。这种方法的优点是，使调研者在判断抽选调研单位时，有比较大的机会去选择总体中的样本。缺点是调研人员可能因一时方便，过于偏向某一组别样本的选择，从而影响样本的代表性。例如，对某市化妆品消费需求的调研，确定样本总数是 400 人，选择按消费者的年龄、性别、收入三个标准分类。采用独立控制配额抽样方式，其具体的抽样分配比例及配额数见表 5.3。

表 5.3　独立配额抽样分配表

年龄(岁)	人数	性别	人数	月收入(元)	人数
25 以下	80			500 元以下	40
26～35	120	男	200	500～1 000	100
36～45	140	女	200	1 000～1 500	140
46 以上	60			1 500 元以上	120
合计	400	合计	400	合计	400

由表 5.3 可以看出，对年龄、性别和收入三个分类标准，分别规定了样本数额，而没有规定三者之间的关系。因此，在调研者具体抽选不同年龄段的消费者时，无需顾及性别和月收入标准。同样，在抽选不同性别或月收入的消费者时，也不必顾及其他两个分类标准。

2. 交叉控制配额抽样法

交叉控制配额抽样法是指对调研对象的各个特征的样本数额交叉分配。比如，按性别和收入两种标准分类，但对两项特征同时规定样本分配数，即实行交叉配额。具体分配情况如表 5.4。

表 5.4　交叉控制配额抽样交叉分配表

		月收入				合　计
		2 500 元以下	2 500～5 000 元	5 000～10 000 元	10 000 元以上	
性别	男	60	50	90	20	220
	女	50	70	80	30	230
合　计		110	120	170	50	450

由表 5.4 可见，交叉控制配额抽样其样本配额比例是以各类单位在总体中所占比例为基础调整而定的，且调研面广，所以，调研人员只要按样本数额抽取调研单位，样本对总体的代表性就较强。

(四)滚雪球抽样法

滚雪球抽样法是一种非随机的多阶段抽样，它是在不知道总体的情况下，力求通过抽样调研来了解和估计总体的状态。调研的阶段越多，调研对象也就越多，就越接近对总体的真实的估计。滚雪球抽样方式源于滚雪球的类比，所取得样本开始时少，后来越来越多，具体的操作方法是：

第一，选取少量的样本，一般是具有某种与调研目标有直接关系特征的调研对象。例如进行黄金首饰市场调研时，人们所佩带的首饰是重要的标志。

第二，对第一阶段的样本进行调研，然后请被调研者推荐其他的购有黄金首饰的人员，作为进一步调研的样本。

第三，对第二阶段的样本进行调研，然后再请被调研者推荐第三阶段的调研对象。依此类推，直到达到调研者认为满意的调研数量为止。

采用滚雪球抽样方式时，如果条件许可，还可配合使用判断抽样或配额抽样的方法抽选下一阶段的调研对象。

六、调研总体资料的推算

市场抽样调研要用样本指标来推算总体指标。它不仅可以用样本平均数推算总体平均数，用样本成数推算总体成数，而且，可以利用样本指标来推算调研总体的总量指标。

推算市场调研总体资料方法主要用直接推算法。

直接推算法是指利用样本平均数，乘以调研总体单位数，来获得市场调研总体的总量指标。具体的有点估计、区间估计两种方法。

（一）点估计法

点估计是指用样本指标 $\bar{x}$ 或 p，直接代替调研总体指标 $\bar{X}$ 或 P 的推算方法。比如，从5 000名消费者中随机抽取 100 名，对其月消费额进行调研，计算得到这 100 名消费者月平均生活消费支出 800 元。采用点估计法，就是认为这 5 000 名消费者每人月平均生活支出就是800 元，则总生活费支出 400 万元。

点估计法简便易行，所需时间短，成本费用也很低，但是由于没有考虑抽样误差和可靠程度等因素，因而推算市场调研总体的准确程度可能受到较大影响。

（二）区间估计法

区间估计法是指根据样本指标和极限抽样误差，来推算调研总体总量指标的可能范围。具体步骤是：首先利用极限抽样误差，推算调研总体平均数或成数的可能范围。

平均数： $\bar{x}-\Delta_x \leqslant \bar{X} \leqslant \bar{x}+\Delta_x$

成数： $p-\Delta_p \leqslant P \leqslant p+\Delta_p$

其次，利用调研平均数、调研成数的可能范围，推算调研总体总量指标 Q。其公式是：

$$(\bar{x}-\Delta_x)N \leqslant Q \leqslant (\bar{x}+\Delta_x)N$$

例如，从某地区 10 000 名消费者中随机抽取 500 名，对其生活费支出进行调研。这样抽样的调研结果为：平均生活费指出为 800 元，平均抽样误差为 6 元，要求在 95.45%的概率保证下，查正态分布概率表知 $t=2$，推算全部消费者的生活费支出总额。

已知：$\bar{x}=800$ 元，$\mu_x=6$ 元，$P=0.954\ 5$，$t=2$，$\Delta_x= t\mu_x=2\times 6=12$ 元

$N=10\ 000$ 人

求：全部消费者的生活费支出总额。

$$(\bar{x}-\Delta_x)N \leqslant Q \leqslant (\bar{x}+\Delta_x)N$$

$$(800-12)\times 10\ 000 \leqslant Q \leqslant (800+12)\times 10\ 000$$

$$7\ 880\ 000 \leqslant Q \leqslant 8\ 120\ 000$$

则全部消费者的生活费支出总额在 788 万元至 812 万元之间，而平均数则是 788 元至 812 元之间。

第三节 重点调研与典型调研方式

重点调研和典型调研都是非全面调研方式，严格地说，它们属于非随机抽样调研方式。它

们的样本是以判断抽样的方式选取的。但它们的样本具有特殊性，或者是重点，或者是典型。

这两种调研方式一般用于政府部门和社会研究机构对社会政治、经济文化等多方面的调研，有时也用于企业的一些比较特殊的市场调研中。

一、重点调研

(一)重点调研的含义

重点调研是指市场调研人员在被调研对象的全部单位中选择一部分重点单位组成样本而进行的调研。所谓重点单位是指其标志总量占总体标志总量绝大比重的那些单位。比如，某大型日用品制造商要调研了解其经销商的经营情况，那些经销其产品总产品量比重比较大的经销商就是其这次调研的重点单位。

(二)重点调研的特点

(1)重点调研方法多样化。在进行重点调研过程中可采用座谈、询问、查资料等多种调研方法，方法灵活多样，调研资料准确可靠。

(2)重点单位不是代表单位。重点单位指数量上占较大的比重的单位，重点单位的情况具有很大的特殊性，因此对总体无代表性。但这不等于说重点调研不可以推断总体。若干个重点单位调研可以反映总体数量上的基本情况，使调研者对总体有一个基本的大致的了解。

(3)专门性。重点调研是为特定目的而专门组织的调研。

(4) 非全面性。重点调研只要求对调研总体中的部分重点单位进行调研。

(5)选择性。重点单位是根据已往的全面调研资料，通过分析、比较而选取的。

(6)重点性。重点样本的标志总量在总体标志总量中占有较大的比重。

(7)数量性。主要应用于市场定量问题的研究，即利用重点样本数据认识总体的基本情况。

(三)重点调研的优缺点

优点：调研单位数目不多，可节省人力、物力、财力和时间；可及时获取信息，了解和掌握总体的基本情况；调研工作量小，易于组织。

缺点：若总体各单位发展比较平衡，呈现均匀分布时，则不能采用重点市场调研；当总体中的少数重点单位与众多的非重点单位的标志值结构不具有稳定性时，重点市场调研的结果只能说明总体的基本情况，而不能用来推断总体的数量特征。

(四)重点单位的选择

重点单位的选择是重点调研成功与否的关键。根据调研任务的不同，重点单位可以是重点行业、重点企业，也可以是重点城市、重点地区、重点机关、重点院校。

选取重点单位，应遵循两个原则：一是要根据调研任务的要求和调研对象的基本情况而确定选取的重点单位及数量。一般来讲，要求重点单位应尽可能少，而其标志值在总体中所占的比重应尽可能大，以保证有足够的代表性；二是要注意选取那些管理比较健全、业务力量较强、统计工作基础较好的单位作为重点单位。

(五)重点调研的应用

实践中能否采用重点调研方式，是由调研任务和研究对象的特点决定的。一般来讲，它主要适用于调研总体呈偏斜分布的状态，而调研内容是反映主要情况或基本趋势的调研。当调研任务只要求掌握基本情况，而部分单位又能比较集中地反映所研究项目的总体情况时，就可采用重点调研。

重点调研的应用条件是：重点单位可根据抽样框进行科学的选择，样本量能达到单位数目少、其标志值比重大的要求，各重点单位具有接受调研的基础条件，那么，就能够取得较为理想的调研结果。

重点调研必须在客观上有重点单位时才能采用，假如调研对象的基本单位之间差异不大，无重点单位，不分主次，就无法采用重点调研方式。

重点调研通常用于不定期的一次性调研，但有时也用于经常性的连续调研。

重点调研没有普查所特有的全面性，其重点也不具有普遍的代表性，但它可以通过对重点调研单位基本情况的调研估计，来对全部调研单位的情况作出判断与分析。

二、典型调研

(一)典型调研的概念

典型调研也是一种非全面调研，它是根据调研目的，在对被研究对象进行全面分析的基础上，从众多的调研研究对象中，有意识地选择若干个具有代表性的典型单位进行深入、周密、系统地调研，探索其内在规律性，然后以具有代表性的典型单位的调研结果推论总体情况的一种调研方式。如黑龙江省企业调研队在对全省近百户亏损企业进行的专项调研基础上，选择其中 10 户由亏转盈的企业所进行的《10 户由亏转盈企业的调研》。

进行典型调研的目的不仅在于取得社会经济现象的总体数值，而且更要了解与有关数字相关的生动具体情况。

(二)典型调研的特点

(1)从本质来看，典型调研是一种选样调研。典型调研是在调研之前，用比较分析的方法有意识地选择若干代表事物本质的典型单位来进行调研。这种典型单位的选择不是按随机原则抽选，带有主观随意性。但典型单位的选择是在人们对事物总体有全面的、基本的认识的基础上进行的，所以典型单位对总体仍具有一定代表性，是科学的。

(2)从选择数量上看，典型调研是一种小型调研。一般来讲，典型调研所选调研单位数目少，少则一两个，多则三五个即可。这种调研多为小型调研，节约人力物力。

(3)从样本的特性来看，典型调研是一种代表性调研。典型调研选择的样本必须具有典型性，强调调研单位必须具有代表性，样本能代表总体。

(4)从调研内容上看，典型调研是一种深入细致的调研。典型调研要求调研的内容要全面，调研的项目比较多，调研比较深入，进一步发现新的问题，查明客观经济现象产生的原因。

(三)典型调研的类型

一般来说，典型调研有两种类型：

一种是一般的典型调研，即对个别典型单位的调研。在这种典型调研中，只需在总体中选出少数几个典型单位，通过对这几个典型单位的调研，用以说明事物的一般情况或事物发展的一般规律。

第二种是具有统计特征的划类选点典型调研，即将调研总体划分为若干类型，再从每类中选择若干个典型进行调研，以说明各类的情况。

(四)典型单位的选择

典型单位的选择带有一定的主观随意性，因此，选择的典型单位是否科学，是否具有代表性就成为典型调研的关键问题。倘若典型单位选得不科学，选偏了，或选得不具有代表性，极容易以偏概全，得到错误结论。

1. 典型单位的含义

所谓典型单位，即具有代表性的单位，也有“标本”之意，任何事物都可以找到其代表，对其代表的认识可以推广到对该类事物的认识，该代表就是典型单位。

2. 典型单位的划分

(1)一般典型。指当调研对象总体中各单位的状况比较均衡时，选取的能反映调研对象总体一般情况的一个或几个有足够代表性的单位。

(2)特殊典型。当调研对象总体状况差异性较大时，需要按实际水准把调研对象划分为若干层次，再从每一层次中选取具有代表性的单位，深入了解各层次的具体情况。这样选出来的调研单位就是特殊典型。如前述黑龙江省企业调研队在对全省近百户亏损企业进行的专项调研基础上，选择其中10户由亏转盈的企业所进行的《10户由亏转盈企业的调研》，这10户就是特殊典型，特殊在于它们都由亏转盈。

(3)综合典型。指当调研对象总体情况比较复杂，需要调研的内容比较多时，选取的在多种标志方面具有代表性的单位。

(4)定项典型。当调研对象总体发展过程波动性较大，不稳定的因素较多，需要从较长时间连续深入观察时，选取一个或几个固定基点进行连续调研，全面、系统地积累资料，才能有效地认识其发展真相，掌握其变动趋势。这时选取的调研对象就是定项典型。

3. 选择典型单位应注意的几个问题

(1)选择典型单位前应对所要调研的对象有一个概略的、全面的了解和分析，以此作为抽取典型的基础，使调研者在确定典型单位时尽可能避免盲目性和主观随意性，保证所选择的典型具有代表性。

(2)要根据调研目的选择典型单位。调研目的不同，选择的典型单位也不同。如果要了解总体的一般数量表现，可选择中等水平(平均型和多数型)典型作为调研单位。如果要较为准确地估计总体的一般水平，首先应对总体中的所有个体划分为不同的类型，然后再从各类中按其比例大小选择若干典型单位。如果要总结经验或失败的教训，则应选择先进单位或落后单位作为典型，以便作深入细致的调研。

(3)要根据调研对象本身特点选择典型单位，使选出的典型具有客观代表性。

(4)要根据调研对象所包括的单位多少、差异大小确定典型单位数量。

(5)要根据需要及时更换典型单位。

(五)典型调研评价

典型调研是一种行之有效的市场调研方法。

1. 典型调研的优点

(1)典型调研的优点在于调研范围小、调研单位少、灵活机动、具体深入、节省人力、财力和物力等。

(2)典型调研资料可以对总体进行估算。这种估算，有以下两方面：一是利用典型资料作为推算全面数字的依据；二是可以利用典型资料推测未来。

2. 典型调研的局限性

(1)在实际操作中选择真正有代表性的典型单位比较困难。

(2)典型调研最易受人的主观因素的干扰，这是因为，第一，典型单位的选择是由人主观决定的。第二，典型调研调研目的和调研结论的主观倾向性较大。

(3)典型调研缺少科学的定量分析手段,不能科学地对现象总体进行定量分析。

(4)典型调研所代表的总体范围和调研结论的适用范围不易统一。典型调研时的典型是一定总体范围上的典型。这个典型一旦离开了它们所依托的总体范围,就失去了其代表性,变成了非典型。

(5)典型调研只适用于同质性较强的对象。所谓同质性指具有相同的性质。如果调研对象各单位具有的相同性质较多,同质性就强,选出的典型代表性也就大。如果调研对象各单位之间差异很大,同质性就较弱,典型的代表性就小。

3. 典型调研的应用

典型调研在应用上虽然具有一定的局限性,但由于它所需要的人力、物力、财力较少,取得资料较快,因此在调研总体庞大、内容复杂、人手不足、时间仓促的情况下,应用较多。

(六)典型调研的实施步骤

要使典型调研达到调研目的,就必须按照科学的步骤进行。典型调研的实施步骤如图 5.3 所示。

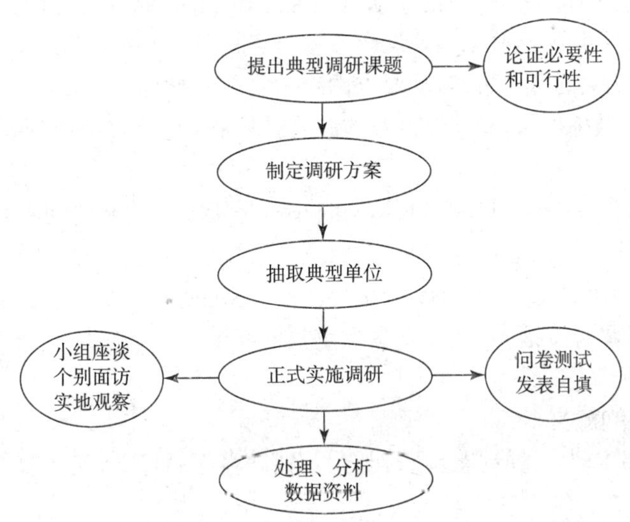

图 5.3　典型调研的实施步骤

第四节　固定样本持续调研方式

市场抽样调研可以是一次性调研,也可以是固定样本持续调研。

一、固定样本持续调研的含义

固定样本持续调研就是把随机抽样选定的样本固定下来,对其进行相同项目的、长期的、反复数次的持续性调研。由于在实践中,所进行的常年全国性或地区性消费者家计调研都是属于这种调研,所以,固定样本持续调研也称为消费者固定样本持续调研或家计调研。实际上,固定样本持续调研也常用于其他调研,如公众舆论调研或电视节目收视率调研等。

固定样本持续调研属于抽样调研的一种特殊方式,从调研对象的选取来说,它是运用抽样方式去选定样本,但它又不像一般的抽样调研是一次性调研,而是持续性调研。

二、固定样本持续调研的特点

固定样本持续调研具有样本固定、长期连续、数据精确和回收率高等特点。

(一)样本固定

从数量上说,固定样本持续调研中的样本数一经确定,在整个持续性调研期间就不再作变动。从样本个体上说,一经确定是哪些具体单位或个体作样本,原则上在整个持续调研期间也不作变动,以使样本的数据有前后对照的可比性。

(二)长期连续

固定样本持续调研是一种多次定期对同一固定对象的持续调研,市场是一个动态的变动过程,固定样本持续调研也是一种动态的了解过程,正是这一动态的了解过程,使调研数据呈现出一种动态的变化趋势,以一个个连续的不同时点、时段的同质数据表现出时点调研所不能反映的数据发展趋向。样本及调研项目的同一,是数据同质性的前提。

(三)数据精确

固定样本持续调研所得到的数据,是一种对已发生的事实作客观记录的登记或数据,与一般的调研相比,具有精确性的特点。一般的调研或者是了解意向,或者是回忆已发生的行为,意向的变化性很大,回忆也不可靠,这些都会使调研数据与实际有较大的误差。固定样本持续调研则不同,对于与调研项目相关的每一事实,都要求调研对象作出如实的记录,由此而采集到的数据,自然比“意向”和“回忆”精确得多,只要经挑选的调研对象密切配合,就没有数据不真实的顾虑。

(四)回收率高

凡是市场调研,都存在一个回收率问题。回收率,是指收回的调研问卷与发出的调研问卷的比率。固定样本持续调研在选择样本时,就只选愿意配合的调研对象作样本,而在把印好的调研表或调研簿发给调研对象后,又有专人指导填写、不定期检查及定期收回,所以,回收率极高。而且,由于有专职调研员指导,且反复多次重复同样的操作,经过一个较短的适应期后,回收的问卷的有效性也极高。

三、固定样本持续调研的意义

固定样本持续调研作为一种动态调研,既有其独立存在的意义,又具有对其他调研方式的补充作用,其意义体现在:

(一)固定样本持续调研能对某些调研项目进一步细分

访问式的调研,受访问时间限制,常常不能作详细的询问,因此,在问卷设计中调研项目只能设置较宽的范围,而在固定样本持续调研中,没有访问时间的限制,则调研项目可细分为多个子项目,以获得更多有用的详细数据。

(二)固定样本持续调研能提供只有连续记录才能得出的数据

消费者对日用消费品的购买周期、购买频率、平均每次购买额等数据,不能凭一次观察就能得出,只有连续的记录,才能反映出购买的周期性、频率以及消费习惯及其规律。此外,连续性记录不仅能提供精确的绝对数数据,也可以提供相对数,尤其是累计性相对数数据。

(三)固定样本持续调研能反映出某些市场变化的因果关系

一次性调研所获得的某些数据,只是某种条件下的特定情况,所能说明的问题有限,但连续性的调研能反映出更多的问题。如耐用消费品的家庭保有量、各品牌的市场占有率等,只有不同时点的数据比较,才能更好地说明市场的变化。不仅如此,当人们把同期的各种数据加以比较分析后,还能从中发现引起变化的相关因素及相关程度。总之,固定样本持续调研以其数据多样、详尽、连续，为市场分析提供了更为广泛的研究项目和内容。

(四)固定样本持续调研能显示市场消费的变化轨迹及长期趋势

对市场变化趋势的研究，通常依据的是企业的销售实绩，因为企业有正常连续的统计数据。但是这只是一种折射式的反映，而且，也存在反映不准确、不全面的问题。有了固定样本持续调研，就能使市场研究拥有了供求双方的数据，并且研究的结果更翔实可信。连续性的数据，既反映出每一时点的现状，又反映出整个时段的变化，各时点的数据贯穿起来，可以勾画出事物变化的轨迹，显示其变化的倾向和趋势，以此为依据，就可以作出科学的预测，为政府、企业及有关方面的决策提供科学依据。

四、固定样本持续调研的应用

固定样本持续调研可利用的范围相当广泛，下面介绍主要的 3 个方面：

(一)新产品的渗透情形调研

固定样本持续调研是长期且不间断的实施，可以获得新产品在市场上的渗透过程变化轨迹，从而得到新产品在市场上的渗透情形，企业可以通过对新产品渗透趋势的分析，以调整新产品的经营策略。

(二)品牌忠诚度的调研

品牌忠诚度一词，包含着购买者的诚意和意志，此种数据唯有从不断的固定连续购买者样本的长期购买行为的反映中获得。品牌忠诚度的高低，受被调研者家庭特性(包括出身、兴趣、娱乐、年龄等)影响很大，需将忠诚度与家庭的特性配合研究分析。

(三)每户购买率分析

大部分的调研资料，只是代表家庭个别的购买率、使用率。换言之，就是将连续活动的情形截取一段就某一瞬间来观察而已。而每户对各种商品的购买率却难以掌握。只有固定样本持续调研才能获得每户消费者每隔几天购买一次、单位量可使用几天，以及累积购买的情形等问题，然后企业可根据统计数字绘制统计图表，分析每户对各商品购买率之高低，以比较各商品的销售情形。

五、固定样本持续调研中应注意的问题

固定样本持续调研要获得最佳的效果，保证数据资料的连续性、真实性是关键。为此，要注意处理好如下问题：

(一)保持样本的稳定性

既然是固定样本持续调研，那么，样本的稳定是至关重要的。因为，样本的变化会影响到数据的连续性、真实性以及可比性等。在长期持续的调研过程中，不可避免地会产生调研对象迁移或不愿合作等情况，为保持样本的稳定性，应首先了解原因，提供方便，尽可能帮助和说服，以减少样本的变动。不可挽回的样本变动，可以寻求与原样本大致相同的去更替。

(二)专人负责作细致的联络工作

在固定样本持续调研中，被调研者由于成年累月接受调研，容易产生倦怠情形而发生敷衍了事的情形，所以在确定样本特性并抽样后，对抽出的样本要由专门人员上门做争取合作的工作。在正常的调研过程中，也应由专人负责联络，一方面是检查、督促及时、正确地登录，并按时、定期回收记录的资料，另一方面与被调研者建立密切的联系，巩固合作关系。在数据收集整理过程中，也要有专人分片负责，检核数据的质量，若发现异常，由联络人员核实并了解原因。对被调研者而言，配合调研是一种额外的负担。长久的琐碎登录会令人产生厌烦，无论漏

登、错登或伪登，都不能保证数据的真实，这要靠联络人员去作深入细致的工作，从进行技术指导到思想、感情沟通，乃至提供必要的工具及物质奖励等，都要设身处地地去为被调研者着想，才能建立和维持良好的合作关系。

（三）在分析处理固定样本持续调研获得的数据时要尽可能剔除记录误差和反应误差的影响

固定样本记录误差产生的主要原因包括：一是记录者不知道其家人的购买；二是忘掉了调研活动而漏记了应记录之事项；三是记忆模糊而记错；四是伪造或曲解问题。

固定样本反应误差可能是因为加入了固定样本调研改变了原有的习惯而带来的。比如某家庭平常都喜欢收看某一电视节目（比如综艺节目），但在成为电视节目收视率调研的固定样本后，可能因为警觉到其收视行为将被记录器自动记录下来，便改看其他电视节目（比如新闻性节目）。

固定样本持续调研所获得的调研数据由于上述原因而存在的记录误差和反应误差而降低其真实性，所以为了使固定样本持续调研所获得的调研数据能够最大限度地运用于市场决策之中，在分析处理这种调研所获得的数据资料时要尽可能地分析是否存在，如果存在，存在多少记录误差和反应误差？要努力剔除这些误差带来的影响。

第五节　选择市场调研方式的依据

如前所述，市场调研的方式多种多样，每一种调研方式都有其优缺点和适用范围，不同的调研目的和要求所对应的最佳调研方式是不同的。在有些情况下，采用不同的市场调研方式将产生不同的调研精度和调研成本，在实际的市场调研中一旦选择错误，将造成难以估量的调研损失。所以必须慎之又慎地选择市场调研方式。

一、依据各种市场调研方式的适用范围选择调研方式

市场调研人员在选择市场调研方式时，首先要考虑各种市场调研方式的适用范围。将本章前面几节所述的几种主要市场调研方式的适用范围总结为表 5.5，供市场调研人员在选择市场调研方式时参考。

表 5.5　几种主要市场调研方式的适用范围

<table>
<tr><td>市场普查</td><td colspan="4">某些特定的或不必要经常进行的调研</td></tr>
<tr><td rowspan="8">抽样调研</td><td rowspan="8">调研总体较大的；需经常调研的；时间和经费有一定限制的</td><td rowspan="4">随机抽样</td><td>单纯随机</td><td>总体数量少，总体中个体差别小，易得到总体清单的调研，时间经费较少、精确度要求不高的调研</td></tr>
<tr><td>分层随机</td><td>总体数多，各单位之间差异大且明显层次调研，时间、经费宽裕、精确度要求高的调研</td></tr>
<tr><td>整群随机</td><td>群之间存在相同性，群内各分子间存在差异性的调研，时间、费用不太多，精确度要求不高的大规模市场调研</td></tr>
<tr><td>固定样本持续调研</td><td>需要连续进行的调研</td></tr>
<tr><td rowspan="4">非随机抽样</td><td>任意抽样</td><td>不重要的非正式调研</td></tr>
<tr><td>判断抽样</td><td>总体小，调研时间和费用有限，调研人员经验丰富，对调研对象较熟悉，调研精确度要求不高的情况</td></tr>
<tr><td>典型调研</td><td>总体大，内容多，精确度要求不高，时间短，费用少，有明显典型单位的调研</td></tr>
<tr><td>重点调研</td><td>有重点单位，调研时间和费用有限，调研精确度要求不高的调研</td></tr>
</table>

二、依据市场调研的特点选择调研方式

每一次的市场调研都有其特点，企业市场调研人员在确定市场调研方式时必须分析该次调研有什么特点，然后根据其特点再结合上述总结的几种市场调研方式的适用范围选择恰当的调研方式。

例如，对某中学学生户外活动时间进行抽样调研，学校共有学生 1 500 名，其中有男生 800 名，女生 700 名。如果样本大小为 150 名，现有 3 种方案：A. 在初一学生中用简单随机抽样，抽取 150 名学生进行调研；B. 对全校学生进行简单随机抽样，抽取 150 名学生进行调研；C. 分别在男生中用简单随机抽样抽取 80 名学生，在女生中用简单随机抽样抽取 70 名学生进行调研。哪种方案调研的结果更精确？

A 方案只在初一学生中抽样，没有反映其他年级的情况，样本不能反映总体。B 方案应该可以，C 方案能更好地反映总体情况. 因为男生户外活动的时间一般会比女生多，而男女生之间，在这一问题上又各自具有一定的共性，考虑到男女学生人数的比例是 8∶7，按这个比例抽出的样本，应该更具代表性，更合理。简单随机抽样，使总体中的每个个体都有相等机会被抽到. 题目中男生是 800 名，女生是 700 名，所以采用简单随机抽样，男女生每次被抽到的机会之比应是 8∶7，获得的样本和 C 方案人数比一样；而且采用 B 方案得到的样本和采用 C 方案得到的样本，其个体在总体中的分布情况，差异应该不大。

那么我们的最佳决策是否就是在 B、C 两方案中任选一个呢？

错，实际上 C 方案整群随机抽样调研方式才是最佳的调研方式。因为本例要调研的是学生的户外活动情况。很明显这次调研的特点是：在学生户外活动的时间上，男女生是有一定差异的，一般男生会比女生多一些，所以需要对男生与女生进行分别抽样调研。

三、根据市场调研的要求选择调研方式

每一次市场调研当然也有其特别的要求，主要是针对调研时间和精确度。如果调研时间紧，自然就只能选择调研耗时少的调研方式，如抽样调研中的单纯随机抽样、判断抽样、典型调研及重点调研。究竟选择哪一种方式则还需要结合考虑其他因素。反之，如果调研时间很宽裕，不受什么限制，则可考虑市场普查或抽样调研中的分层随机抽样和整群随机抽样。如果市场调研精确度要求很高，则需要考虑运用市场普查或抽样调研中的分层随机抽样，反之则可考虑其他调研方式。

四、考虑市场调研费用预算

市场调研费用的预算在很大程度限制了市场调研方式的选择。如果调研费用少自然只能选择简单的、耗费少的调研方式，如抽样调研中的单纯随机抽样、整群随机抽样、判断抽样、典型调研、重点调研等方式。只有调研费用预算宽裕才能选择市场普查或抽样调研中的分层随机抽样等需要较多调研费用的调研方式。

五、多种调研方式综合运用

在实际的市场调研中，往往仅运用一种调研方式很难达到调研目的。尤其是当调研时间紧而精确度要求又很高的调研，这就需要综合运用多种市场调研方式，以达到调研方式的互补。

典型案例

应该选择哪种抽样方式

某计算机公司准备进入一个消费水平较高的大城市市场，为了制定准确的营销战略和策略，委托一家规模较大的专业市场调研公司进行一次市场调研。这次调研的要求是，调研内容全面，调研精确度高。调研的条件是调研时间和经费比较宽松。此外，已知，该市共有 800 多万常住居民。该市场调研公司设计的抽样方法如下：

根据该城市城区的布局，按照该城市的行政区对居民分群为 12 个群体，选择其中有代表性的 3 个群体。然后，根据在本市居住 5 年以上、年龄在 25 岁以上、年收入在 10 万人民币以上 3 个指标选出居民家庭中被调研的成员。有关方面的内容如下：

(1)调研总体：调研期内，在该市根据电话号码选择居民家庭中符合条件的成年人。

(2) 抽样方式：在选择的 3 个群体中利用计算机程序产生随机的电话号码为调研家庭。

(3)抽样规模：10 000 人。

(4)调研对象：如果一个家庭中有多个符合条件的成员，则选择年龄小的那位成员。

案例讨论题：你认为该公司确定的抽样方法是否恰当？为什么？

实训题

(1)利用周末去参加一次实际调研中的样本数目的确定。

(2)利用假期去参加一次你所在地某企业进行的抽样调研方案的设计。

(3)运用分群随机抽样方式去实际调研你所在大学学生对就业前景的看法。

(4)为你的职业规划所要进行的调研确定恰当的调研方式。

第六章　市场调研方法及其选择

肯德基的调研

20世纪80年代的某年暑假，我们旅游来到北京。这一天，骄阳似火，几乎快将整个京城烤焦。在北海公园的树荫下，我们准备休息片刻。不一会，一位衣着典雅，看上去文静、清秀的小姐微笑着朝我们走来："今天好热，女士们想喝点、吃点什么?""谢谢"我们中有两人同时回话。那小姐紧接着说："我是北京商学院的学生，暑假里被美国肯德基炸鸡公司聘为临时职员，公司为了征求中国顾客对肯德基炸鸡的意见，在这公园设置了免费品尝点，还准备了一些免费饮料。"那小姐指着公园东南边的小餐厅，"各位能否帮助我的工作? 谢谢。"

我们随着这位小姐走进了餐厅。餐厅内，大理石地面，奶白色的墙纸，粉红色的窗帘，两边墙上各有一排古铜色、方形的鸿运扇，正面墙上挂着巨大的迎客松图，20多张大圆桌上铺着洁白的桌布，宽大明亮的窗户外是翠绿的修竹……这儿的一切使人感到仿佛身处春天。

待我们盥洗完毕，一位衣冠楚楚的男士彬彬有礼地请我们就座，并在每个人面前摆放好以塑料袋盛装的白毛巾，随之送上苏打饼干和白开水，以消除口中异味，片刻又送上油亮嫩黄的鸡块。

稍事品尝后，一位女士开始发问;"您觉得这鸡快做得老了还是嫩了?""鸡块外表是否酥软?""鸡块水分多了还是少了?""胡椒味重了还是轻了?""是否应加点辣椒?""味精用量如何?""还应加点什么作料?""鸡块大小是否合适?""这块鸡卖0.9元是贵还是便宜?"……其项目十分详细，令人赞叹。"那么，您对餐厅设计有什么建议呢?"她边说边拿出一大本彩色画册，显示了各种风格、色调和座位布置的店堂设计。她一边翻着画册，一边比划着这个餐厅的设计，问我们一些问题，诸如：墙壁、窗户的色调和图案，座椅背的高低，座次排列的疏密，室内光线的明暗等。

为了使气氛更轻松愉快，她随便地聊起北京的天气和名胜古迹，而后，谈话很自然地又引入她的需要："您认为快餐店设在北京哪儿最好?""像您这样经济状况的人每周可能光顾几次?""您是否愿意携带家人一起来?"……最后，她询问了我们的地址、职业、收入、婚姻和家庭状况等。

整个询问过程不到20分种。那位女士几乎收集到了我们能够给予的全部信息。临行前，引我们入座的那位男士又给我们每人送上一袋热腾腾的炸鸡，纸袋上“肯德基 Kendagy Co.”的字样分外醒目。“带给您的家人品尝，谢谢您的帮助。”他轻声说道。

后来，我们听说美国肯德基炸鸡公司在北京前门开业，它们那鲜嫩香酥的炸鸡、纤尘不染的餐具、纯朴洁雅的美国乡村风格的店容，加上悦耳动听的钢琴曲，赢得了来往客人的声声赞许。

（资料来源：本文由作者根据网络资料改写，原文见 http://www.whyandhow.org）

肯德基为什么能够赢来来往客人的声声赞许？与它们运用的市场调研方法有关吗？它们运用的又是什么样的调研方法以至于如此有效呢？

第一节　市场访问调研法

市场调研方法多种多样，最常用的是市场访问调研法。

一、市场访问调研法的含义和特点

市场访问调研法，也称询问调研法或问卷调研法，是指按事先拟好的调研问卷，通过实地询问的方式向被调研者了解并收集市场情况和信息资料的一种直接的市场调研方法。

市场访问调研法是在市场调研活动中运用最为广泛的一种获取第一手资料的方法。

这种方法的特点是：以调研问卷作为纽带，调研人员和被调研者是以直接或间接的方式进行接触。采用市场访问调研法进行调研，要根据所调研的问题，事先设计好调研问卷，调研问卷设计得好坏，会直接影响到调研的结果。利用这种调研方法不仅可以了解消费者的消费需求、消费心理、消费态度、消费习惯等情况，而且还可以对产品质量、价格、性能、技术服务等方面进行了解，以此作为基础来对市场进行分析研究。

二、市场访问调研法的具体调研方法

市场访问调研法有多种具体的调研方法，根据调研人员同被调研者接触方式的不同，可分为：面谈调研法、电话调研法、邮寄调研法、留置调研法、网上问卷访问法（在网络调研法中介绍）。

（一）面谈调研法

面谈调研法是指调研人员通过面对面地询问和观察被调研者以获取信息资料的方法。它通常采用个人面谈、小组面谈和集体面谈等多种形式。

1. 面谈调研法的优点

（1）信息的可靠程度较大。在面谈调研中，如果发现被调研者不符合样本条件，可以立即终止访问；在面谈中可观察到被调研者是否对所问的问题不愿意回答或感到难堪，如果是这样，就可以马上改变询问的方式，以便掌握真实的信息；对于被调研者不太了解的问题，调研人员可以进行解释，以免由于被调研者的理解错误而产生偏差，从而提高回答问题的准确度。此外，调研人员还可以观察到周围的环境、气氛，了解被调研者的心理状况，掌握非语言信息，判断信息的可靠程度，这样面谈调研的信息可靠程度较大。

（2）能够判断信息的真实程度。面谈调研由于调研人员和被调研者是直接面对面的接触，调研人员可以判断被调研者回答问题的真实程度。

（3）灵活性强。在面对面的调研中，调研人员可以近距离地具体观察被调研者的态度，从而灵活及时调整访问技巧，以便提高调研精确度。

由于面谈调研法具有这些独特的优点，因此其成为了市场调研中一种非常重要的调研方法，已受到越来越多的市场调研人员的重视，并被广泛运用，无论是普查、全面统计报表，还是重点调研、典型调研、抽样调研，都或多或少地运用到了面谈调研法，甚至可以说，面谈调研法运用得是否成功，直接影响到市场调研的效果，关系到市场调研资料的真实性和完整性。

2. 面谈调研法的缺点

(1)成本高、时间长。面谈调研法需要大量的人力进行访问，尤其大规模、复杂的市场调研活动采用面谈调研法来获取第一手资料，要花费比较长的时间才能完成，调研经费消耗比较多，调研成本比较高。

(2)调研范围有限。由于面谈调研需要的费用较多，时间较长，所以往往不适合用于调研母体范围比较大，样本单位比较多的调研项目。

(3)容易受调研人员的影响。面谈调研很容易受到调研人员的影响，包括调研人员的工作态度、面谈技巧、倾向性意见的影响等。

由于存在以上缺点，面谈调研法在实践中的运用是有条件的。

3. 面谈调研法的应用技巧

(1)接触被调研者的技巧。正确进行自我介绍，准确表达访问目的，创造一个和谐的气氛，这是一个良好的访问开端。如果可以，应该一边帮助被调研者做事一边介绍自己并访问。

(2)询问技巧。问话要尽量清楚而简短，语气要和气，提问题的速度不能过快，当被调研者回答问题不明确、不完整的时候，可以通过追问的方式来请被调研者对其回答的问题做进一步的解释和补充。另外，提问问题时，要从简单的问题开始，不要从难题和关键性问题开始提问。

(3)对被调研者要做出积极的反应。当被调研者不知道需要花费多少时间来完成访问的时候，调研人员要做出积极的反应来鼓励被调研者继续回答问题，并表现出欣赏他们作为一个被调研者的表现。

4. 面谈调研法的具体形式

(1)入户访问。入户访问是指访问员到被访者的家中，利用事先准备好的问卷与被访者开展一对一的面访，逐个问题地进行询问，并记录回答。其特点是：当选择使用入户访问方法时，一般看重的是入户访问可利用最科学的抽样方法使所抽样本具有最大的代表性，所以，在使用入户访问的过程中，“抽样”是其中重要而关键的一环。

入户访问方式灵活方便，谈话伸缩性强，彼此可以沟通思想，能够产生激励效果；还能控制问题的次序，谈话集中，有针对性，获得较丰富的资料。但入户访问费用较高，受环境影响较大，有时难以控制局面，特别是当选定的调研样本较多时，分别进行入户调研费时间较长，不太适用。

(2)定点拦截访问。定点拦截访问是指根据调研目的和被访者特点，在受访人群较为集中的某些特定区域(可以是繁华街道、居民住宅区、大型商场、公园、报摊等)选择一个相对固定的拦截点和一个固定的访问点，访问员在拦截点拦截接触被访者，经过初步甄别后，把符合访问条件的被访者引导到固定的访问点完成访问。

其主要特点是：在被访者出入较频繁的场所拦截被访者，经过甄别合格后再到固定的访问点完成访问；对受访者的选择和访问在很大程度上取决于调研人员的经验和能力。

这种方法操作简便，费用较低，适合于一些问卷内容较少，目标人群不易控制的调研项目。其不利的一面是由于没有严格的抽样控制和目标人群的流动性较大，所以容易出现样本的雷同，对于一些漏问或轻微型错误无法再次确认。另外，这种方法的问卷复核的难度也较大，进行实地复核根本上是不可行的。

(3)小组座谈会。

①小组座谈会的含义。小组座谈会是以8～12人为一组在一名专业主持人的引导下对某个主题或者概念进行深入的讨论。小组座谈会通常是在设有单透镜和监听装置的会议室完成的。

小组座谈会的调研目的在于了解被访问者对一种产品、概念、想法或者组织的看法，从而获取对有关问题的深入了解。

小组座谈会远远不止一问一答的简单交流方式，它是借用了社会心理学中的“群体动力”的概念，即在小组中来自各种生活和各种职业的人们，当被鼓励主动表现自己而不是被动回答问题时，他们会对某一主题表达出更全面和更深入的看法，尽管被访问者自己没有感觉。在座谈会中，避免直截了当的问题，取而代之的是间接提问来引发激烈的讨论，而讨论所带来的信息是通过直接面谈所不能达到的，就像我们通常所说的：问题越辩越明。

小组座谈会通常用于解决一些了解消费者行为、需求和态度的问题，所获得的结果是定性的。同时，它也是在定量调研之前必要的步骤之一，小组座谈会的一些结果可以做为定量调研问卷设计的基础。

自从10年前小组座谈会被应用在市场研究领域以后，大多数的市场调研公司、广告代理商和消费品生产厂商都广泛使用这种方法。据统计，每年各种商业用户花在小组座谈会的开支超过了4亿美元，世界著名的Leo Burnett公司每年组织350多个座谈会，博士伦公司(Bausch & Lomb)的隐形眼镜产品大多是通过小组座谈会的调研方式确定的，高露洁一棕榄公司(Colgate - Palmolive)的产品开发也得意于小组座谈会。

(资料来源：拓索市场咨询(北京)有限公司，原文见 http://www.marketprobe.com.cn)

②小组座谈会的主要目的。

第一，理解消费者对某类产品的认识、偏好，以及消费者的行为，为今后的定量研究作准备。

第二，为更好地构建定量研究中对消费者进行调研的问卷提供帮助。

第三，对整个产品提供一个完整的背景信息。

第四，为新产品提供一个初步的信息。

第五，了解一些对老产品的全新想法。

第六，了解消费者对一些全新概念的反应。

第七，对先前得到的定量研究的信息进行解释。

第八，理解消费者对品牌的情绪反应。

③小组座谈会的操作流程如表6.1所示。

表6.1　小组座谈会操作流程

前期准备	座谈会召开	座谈会召开后
(1)与受访者联络预约 (2)甄别受访者 (3)邀约受访者 (4)通知培训笔录员 (5)准备座谈会设备与物品	(1)布置座谈会现场 (2)现场接待受访者 (3)现场甄别受访者 (4)主持“小会” (5)发放礼金、送受访者	(1)把现场录音(或录像)交给笔录员 (2)笔录催收与审核

拓索市场咨询(北京)有限公司认为小组座谈会有几个关键如下：

第一,座谈会环境。由于定性调研包括深入的面谈和讨论,对调研者来说,小组座谈会是一种了解消费者隐藏动机的方法。因此,小组座谈会通常是在专业的测试室中进行的,采用被调研者不会发现的现场观察(如使用单面镜和闭路电视设备、录像和录音设备)对全程进行记录,便于事后分析。

第二,征选参与者。参与者是通过不同的方法被邀请的。常见的方法有商业街上的随机选取、随机电话邀请以及依据数据库进行邀请等。实际上,被邀请者通常是有条件限制的,测试者需要根据具体情况事先设计好一些条件,对被测试者进行筛选,只有满足条件的被测试者才能参加座谈会。

第三,确定小组座谈会时间。通常,小组座谈会的时间会在两个小时左右。前10分钟由主持人介绍座谈会的程序,在剩下的100分钟左右主持人会占用25%时间,被测试者占用75%时间,一个被测试者实际发言的时间只有10分钟左右。

第四,选择主持人。拥有一个出色的主持人是小组座谈会成功的关键因素。合格主持人首先应该是训练有素的调研专家,他对调研背景、调研目的、调研程序、分组情况都应该了如指掌。如果要主持一个诊断性小组座谈,主持人还要有良好的心理学和社会心理学的造诣。主持人最重要的素质要求见表6.2。

表6.2　小组座谈会主持人素质

素质要求	说　明
坚定中的和善	为了促成必要的相互影响,主持人应将训练有素的(不偏不倚的)、超脱的态度,与理解对方并将感情投入这两者很好地结合起来
容许	主持人必须容许出现小组的兴奋点或目的不集中的情况,但必须保持警觉性
介入	主持人必须鼓励和促进热情的个人介入
不完全理解	主持人必须通过摆出自己对问题的不完全理解,进而鼓励参加者更具体地阐述其看法
鼓励	主持人必须鼓励不发言的成员积极参与
灵活	在小组座谈过程出现混乱时,主持人必须能够随机应变并及时改动计划的座谈提纲
敏感	主持人应是足够敏感的,以便能够在既在感情又有理智的水平上去引导小组的讨论

第五,制定讨论大纲。讨论大纲是一份关于小组座谈会所要涉及的话题概要,它是主持人(或者组织者)根据调研客体和所需的商务信息设计的。通常,大纲分为3个部分。首先是建立友好关系,解释小组规则,并提出讨论的客体;第二部分是讨论的内容;第三部分是总结重要的结论。

④小组座谈会的注意事项。

第一,座谈会的目的要明确。小组座谈会的目的决定了所需要的信息,从而也决定了需要的被访者和主持人。

第二,曾经参加过小组座谈的人,是不合适的参与者。

第三,参与者中应该避免亲友、同事关系,因为这种关系会影响发言和讨论,万一发生这种现象，应该要求他们退出。

第四，对于每个小组参与者的数量，一直以来认为 8～12 人是合适的，但经常有 4～5 人的小组座谈实施，这主要应该看讨论的内容是什么。如为一个家用计算机软件实施小组座谈时，为了让消费者能充分熟悉软件功能，并尽量深入发表意见，每组 4 个参与者就足够了，而座谈持续时间应该在 3 小时以上。

第五，制定吸引参与者参加座谈的措施。报酬越高越能吸引人参与，越枯燥的调研项目报酬越要高，座谈会要尽量安排在周末举行，向目标人选描述座谈会如何有趣、有意义，强调目标人选的参与对研究十分重要。

第六，主持人在小组座谈中要明确工作职责，其工作职责包括：与参与者建立友好的关系；说明座谈会的沟通规则；告知调研的目的并根据讨论的发展灵活变通；探寻参与者的意见，激励他们围绕主题热烈讨论；总结参与者的意见，评判对各种参数的认同程度和分歧。

第七，主持人应把握会场气氛。主持人在座谈开始时就应该亲切热情地感谢大家的参与，并向大家解释小组座谈是怎么一回事，使参与者尽量放松。然后，真实坦诚地介绍自己，并请参与者都一一自我介绍。沟通规则一般应该包括以下内容，并诚恳地告诉参与者：不存在不正确的意见，你怎么认为就怎么说，只要你说出真心话；你的意见代表着其他很多像你一样的消费者的意见，所以很重要；应该认真听取别人意见，不允许嘲笑贬低；不要互相议论，应该依次大声说出；不要关心主持人的观点，主持人对这个调研课题跟大家一样，主持人不是专家；如果你对某个话题不了解，或没有见解，不必担心，也不必勉强地临时编撰；为了能在预定时间内完成所有问题，请原谅主持人可能会打断你的发言；等等。

第八，小组座谈的数据和资料分析要求主持人和分析员共同参与。主持人和分析员必须重新观看录像，不仅要听取参与者的发言内容，而且要观察发言者的面部表情和肢体语言。企业在产品的概念测试时特别要注意这一点，因为参与者往往不愿意对设计的“概念”提出激烈的反对意见，只有当企业自己观察到参与者不屑一顾的嘲讽表情时，才会认识到概念并不受欢迎。

⑤小组座谈会的优缺点。小组座谈会作为定性调研中最常用的方法，在发达国家十分流行，它比一对一的面谈更容易发现新概念、新创意，而且快速，能节省大量时间。此外，由于提供了较好的观察被访者言行的机会（如通过单向镜或监视器等），从而使不同的观察者都能发现自己所要的信息。

小组座谈会主要有 5 个优点：

第一，协同增效。将一组人放在一起讨论，与单个人去询问得到的私人的、保密的回答相比，前者可以产生更广泛的信息、深入的理解和看法。与一对一的访问相比，小组的讨论更容易激发灵感、产生想法。在小组座谈会中常常会有一种“滚雪球”效应，即一个人的评论会启动参加者的一连串反应。而且随着小组中对所谈论问题的兴奋水平的增加，参加者想要表达他们的观点和感情的愿望也增强。

第二，精确度高。小组座谈会所收集的调研信息的精确度是比较高的。一是因为参加者的感觉与小组中的其他成员是类似的，所以参加者感到比较舒服并愿意表达他们的观点和感情。二是由于对参加者没有要求回答某个具体的问题，他们的回答可以是自发的不遵循常规的，因而应该是能够准确地表达他们的看法的。三是小组座谈会容许对数据的收集进行密切的监视，观察者可以亲自观看座谈的情况并可以将讨论过程录制下来用作后期分析。

第三，灵活性强。小组座谈在覆盖的主题及其深度方面都可以是灵活的。

第四，速度快。由于同一时间内同时访问了多个被调研者，因此数据收集和分析过程都是相对比较快的。

但是小组座谈会还可能有以下几个缺点：

第一，判断错误。小组座谈会的结果比其他数据收集方法的结果更容易被错误地判断。小组座谈会特别容易受客户和调研者的偏差的影响。

第二，对主持人的依赖强。小组座谈会的调研结果质量十分依赖于主持人的技术。小组座谈会是很难主持的，而具有高素质的主持人也不多。

第三，调研信息分析的难度较大。小组座谈会参与者回答的信息是无结构性的，数据是凌乱的，这使得编码、分析和解释都很困难。

第四，调研费用较高。小组座谈会需要支付受访者差旅费、报酬、礼品费等，调研费用是比较高的。

(4)深度访谈。

①深度访谈的含义。深度访谈是市场调研中最常使用的一种定性调研方法，它的原意是访问者与被访问者相对无限制的一对一会谈。在市场调研领域中的深度访谈是一种直接的、一对一的深层次的访谈，在访谈过程中，通过掌握高级访谈技巧的调研人员对受访者进行深度地访谈，以了解掌握受访者对某些问题的潜在动机、信念、态度、看法和感情。

②深度访谈的优缺点。相对定性调研的另一种方法——小组座谈会来说，深度访谈具有如下的优势：

探讨的话题可以相对较深，访谈的内容相对较多，能够探索受访者的内心思想及看法；能避免公开讨论敏感性的话题可能引起尴尬的情况；深度访问是一对一的，可以将受访者的反应与受访者直接联系起来；深度访谈可以消除群体压力，因而可以更自由地交换信息，受访者提供的信息更真实；不需要保持群体秩序，深度访谈更容易激发出偶然的思路，这常能对主要问题提供重要的思路；一对一的交流使得受访者感到自己是注意的焦点，从而认为自己的感受和想法是重要的；在单个个体上的交流时间较多，这可以鼓励他们提供更新更多的信息；

但是，深度访谈也存在如下几个方面的不足：对高素质、高层次的人群较难成功预约；难以确定所选取的受访者是否具有典型意义；深度访谈通常比小组座谈会的成本高，尤其是在受访者人数较多的时候；调研结果十分容易受访问员自身的影响，其调研质量在很大程度上取决于访问员的技巧；相对访问时间较长，可能会影响访问者和被访问者的情绪；由于占用的时间较长和花费的经费较多，因而在一个调研项目中深度访谈的数量是十分有限的。

③深度访谈的步骤：深度访谈的步骤如图 6.1 所示。

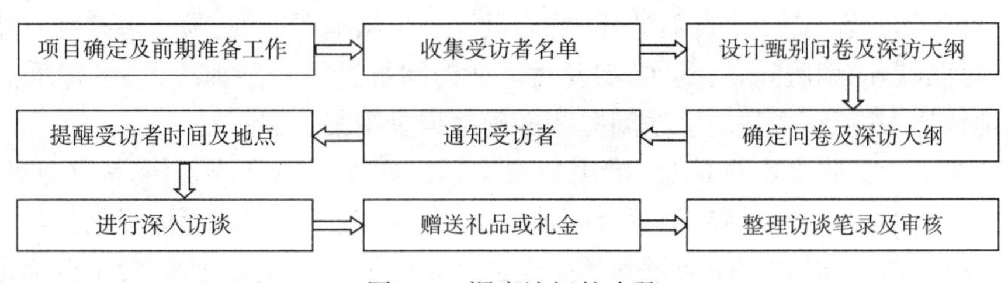

图 6.1 深度访问的步骤

5. 面谈调研应该注意的事项

(1)实施面谈调研时的服装礼仪。调研人员去进行面谈调研时在穿着打扮上应该尽可能与调研场所和被调研者的穿着相符,使其有相容的感觉。比如,去建筑工地向建筑工人调研,就应该穿着随便一些,甚至有点脏更好。但如果是去办公室调研白领人员就必须整洁正规。

(2)注意面谈调研的一些细节。面谈调研时的一些细节有时是非常重要的。

小资料　　面谈调研法的细节失误

普瑞辛格调研公司给《中国财富》出示了两组数据,来说明调研的严谨性。同样的调研问卷,完全相同结构的抽样,两组数据的结论却差异巨大。国内一家知名的电视机生产企业,曾设立了 20 多人的市场研究部门,就是因为下面的这次调研,该部门被注销、人员被全部裁减。

调研的问题:列举您会选择的电视机品牌。

其中一组的结论是:有 15%的消费者选择本企业的电视机;另一组的得出的结论却是:36%的消费者表示本企业的产品将成为其购买的首选。巨大的差异让公司高层非常恼火,为什么完全相同的调研抽样,会有如此矛盾的结果呢?公司决定聘请专业的调研公司来进行调研诊断,找出问题的真相。

普瑞辛格的执行小组受聘和参与调研执行的访问员进行交流,并很快提交了简短的诊断结论:第二组在进行调研执行过程中存在误导行为。调研期间,第二组的成员佩带了公司统一发放的领带,而在领带上有本公司的标志,其尺寸足以让被访问者猜测出调研的主办方;其次,第二组在调研过程中,把选项的记录板(无提示问题)向被访问者出示,而本企业的名字处在候选题板的第一位。以上两个细节,向被访问者泄露了调研的主办方信息,影响了消费者的客观选择。

这家企业的老总训斥调研部门的主管:“如果按照你的数据,我要增加一倍的生产计划,最后的损失恐怕不止千万。”

市场调研是直接指导营销实践的大事,对错是非可以得到市场验证,只是人们往往忽视了市场调研本身带来的风险。一句“错误的数据不如没有数据”,包含了众多中国企业家对数据的恐慌和无奈。

(资料来源:本文由作者根据网络资料改写,原文见 http://www.scopen.net)

(二)电话调研法

1. 电话调研法的含义

电话调研法是指通过电话向被调研者询问有关问题以获取信息资料的方法。使用这种方法进行调研,首先,必须确定一个有效的样本群,设计一份结构严谨的、易于理解并且按照一定的逻辑顺序排列问题的调研问卷;其次,需要对电话访问员进行特别训练,以确保他们能够和被访者有效地沟通,并能够清楚地陈述问题和准确地记录答案。

一些企业为了广泛收集市场信息,推出免费电话。如美国的宝洁公司,为了听取用户意见,广泛收集信息,推出免费电话向消费者问计的高招。即在产品包装上标明该公司及各分厂的电话号码,欢迎顾客随时就产品质量问题打电话及时反映,且打电话所需费用全部记在公司账上。公司对所有来电都给予答复,并视情况给予各种奖励。仅 1994 年,该公司就接到近 25

万个顾客电话，从中得到启发而开发出的新产品的销售额达到 1 600 万美元。

2. 电话调研法的类型

电话调研分为传统电话访问和计算机辅助电话访问。

(1)传统电话访问。

①传统电话访问的含义。传统电话访问就是选取一定的受访者样本，通过拨打电话的方式，访问问卷上所列出的一系列问题，在访问过程中用笔记下答案。访问员集中在某个场所或专门的电话访问间，在固定的时间内开始数据收集工作，现场有督导员对访问员进行访问监督和抽样控制。

②传统电话访问的注意事项。

a. 设计好简明易懂的调研问卷。传统电话调研问卷不同于普通的调研问卷，问题设计需要尽可能简明扼要，整个访问时间一般要求控制在 15 分钟以内；同时，由于受通话时间和记忆规律的约束，大多采用封闭式选择题向受访者进行提问，尽量避免半开放式或全开放式问题的出现，以减少受访者回答的难度。

b. 必须对访问员进行电话访问技巧的培训。电话访问对访问员的要求主要是口齿清楚、语气亲切、语调平和，而且要求对问卷的内容有充分的了解，因此在对电话访问员进行选择和培训时需要兼顾这些特点，一方面选择沟通能力较强的访问员，另一方面还要加强问卷内容以及访问技巧的培训，以带给受访对象良好的沟通体验，提高访问的成功率。

③传统电话访问的技巧。传统电话访问要达到较好的效果，访问员需要掌握一定的访问技巧：

a. 直接请求转接到调研对象。不要同电话第一接听人做过多解释，而要用肯定的语气请其接转在相关访问对象。

b. 主动介绍自己的身份。访问员应主动介绍自己的身份，包括公司名称、个人的姓名，并简单介绍项目内容等，在这一技巧中主动介绍自己的身份，有助于体现公事公办的态度。不做自我介绍，上来就提要求，有时也是可行的，但有失礼貌，特别在接听人恰恰是你要找的人时，显得唐突。

c. 问明对象身份信息。

d. 注意礼貌用语。俗话说，礼多人不怪，在电话交谈中，多使用感谢的话语，多使用恭敬的称谓，将使整个访问在和谐愉快的氛围中进行。不要为了追求速度而节约适当的感谢。但应注意感谢的表达要真诚，并且不要和公事公办的态度相矛盾，不要变成访问员在“求着”对方合作。

e. 模糊访问时间。在访问开始说明整个访问所需时间时，可以用一个比较模糊的概念表达，或说得相对短些。实践证明，当人们决定接受访问后，时间如果稍微超过事前约定，通常不会计较。所以在访问开始前，访问时间的说法可以表现得灵活一些，目的是能说服对方接受访问。但过于离谱的说法将增大访问难度，如说 10 分钟就行，实际超过了 30 分钟，就会让受访者感觉受骗上当而拒绝继续接受访问。

f. 避用“调研”一词。“调研”一词在中文里往往比较敏感，建议多使用“访问”、“请教”、“听取意见”等软性词代替“调研”，从而减少受访者的顾虑和不必要的误解。在人称方面，一些访问员在交谈中常称呼对方“你”，建议多用“您”，或“贵单位”。这些细微之处，往往关系一次访问能否成功进行。

g. 注意开场白

开场白是很重要的，它要求简短扼要，对于访问的目的一定要讲得清楚明白，且访问的内容是作为研究用的，这样拒访的概率就不会太高了；其次，访问开始后，每一个问题都要按照问卷上的原话来提问，有时用自己的话去问很可能造成理解错误，造成不必要的麻烦，耽误时间。

(2)计算机辅助电话访问。计算机辅助电话访问法是由电话、计算机、访问员三种资源组成的访问系统，是电话调研法的发展，目前在国外比较流行。计算机辅助电话访问法是中心控制电话访问的“计算机化”形式，利用这种方法进行调研时，访问员坐在计算机前，头戴耳机式电话，用计算机拨通所要的电话号码，电话接通后，访问员就可以向被调研者了解情况了，而且，调研的问题还可以显示在计算机屏幕上。这种方法已经被越来越多地应用。

计算机辅助电话访问法的访问技巧和注意事项与传统电话访问类似。

3. 电话调研中的抽样设计

(1)利用电话号码簿抽样。电话号码簿抽样可以获得合适的、包括完整的住宅电话名录作为抽样框，从而采用随机抽样方式获得住宅电话号码。利用电话号码本抽样，一般不会发生所拨号码为空号、所打电话为非住宅电话的情形。必须注意的是，公开发行的住宅电话号码簿可能存在遗漏，即不一定所有的住宅电话号码都登记在住宅电话号码簿上，当这种情况过多的时候，抽取的样本的代表性就会受到影响。

(2)随机拨号法。电话号码是由区号、局号(四位或三位数字)和后四位数字构成的，如北京、上海、广州等中心城市，区号为三位，局号为四位，就每个地区而言，区号是唯一的、固定的，局号的数目不是很多，大多在几十到几百之间，通过与电信部门联系或查找有关公开资料可以找到局号的抽样框。

4. 电话调研的优缺点

(1)电话调研的优点。

①获取信息资料的速度最快、费用低。这是电话访问的最突出优点。一般而言，电话访问是访问员在固定的电话访问室通过拨打电话的方式对受访者进行调研，因此受访者对于问题的回答速度通常较快，中间思考的时间较少；同时由于电话访问不存在访问交通费、受访者礼品费等调研费用，因而节约了调研成本。

②调研的母体范围广，可以对任何有电话的地区、单位和个人进行调研。

③被调研者不受调研人员在场的心理压力，可以比较自由地回答问题，回收率较高。

④适宜访问不易接触到的被调研者，如某些名人等。

⑤能较好确保调研的质量。采用电话访问的调研问卷一般内容较少，同时容易对问题立刻做出判断，因此访问员可以通过电话对调研进度和问题回答的质量进行现场控制，保证了调研数据的有效性。

(2)电话调研的缺点。

①调研内容的深度受到限制，了解问题不够深入，只能了解一些比较简单的问题。由于电话访问的时间一般不能太长，因此问题设计必须简单明了，使受访者能够在很短的时间内迅速给出回答。这就会引发出一个问题，一旦调研的内容较多或者问题回答需要经过一定的思考，受访者给予配合的可能性就会很小，有时甚至会中途终止接受访问，也就是说，电话访问对于问题较为复杂或需要经过反复思考才能得出回答的问卷调研并不合适。尤其是某些专业性较强的问题无法获得所需的调研资料。

②调研获得的信息的精确度可能不高。因为:被调研者可能因不了解调研者的详尽、确切的意图而无法回答或无法正确回答;难以针对被调研者的性格特点和情绪调整询问方式。

③不能使用视觉帮助。有一些调研项目需要得到受访者对一些图片、文字或设计等的反应,由于电话访问自身的限制,访问员无法将这些图片、文字或设计出示给受访者进行现场访问,所以电话访问在测定受访者对于特定视觉图案的态度时就会较为困难。当然可以提前把类似的资料事先寄给受访者,但这种方法通常由于手续烦琐而难以采纳。

总体而言,尽管电话访问存在着诸多缺陷,但对那些调研项目单一、问题相对简单明确,并需及时得到调研结果的调研项目而言,仍不失为一种理想的访问方法。

(三)邮寄调研法

邮寄调研法是用邮寄的方法将设计好的调研问卷寄给事先选好的被调研者,请其根据要求回答填写后再寄回来,从而收集信息资料的一种调研方法。

1. 邮寄调研法的优点

(1)调研成本低,不需要支付访问员的访问劳务费,投入的人、财、物力比较小。

(2)调研的母体范围广泛,所有能够通邮的地方都可以作为被调研的对象。

(3)被调研者有充分的时间来回答问题,不容易受调研人员倾向性意见的影响。

(4)可让被调研者以匿名的方式回答一些个人隐私问题。

2. 邮寄调研法的缺点

(1)回收率偏低,这是这种方法最主要的缺点。

(2)花费时间比较长,有时会影响调研资料的时效性。

(3)由于没有访问员的指导,被调研者在回答问题的时候容易出现偏差。

(4)无法判断被调研者的性格特征和其回答的可靠程度。

(5)对文化程度较低的人不适用。

3. 运用邮寄调研法需要注意的问题

(1)由于这种方法调研人员与被调研者没有直接的接触,为了提高邮寄问卷的回收率,要对被调研者进行广泛的确认以获得 份有效的邮寄名单,并对其进行跟踪提醒。

(2)在寄出调研问卷的同时还应将回信信封贴上邮票附在其中,可能的话可以附上小礼品或和其他谢礼。

(3)调研问卷中提出的问题要便于回答,便于汇总,篇幅要短,以免因占用被调研者过多的时间而使被调研者失去回答问题的兴趣。

4. 邮寄调研法的应用范围

目前我国市场调研中极少采用邮寄调研的方法来收集数据。在欧洲,邮寄调研所占的比例也远远低于电话调研和面谈调研。原因主要是由于邮寄调研的上述局限性。一般来说,当调研的实效性要求不高,调研对象的名单地址都比较清楚,调研经费比较紧缺,而调研的内容又比较多、比较敏感的情况下,采用邮寄调研法是比较合适的。其涉及的内容范围可以是有关日常的消费、日常的购物习惯、日常接触媒介习惯等比较具体的方面;也可以是有关消费观念、生活形态、意识、看法、满意度或态度等比较抽象的方面。

(四)留置调研法

留置调研法是指将事先设计好的调研问卷当面交给被调研者,说明填写的要求并留下调研问卷,请被调研者自行填写,再由调研人员定期收回的一种获取信息资料的调研方法。它是介于面谈调研法和邮寄调研法之间的一种调研方法。调研者与被调研者当面谈话，主要介绍调研目的要求，回答涉及调研问卷的一些疑问。这种问卷的设计较邮寄方法的问卷更灵活，更具体。被调研者不懂的地方可以当面澄清。

1. 留置调研法的优点

(1)由于调研人员当面送交调研问卷，与访问面谈调研相同，只要在回收时确认问卷回答状况，就可避免漏答或错误，能够提高回收率。

(2)被调研者有比较充分的时间来回答问题，不受调研人员的影响，能够做出比较准确的回答。可回答需要耗费时间或难以当面回答的问题，访问时即使被调研者不在家亦可进行调研，不需要面谈技术纯熟的访问员，等。

(3)调研问卷回收率高，受访者可以当面了解填写问卷的要求，澄清疑问，避免由于误解提问内容而产生误差。

2. 留置调研法的缺点

(1)留置调研法的调研母体范围比较小，也不利于对调研人员的管理监督。

(2)留置调研法需要委托调研及回收共两次访问，调研的费用比较高并且花费时间相对比较长。

(3)难以确认是否是受访者本人的回答，即使是本人回答亦可能受家人朋友意见的影响。

第二节　市场观察调研法

市场观察调研法是由调研人员直接或通过仪器在现场观察被调研者的行为并记录被调研者的行为痕迹来取得第一手资料的调研方法。主要是凭调研人员的直观感觉或是借助于某些摄录设备和仪器来跟踪、记录和考察被调研者的活动和现场事实，来获取某些重要的市场信息。利用这种方法进行调研，被调研者没有察觉，调研人员和被调研者没有直接的接触，不需要被调研者回答问题，调研人员只是通过观察被调研者的行为、态度和表现来了解情况。

一、市场观察调研的具体方法

(一)直接观察法

直接观察法就是派调研人员去商店、家庭、街道等现场进行实地观察。比如观察商场中顾客选购商品时的表现，有助于研究购买者行为。

(二)亲身经历法(神秘顾客调研法)

亲身经历法就是调研人员亲自参与某种活动，来收集有关的信息资料。通过亲身经历法收集的资料，一般是非常真实可靠的。比如要考察顾客突然面对大幅减价商品的反应，调研人员亲自去逛商场，看看自己突然面对大幅度降价商品时会有什么反应。又比如某超市委托某市场调研公司调研该超市营销人员的服务态度，该调研公司调研人员亲自去要调研的超市购买东西，并有意刁难，看看该超市营销人员如何应对。

广泛应用于对各类服务行业的服务态度、质量、技术的检测，以及与竞争者同类产品销售情况对比的神秘顾客调研法就是一种典型的亲身经历法。神秘顾客调研法是由经过严格培训的调研员，在规定或指定的时间里扮演成顾客，采用观察和模拟顾客行为和语言沟通的方式对事先设计的一系列问题逐一进行观察、评估的一种调研方法。由于被检查或需要被评定的对象事先无法识别或确认神秘顾客的身份，故该调研方法能真实、准确地反映客观存在的实际问题。神秘顾客调研方法最早是由肯德基、诺基亚、摩托罗拉、菲利浦等一批国际跨国公司引进国内为其连锁分部进行管理服务的。

(三)痕迹观察法

痕迹观察法不是直接观察被调研者的行为，而是观察被调研者留下的痕迹。

比如，美国的汽车经销商同时经营汽车修理业务。他们为了了解在广播电台的哪一个节目做广告的效果最好，对每一辆来修理的汽车，派人看汽车收音机的指针是在哪个波段，以此来了解哪一个节目听众最多，为经销商选择电台节目做广告提供了一个依据。又如，在日本九州，许多远道而来的顾客，特别是生怕忘事的家庭主妇，在到商店购物前，总喜欢把准备购物的商品的名称写在纸条上，买完后随手丢弃。于是一家百货公司的经理经常拾这种纸条，并以此作为重要的分析依据。这位经理还经常扮成顾客在电梯或休息处，悉心了解顾客对商品的要求。由此编制了一套扩大经营的独家经验，生意做得格外红火。

研究垃圾是痕迹观察法的典型方式。研究垃圾，一般人听起来，觉得是荒唐之举，对经营决策不会有什么影响，但事实恰恰相反。著名的雪佛隆公司即重金聘请亚利桑那大学教授威廉雷兹对垃圾进行研究。教授每天尽可能多地收集垃圾，然后按垃圾的内容标明其原产品的名称、重量、数量、包装形式等，予以分类，获得了有关当地食品消费情况的准确信息。用雷兹教授的话说："垃圾绝不会说谎和弄虚作假，什么样的人就丢什么样的垃圾。"雪佛隆公司借此做出相应决策，大获全胜，而其竞争对手却始终也没搞清雪佛公司的市场情报来源。

(四)行为记录法

行为记录法是借助于仪器(照相机、录像机、心理测定器等)观察被调研者的行为。

比如，美国尼尔逊公司通过电子计算机系统，在全国各地千余家家庭的电视机里装上监听器，每 90 秒钟扫描一次，将每台电视机收视情况记录下来，为判断广告效果等提供依据。

摄像机记录用户行为是行为记录法的典型方式。一家世界著名企业在中国北方市场推出了一种全新的洗涤品品牌，大获成功。在这个品牌推出之前，该公司总裁到中国，不是去高层走访，他首先访问的是许许多多的中国家庭。看他们如何洗衣，无论是用全自动洗衣机，还是老式洗衣机，或者是手洗，他用摄像机录下他们的姿势，甚至包括如何把衣服拧干的，同时还记下每一个有用的数据。

二、观察调研法的优缺点

(一)优点

1. 直观、可靠

观察调研法是在被观察者没有觉察到自己的行动正在被观察的情况下进行的，被观察者能够保持正常的活动规律，从而可以客观地搜集、记录观察现场实况，搜集第一手资料，调研资料真实可靠、调研结果更接近实际。

2. 简单、易行

观察灵活性较强，只要选择好合适的时间和地点，可随时进行调研。

(二)缺点

1. 深度不够

观察法只能观察被观察对象的外部动作和表面现象，其内在因素和动机则观察不到，有些时候需要投入大量的人员，长时间地观察方可发现某些规律性。

2. 限制性比较大

观察法在实施时，常受到时间、空间和经费的限制，一般需要大量人员到现场长时间观察，调研费用支出较大，比较适用小范围的微观市场调研。而且，一旦特定的时空条件发生变化，便无法控制。例如，在调研中遇到突发事件，使原来的调研计划无法进行等。

三、运用市场观察调研法应遵循的原则

（一）客观性原则

一是观察者必须持客观的态度对市场现象进行记录，切不可按其主观倾向或个人好恶，歪曲事实或编造情况。二是进行观察时，最好不要让被调研者有所察觉，不要干扰其正常行为，否则有可能得不到真实和自然的反应。

（二）全面性原则

市场调研人员应用观察调研法时必须从不同层次、不同角度进行全面观察，避免出现对市场片面或错误的认识。

（三）持久性原则

市场现象极为复杂，且随着时间、地点、条件的变化而不断地变化。市场现象的规律性必须在较长时间的观察中才能被发现。

另外，还要注意遵守社会公德，不得侵害公民的各种权利，不得强迫被调研者做不愿做的事，不得违背其意愿观察被调研者的某些市场活动，并且还应为其保密。

四、观察调研法的具体应用

（一）商品资源和商品库存观察

市场调研人员通过观察了解工农业生产状况，判断商品资源数量，提出市场商品供应数量的报告。

如，通过观察农作物的田间生长情况，判断收成情况，提出农副产品资源报告。通过对库存场所的观察、库存商品的盘点数，来判断商品的分类结构，观察商品的储存条件，从而了解存货货源及销售数量，计算储存成本，检查分析热销商品的情况等，为企业购销决策提供依据。

（二）顾客行为观察

顾客行为观察包括：顾客购物的偏好、顾客对商品价格的反应、顾客对商品性能的评价以及顾客对商标的选择等。

顾客情况是市场调研的重要内容。通过观察顾客活动的情况及其进出营业场所的客流情况，一方面可以观察顾客在营业场所的活动情况，了解顾客的构成、顾客的行为特征，服务方式及成交率等重要市场信息资料；另一方面，观察不同时间顾客进出商店的客流情况，进行汇总统计分析，研究客流规律，使企业能不断改进服务方式，改进商品的经营结构，合理调整劳动组织结构，加强经营管理，提高服务质量和劳动效率。

表 6.3 所示为某购物中心顾客分析观察表。

（三）营业状况观察

营业状况观察主要是通过观察营业现场的情况，综合分析判断企业的经营管理水平，商品供求情况。

营业状况观察包括：商品陈列、橱窗布置、商品价格的变动、促销活动和顾客流量等。如，通过观察营业现场商品陈列、橱窗布置、顾客付款是否方便、商品价格的变动和顾客流动状况等，综合分析判断企业的经营管理水平，商品供求情况等，从中找到问题的症结，并提出相应的改进建议。

表 6.3 某购物中心顾客行踪分析观察表

1. 观察员姓名:__________ 2. 观察日期:__________
3. 观察序号:__________ 4. 观察开始时间:__________
5. 购物中心入口:____________________
6. 单独光顾:
A. 性别:(1)女性( ) (2)男性( )
B. 年龄:
(1)20 岁以下 (2)20～30 岁 (3)30～40 岁
(4)40～50 岁 (5)50～60 岁 (6)60 岁以上
7. 结伴光顾:
A. 成年人:(1)女性( ) (2)男性( )
B. 儿童:(1)女性( ) (2)男性( )
8. 购物中心顾客行踪:
(A)寻购商品( )人
(B)停留时间平均( )分钟
(C)购物( )人
(D)未购物( )人
9. 柜组出口:____________________
10. 商场出口:____________________
11. 交通工具:
A. 步行( ) B. 乘公共汽车( ) C. 骑摩托车( )
D. 骑自行车( ) E. 开汽车( )
汽车号码:____________________
12. 观察结束时间:____________________
13. 被观察人是否注意到有人在观察:
A. 未注意( ) B. 不能确定( ) C. 注意到了( )
14. 顾客行踪分析观察员注释:
地点,时间,签名:____________________

(四)人流量观察

人流量观察即通过记录某一地段、街道在一定时间内道路上的行人或车辆的数目、类型及方向,借以评定、分析该地域的商业价值或交通情况。人流量观察包括:行人流量观察、非机动车流量观察、机动车流量观察以及道路特征观察。

例如,新开商店的选址就需要观察一定地段的人流量。表 6.4 所示为某市某街人流量观察表。

表 6.4 某市某街人流量观察表

时间		步行行人						过往车辆						
		男性			女性			非机动车		轿车			卡车	
时	分	老	中	青	老	中	青	自行车	电动车	高档	中档	低档	重型	轻型

第三节　实验调研法

一、实验调研的含义

实验调研是指在调研中，从影响调研问题的许多因素中选出一至两个因素，根据一定的调研目的创造某种条件，采取某种措施，把调研对象置于非自然状态下观察市场现象在这些因素影响下的变动情况，从而达到认识市场现象的本质和发展变化规律的目的的一种调研方法。它通过对实验对象和环境以及实验过程的有效控制，来达到分辨各因素之间的相互影响关系及程度，从而为决策提供依据。企业的经营活动中经常运用这种方法，如开展一些小规模的包装实验、价格实验、广告实验、新产品销售实验等，来测验这些措施在市场上的反应，以实现对市场总体的推断。

实验调研法共包含 3 个要素：

(1)实验对象，即被实验者，可以是一家商店或一群消费者等。

(2)要测定的相关变数，它包含实验变数或控制变数，即企业能够控制的营销策略、广告、价格、包装等，也包含因变数，如产品的销量、消费者对品牌的偏好等。

(3)测定实验变数对因变量(实验目标)影响的方法。

实验调研法通常可分为现场实验调研法和实验室实验调研法两种。现场实验调研法是在完全真实的环境中，通过对实验变量的严格控制，来观察实验变量对因变量(实验目标)的影响。实验室实验调研法是在人工模拟的环境下进行实验，比如在模拟的商店中调研人员可以把不同价格、不同包装的产品陈列在柜台上，邀请经过抽样选到的消费者扮演顾客购物，以测定价格、包装对消费者购买行为的影响。

二、实验调研的常用方法

(一)实验组事前事后对比实验

实验组事前事后对比实验，就是只选择若干实验对象作为实验组，通过实验活动前后实验对象变化结果的对比来做出实验结论，这是最简便的一种实验调研法。

例如：某烟酒公司对该公司所经营的 5 种牌子的白酒，用实验组事前事后对比实验的方法对白酒调价后有怎样的变化进行分析。其步骤如下：

(1)选定的实验单位：A、B、C、D、E。

(2)对实验单位在实验前的(即没有改变白酒的价格)一个月的销售量进行统计，用 Y_1 表示。

(3)统计实验后的一个月的销售量(即改变白酒的价格后)，用 Y_2 表示。

(4)测定前后不同时期销售量的增减量及其变化幅度。

(5)计算：实验变数效果 $=Y_2-Y_1$。

注意，实验前和实验后是相同的时间期限。

通过表 6.5 可以看出：改变 5 种牌子白酒的价格以后，每种牌子白酒的销售量和销售构成都发生了变化，其中 A 和 B 的价格降低了 2 元，其销售量分别增加了 15 箱和 9 箱，销售构成分别提高了 6.39%和 3.51%；C、D 和 E 的价格分别提高了 1.8 元、1.4 元和 1.7 元，其销售量分别减少了 1 箱、2 箱和 11 箱，销售构成分别降低了 1.15%、1.67%和 6.08%；总的销售量增加了 8 箱，销售额增加了 9%。

表 6.5　某烟酒公司白酒调价后实验汇总表

白酒品牌	每瓶零售价(元)		销售数量(箱)		构成(%)	
	实验前 Y_1	实验后 Y_2	实验前 Y_1	实验后 Y_2	实验前 Y_1	实验后 Y_2
A	12.60	10.60	40	55	19.80	26.19
B	12.20	10.20	41	50	20.30	23.81
C	7.80	9.60	36	35	17.82	16.67
D	7.10	8.50	38	36	18.81	17.14
E	6.50	8.20	45	34	22.27	16.19
总　计			200	210	100	100

由此可见，改变价格以增加销售量是有效果的。

需要注意的是：运用这种单一实验组前后对比的实验方法，虽然比较简单易行，但在实践中往往显得不够完善。因为市场现象作为实验对象，可能会受到诸多因素的影响，而并不会仅受实验自变量一个因素的影响。实验组前后对比实验，只有在实验者能有效排除非实验变量的影响，或者有充分把握可认为非实验变量的影响很小，可忽略不计的情况下，实验效果才能够充分成立。

实验组事前事后对比实验主要用于了解没有明显季节变动的常年销售的产品，在调研精确度要求不高时，改变其包装、价格、广告等的效果。如：面粉加工厂要了解改变面粉的包装是否更有利，如果调研信息的准确性要求不很高，则可运用实验组事前事后对比实验法进行调研。

(二)控制组与实验组对比实验

这种方法是选择若干实验对象作为实验组，同时选择若干与实验对象相同或相似的调研对象作为控制组，并使实验组与控制组处于相同的实验环境之中：只对实验组给予实验活动，控制组不给予实验活动，根据实验组与控制组的对比，得出实验结论。

实验效果＝实验组后检测(Y)－控制组后检测(X)

例如：某百货公司决定用控制组与实验组对比实验的方法测量该公司经营的某品牌的洗发液的新包装效果，来加强消费者对该品牌洗发液的认识。其具体做法为：

(1)选定 1 500 个家庭为实验组 Y，免费赠送该品牌的样品，并给予价格折扣券，到指定的超市去购买。

(2)选定 1 500 个家庭为控制组 X，不赠送该品牌的样品，也给予价格折扣券，到指定的超市去购买。

(3)实验期为 1 个月。

(4)测定两组的情况，分析实验结果。

(5)求实验效果：免费赠送样品实验效果＝(Y－X)。

实验结果是：实验组的家庭所用的折扣券为 500 张，而控制组的家庭所用的折扣券为 400 张。免费赠送样品的实验效果＝500－400＝100(张)

由此可见，免费赠送样品可以增加消费者的购买量。

注意，实验组和控制组是在相同的时间内进行实验；实验组和控制组的情况是相似的。

控制组同实验组的对比实验主要用于了解销售具有季节性的产品，在调研精确度要求不太高时，改变其包装、价格、广告等的效果的调研。

(三)有控制组的事前事后对比实验

有控制组的事前事后对比实验，是指在实验对象中选出两组，一组指定为实验组，按一定的实验条件进行实验；另一组指定为控制组，其情况是正常、没有变化。在事前、事后两段相同的实验期内，分别对实验组和控制组进行测量，然后对两组的实验结果进行比较和分析。这种方法要求对实验组和控制组分别进行事前测量和事后测量，然后进行对比分析。

例如：某食品公司决定用有控制组的事前事后对比实验的方法来测量该公司经营的某品牌食品新包装的效果，其具体做法为：

(1)选定实验组，在 1 月内，不改变包装进行销售，销售结果用 Y_1 表示。

(2)选定控制组，在 1 月内，不改变包装进行销售，销售结果用 X_1 表示。

(3)再进行为期 1 个月的实验；实验组改变包装进行销售，销售结果用 Y_2 表示，控制组不改变包装进行销售，销售结果用 X_2 表示。

(4)测定两组的实验情况。

(5)实验效果：食品的包装实验效果 $=(Y_2-Y_1)-(X_2-X_1)$。

通过表 6.6 可以看出，改变包装以后实验组的销售额增加了 5 000 元，提高了 33%，而没有改变包装的控制组的销售额只增加了 500 元，提高了 3%，实验效果为 30%，由此可见，改变包装能够增加食品的销售额，即改变包装是有效果的。

表 6.6 某食品公司改变食品包装实验汇总表 单位：万元

组别	实验前	实验后	变动	实验效果
实验组	1.5	2.0	+0.5	30%
控制组	1.55	1.6	+0.05	

这种方法避免了实验组事前事后对比实验容易受季节性等因素影响的缺陷。

注意，实验组和控制组是在相同的时间内进行实验；实验组和控制组的情况是相似的。

有控制组的事前事后对比实验主要用于了解销售具有季节性的产品，在调研精确度要求很高时，改变其包装、价格、广告等的效果。如：某空调公司要了解降低某款空调的价格是否更有利，如果调研信息的准确性要求很高，则应该运用有控制组的事前事后对比实验进行调研。

选择实验调研法进行调研，不论采用哪种方法，都要注意实验单位(实验组和控制组)、实验时间的选择要注意一定具有代表性，严格掌握好实验条件，只有这样才能够保证实验效果的可靠性。

(四)新产品试销实验调研

1. 新产品试销实验调研的含义

新产品试销实验调研，是在开发新产品、选定产品的规格、款式、型号时使用的一种小规模市场实验的方法。通过小规模市场实验、试销，在销售客户和使用对象中听取意见，了解需求，收集市场信息资料。

新产品市场试销的目的是对新产品正式上市前所做的最后一次测试，且该次测试的评价者是消费者的货币选择。尽管从新产品构思到新产品实体开发的每一个阶段，企业开发部门都会对新产品进行相应的评估、判断和预测，但这种评价和预测在很大程度上带有新产品开发人员的主观色彩。最终投放到市场上的新产品能否得到目标市场消费者的青睐，企业对此并没有把握，通过市场试销将新产品投放到有代表性地区的小范围的目标市场进行测试，企业才能真正了解该新产品的市场前景。

市场试销是对新产品的全面检验，可为新产品是否全面上市提供全面、系统的决策依据，也为新产品的改进和市场营销策略的完善提供启示。有许多新产品是通过试销改进后才取得成功的。如某化妆品企业对一种能掩饰疤痕的化妆品进行试销时，发现许多妇女用来掩饰脸上的雀斑，由此扩大了该新产品的市场范围。

2. 新产品试销的步骤

新产品试销的步骤是：

第一，选定一个小规模的实验市场，它的条件、特性要与准备进入的市场有较强的相似性。

第二，选定新产品或新设计的产品规格、款式、型号，在这个小规模市场上试销。

第三，进行销售结果分析，根据结果决定是投产扩大规模，还是放弃新产品或某种产品的新款式、新型号。这样有助于提高决策的科学性，明确生产经营方向。

3. 新产品试销实验的几种方法

(1)销售波技术试销。采用销售波技术试销的基本过程是：首先免费将新产品提供给消费者使用，然后再以低价提供新产品或竞争者的产品给消费者，如此重复3～5次，在该过程中还可加入一些有关新产品的广告概念，企业对此过程进行严密监控，观察消费者在有竞争者产品和广告影响的前提下重复使用本企业新产品的情况，并分析不重复使用新产品的消费者是基于什么原因。销售波技术试销主要用于对新产品使用的测试，不能有效地说明不同的促销活动对新产品使用率的影响。

(2)模拟测试，也称实验室试销，它是在类似的实验室环境中模拟全面的试销活动。实验室环境通常是选择某一商场或购物中心，随机选取在商场中购物或逛商场的人，即30～40名消费者，首先征得他们对新产品的意见，既而向他们展示系列简短的各种产品广告，既有知名的广告，也有一些新广告，本企业新产品的广告也在其中，但不向消费者提示。然后，把他们引入一个简易的商店，在商店中陈列着本企业正在测试的新产品，并给每位被试者少量的钱，让他们去自由购买。企业可观察到消费者购买本企业新产品和竞争者产品的情况。之后把消费者召集起来，询问他们对新产品的反应(填表或访谈)。受试者离开前，送给那些没有购买测试新产品的受试者一个样品。几个星期后，再登门或电话询问受试者对新产品的使用情况、满意程度和重复购买的可能性，同时企业为他们购买任何产品提供可能。模拟测试可测量新产品的使用率、重复购买率、广告效果及竞争的把握，利用测试的数据可进行新产品的销售预测。

美国的YS& W公司采用实验室试销对其200多种新产品进行预测，成功的概率为92%。该公司对每一新产品的测试都要选择300个以上的受试者。其他一些公司也证明实验室试销是一种成功率很高的新产品试销技术。实验室试销也有其不足，其整个过程是在营销人员的控制下进行的，前提条件是促销、分销及企业同消费者之间的关系等变量一定，需结合销售波技术测试，才能得到消费者重购等信息。使用实验室试销中可能出现7种错误：错误地确定目标对象；利用受试者对新产品的态度来决定新产品的命运；过高估计销售可达到的水平；测量超出其准确范围的销售量；在产品开发周期的早期就使用这些模型；在测试开始时没有确定测试目标；依赖在测试中心受试者的购买情况来进行评价。

(3)控制测试。控制测试是企业雇请市场研究公司帮助，选取一定的零售商店对新产品进行试销。具体做法是：市场研究公司按企业的试销计划，对新产品在商店的试销进行全面控制，如货架的位置、新产品的陈列、广告及促销等活动都在控制之列，并根据货架的动态变化和消费者购买记录来观察新产品的销售状况。还可随机抽取一些消费者进一步了解他们对新产品的印象。控制测试的优点是，该技术中运用了真正的消费者购买行为，消费者在这类“市场”中可按正常的价格购买他们所需要的真实产品，在这种情形下，收集购买和重复购买及消费者对产品的态度方面的数据的可靠性较高。据此能较客观地估计新产品的销售量，测试各种促销活动及广告对消费者购买行为的影响，而且这一切都不需要企业动用自己的销售队伍，也无须给零售商折扣。控制测试的缺点是把新产品暴露在竞争者面前。

与消费品相比，工业品的新产品测试有其特殊性。消费品的市场试销方法一般不应用于工业品。如有些工业品的制造成本太高，不可能将其投放到市场中去观察它们的销售情况。工业品用户不会去购买没有服务和零件保证的耐用商品。此外，营销调研公司也没有建立如同消费品测试的工业品测试系统，故而新工业品的市场测试必须采用适合其产品和客户特点的方法来进行。

小资料

脑白金、黄金搭档等保健产品在全国大范围上市之前，总是要选择重点区域进行试销，也包括广告的试投放。严格来讲，这也是一种市场调研，通过市场反馈来分析产品价格、渠道、广告等策略执行情况，为研究并制定其他区域市场推广策略作参考，可以有效降低新产品的入市风险。其实，上述情况在商业领域里更是常见，很多大型商业企业正式开业之前，开始为期一个月左右的试营业，甚至时间更长，商家除了想通过试营业来理顺一下内部运营的目的外，更重要的是想看一下外界的反应，尤其消费者的反应。再有，在房地产行业正式开盘之前，往往只制定一个大约的价格，在开盘前举办“内部认购”活动，也是为试探客户对价格的反应，待正式开盘时再拿出成熟的价格方案。上述几个例子足以说明，无论前期营销准备工作多充分，计划也没变化快，计划也需要调整，但小规模调整总比大规模调整成本费用低，更主要的是风险小。

（资料来源：本文由作者根据网络资料改写，原文见 http://www.topo100.com）

（五）用户试消实验调研

这也是针对新产品进行的实验调研。顾名思义，用户试消实验调研就是当新产品研制出来后，在正式上市前，请潜在的用户进行尝试消费。当然这种消费一般是免费的。目的主要是通过用户的试消费发现产品存在的问题，以便加以改进。这种调研的关键是必须选好试消费用户，他们必须是企业这种新产品的目标用户的典型代表，而且试消费的环境与实际消费的环境也是相似的，否则就会犯致命的错误。

小资料　　试消费实验调研的失误：中国人不喝冰红茶

一间宽大的单边镜访谈室里，桌子上摆满了没有标签的杯子，有几个被访问者逐一品尝着不知名的饮料，并且把口感描述出来写在面前的卡片上……这个场景发生在 1999 年，当时任北华饮业调研总监的刘强组织了 5 场这样的双盲口味测试，他想知道，公司试图推出的新口味饮料能不能被消费者认同。

此前调研显示：超过 60%的被访问者认为不能接受“凉茶”，他们认为中国人忌讳喝隔夜茶，冰茶更是不能被接受。刘强领导的调研小组认为，只有进行了实际的口味测试才能判别这种新产品的可行性。

等到拿到调研的结论，刘强的信心被彻底动摇了，被测试的消费者表现出对冰茶的抵抗，一致否定了装有冰茶的测试标本，新产品在调研中被否定。

直到2000年、2001年，以旭日升为代表的冰茶在中国全面旺销，北华饮业再想迎头赶上为时已晚，一个明星产品就这样经过详尽的市场调研与刘强擦肩而过。说起当年的教训，刘强还满是惋惜："我们举行口味测试的时候是在冬天，被访问者从寒冷的室外来到现场，没等取暖就进入测试，寒冷的状态、匆忙的进程都影响了访问者对味觉的反应。测试者对口感温和浓烈的口味表现出了更多的认同，而对清凉淡爽的冰茶则表示排斥。测试状态与实际消费状态的偏差让结果走向了反面。"

（资料来源：http://www.scopen.net/file_post/display/read.php? FileID=56883）

三、实验调研法的优缺点

实验调研法的优点是：方法客观，实感强，通过实验调研所取得的资料，具有一定的可靠性和较高的精确度。市场实验调研法，能够在市场现象的发展变化过程中，直接掌握大量的第一手实际资料，某市场现象的发展变化主要是由实验活动引发的，这是市场实验调研最突出的优点.也是其他调研方法不能做到的。市场实验调研的另一个优点，是能够揭示或确立市场现象之间的相关关系。因为市场实验调研不是等待某种现象发生再去调研，而是积极主动地改变某种条件，促进市场现象的发展，以达到实验目的。所以实验调研法不但能够说明某市场是什么样，而且能够说明它为什么是这样。因此，实验调研法经常用来进行因果关系的分析。

但是它有一个最主要的缺点：市场实验调研法对调研者的要求比较高，花费的时间比较长，这样就容易出现可变因素，并且费用比较高。此外，实验调研法的实验对象和实验环境的选择难度比较大，难于具有充分的代表性。实验调研的结论总带有一定的特殊性，其应用范围是很有限的。在实验调研法中，人们很难对实验过程进行充分有效的控制，这是因为很多影响因素是无法也不能排除的，而对它们又很难一一测定或综合测定出来，因此准确区分和检测实验效果与非实验效果就很困难，在实验效果中往往混杂着非实验因素的影响结果，这些缺点使实验调研法的应用有一些局限性，市场调研人员对此应给予充分的注意。

第四节　文案调研法

文案调研法是指对现成的信息资料进行收集、分析、研究和利用。它所获得的信息资料比较多，资料的获得也较为方便、容易和迅速，无论是从企业内部还是从企业外部，收集过程所花的时间都比较短，而且调研的费用也比较低。

一、文案调研数据的来源

文案调研数据即二手数据，其来源非常广泛，它存在于各种相关的数据源里，调研者可以从中寻找对其市场调研有用的现成数据。二手数据分为内部数据和外部数据。

（一）内部数据的来源

内部数据主要是从企业内部的市场营销信息系统中所收集到的有关企业自身生产经营方面的数据以及其市场环境方面的数据。

1. 市场调研分析汇编的数据资料

一般大的企业自身都有一个市场信息研究机构，它们的任务之一就是收集与本企业生产经营相关的数据。其中不仅包括在进行市场调研活动中所获得的数据，而且还包括报刊杂志和其他文献的剪报数据等。它包括顾客方面、市场容量方面、竞争者方面以及宏观环境方面的相关数据资料。

2. 信息系统提供的统计数据

这些数据有经营方面的，如客户订货单、销售额及销售分布、库存余额、合同、成本和价格等；有生产方面的，如生产作业完成情况、操作规程、产品检验和质量保证等数据资料；有产品设计方面的，如生产作业的完成情况、产品设计图纸及说明书和技术文件等；有财务方面的，包括利润、资金方面；以及有关财务制度的规定文件等。

（二）外部数据的来源

外部数据主要是企业外部的机构所持有的数据。

1. 企业外部的机构

（1）公共机构。公共机构是指各类的官方、半官方和民间性质的公共机构。比如，图书馆和档案馆、国家统计机关、国际组织、行业协会、科研单位及信息中心等。例如：我国政府统计部门为营销调研者提供了详细的、极有价值的数据。两种极为有用的官方出版物是《中国统计年鉴》和各省市统计年鉴。另外，国家统计局和各地方统计局还提供如何获得特定产品和市场的统计数据的咨询服务。

（2）新闻、出版部门及商业性的调研公司。

2. 外部数据的收集

（1）有偿收集方式。有偿收集方式，是指通过经济手段获得的文献数据。通过正式渠道实行有偿征集和转让。这种方式实际上是实现信息、情报商品化，能够比较有效地获取高质量的信息数据。有偿数据收集要注意数据必须具有一定的针对性、可靠性、及时性和准确性。有偿收集具体有订购、交换、复制 3 种形式，其中订购形式包括现购、邮购、委托代购等。

（2）无偿收集方式。无偿收集方式不需要支付费用，是一种很经济的方式。企业可以利用交流会、洽谈会、展销会来无偿索取数据。比如，遇到有些企业为了推销新产品而免费赠送的产品目录、产品样本、说明书等数据，企业也可以根据自己需要通过书信的方式向有关部门索取免费数据。

3. 国际因特网、在线数据库

因特网将世界各地的计算机联系在一起，实现了数据资源的共享，它是获取信息的最新工具，对任何调研而言，互联网都是很重要的信息来源。此外许多在线数据库也能够为一些特定的市场调研提供许多二手数据。

二、文案调研的具体方法

（一）文献数据筛选法

文献数据筛选法，是指从各类文献数据中分析和筛选出与企业生产经营有关的信息数据的一种方法。采用文献数据筛选法搜集情报数据，常常要根据市场调研项目的要求，有针对性地去查找有关文献数据。

文献数据筛选法的特点是所得情报数据记录方便、传播广泛、便于长期保存和直接利用。

（二）报刊剪辑分析法

报刊剪辑分析法，是指调研人员从各种报刊及杂志上所刊登的文章中，分析和收集信息数据的一种方法。报刊和杂志上往往刊登一些与企业生产经营有关的或者是相关的情报信息。报刊上的一条信息救活一个企业的事例有很多。日本人对我国大庆油田的调研是报刊剪辑分析法的典型运用。

小资料　　日本人对大庆油田的调研

日本人对大庆油田早有耳闻，直到1964年4月20日在《人民日报》上看到“大庆精神大庆人”的字句后，才判断大庆油田确有其事。但是，大庆究竟在什么位置，还没有确切材料。后来在1966年7月的一期《中国画报》上看到一张照片，根据照片上人的服装衣着判定“大庆油田是在冬季为零下三十度的北满，大致在哈尔滨与齐齐哈尔之间。”之后，日本人坐火车时发现油罐车上有很厚一层土，从土的颜色和厚度证实了“大庆油田在北满”的论断。至于大庆的地点，根据1966年10期《人民中国》上关于王进喜的事迹中分析得到启发：“最早钻井是在安达东北的北安附近下手的，并且从钻井设备运输情况看，离火车站不会太远。”还有这样一段话：王进喜一到马家窑看到大片荒野说：“好大的油海！把石油工业落后的帽子丢到太平洋去。”日本人从伪满旧地图上查到“马家窑是位于黑龙江海伦县东南的个小村，在北安铁路上一个小车站东边十多公里处”。终于大庆油田的准确位置搞清楚了。

至于大庆油田的规模，根据这样一段话作出判断：马家窑位于大庆油田的北端，即北起海伦的庆安，西南穿过哈尔滨与齐齐哈尔铁路的安达附近，包括公主峰西面的大赉，南北400公里的范围。估计从北满到松辽油田统称为“大庆”。

炼油厂的规模，日本人在1966年第7期《中国画报》上发现一张炼油厂反应塔的照片，他们通过这张照片推算出大庆炼油厂的规模。推算方法也很简单，首先找到反应塔上的扶栏杆，扶手栏杆一般是一米多点，以扶手栏杆和反应塔的直径相比，得知反应塔内径是5米。因此日本人推断大庆炼油厂的加工能力为每日90万升，如以残留油为原油的30%计算，原油加工能力为每日300万升，一年以330天计算，年产量为10亿升。而中国当时在大庆已有820个井出油，年产是360万吨。估计到1971年大庆油田的年产量将有1 200万吨。根据油田出油能力与炼油厂规模，日本人推论：中国将在最近几年务必感到炼油设备不足，很有可能买日本的轻油裂解设备，而且设备规模和数量能满足每日炼油1 000万升的需要。日本化工企业据此做好进军中国市场的准备。

（资料来源：本文由作者根据网络资料改写，原文见 http://www.comlawyer.net）

（三）情报联络网法

情报联络网法，是指企业在全国范围内和国外一些地区内设立情报联络网，使情报数据收集工作更加广泛。但是一个企业情报网的建立，要受到企业资金和人力的制约，一般企业往往达不到。

（四）网上下载分析法

当今世界，互联网已经普及到几乎家家户户。人们可以从互联网上查阅和下载所需要的国内和国外的各种信息数据。它的特点是：涉及的范围非常广泛，可以说是世界各地，获得的信息量大，而且非常迅速，可以充分地节省人、财、物力。这种方法如今已被人们充分地采用，是获取第二手数据的主要方法之一。

（五）购买法

主要是指全国或地方的经济年鉴、统计年鉴、地方志和企业名录等资料，各种专业信息机构和市场调研机构的一些数据，企业可以通过购买而获得。

三、文案调研的步骤

(一)确定调研目的

进行文案调研必须首先明确调研的目的,是将这种调研作为主要的调研手段还是作为一手数据的补充,是为提高企业内部管理效率提供帮助还是为制定企业营销战略与策略提供信息;等等。

(二)确定调研内容

文案调研在正式开始调研之前需要根据调研目的确定具体的调研内容,将所有需要调研的项目详细列举出来。

(三)评估企业现有的内部数据

评估审查企业内部已经取得或已经积累起来的统计数据、财务数据、业务数据和其他数据是否能够完全满足本次特定调研课题的需要,如果是则不必再收集二手数据,如果不能则还要进一步分析还差哪些,从而通过外部途径收集所欠缺的二手数据。

(四)确定外部数据的来源渠道

外部数据的来源渠道很多,调研者必须根据调研目的、内容综合考虑提供方的信誉、专业化程度和服务水平等,明确向谁获取、什么时间去收集等问题。

(五)确定调研的具体方法

如前所述,文案调研的方法有多种,每种方法都有其优缺点,调研者必须根据调研条件、目的要求进行综合评定,然后选择一种或几种恰当的调研方法。一般说来,外部数据需要多种方法组合运用才能收集到全面的数据。

(六)制定实施计划

主要是确定文案调研的日程安排、人员安排和调研费用预算等。

(七)调研实施

前面都是一些准备工作,在这些准备工作完全做好以后,就应该进行具体的二手数据的收集了。在这一步中,调研者必须随时注意调研工作是否严格按照计划在进行,如果有偏差,要分析是什么原因,若是由于主客观条件的变化,则需要调整计划,反之,则应该纠正调研工作。另外检查调研的内容是否是已经根据调研主题确定的内容。

(八)分析整理调研所得数据

对所得数据进行分析整理就是要对零星、杂乱的数据资料归纳、分类,去粗取精、去伪存真。

(九)撰写调研报告

任何调研最后都必须形成调研报告。撰写调研报告的要求与注意事项同实地调研报告的撰写一样。(参考第七章第三节)

第五节　网络调研法

我们把基于互联网而系统地进行营销信息的收集、整理、分析和研究的过程称为网络调研法。当今世界,互联网已经完全普及。网络调研技术的运用显得越来越重要。网络调研(Internet survey)在我国自 1995 年 9 月 30 日瀛海威时空网站开通并运用其网站作为调研研究手段算起已经经过了 17 年发展。另一具有标志意义的事件是 1998 年 10 月北京爱特信搜狐网络公司与北京零点调研公司联合推出网络调研，并宣称“调研业步入网络时代”。2003 年，中国因为 SARS 肆虐，网络调研异军突起，成为当时最耀眼的经济亮点。2009 年 8 月 12 日，由数字 100 市场研究公司发起的国内首个“在线调研联盟”在京正式成立。来自全国 30 个省市地区的近 5O 家调研机构共同签署了承诺书 。这是中国网络调研领域的第一个行业性组织，“在线调研联盟”的成立，预示着我国网络调研行业将在新技术、新市场的引领下迅速发展和壮大。

一、网络调研的优点

(一)收集信息快

网络的传输速度非常快，网络信息能迅速传递给连接上网的任何用户。

网上投票信息经过统计分析软件初步处理后，可以看到阶段性结果，而传统的市场调研得出结论需经过很长的一段时间。如人口抽样调研统计分析需 3 个月，而 CNNIC(中国互联网络信息中心)在对 Internet 进行调研时，从设计问卷到实施网上调研和发布统计结果，总共只有 1 个月时间。网上调研不受天气和距离的影响，信息采集和信息录入在网上用户的终端就能完成，信息检验和信息处理由计算机自动完成，彻底改变了传统调研方式耗费较长周期录入和整理数据的状况，决策者可得到更多实时信息，大大提高了统计数据的质量与时效性。

(二)费用低

在网络上进行市场调研，无论是调研者还是被调研者，只需拥有一台计算机、网络宽带就可以进行。若是采用问卷调研的方法，调研者只要在企业站点上发出电子调研问卷，提供相关的信息，然后利用计算机对访问者反馈回来的信息进行整理和分析。这不仅十分便捷，而且会大大地减少企业市场调研的人力和物力耗费，缩减调研成本。

网上市场调研在收集过程中不需要派出调研人员，不受天气和距离的限制，不需要印刷调研问卷，调研过程中最繁重、最关键的信息收集和录入工作将分布到众多网上用户的终端上完成。这也大大地节省了调研费用。

(三)互动性

网络的最大优势是交互性。设计调研问卷时，利用互联网交互机制的特点，在网上公布初步设计方案，征求广大网民的意见，让其参与问卷的设计。在问卷中附录留言板，使被调研对象可以及时就问卷问题提出自己的看法和建议，并对他们的意见和建议积极做出反映，既可减少因问卷设计不合理导致调研结论偏差，也让被调研者产生种被尊重的感觉。问卷设计立足于增强被调研者接受调研时的体验感受，让其感到不是在被动接受调研，而是主动的心理体验历程。

(四)具有较大的准确性

网络调研法收集的信息之所以具有较大的准确性，是因为:第一，运用网络调研法，调研人员与被调研者之间没有直接接触，这样被调研者就不会受到调研人员的主观因素的影响。例如一些敏感性问题的调研不需要与被调研者面对面，甚至完全不了解被调研者的情况，这样易于消除被调研者的顾虑，做出更加真实的回答，同时没有调研员在旁边的引导和干扰，作出的回答可以更准确地反映其本人的意见;第二，网络调研问卷可以附加全面规范的指标解释，可以消除因对指标理解不清或调研人员解释口径不一而造成的调研偏差;第三，为了确保网络调研问卷检验与控制的客观公正性，网络调研的复核检验是由计算机依据设定的检验条件和控制措施自动实施，这样可以更有效地保证调研信息的准确性；第四，网络问卷调研中被调研者有充分的时间进行思考回答；第五，运用对被调研者的身份验证技术可以在一定程度上防止信息收集过程中的作弊行为；第六，在调研资料的整理汇总过程中不会出现人工误差，网络调研省去了传统调研的数据录入环节，从而减少了数据录入过程中易产生遗漏、编误等问题。在自动统计软件配合完善的情况下，可以在短时间内完成标准化的统计分析工作，保证了网络调研结果的可靠性。

(五)无时空和地域的限制

网上市场调研可以 24 小时全天候进行，不受区域和时间的限制。

(六)趣味性强

网络调研可以将多媒体技术运用于问卷设计。在问卷中适当加入背景、图片、声音、视频和动画等，一方面使调研内容更加广泛，另一方面使问卷界面更加友好，让网民在参加调研的过程中不再感到单调、乏味，而是一种感官上美的享受。回答问卷时美妙的背景音乐让人更有兴趣。

二、网络调研的缺点

虽然网络调研具有传统调研所不具有的优势，但也存在一定的局限。

(一)样本的代表性不够充分

样本代表性问题是网络调研中最为突出的一个问题。

首先网络调研中的样本框不是全部人口，而只是网民或者部分网民，不能代表所有的调研对象。尽管最新发布的《第 29 次中国互联网络发展状况统计报告》(CNNIC)显示，截至 2011 年底，中国网民规模达到 5.13 亿，其中 2011 年新增网民 5 580 万人，但其普及率依然只占我国总人口的 38.3%。也就是说，还有 61.7% 的人被排除在网络调研对象之外；其次，我国网民的结构性特点也使网络调研的样本缺乏一般代表性。据第 29 次 CNNIC 调研结果显示，我国网民分布的均衡性有所改善，但依然存在较大的不均衡性。从地域看，主要集中于城市。2011 年我国农村网民规模虽然达到 1.36 亿，但也只占整体网民的 26.5%；从性别看，仍然是男性多于女性。2011 年，我国网民男女性别比例为 55.9∶44.1，男性群体占比高出女性近 11.8 个百分点；从年龄看，网民年龄结构更加优化了，但中青年比例仍然远远超过其人数比例。从职业和婚姻状况看，还是学生和未婚者居多。我国网民的这种状况反映出网民所代表的仅仅是一种或几种类型的人群而不能代表所有的人群，网络调研的样本缺乏一般代表性。

(二)拒答/重复回答难以避免

“拒答”是指由于种种原因没能够从所有样本单位及问卷的所有问题中获得有用的数据。拒答问题分为有意拒答和无意拒答。有意拒答体现在对于一些敏感性问题的调研，虽然没有调研员的直接面对面，但是受心理的影响，还是会有很多人拒绝回答，甚至还会有恶意错答的情况发生，这一点完全受个人心理因素的影响；无意拒答则体现在被调研者对该调研项目没有兴趣或者对问卷中的问题不能理解，在填写调研问卷过程中粗心大意或者随便应付。此外，网速慢、网络不稳定等都可能会导致拒答问题的出现。“重复回答”是指同一个被调研者可以使用不同的网络标识多次回答同一张调研问卷。由于网络调研无须调研者和被调研者见面，问卷往往是通过网络标识来区别不同的回答者，然而隐藏在网络标识后的回答者究竟是谁无从知晓，所以当同一个人使用不同的网络标识多次回答同一张问卷时，系统就会被“欺骗”。虽然现在很多网络调研系统通过硬件地址和 Cookie 技术来防止重复回答的现象，但效果不很明显，尤其是对那些商业利害关系的调研，作弊现象屡禁不止。拒答和重复回答的现象使得调研结果与被调研者的真实想法产生偏差，甚至完全相反。

（三）易受垃圾文件和病毒文件的影响

网民常常因为垃圾文件和病毒文件而气得七窍生烟。为了减少这两类文件的干扰，许多网民，在参与各种网上活动时，不得不使用化名，这就使网络调研更难以识别被调研者的身份，也无法收集被调研者的背景材料。而通过电子邮件发送的调研问卷，可能未被看一眼就被“永久删除”，使调研问卷的回收率很低。

（四）难以获得样本的背景信息

通过网络进行的调研，不论是问卷调研还是在线访问，被调研者都隐藏在网络和计算机的背后，其真实背景，诸如年龄、性别、收入、财产等情况则不易取得资料。但对于调研人员来说，有时样本的背景信息是需要了解的信息中的重要部分，样本背景信息的真实、有效与调研信息的真实性是紧密相关的。

（五）难以进行需要地域性要求的调研

任何人在任何有条件的地方都可以上网，也可以在任何地方参加网络调研，这样调研所得信息是难以反映被调研者的地域所在的。然而在市场调研中，有许多调研如居民收入调研、居民消费水平调研、消费品物价指数调研、恩格尔系数调研等，都需要根据不同地区的信息资料。没有被调研者真实的地域资料，这类调研就难以进行。

三、网络调研的具体方法

（一）网络直接调研方法

网络直接调研指的是为特定的目的在互联网上收集一手资料或原始信息的过程。网络直接调研的方法有多种，调研过程中具体应采用哪一种方法，要根据实际调研的目的和需要而定。需注意一点，应遵循网络规范和礼仪。下面重点介绍四种方法：

1. 视频会议法

视频会议法是基于 Web 的计算机辅助访问，它是虚拟地将分散在各个地方的被调研者通过网络视频会议功能组织起来，在网络调研人员的引导下讨论所要调研的问题。

小资料　　Nickelodeon 公司的网上调研

Nickelodeon 公司进行的一次在线访问：如何弄清每个孩子都在想什么？以往这是以小组讨论法及一对一访谈来进行的。但是，网络的发明使人想把孩子们带上因特网，Nickelodeon 公司安排了 70 多名因特网观察员。孩子们在家使用个人计算机和一个调制解调器与 Nickelodeon 公司或彼此之间讨论一些话题。他们可以在计算机公告板上贴消息。每三周他们开一次定期会议。在这些会议上，因特网调研员引导他们讨论不同的话题。参与的孩子们，他们年龄大约在 8～12 岁，代表家庭为收入在 3 万到 10 万美元的家庭。估计这个系统的年平均费用为 8 万到 10 万美元，仅为传统调研方法费用的一个零头。通过在线访问使 Nickelodeon 公司可以以较传统方法更快速、更廉价的方式得到更为详细的资料。

（资料来源：本文由作者根据网络资料改写，原文见 http://wiki.mbalib.com/）

2. 问卷法

网络调研的问卷法包括在线问卷调研和电子邮件问卷调研。在线问卷调研是将调研问卷的 HTML 文件附加在网站的 Web 上，由浏览这些网站的网络用户在此 Web 上回答调研问题。电子邮件问卷调研其调研问卷就是一份简单的 E-mail，并按已选好的 E-mail 地址发出。被访问者回答完毕将问卷回复给调研机构。

3. 在线访谈法

在线访谈法是指网上调研人员利用网络聊天室或 BBS 与不相识的网友交谈、讨论问题，从而获得所需要的信息。这种调研法可以减少被调研者的顾虑，比较自由地发表个人观点。

4. 在线监控调研法

在线监控调研法是通过互联网的在线监控获得调研数据的调研方法。如通过在线监控获得某个新闻的点击率，或网民的网络行为。如果生产企业开发一种新产品，将此新闻在本企业网站发布，那么就可以通过在线监控获得的点击率推测对该新产品有兴趣的消费者数。

（二）网络间接调研方法

网络间接调研是指网上二手资料的收集。二手资料的来源有很多，如政府出版物、公共图书馆、大学图书馆、贸易协会、市场调研公司、广告代理公司和媒体、专业团体、企业情报室等。其中许多单位和机构都已在互联网上建立了自己的网站，各种各样的信息都可通过访问其网站获得。再加上众多综合型 ICP（互联网内容提供商）、专业型 ICP，以及成千上万个搜索引擎网站，使得互联网上的二手资料的收集非常方便。

1. 利用搜索引擎查找信息资料

搜索引擎使用自动索引软件来发现、收集并标引网页，建立数据库，以 Web 形式提供给用户一个检索界面，供用户以关键词、词组或短语等检索项查询与提问匹配的记录，成为 Internet 上最突出的应用。

国际最著名的搜索引擎有：Infoseek、lycos、Open Text、Web Grawler、AltaVista、Excite、Hotbot 等。

2. 访问相关的网站收集资料

如果知道某一专题的信息主要集中在哪些网站，可直接访问这些网站，获得所需的资料。

四、提高网络调研结果可靠性的措施

（一）评判网络调研的适用度

首先看一个调研项目是否适合做网络调研，然后再确定调研形式。具体做法为：根据网络调研的实证研究中样本框选择、调研过程以及调研的回复率结果的分析，结合网络调研的优点与缺点，提取若干个影响网络调研的相关因素，包括问卷调研的规模、有效电子地址的可得性、调研时间的紧迫性、被调研者属性、被调研者的地理分布等，通过层次分析法确定若干个因素的权重，分析得出在影响网络调研适用性上起主要作用的几个因素。在实施网络调研之前通过重点考察这些因素来确定实施网络调研的可行性，从而可有效避免网络调研的盲目性。这种方法的优点是给出一个判断能否使用网络调研的方法，凡是判断得出适合做网络调研的，其结果的可靠性就能得到保证。但它也存在一些缺点，这种方法对影响网络调研适用性的因素提取是建立在国外文献的基础上，并没有得到国内实证的检验，并且这种方法评价起来主观性太强。

(二)直接给出网络调研的适用范围

根据网络调研本身的特点以及现阶段我国网络调研客观上存在不足,目前我国网络调研应用范围还存在一定限制,为了避免出现严重的选择性和代表性偏差,网络调研应主要针对以网民为对象的项目,主要包括网络基础数据调研、电子商务个人消费市场研究调研及与电子商务用户密切相关的调研、对企业客户的网上调研、企业的广告或品牌追踪调研及客户满意度监控、政府网络调研等,只有以上这些调研才能使用网络,其他的调研仍旧要用传统的调研方法。这种划分的优点是告诉人们什么样的调研适合用网络进行,什么样的不适合,这就给出了更加明确的方向,但不是以网民作为调研对象的项目就不能用网络调研来进行了,这限制了网络调研的应用范围,使得其不能得到大力推广。前两种方法都是首先评判某项调研是否适合用网络进行调研,对不适合的直接予以排除,这虽然能提高网络调研的总体可靠程度,但是网络调研的优势却得不到发挥,网络调研也得不到推广。

(三)对网络调研结果进行矫正

采用关键因素调整法对网络调研结果进行矫正。首先确定关键因素,然后调研关键因素在目标总体的表现水平,再测算关键因素表现水平变化量与调研目标特征值之间的函数影响关系,最后根据关键因素在网络调研中的平均表现水平与关键因素在调研真实总体中表现水平的差异,按前面测算的函数影响关系对目标调研值的结果进行调整。这种方法对调研的类型没有限制,其好处是可以对抽样的结果在事后进行调整,提高调研的可靠性。缺点是关键因素难以确定,调整后的结果到底能否有效提高可靠性还有待于验证。影响网络调研可靠性的最主要的因素是抽样方法,而以上 3 种方法都没有从抽样的角度来提高网络调研结果的可靠性,就不能从根本上解决这一问题。

(四)增强调研的趣味性和激励措施

增强网络调研的趣味性和激励措施,吸引更多的网民参与调研。要有效地吸引更多的网民参与网络调研,应该充分利用互联网本身的技术优势,通过增强网络调研的趣味性来提高网民的参与程度。例如,在设计网络调研问卷时,可附加多种形式的多媒体背景资料及超文本链接,使问卷图、文、音、像并茂,以达到增强趣味的效果。另外,也可以通过一些小技巧以增强网民对网络调研的参与,如提供纪念品或从回收的问卷中进行抽奖、提供用户信息特别是敏感信息保密措施等方式吸引网民参与网络问卷调研。

(五)建立和完善网络调研的技术规范、行为规范和安全防范

目前,由于网络调研还不够成熟,其调研技术规范和调研行为规范都尚待建立与完善。例如在调研技术规范方面,如何通过互联网有效地抽样,什么样的抽样框是有效的,网络调研问卷的格式应该如何设计等问题,还需要理论和经验积累。在调研行为规范方面,如商业化网络调研应该如何核算费用,必须遵守哪些基本伦理规范与行业标准等,亦有待规范和完善。这些规范与标准的建立,对于商业化网络调研的兴旺发展,是至关重要的。还要建立权威的网站发布平台和网站监管机制,提高网络统计系统的安全防范能力。

(六)网络调研与传统抽样方法相结合

首先将网络调研与传统抽样技术相结合,使得其适合进行网络调研,并且得到结果的可靠性也得到提高。具体的改进方法如下:对网络调研的技术进行改进,网络调研技术与抽样调研方法相结合。统计调研有两大误差来源:抽样误差和非抽样误差。抽样误差是由样本推断总体过程中不可避免的误差,它本身并不是错误的结果,目前对其研究已相当成

熟。只要能设计出样本估计量，就能给出相应的估计量的误差公式。故以往的研究均只针对非抽样误差进行研究，认为抽样误差的理论已经相当成熟，并且抽样误差是不可避免的。但需要注意的是，在网络调研中，如果采用开放的 Web 式的调研，那么这种调研既不是全面调研，也不是抽样调研，调研结果虽然能够说明一定的问题，但难以用来推断总体的数量特征，故这种调研结果是不可靠的。要提高结果的可靠性首先就要使网络调研变成抽样调研。

首先，用传统的调研方法对网络抽样调研进行改进。做法是首先用传统的抽样方法对调研总体进行抽样，抽样后取得其联系方式，对抽中的样本进行调研并给予一定的物质奖励，没有抽中的样本不允许对其进行调研，这样虽然成本提高了，但是抽样的精度却得到大大提高。至于触网条件，随着计算机的逐步普及，即使家里买不起计算机，街上的网吧也随处可见，故可采用一定的激励措施，对需要提供网络与可自行完成问卷调研的可以在待遇上区别对待，这样就激发了被访者自行解决网络的积极性。

其次，在网上募集想进行网络调研的自愿者，让其填写调研者的基本资料和联系方式，然后从这批人中采用随机抽样或分层抽样等传统的抽样方式抽取其中一部分自愿者作为样本进行调研。

再次，通过手机短信征集自愿者让其上网填写调研问卷，并给予一定的物质奖励如赠送话费或小礼品的形式。另外，尽量使用 Web 方式进行问卷调研，这种调研方式的优点是不仅可以选择字体颜色和插入图像来增强问卷的可读性，还可以根据调研者对上一个问题的回答而职能化设计问卷，并对问卷的填答自动检查，还要对问卷严格保密。

第六节　选择市场调研方法的依据

如上所述，市场调研的方法有多种，要有效地组织市场调研，就必须选择恰当的调研方法。只有调研手段恰当，调研方法科学，所收集的资料才能及时、准确和全面。一般来讲，选择市场调研方法的依据主要有以下几个方面：

一、调研精确度的要求

调研精确度的要求是决定在特定的条件下选择何种调研方法最为重要的一个重要因素。有些调研项目要求有极高的精确度，这就需要选择访问法中的留置调研法、实验法等能够获得高精确度信息的调研方法。有些调研项目不太考虑精确度，则可以选择电话调研法、观察调研法、网络调研法等。

二、调研经费

调研经费是制约调研方法选择的另一个重要因素。受调研经费的限制，有时不得不选择一种简单的调研方法，从而影响了调研的质量和效果。就调研经费而言，网络调研法、观察调研法、访问调研法中的电话调研法和邮寄调研法所花费的费用相对比较少，而实验调研法和访问调研法中的面谈调研、留置调研所支出的费用相对比较高。

三、时效性

由于受到调研活动的时间限制，在调研方法的选择上的侧重也有所不同。如果时间较短，一般选用网络调研法、观察调研法、访问调研法中的电话调研、面谈调研等，如果时间允许可以考虑使用邮寄调研法、留置调研法和实验调研法。

四、调研对象

根据调研对象范围的不同，相应地选择不同的调研方法。如果调研对象就是网民，自然选择网络调研法。如果调研对象是 60 岁以上的农民，那么就只能选择面谈调研了，因为这样的调研对象许多不识字，其他调研方法都不能运用。

另外，是否有一支经过培训的访问员和具有专业知识及管理经验的督导队伍，也是选择调研方法时考虑的一个因素。

五、几种方法综合运用

在市场调研中，没有一种调研方法是在所有情况下都是最好的。要综合考虑各种因素，结合实际情况，可以选择一种方法，也可以选择多种方法。市场调研的方法还可以相互配合使用，彼此取长补短，我们也可以将这些方法综合成一种新的方法。中国互联网信息中心(CNNIC)所进行的中国互联网发展调研就同时使用了电话调研、网络调研、网上自动搜索与统计数据上报的方法，保证调研结果的科学性。

小资料　　百货公司顾客调研事例

在百货公司顾客调研项目中，使用家庭当面采访的理由很多，例如：可以提出许多不同的问题、提出的问题很复杂而且必须收集大量的资料、收集的信息不敏感且不具有威胁性、用受过培训的学生来做访问员可以降低成本；另一个关键的考虑是进行当面询问不用将资料收集工作转包给专业服务机构。

电话采访通常不被选择，原因在于调研问题的复杂或需要收集信息资料的数量较多。电话采访只能询问一些比较简单的问题。邮寄调研被排除的原因在于回收率太低，或需要收集的信息资料比较复杂。

典型案例

市场调研实录及如何用好大学生做市场调研

这是一位大学生所参加的一次市场调研活动的实录：

一天，我在宿舍里和一个同学聊天。十点左右，有一个中年男人自称是调研公司的负责人，他见我们聊天就走过来说他们受临潼区政府委托，要找一批人做一个问卷调研，所有的问卷大概有 1 000 多份，每份 5 元，在 3 天内做完，问我们愿不愿意做。如果愿意就去找人，一共要 12 个。明天到宾馆详谈。刚开始我们还在犹豫：会不会是骗人的？因为哪有这样的好事啊。我们辛辛苦苦去推销太阳能热水器一个月挣不了几个钱。后来我们商量了一下，一致认为即使是骗我们，大不了明天白跑一趟。于是决定干，当晚就分头找人。

第二天，我们到宾馆，看到了他们公司的几个人，他们对我们说：因为临潼政府准备对临潼区的旅游环境、旅游设施进行整改，所以委托他们公司对到临潼的游客做一个问卷调研，反馈信息给临潼政府以便政府作决策。他们将先付 600 元钱作为此次调研的预付报酬，另外，3 天调研的车费报销，每人每天给 20 元钱饭钱，这 3 天内买矿泉水的钱也报销。有这么好的条件，谁会不答应呢?

他们介绍完情况,就拿出一打问卷,让我们每人拿一份,然后给我们解释了一下问卷,并叫我们熟悉问卷里的问题。最后开始分派人。有2人陪着他们的人到疗养院去(疗养院的问卷有100份,问卷跟其余的不同)。4人到华清池,6人到兵马俑(我就在该组)。分好人他们又说,调研问卷要让游客尽可能全部写上,游客不能都是本地人,要尽可能包括本地的、国外的、自助游、团体等各类。不能作弊(自己填),如果被发现将扣钱,并通知学校领导。做得好的将写表扬信给学校。

我们一下车马上就开始了,刚开始有点紧张,对问卷也不够熟悉,而且还不会看人下手,被拒绝的次数就比较多。渐渐的就摸出一些门道了。比如行色匆匆的中年男人,脸色看起来比较冷的老人就少问,问了也白问。青年人、学生、军人、衣服穿得有品位的人、事业单位的人、老师……这些人的素质都比较高,大部分都会帮忙的,拒绝也很有礼貌,不会给人脸色。特别是老师,对我们的工作就特别了解和支持。我就碰到一个中学老师,他不但给我填了一份,还跟我聊了好一会,说了些鼓励的话。对于忙着赶路和上车的人,我就陪着他走,边走边记,走上一会也就填完了。大部分人,我只要报出我是××大学的学生,在搞社会实践,而且多说几句好话,在聊天的时候给游客提醒一下到外面买纪念品的实际价格是多少。这样游客会非常感激,给你填表时也会认真许多。如果游客不太赶时间的话,就会比较配合。

不过,由于刚开始做,还不了解情况,还是有些问题。我们都没有拿学生证和校徽,有的人不大相信我们是大学生。我们的英语的口语也不好,在调研期间,就只有一个同学无意间问到一个中文比较好的韩国人,填了一份。其他的同学就不行了,问卷里的问题用英语不会说,说了外国人也听不懂,只好对你说“yes”或“no”了。另外笔也带得少了,有时一群人出来,人拦下了,只能一个人填,其他的人等。这样,一群人通常只会给填一份。如果多带几支笔,就可以同时开工。来了团体游客特别管用。还有大多数游客不愿填写自己旅游计划花费的金额(中国人钱财不外露)。

调研时,委托方来了两个人,来察看我们的工作情况,并解决一些问题。那两个人看了我们的问卷,有些不满意。因为有很多游客在“自己在西安旅游计划使用的金额”这项都空着(那时我们平均每人都填了大概20份),就要求我们在剩下的问卷中尽可能一定要让游客写上。我们也不能说什么了,后来做问卷的时候就尽可能得多说好话,给游客尽量解释清楚,要求游客填上。情况比前面有所好转,但有些人就是不愿意填,那也没办法。不过我发现有的时候让小孩子填效果也不错,你对小孩子说几句话,让他填,他不知道就会问他的爸爸妈妈,而且小孩子对这种事会比大人认真对待。

华清池那边由于游客少,他们4人和委托方的那两个人在下午2点也来到了兵马俑,我一问他们做得最好的也不到20份,差的还不到10份,而我们这边最少的也有将近20份。兵马俑这边的游人确实多,旅游团、自助游的人一直不断,门前也一直是密密麻麻的人,我想12个人全到也问不完。

我们从早上来就没吃什么东西,而在兵马俑门前的那块地方根本没卖吃的,到下午4点多,饿得实在受不了,而且问得嘴也累了,就回去了。这一天我做了34份,我同学中最多的做了50份,最少的也就十几二十份。

回到学校后,我向在疗养院那边做问卷的同学了解情况。他们各都做了40多份,基本完成任务了(疗养院的问卷总共只有100份)。

第三天下雨没有办法出去。

第四天，虽然还在下小雨，但剩下最后一天了，为了完成任务，我们还是很早就出发了(有的人觉得难做就放弃了，我们另外叫了几个人)。

我们到达后，无法像第一天那样站在门口向游客调研，因为门前没有遮雨的地方，游人不可能在雨中填问卷。所以我们分成了两批，一批在买票的走廊上，一批到停车场(我就在这边)。

我们到了停车场。刚开始我们也不知怎么干，只是在四周转，然后向坐在车里等人的人调研(停车场是露天的)，后来有个同学在一个学生团体旅游的车上(他与带队的谈好的)，一次填了7份，我们就感到带的笔还是少了，就又去买了30根铅笔，每人分了5根。然后大家分头在大客车旁边等着，等游客回来后，就先与导游、司机谈好，由导游或自己上车与游客说，只要能上车一般都能填上5、6份。不过有一些旅游公司管理比较严格，是不让上车的，防止失窃。我们6个人在停车场，大客车均分开来也就不多了。何况还有些不让上或者在门口我的同学已经问过了。如果没有大团体，我们就在小面包、小车的周围转转，希望能碰上游客。但是由于下雨，游客一般过来后马上上车就开车走了。停留的不多，效果不大好，也就在大客车上能填一些。停车场的管理员看到我们一直在转悠，就过来交涉。幸好带来了学生证、校徽，他没难为我们。学生证真的为我们带来方便。去和大团体的导游、领队交谈时，先递上学生证，说我们受临潼政府的委托来搞社会调研，他们的态度就好多了。

到了中午，车少了很多。在停车场更不好做了，而且全身都湿透了。我的鞋子都进水了，一踩就“滋滋”的响。在停车场我就只做了近20份，很不理想。

之后，雨小了很多。我们回到兵马俑的入口。这时我们才知道我在这边坚守的同学真的冒雨在门口做，淋得一团糟，资料也淋湿了。有的在走廊里的卖票的地方，利用别人等买票的时间做问卷。有一个女同学更绝:她和咨询处的那几个小伙子说好了，往里面递了十几份卷子，很快就填好了递出来。他们做得真不错，有两个同学已经做了30多份了。不过也有做得少的。

刚回来由于雨小了，我们还是像第二天一样在门口问。不过由于下雨天，游客少，而且游客也不愿意停留，都急着上车。今天我们来这里的人也多了，一平分游客就更显得少了。问卷很不好做。过了一会，雨更大了，那更没法做了。我好久没做成一份。必须想办法改变，否则就没法完成任务了。

雨大的时候，我在门口避雨。门旁有一个导游处，很多游客过来找导游。我也顺便让那些游客填了几份。同时也和导游聊天。在聊天的时候，有一个阿姨了解了我们的事情，也让她看了那问卷。在她看问卷的时候，我忽然灵机一动，导游天天跟游客接触，对游客的想法也应该很了解。可能比游客自己填得更具普遍性。所以当时我就跟那个阿姨说能不能让她帮忙填几张，支持一下。说了一些好话之后，她爽快地答应了。而且让我拿了一些出来分给她另外几个同事，让她们看了一下问题并填写。在那里我一下子填了10多份。真是出乎我的意料。在他们填的过程中，我自己又出去问了一些游客，填了几份。一天下来，我又弄了36份，比第一天还要多些。而在咨询处的那女同学，就做了50多份，是最好的一个。而在售票处的那几位同学就差些了(因为有好些人，在西安旅游的第一站就是兵马俑，无法填问卷上的问题)，一共才做了40份左右。在门口那几个同学，有两个同学嘴皮子挺厉害的，做了40多份。但其他的就差些了，有的同学才十几、二十份，一天下来算是少的了。

中午也没有吃东西，一天都下雨，淋得够呛，脚都泡软了。晚上回去，在鞋子里都能倒出水来。站了一天，又说了一天，累得很。哎，挣一分钱也是不容易啊。不过两天挣了150元，也值了！

我今天的问卷由于填写人的时间都比较充分，问卷的质量都比较高，每一个题目都填上了，有的人还在问卷上写了一些问卷上没有的意见，很不错的。最后我们的问卷都通过了检查。没有废卷子。钱，对方也照付了。只是最后，原本说好的做一天有十块钱的饭钱，我们做了两天，对方只给了10元；但其他的车费、买矿泉水的钱他们也给报销了。

（资料来源：作者根据网络相关资料改写，原文见 http://www.cneln.com）

案例讨论题：

(1)案例中运用的是什么调研方法？是否恰当？

(2)如何运用大学生进行市场调研？

实验调研法

巴克希尔食品公司的销售经理迈克·吉尔正在与公司的广告代理商讨论巴克希尔咖啡的广告战略前景。此刻讨论的焦点转向杂志广告和这些广告的设计样式。

吉尔先生刚刚参加了一个关于心理感应的会议。会上指出，尽管有“不能以貌取人”这个格言，但在实际的人际交往中，还是很多人这样做。一个人对另一个人的第一感觉和反应很大程度上取决于他外表的吸引力。其研究结果，简单地说就是“美的就是好的”。会议上用来引证这个观点的例子，给人留下很深的印象。然而给吉尔先生印象特别深刻的是，一个人对另一个外表吸引人的人的好感并不取决于与其的实际交往。如果把外表吸引人和不吸引人的照片都给判断者看，这种现象就会发生。

吉尔认为对这个现象的认识有利于巴克希的广告设计。他建议在广告中应出现一个很有想力的女性的形象。而广告代理商则持相反的观点，认为应用外表并不出众的人做广告而使得广告更为可信和有效。另外，代理商还建议用男性而不是用女性形象来做广告。经过充分讨论后，广告代理商建议进行如下的研究以回答这些问题：应该用外表吸引人的人还是一般的人做广告？应该用男性形象还是女性形象？

实验设计：

准备4种不同的广告。4个广告其他都一样，只是手拿咖啡的人不同。四种分别是：有魅力的男士、有魅力的女士、普通的男士、普通的女士。

然后，4种彩色的广告和设计好的杂志就产生了。接着，在纽约市的电话号簿上通过随机抽样产生参加实验的样本。联系上的被告知邀请参加一项市场研究的实验，并给予报酬，到广告代理商总部的车费可以报销。

96名愿意参加者到广告商总部后，被随机地分派到某个广告的实验组中。首先，48名男士和48名女士被随机地分为12组，每组四人。每个人看4个广告，但只有一个是实验广告，另外三个是非实验广告，用来掩盖那个我们感兴趣的实验广告的独特性。在实验开始时，我们对每个参加实验者作以下介绍：我们希望得到你们关于实验广告的观点；每次将向你们出示4个广告，看过之后，将询问你们对广告及广告中的产品的反应。请注意这个实验并不是比较哪一个广告更好，你们在评价时无须把四个广告相互比较，仅就各个广告本身进行评价。

在回答完问题之后，实验者把第一个广告给受访者。受访者看完之后，广告被拿走；实验访者再给受访者一份样本调研表(表6.7)。填完表后，再给第二个广告，重复上述过程，在实验过程中，受访者不能再回头看已经看到的广告。为了使受访者适应这种工作，实验的广告通常放在第三个。

表6.7中选择那些内容的标准是为了观测被测者的认知度、情感与意向。一般说来，认知度可通过可信性、信息性和清晰性来检验；情感会受趣味性、感染力、吸引力和引人注目的程度来检验；意向性则通过调研表最下面的3项行为倾向的内容来检验。

表6.7　巴克希尔咖啡的样本调研表

在下面的空格上，选择最佳的程度描述你所读到的广告。					
有趣的：	——	——	——	——	乏味的
不吸引人的：	——	——	——	——	吸引人的
不可信的：	——	——	——	——	可信的
印象深的：	——	——	——	——	印象浅的
信息性强：	——	——	——	——	信息性弱
清楚的：	——	——	——	——	模糊的
惹眼的：	——	——	——	——	不惹眼的
您对以上广告的总体印象是什么？					
不喜欢：	——	——	——	——	喜欢
就产品本身而言，你认为这个产品与其他厂家生产的类似产品相比如何？					
突出：	——	——	——	——	平常
您愿意尝试一下这种产品吗？					
绝对不愿意：	——	——	——	——	绝对愿意
如果您碰巧在商店看到这种产品，您愿意购买吗？					
绝对愿意：	——	——	——	——	绝对不愿意
您愿意在商店中寻找出这个产品然后买它吗？					
绝对不愿意：	——	——	——	——	绝对愿意

这些预先制定的标准并不是很严格地确定的。若分析中涉及的趣味性的基本内容与这3个都没有关系，就不予考虑。对每个标准的反应总和，就是每个标准的总分。对这些分数的分析表明：

(1)有魅力的男士形象产生的认知性分数最高。

(2)有魅力的形象在异性受实验者中产生的情感性分数最高。

(3)有魅力的男士形象在女性实验个体中的意向分数最高。

同时，普通的女性形象在男性实验个体中的意向分数最高。

在这些结论的基础上，广告代理商建议在广告中采用有魅力的男士形象。

(资料来源：作者根据网络资料整理，原文见 http://ycy.njtvu.edu.cn)

案例讨论题：

(1)案例中进行的实验调研法是否科学？

(2)根据案例和所学知识谈谈实验调研法的应用条件。

实训题

(1)与同学进行一次面谈访问调研的模拟训练。

(2)利用网络进行一次二手数据调研。

(3)调研了解专业的问卷调研网站有哪些？了解应用专业问卷调研网站调研的优缺点。

(4)去参加一次某企业的新产品用户试消调研。

(5)为你的职业规划所要进行的调研确定恰当的调研方法。

第七章　市场调研资料的处理与调研报告的撰写

牙膏市场调研报告

一、市场分析

随着人们生活水平的提高，消费者的生活观念发生了变化，开始追求健康的生活。牙齿健康是个人健康的重要体现，于是牙齿护理成为人们每天必做的事情，而市场也给人们提供了各类功能的牙膏、漱口水等护理用品，其中牙膏成为大众的选择，于是牙膏在市场上作为一种日用快速流通消费品存在。

现在中国牙膏市场份额大体被4类产品分割：一是"高露洁"等外资、合资品牌，二是像"两面针"这样的著名民族品牌，三是中小企业的产品，四是一部分假冒伪劣产品。外资、合资品牌无论是销售额、市场占有率还是美誉度方面，在中国市场均取得了明显优势，国产牙膏处于整体的弱势，情况堪忧。目前市场上的牙膏主要分为：美白牙膏、抗菌牙膏、抗过敏牙膏等。

美白牙膏：美白牙膏是用于改善牙齿外观的产品。具有疗效的添加物使人们的牙齿保持美白了。目前市场上的美白牙膏有以下几种：①含有表面活性剂以利过氧化氢穿透牙体溶解内质型斑渍；②含有磨蚀剂以机械方式清除牙齿表面的斑渍；③含焦磷酸盐之类的螯合剂以防止过氧化氢分解从而有持续的清除作用。

抗菌牙膏：抗菌牙膏内含有一定的药剂，能够很好地杀灭口腔内细菌。这些药剂在口腔黏膜上有很好的存留能力，刷牙后12小时尚可释出。同时，抗菌牙膏可防止口干，减少口内不良口气。

预防牙本质过敏牙膏：帮助减轻敏感性牙齿遇冷、热、酸、甜所引起的疼痛。经常使用，可改善牙齿对冷、热、酸、甜刺激的耐受力，也可防蛀等。有效防止牙齿本身的不适与疼痛。

二、市场调研

(1)品名：

佳洁士草本水晶牙膏

(2)品名：

佰子珍珠美白牙膏

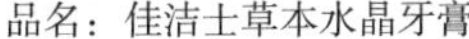

品名：佳洁士草本水晶牙膏

颜色：以蓝色为主，加入小部分绿色，同时又掺有少量白色和红色。蓝色是佳洁士牙膏惯用的色彩，选用蓝色从某些方面象征了企业的形象，绿色则抓住了“草本”二字，又与“水晶”颜色相似，白色与红色则大多用在文字后，有一种强调作用。

文字：在包装的中心部分书写品牌名“佳洁士crest”，并将第一个字用红色标示，与其他的蓝色区分开来，有一定的强调作用，能够更加有效地吸引消费者的注意力，在右侧部分以深蓝色书写“草本”二字，除可吸引消费者的注意外，还可以与左侧浅蓝色形成对比，从视觉效果上平衡左右两侧颜色的不均衡，“水晶”二字则采用一定的艺术字效果，现加形像、贴切。右下角的“清爽薄荷”点明了其香型，最左侧印有“佳洁士预防医学会”的字样，也是厂家对顾客的一种信誉。

图像：在品牌名后有部分白色，形成好像爆破状的效果，更加好的突出品牌效果，同时有部分草本植物的图案，用以突出品名中的“草本”二字，右下角还有一牙膏形状，可以让消费者一目了然。

材料：外包装采用纸质包装，内包装采用复合软管包装

品名：佰子珍珠美白牙膏

颜色：以蓝色为主，白色为辅，还掺入少量的淡蓝色，作为一种过度，因为产品中含珍贵成分，所以选择了大海的颜色——蓝色为主要颜色，再以珍珠的颜色——白色加以辅助，构成整个画面，同时选用了注量较淡的蓝色，让蓝色与白色之间能够更好地过渡，使画面和谐。

文字：在左侧蓝色部分用白色书写英文“baizi”与中文“佰子”，更好地平衡了不同色彩的轻重感及色彩用量的不同所造成的在视觉上不平衡的感觉，右侧“珍珠美白牙膏”则内为白色，外为蓝色，形成缕空的艺术效果。

图像：并没有太多的图像，图像大多集中在右侧，有一个牙齿状的卡通形像，使画面更加有动感受，同时有珍珠的图像，则能够更加好的反应产品的本质。

材料：外包装为纸质包装，内包装为复合软管包装。

(3)品名：

田七本草冰片牙膏

品名：田七本草冰片牙膏

颜色：颜色较单一，左侧小部分黄绿色，右侧大部分深蓝色，覆膜效果较明显，有一定的光泽，同时掺入少量的红色和白色。

文字：左侧采用红色行书字体书写品牌名，醒目而有代表性，右侧部分则多采用白色，“本草”二字采用为魏碑字体书写，“冰片”二字则给人一定的立体效果，这四个字整体效果简单，却又直接而有力地表达出了产品的性质及功效。

图像：整体包装上并没有什么图像，简单而不失特色，包装表面的覆膜作用，在一定的程度上给人的视觉带来一种炫丽的视觉效果。

材料：外包装采用纸质包装，内包装采用复合软管包装。

(4)品名：

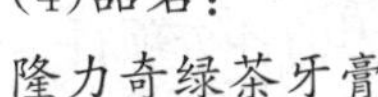
隆力奇绿茶牙膏

品名：隆力奇绿茶牙膏

颜色：颜色较多，分布较均匀，大致有绿色、红色、蓝色、白色、银色、黄色等。在分量上并无特别偏重的色彩，但在搭配上则是通过其他的色彩将绿色表现得较为突出，也正是突出了品名中的“绿茶”二字的重点。

文字：用白色来书写品牌名“隆力奇”，周围又以红色围绕，有一种缕空的感觉，增加一种特效，“绿茶”二字的表达方式有些相似，只是周围选用蓝色来围绕，并运用一定的文字来表述牙膏的香型及作用，在左上角的黄色背景下有一个较显眼的“新”字，表明产品在开发上的性质。

图像：较明显的图案是一个牙齿状持牙刷的卡通形像，旁边有白色星状图案，为包装增加了一定的动感，同时有一片绿叶和形状，突出了产品的性质，表达出了“绿茶”的意味。

材料：外包装采用纸质包装，内包装为复合软管包装。

（资料来源：本文由作者根据网络资料改写，原文见 http://wenku.baidu.com）

上述市场调研报告是不规范、不科学的。首先报告的标题表达不精确，其次是调研报告的结构不全，没有介绍调研的方式方法，也缺乏结论与建议，第三是报告中关于调研资料的分析不够全面科学。那么怎样才能撰写出科学规范的调研报告呢？首先我们需要对市场调研资料进行整理分析。

第一节　市场调研资料的整理

市场调研人员要撰写出科学规范的市场调研报告，需要首先对市场调研资料进行科学的整理。

一、市场调研资料整理的含义

市场调研资料整理就是运用科学的方法，对调研所得的各种原始资料或二手数据资料进行审查、检验和初步加工，即对资料进行审核和分类汇总，使之系统化和条理化，从而以集中、简明和科学的方式反映调研对象总体状况的过程。

不论直接的调研还是间接的调研，所得的资料都是分散的、零星的、不系统的，是难以直接运用的，只能反映各个被调研者的单个状况，只反映出事物的表面现象，而不能说明被调研总体的全貌和各被调研者之间的内在联系。例如，我们对居民消费状况的调研，通过问卷或面谈调研可以获得每个调研样本的每月或每年消费支出数额、每项支出数额。但所有调研样本的总的支出数额和总的每项支出数额，以及每项支出占总支出的比例是多少就必须通过对资料的整理以后才能获得。

二、市场调研资料的审核

通过市场调研获得所需资料后，首先要对资料进行审核。对调研每一个项目都要进行审查，如果资料不齐全、有遗漏，或者有重复，要及时补充和删改；对含糊不清的资料或记录不准确的地方，要及时要求调研人员进行辨认和更正；如果调研问卷的答案前后有矛盾、不一致，或删除不用，或要求调研人员重新调研。

（一）调研资料审核的内容

1. 全面性

主要是通过审核调研资料，检查所收集到的信息资料是否全面，要调研的内容是否都已经调研了，需要的信息是否都已经收集到了。如果是问卷调研则要审核两个方面：一是检查收回的调研问卷的份数是否齐全，是否达到了调研计划规定的样本量的要求。如果调研问卷份数不够，则必须告知调研组织查明原因，采取补救措施。二是检查调研问卷中的各个项目是否都填写齐全了，剔除无效问卷。那种无回答或即使有回答但可以明显看出是敷衍了事的回答达到 30％以上的则就是无效问卷，必须剔除。如果无效问卷太多影响样本的代表性，则必须告知调研组织补充样本再调研收集信息。对那种少数问题未回答，则应该视为有效问卷，未回答的问题待后续工作采取补救措施。对同一个问题有许多问卷未回答的，可能是被调研者不能或不愿回答的问题，则问卷还视为有效，删除该问题即可。

2. 准确性

这是对经过全面性审核后留下的有效问卷进行有无填答错误影响调研信息准确性的审核。首先要对那种回答错误较多的问卷进行废卷处理。然后再对留下的有效问卷检查回答错误的不同情况，可根据不同情况做不同的处理。如果是逻辑性错误，即某些答案明显地不符合事实或前后不一致或答非所问，对这种情形的应该尽量进行再核实，如确实无法核实的则废弃这个问题。如果是被调研者缺乏兴趣而回答的错误，则需要仔细分析看是否是问卷设计的问题，对这类问卷在资料分析时给予适当的注意。

3. 时效性

主要检查调研资料是否是按时收集起来的，收集的调研资料是否是最新的资料，从而避免将失效的、过时的信息引入决策中。

4. 真实性

这方面的审核主要针对实地访问调研，主要检查调研问卷是否都是真实的，有无调研人员伪造的调研问卷。一般采用抽样复查的策略，从收回的全部调研问卷中随机抽取一部分，然后与调研对象联系，核实调研人员是否真正进行了问卷调研。如果发现有伪造，则必须将伪造的调研问卷废弃。

(二)调研资料审核的方法

调研人员对调研资料的审核需要运用一定的方法，一般来说主要有以下3种方法：

1. 经验法

经验法就是调研资料审核人员运用自己以往对调研资料的审核经验对所收集的资料进行审核。比如调研资料审核人员根据自己的经验知道男性学生类的被调研者耐心较差，也不够细心，就重点检查这类被调研者所填写的问卷有无漏答或填写错误，尤其是检查其问卷的后半部分是否有大面积的无回答。

很明显这种审核方法是最简单、最容易运用的方法，但它也是必须具有丰富经验的调研资料审核人员才能运用，否则就容易出现偏差。

2. 逻辑法

逻辑审核法是根据调研项目指标之间的内在联系和实际情况对调研资料进行逻辑分析判断，检查是否有前后矛盾或不合情理的地方。如对某市粮油生产企业的生产成本的调研，众所周知2007年粮食产品的价格在大幅度上升，但调研资料显示企业的产量未变，而产品原料成本在降低，这与实际情况不符，显然存在偏差，需要纠正。又如，一份调研问卷中受教育程度填写为“小学”，而职业却填为“大学教师”，这显然有一项是错误的。

3. 计算法

计算法是对数据资料的计算和各指标之间的数字关系进行检查，看看各项数据在计算方法、计算口径、计量单位和时间属性等方面是否有误。如分项相加是否等于小计，小计相加是否等于合计，数据之间该平衡的是否平衡等。

(三)调研资料审核时应该注意的问题

1. 参加审核的人员

参加调研资料审核的人员最好是非参加资料收集的人员。因为调研资料中的有些错误是由于资料收集人员的失误所带来的。一个人找出别人的错误比找出自己的错误要容易得多。况且人还有一个劣根性，就是自觉或不自觉地掩盖自己的错误，当然责任心强的人除外。

2. 开始审核的时间

调研资料的审核工作应该在调研工作结束后的第一个工作日就开始。由于调研工作刚刚结束，调研者和被调研者都还处于调研后状态，对调研主题、调研项目还有较深的印象，这样如果发现错误，纠正和补救相对容易一些。此外，及时发现错误、及时纠正，对调研资料时效性的影响也较小。

3. 出现错误的原因

审核中一旦发现错误，必须进一步分析出现这种错误的原因。分清楚是调研方案设计的问题、是收集资料人员的工作失误还是被调研者的问题。如果是方案设计问题，还需要进一步地分析是调研内容确定的问题、是调研时间确定的不当、是调研方法或抽样方法不当，还是样本选择不当等。如果是收集资料人员的工作失误或被调研者的问题，必须再追根索源。总之，只有找到出现错误的非常具体的根本的原因，才能对症下药地采取补救措施。

三、市场调研资料的分类

资料审核后，需要根据调研内容要求，对资料进行分类汇编，并以文字或数字符号编码归类，以便于将问卷中的数据资料转换并存储到计算机中，然后根据需要对数据资料进行分析。

(一)市场调研资料的分类标志

市场调研资料的分类就是要把调研资料按一定的标志进行分门别类的划分，以便于统计汇总。

1. 根据市场调研的目的与要求标志进行分类

市场调研的目的不同，所收集调研资料应该有不同的分类标志。比如，如果调研的目的是了解当代大学生的消费状况，收集来的调研资料就应该按照大学生每月消费支出的数额进行分类，可分为月支出在300元以下的、300～500元的、500～800元的、800元以上的4类资料进行汇总和分析。而如果是对居民购买力的调研，则应该对收集来的调研资料按居民家庭的月收入进行分类。

小资料　　某家电经销商对空调购买行为调研资料分类

(1)近10年城镇居民可支配收入。

(2)去年年末不同收入家庭空调拥有量。

(3)计划近三年内购买空调的户数。

(4)计划购买空调，关注空调质量、服务、促销、价格的。

(5)买空调的准备，购买单冷机的、冷暖机的、到时再决定的。

(6)计划购买空调，关注空调信息来源渠道的。

(7)计划购买空调，考虑购买地点的。

(8)计划购买空调，考虑购买时间的。

(9)居民家庭对绿色环保空调的看法。

2. 根据反映事物本质的标志进行分类

有些调研项目会有多个标志都符合调研目的要求，这时就需要选择。选择的原则是哪一个或哪几个更能够反映所调研事物的本质。比如，我们调研影响大学生消费支出的因素，大学生的家庭年收入、大学生自己的收入、大学生的性别、大学生所处的年级等都对其消费支出有影响，也就是说都符合调研的目的，但很显然每个因素的影响程度是不同的，即对事物本质的反映程度是不同的，我们又不可能运用所有的因素进行分类，所以需要选择影响程度较大的因素进行分类，在这里显然影响最大的因素是大学生的家庭收入，我们当然应该运用大学生的家庭收入来进行分类。

(二)市场调研资料分类应该注意的问题

1. 分类标志的多少

不论是能够反映研究事物的本质还是符合调研目的的标志都不可能只有一个,这就存在一个问题:究竟是运用一个标志还是几个标志进行分类是我们必须作出决策的。运用一个标志进行分类固然简单容易,但不一定符合要求。所以我们必须根据调研的目的、条件、要求以及调研资料本身的特征确定是运用一个还是几个标志进行分类。

2. 按数量标志分类时要注意每一类的数量间距

这里说的每一类的数量间距是指按数量标志分类后各类中最大值与最小值之间的差。这种数量间距的大小与分出的类别数成反比。数量间距越大,分出的类别数就越少。分类时究竟应该确定多大的数量间距需要根据调研事物的本质特征来决定。比如,对居民消费状况的调研,将调研资料按居民个人月收入分类,可分为:1 000 元以下、1 000～2 000 元、2 001～3 000元、3 001～4 000 元、4 001 元～5 000 元、5 001～6 000 元、6 001～7 000 元、7 001～8 000 元、8 001～9 000 元、9 001～100 000 元、10 000 元以上。也可分为:3 000 元以下、3 001～6 000元、6 001～9 000 元、9 001～12 000 元、12 000 以上。还可以有多种分法。我们知道,第一种数量间距小,分出的类别数多,第二种的数量间距大,分出的类别数少。究竟哪一种分类更科学合理呢?我们需要根据这种收入差距对居民个人的消费支出影响的大小这个种特征来决定。如果我们研究的被调研者的收入只要有一点差距,其消费支出就有较大的不同,那么就应该按较小的数量间距来分类,反之则按较大的数量间距来分类。

第二节 市场调研资料的分析

市场调研资料整理好以后,需要对其进行进一步的分析,这样才能够形成撰写市场调研报告所需要的数据资料。

一、市场调研资料分析的含义

市场调研资料分析的本质是要把事物、现象、概念分成较为简单的组成部分,找出这些部分的本质属性和彼此之间的关系。市场调研资料的分析就是以某种有意义的形式或次序把收集的资料重新展现出来。分析实际上是告诉人们,每组资料里到底隐藏了哪些有用的信息,并以恰当的形式表现出来。这种工作一般要求市场调研人员必须具备一定的统计基础知识和技能。

市场调研资料分析是一项综合性很强、内涵丰富的工作。主要包含以下内容:

第一,要对本次调研的核心目的进行分析,确定此次调研分析的方向和最终目的,以及资料分析的重点等情况。

第二,要确定市场调研资料收集的具体方法是否适合调研的总体目标,是否具有针对性。

第三,要对收集资料的可靠性和代表性进行分析。

第四,选用适当的分析方法,对市场调研资料的数据进行分析,总结资料所反映的问题。

第五,得出综合的分析结论。

二、市场调研资料分析的作用

市场调研资料分析的主要作用是揭示调研事物的本质,实现调研目标。市场调研的总的目的是针对某一特定的目标,获取相关的实质性信息以帮助决策者做出正确的决策。而这种能够帮助做出正确决策的信息不是调研所得的表面信息，而是通过对市场调研资料的分析，找到调研事物的内在联系、变化趋势和影响程度等更深层次的信息。

例如，调研民营企业家对现代企业制度的认识。只有通过对调研资料的分析才能得出如下结论：相当一部分民营企业家对现代企业制度的认识是比较模糊的。表现在(见表7.1)对有限责任公司和个体企业大部分只能分清形式上的区别，而对其本质的差异认识较模糊。并且由于社会传统文化的影响和社会对有限责任保护不力，很多企业家对于现代企业制度的有限责任并不认可，在传统意识中，很多人认为公司比企业规模大，企业一定比个体户大，都是认识上模糊的反映。这种模糊认识和社会对有限责任保护不力强烈的制约着民营企业向现代公司转型。

表7.1　对有限责任公司和个体企业差异的认识

认　　识	比例(%)
没什么差异，只是名称的不同	9.6
主要是企业规模不同	40.7
企业组织结构不同	67.9
不清楚	3.7

注：此为多项选择

三、市场调研资料分析的原则

(一)针对性原则

针对性原则是指要采用与调研目的、调研资料性质、现有资源相适应的分析方法，对调研资料进行分析。任何一种分析方法，都有各自的优点和不足，各有不同的使用范围和分析问题的角度。某一种情况可能就需要某一种或几种特定的统计分析方法，所以分析人员就需要准确地把握各种分析方法的特点和作用，将多种与调研目的相匹配的方法组合应用，形成最准确、恰当的方法系统，取长补短，相互配合，从而得出全面和准确的结论。

(二)完整性原则

完整性原则是指对调研资料进行多角度的、全面的分析，以反映和把握调研资料的总体特征。它不是对资料进行局部的分析，而是全面考察各种相关因素的现状和趋势，分析现象之间的关系。

(三)客观性原则

客观性原则是指必须以客观事实和调研的资料为依据进行分析。不能受到外来因素或内部主观倾向的影响，否则，就会使前面各阶段的努力化为乌有，更重要的是会误导企业决策者做出背离实际的决策，从而使企业陷入困境。

(四)动态性原则

动态性原则是指对调研资料的分析，不但要分析把握其现状，更要分析把握其变化趋势。要注意分析各相关因素的变化特点，用发展的观点、动态的方法来把握问题，从而正确地引导企业的发展。在具体的操作中，要主动掌握并合理运用科学的预测方法，得出符合市场变动趋势的分析结论。

四、市场调研资料分析的方法

(一)定性分析法

1. 定性分析的特点

定性分析是市场调研资料的基础分析方法之一，它主要具有以下几个特点：

(1)定性分析注重整体发展的分析。定性分析的目的在于把握事物本质的规律性，因此必须立足于对研究对象的整体分析，获得对研究对象的完整透视。

(2)定性分析的对象是描述性资料。定性分析以事物的描述性资料为研究对象。这些资料通常以书面文字或图片等形式表现，而不是精确的数据形式；这些资料是在各种自然场合，以定性研究的方法(如通过参与观察和深入访谈)得来的资料，带有很大程度的模糊性和不确定性；定性分析的资料来自小的样本以及特殊的个案，而不是随机选择的和大的样本。正由于此，决定了定性分析有自己独特的分析方法，且需要定量的资料来进行补充。

(3)定性分析的研究程序具有一定弹性。在分析程序上，定性分析也不同于定量分析。定量分析有一个标准化程序，使用数学方法获得定量的结果，用数学语言表示事物的状态、关系和过程，在此基础上加以推导、演算和分析，以形成对问题的解释和判断，具有逻辑上的严密性和可靠性。而定性分析是一个不太严格的研究程序，前一步搜集资料的数量与质量往往决定下一步应该怎么做，其原因是调研对象作为一个不断变化的主体所具有的动态性，使定性分析过程常常出现变动，具有很大的灵活性和弹性。

(4)定性分析的方法是对搜集资料进行归纳的逻辑分析。归纳分析有着不同于演绎分析的一般程序。演绎分析是先有一个假设，然后搜集能检验假设的资料或者事实，将事实与假设加以比较分析后得出结果。而归纳分析却是先列出事实材料，将这些资料与事实加以归类，然后从中得到一些启示，抽象概括出概念和原理。这是一种自下而上的分析路径。定性分析的客观性取决于所研究对象是否有丰富的、合乎实际的材料，它不仅可以从各个不同的事物经验中找出共同性的联系，而且也可以从许多不同的观察事例中找出共同的特点，同时研究事物的特例，找出相异之处及其原因。

(5)定性分析中的主观因素影响及对背景的敏感性。定性分析是一种价值研究，一方面很容易受到研究者和被研究者的主观因素影响，如研究者的能动性、独立性和创造性、若干差异的存在，以及较强的主观体验色彩，从而影响分析的客观性。另一方面，市场调研对象的表现状况又总是与特定的情境相关联，离开这一特定情境，一定的市场现象就不会发生，这就是背景的敏感性。因此定性分析很注重对背景的分析。

2. 定性分析的主要方法

(1)归纳推理方法。归纳推理法是把一系列分离的事实或观察到的现象放在一起研究从而得出结论。归纳推理方法首先产生一系列个别的前提，然后把这些前提与其他前提组合在一起，得出结论。这些个别的前提可以从观察、实验、调研中获得。例如：某市在卷烟消费品牌调研表明，在500个被调研者中，有200人购买A牌卷烟。根据这200个个别的发现，可以得出下面的结论：大约有40%的消费者购买A牌卷烟。

在归纳推理法中，任何结论都是从观察、实验或调研的事实中得出的。市场调研中通过对大量个体的调研得出一般性结论的方法，就是归纳推理方法。

(2)演绎推理方法。演绎推理方法是从一般的前提推出个别结论的方法。其结论取决于大前提和小前提。

例如：烟草含有害物质(大前提)，烤烟是烟草(小前提)，烤烟含有害物质(结论)。演绎推理过程包括一系列的语句，其中最后一句是结论，它是从前提逻辑推理出来的，前提的正确性决定结论的正确性。

又如：某市40%的消费者购买A牌卷烟(大前提)。预计明年该市卷烟消费量为100万大箱(事实预测,小前提),明年该市 A 牌卷烟销售量可能是 40 万大箱(结论)。在上述两个例子中,结论是从大前提和小前提逻辑推理出来的。但实际结果常常与上面的结论有一些差别,有时甚至差别很大。例如,虽然存款利率下降,但人们对未来预期不乐观,在医疗、保险、教育、住房等方面需要很大的支出,因此,银行的存款可能不会下降,反而会上升。又如,由于 A 牌卷烟竞争对手实力的增强、卷烟质量的提高、产品价格的下降,结果使得在 100 万大箱的卷烟消费量中,A 牌卷烟消费量只有 30 大箱。因此,尽管演绎推理法可用在资料分析中,但必须明自其使用的前提常常是较脆弱的,不能作为制定经营决策的唯一参考依据。

归纳推理方法和演绎推理方法常是相互作用、相互补充的。演绎推理法中的前提常是从归纳推理中得出的。比如通过归纳推理得出的结论“第一季度是卷烟消费旺季”可以作为演绎推理的前提,因为这个归纳结论是通过观察数年来每年各季度卷烟销售量而得出的。

(3)对比法。对比法是将不同的事物和现象进行对比,找出其异同点,从而分清事物和现象的特征及其相互联系的方法。在市场调研中,就是把两个或两类问题的调研资料相对比,确定它们之间的相同点和不同点,或是对反映同一事物的调研资料进行历史比较,以揭示其发展变化趋势和特点。在运用对比法时要注意以下几点:对比可以在同类对象间进行,也可以在异类对象间进行;要分析可比性;对比应该是多层次的。

例如:对比 A、B 卷烟厂在 K 市历年卷烟市场占有率及平均价格走势(见图 7.1、图 7.2)。

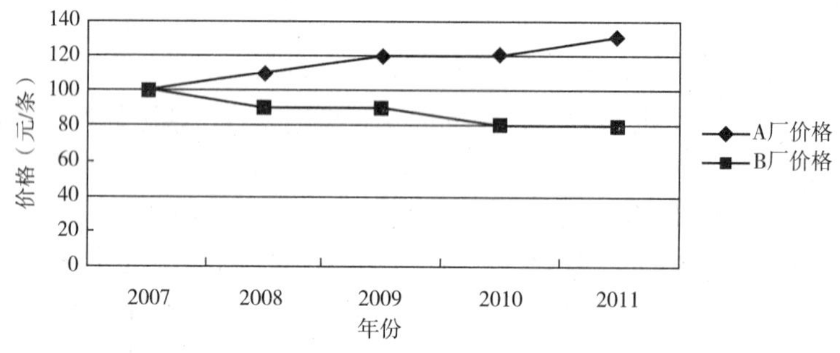

图 7.1　A、B 卷烟厂平均价格走势

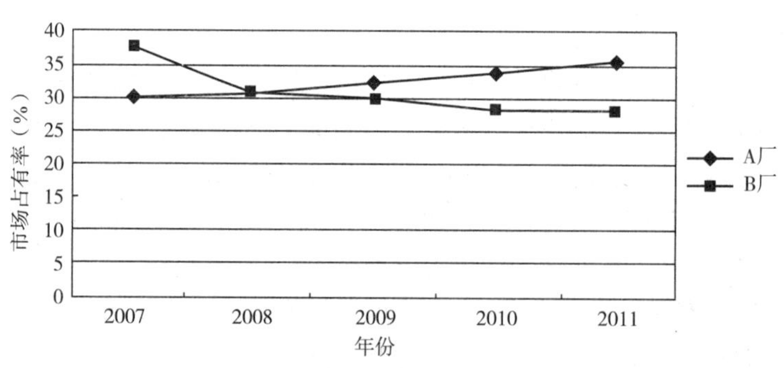

图 7.2　A、B 卷烟厂市场占有率走势

通过对比分析,可以得出以下结论:

第一,B 厂烟在 K 市价格逐年下滑,而 A 厂烟则逐年上升,说明 B 厂烟已进入成熟期,A 厂烟则处于成长期。

第二,B 厂烟在 K 市的市场占有率逐年下降,至 2010 年已不到 30 %,而 A 厂烟的市场占有率逐年上升,至 2010 年已达约 35 %。A 厂烟的实力地位已超过 B 厂烟。A 厂烟已取代 B

厂烟在 K 市卷烟市场占主导地位。

(二)定量分析法

定量分析法主要是指以下 3 种方法：

1. 使用百分率

定量分析的资料，很多时候只有在与其他的资料进行比较时才会显出它的重要意义。常用的形式是使用“百分率”。百分率的用途主要有两点：

(1)说明在整体当中所占有的份额或比例。说明在整体当中所占有的份额或比例是一种相对数，有时绝对数能够说明问题，但有时基本上不能说明什么，而只有这种相对数才能说明所调研事物的本质特征。比如，我们调研某大学学生手机的拥有量是 1 000 部，我们可以说这个大学学生的手机消费是很低还是很高吗？不能，如果这个大学就 1 000 个学生，那就是平均人手一部，即手机的拥有率是 100%，应该说这个大学学生的手机消费是很高的。但如果这个大学有 10 000 学生，即手机的拥有率是 10%，那就应该说这个大学学生的手机的消费是很低的。在这里不是 1 000 部手机这个绝对数说明了这个大学学生的手机消费是很高或很低的，而是手机拥有率 100%或 10%表明的。可见，分析调研资料运用这种说明在整体当中所占有的份额或比例的百分率是很有必要的。

(2)说明增加或减少的幅度。运用百分率这个相对数来说明增加或减少的幅度有时能够提供给决策者更准确的信息。比如，据调研，玉米的价格今年与去年相比涨了 0.20 元/斤，才两角钱，掉在地上都没有人愿意弯腰去捡。但当我们把运用百分率计算出来的增长幅度 20%来说明玉米的涨价幅度，足以说明上涨 0.20 元/斤是非常多得了。这就说明了增加或减少幅度的百分率的魅力。

2. 使用平均数

平均数是分析市场调研资料时经常使用的工具之一。通过总结大量资料而计算出来的每个平均数据都具有“代表性的价值”。

表 7.2 描述了人们对与笔记本电脑有关问题看法的平均情况。问题设计了从完全同意到完全不同意 7 个档次，要求被调研者如果完全同意给 7 分，依此类推，到完全不同意为 1 分。第一栏数据给出了 500 位被调研者回答问题的总平均值。由于这 4 项看法的总平均值都大于理论平均值(3.5)，表明大多数被调研者认为需要笔记本电脑；进口笔记本电脑的质量和服务都较好，但目前价格太贵。而按是否有笔记本电脑来分，被调研者的回答有一定的差别。与没有笔记本电脑的被调研者相比，有笔记本电脑的被调研者偏向于认为是必需品，认为笔记本电脑价格太贵的较没有笔记本电脑的被调研者要少很多。

表 7.2　有关笔记本电脑看法的平均值分析

看　法	总平均	平　均　值		差　别
		有笔记本电脑	无笔记本电脑	
1. 笔记本电脑是必需品	4.6	6.8	3.0	3.8
2. 目前笔记本电脑价格太贵	5.3	4.1	7.0	−2.9
3. 进口笔记本电脑质量较好	6.1	6.5	5.6	0.9
4. 进口笔记本电脑服务较好	5.6	6.0	4.8	1.2
样本大小	500	350	150	

一般来说，个体数据只能说明在整体中有这样的个体，而平均值才能说明整体情况。如上例，对笔记本电脑是必需品既有完全同意的，也有完全不同意的，但只有总平均值4.6才能说明了被调研者整体的看法。正因为如此，一些中学对学生成绩的统计分析时才要计算并公布所有学生的总平均分和各科成绩的平均分，这样便于每个学生将自己的成绩和平均成绩进行对比，从而判断自己在所有学生中的位置。

3. 表格法和图示法

表格法是将调研问卷中答案的统计结果以表格的形式表现出来，如表7.3所示。

表7.3　不同职业人数所占百分比

职业	人数	百分比
工人	130	19.6
农民	50	7.5
军人	66	9.9
机关干部	94	14.1
大学生	32	4.8
公司职员	145	21.8
教师	105	15.8
其他	43	6.5
综合	665	100

图示法是将调研问卷中答案的统计结果以各种图形的形式表现出来，如图7.3所示。

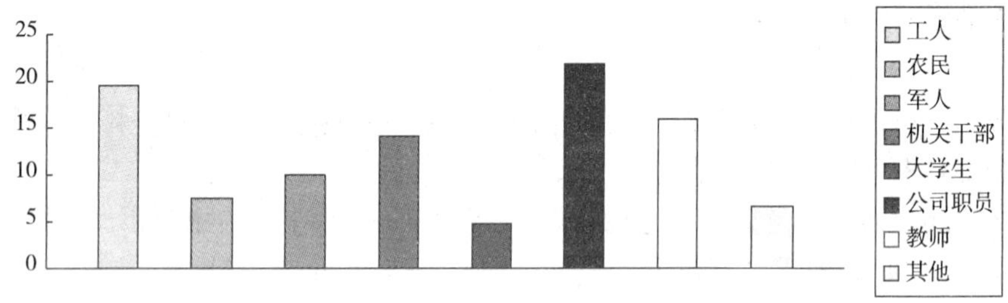

图7.3　不同职业人数所占百分比图示

表格法和图示法可以更直观形象地表明每一种情况。

(三)定量分析与定性分析相结合

市场调研资料的分析往往需要将上述两种方法结合运用，方能起到应有的作用。本章最后的典型案例一就是市场调研资料定性分析与定量分析相结合的典型例子，可供读者参考。

第三节　市场调研报告的撰写

市场调研从制定调研方案、收集资料、资料的统计分析，到撰写市场调研报告，是一个完整的活动过程。调研报告的撰写是最后一个环节，也是最重要的环节之一。市场调研工作的成效主要反映在市场调研报告之中。

一、市场调研报告的作用

市场调研报告是市场调研成果的一种表现形式。它通过文字、图表等形式将调研的结果

表现出来，以使人们对所调研的市场现象或问题有一个全面系统的了解和认识。

（一）市场调研报告能够集中体现调研成果

市场调研报告是市场调研与分析成果的有形产品。调研报告是将调研的成果以文字和图表的形式表达出来。通过阅读调研报告，调研委托者能够了解调研活动的整个过程。调研者在调研过程中都做了什么？怎样做的？做得好还是不好？调研人员的工作态度如何？等等，都需要通过调研报告反映出来。可以这样说，如果调研报告撰写得不好，即使调研工作做得非常好，也难以使委托者相信。

（二）市场调研报告能够促使调研工作从感性认识上升到理性认识

与调研资料相比，市场调研报告更便于阅读和理解，它能透过现象看本质，透过数据现象分析数据之间隐含的关系，反映事物之间的内在联系，使感性认识上升为理性认识，更好地为营销者制定营销战略和策略奠定基础。

（三）市场调研报告能够为社会、政府有关管理部门提供有效的服务

社会有关人员或政府有关管理部门可以通过市场调研报告了解有关情况、分析有关问题，为制定计划及控制、协调、监督等各方面都起到积极作用。

（四）市场调研报告可用作市场调研工作的历史记录

调研报告记录了某次调研工作的整个历史过程，当调研工作结束后，有关方面需要再次了解某次调研工作，只要再调阅调研报告就可以清清楚楚。这种调研工作的历史记录还可以为以后进行调研工作提供经验或教训。

二、撰写市场调研报告应该遵循的原则

如上所述，市场调研报告具有非常重要的作用与功能，但只有规范科学的市场调研报告才能起到上述作用，而要撰写出规范科学的市场调研报告必须要遵循以下几个原则：

（一）具有针对性

针对性包括选题上的针对性和阅读对象的明确性两方面。首先，调研报告在选题上必须强调针对性，做到目的明确、有的放矢，围绕主题展开论述，这样才能发挥市场调研报告应有的作用；其次，调研报告还必须明确阅读对象。阅读对象不同，他们的要求和所关心问题的侧重点也不同。比如若调研报告的阅读者是公司的总经理，那么他主要关心的是调研的结论和建议部分，而不是复杂的调研过程和大量的数字分析等。但如果阅读的对象是市场研究人员，他所需要了解的是这些结论是怎么得来的，是否科学、合理，那么，他更关心的就是调研所采用的方式、方法，数据的来源等方面的问题。针对性是调研报告的灵魂，必须明确要解决什么问题，阅读对象是谁等。针对性不强的调研报告必定是盲目的和毫无意义的。

（二）具有新颖性

市场调研报告的新颖性是指调研报告应从全新的视角去发现问题，用全新的观点去看待问题。市场调研报告要紧紧抓住市场活动的新动向、新问题等提出新观点。这里的新，更强调的是提出一些新的建议，即以前所没有的见解。比如，许多婴儿奶粉均不含蔗糖，但通过调研发现，消费者并不一定知道这个事实。有人就在调研报告里给某个奶粉制造商提出了一个建议，建议在广告中打出“不含蔗糖”的主张，不会让小宝宝的乳牙蛀掉，结果取得了很好的效果。

（三）时效性

市场的信息千变万化，经营者的机遇也是稍纵即逝。市场调研滞后，就失去其存在意义。因此，要求调研行动要快，市场调研报告应将从调研中获得的有价值的内容迅速、及时地报告

出去，以供经营决策者抓住机会，在竞争中取胜。

(四)科学性

市场调研报告不是单纯报告市场客观情况，还要通过对事实作分析研究，寻找市场发展变化规律。这就需要写作者掌握科学的分析方法，以得出科学的结论、适用的经验和教训，以及解决问题的方法和意见等。

(五)真实性

调研报告讲求事实。它通过调研得来的事实材料说明问题，用事实材料阐明观点，揭示出规律性的东西，引出符合客观实际的结论。调研报告的基础是客观事实，一切分析研究都必须建立在事实基础之上，确凿的事实是调研报告的价值所在。因此，尊重客观事实，用事实说话，是调研报告的最大特点。写入调研报告的材料都必须真实无误，调研报告中涉及的时间、地点、事件经过、背景介绍、资料引用等都要求准确真实。一切材料均出之有据，不能道听途说。只有用事实说话，才能提供解决问题的经验和方法，研究的结论才能有说服力。如果调研报告失去了真实性，也就失去了它赖以存在的科学价值和应用价值。

三、市场调研报告各部分的写作

(一)市场调研报告标题的写作

市场调研报告的标题必须准确揭示调研报告的主题。调研报告还可以采用正、副标题形式，一般正标题表达调研的主题，副标题则具体表明调研的单位和问题。标题的形式有 4 种：

1. 直叙式

“直叙式”的标题，是反映调研意向的标题，这类调研报告标题多数由事由和文种构成，平实沉稳。例如：“关于电视机市场的调研报告”，这种标题简明、客观，一般市场调研报告的标题多采用这种标题的形式。

2. 表明观点式

“表明观点式”的标题，是直接阐明作者的观点、看法或对事物的判断、评价的标题。这类调研报告标题直接揭示调研报告的中心，十分简洁。比如：“电视机销价竞争不可取”。

3. 提出问题式

“提出问题式”的标题，是以设问、反问等形式，突出问题的焦点，以吸引读者阅读，并促使读者思考。这是典型调研报告常用的标题写法，特点是具有吸引力。比如：“××牌电视机为何如此畅销?”。

4. 正副题结合式

“正副题结合式”标题，是用得比较普遍的一种调研报告标题。特别是典型经验的调研报告和新事物的调研报告的写法。正题揭示调研报告的思想意义，副题表明调研报告的事项和范围，如《深化厂务公开机制，创新思想政治工作方法——关于武汉分局江岸车辆段深化厂务公开制度的调研》。

(二)市场调研报告目录的编写

如果市场调研报告的内容比较多，为了便于阅读，应当使用目录和索引形式列出调研报告的主要章节和附录，并注明标题、有关章节号码及页码，一般来说，目录的篇幅不宜超过一页。一般市场调研报告的目录格式如表 7.4 所示。

表 7.4　市场调研报告的目录格式

(三)市场调研报告正文的编写

市场调研报告的正文包括前言、主体和结尾 3 部分。

1. 市场调研报告前言的编写

市场调研报告的前言即开头部分。调研报告开头的方法很多,有的引起读者注意,有的采用设问手法,有的开门见山,有的承上启下,有的画龙点睛,总之,没有固定形式。但一般要求紧扣主旨,为主体部分做展开准备。文字要简练,概括性要强。市场调研报告的前言部分需要:

(1)简要说明调查目的,即简要说明调研的由来和委托调研的原因。

(2)简要介绍调研对象和调研内容。包括:调研时间、地点、对象、范围、调研的要点及所要解答的问题。

(3)简要介绍调研的方法,并说明选用该方法的原因,有助于使人确信调研结果的可靠性。具体包括:①在调研过程中使用的方法;②在分析中使用的方法。

2. 市场调研报告主体的编写

主体是调研报告的主干和核心,是引语的引申,是结论的依据。这部分主要写明事实的真相、收获、经验和教训,即介绍调研的主要内容是什么,为什么会是这样的。主体部分要包括大量的材料———对具体调研内容的描述与分析,内容较多,所以要精心安排调研报告的层次,安排好结构,有步骤、有次序地表现主题。调研报告中关于事实的叙述和议论主要都写在这部分中,是充分表现主题的重要部分。

(1)市场调研报告主体的结构。一般来说,调研报告主体的结构大约有 3 种形式:

①横式结构,即把调研的内容,加以综合分析,紧紧围绕主旨,按照不同的类别分别归纳成几个问题来写,每个问题可加上小标题。而且每个问题里往往还有着若干个小问题。典型经验性质调研报告的格式,一般多采用这样的结构。这种调研报告形式观点鲜明,中心突出,使人一目了然。

②纵式结构,有两种形式,一是按调研事件的起因、发展和先后次序进行叙述和议论。一般的调研报告和揭露问题的调研报告的写法多使用这种结构方式,有助于读者对事物发展有深入的、全面的了解。二是按原因、结论层层递进的方式安排结构。一般综合性质的调研报告多采用这种形式。

③综合式结构。这种调研报告形式兼有纵式和横式两种特点,互相穿插配合,组织安排材料。一般是在叙述和议论发展过程时用纵式结构,而写收获、认识和经验教训时采用横式结构。

调研报告的主体部分不论采取什么结构方式,都应该做到先后有序,主次分明,详略得当,联系紧密,层层深入,为更好地表达主题服务。

(2)市场调研报告主体的编写。市场调研报告的主体是市场调研报告最重要的部分。主要内容有统计结果的分析、发现的问题和解决问题可供选择的建议。正文部分是根据对调研资料的统计分析结果所进行的全面的、准确的论证,包括问题的提出到引出的结论。

市场调研报告主体的编写是通过文字、图表等形式将调研的结果表现出来,尤其要注意格式的安排和统计图表的设计运用。

数据化是调研报告的最显著特点,尤其市场调研报告,很大程度上用数字说话,没有数字和图表的调研报告一定是苍白无力的。有调研就会有大量的数据资料,如果仅用文字描述,不便于阅读和理解,而数字和图表可使表述更直观、明了、精确、深刻,使调研报告更有说服力和可信度。但是,经过数据调研和整理所获得的数据分析资料和图表,必须有选择地使用在调研报告中,其作用是为了支持、佐证、解释、描述文字材料所阐明的观点,不然,再多的数据也没有意义。

①数据的使用,应把握两点:一是选择最能说明问题的数据,如最相关的数据、最能反映本质特征的数据、最新数据等;二是采用最贴切的数值表现形式,如绝对数与相对数、总量指标与平均指标等。恰当的数值表现形式可以使所说明的问题更鲜明、更生动、更直观、更通俗、更深刻。

②一篇有分量的市场调研报告必须有恰当的图形、表格作支撑,以充实正文中的关键信息。恰当的图表形象而且直观,能起到美化并吸引人的作用,但决不能把整理表或图示硬塞进调研报告。一些调研报告存在这样一些问题:如只有图表没有数据分析与说明;图表用得太多,几乎所有的问句分析都有图示或表格;所选图示与显示的内容不贴切等。一般来讲,图表的使用应把握两点:一是如果一两个数据就可以说明问题,就不要用图表;如果需要很多数据才能说明,就必须用图表显示,图表不但能使问题一目了然,而且节约篇幅。二是一般情况下,对同一个问题,只选一种图形。用哪一种图形,从表面上看是调研报告的表达形式问题,其实质是内容表达的具体需要。以价格调研为例:"您认为市场上价格涨幅最大的食品是什么? a. 粮食 b. 油脂 c. 肉禽 d. 水产 e. 鲜菜",调研结果分别为:6.5%、20.6%、44.9%、4.6%和23.4%。以圆形图表示如图7.4所示。

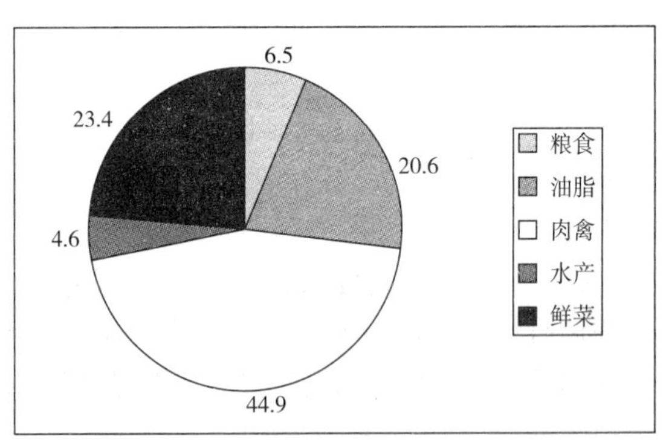

图7.4 以图形图表示

以柱形图表示如图7.5所示。

显而易见,柱形图就比圆形图的表现方式更有效,更能表达所要阐述的观点。

③文字表述与图表的配合。对文字表述辅以图表显示,或对图表数据进行文字描述,

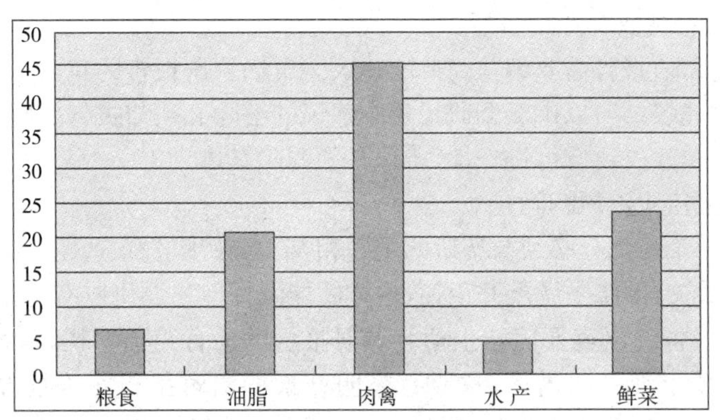

图 7.5　以柱形图表示

无论哪一种情况，都存在一个文字表述与图表显示之间的衔接问题。值得注意的是，文字表述不是将图示或表格中的所有数据资料叙述一遍，这样做显然重复，而且不能起到突出重点的作用，应该是有重点地或者归纳性地予以表述。如关于私家车拥有情况调研报告中的一段：

"从图 7.6 可以看出：a. 消费者对银灰色的喜好有增无减，每百辆车中有 26 辆银灰色，占首位；b. 银灰色、白色和黑色仍然是主流，3 种颜色占到 64 辆；c. 从图中还可以看出，在色彩的选择上趋于多元化。"

这样的描述既有总结性的概括，又有重点性的表述，形象的图示配上简洁的文字，图文交互，更能突出某些方面的资料，或强调某种关系和变化趋势，便于阅读者理解和把握。

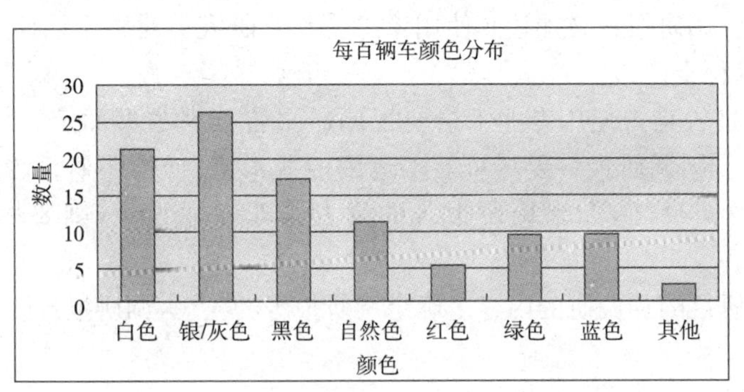

图 7.6　每百辆车颜色分布

3. 市场调研报告结论的编写

结论是市场调研报告不可缺少的一部分。市场调研报告必须对正文主体部分的分析得出最终的结论。主要是对调研报告归纳说明，总结主要观点，深化主题，以提高人们的认识，对事物发展做出展望，提出努力的方向，启发人们进一步去探索。

市场调研报告的主要读者之一是高层领导，他们往往没有足够的时间和精力去仔细阅读调研报告的主体部分，因此主要阅读结论与建议部分，所以市场调研报告的结论必须简明扼要，当然它必须正文与部分的论述紧密对应，既不可以提出没有证据的结论，也不要没有结论性意见的论证。

4. 市场调研报告建议部分的编写

一般来说市场调研报告需要编写简要的建议。市场调研报告的建议是针对该次调研中发现的问题提出一些建议。所以市场调研报告中建议的编写必须与报告中阐述的在市场调研中发现的问题相呼应。建议要有可操作性,所以必须明确具体。

四、撰写市场调研报告应注意的问题

(1)调研报告的论证部分必须与调研的主题相符。调研报告在选题上必须强调针对性,做到目的明确、有的放矢,围绕主题展开论述,这样才能发挥市场调研应有的作用

(2)市场调研报告的语言要简洁生动。调研报告的语言简洁明快,这种文体是充足的材料加少量议论,不要求细腻的描述,只要有简明朴素的语言报告客观情况。但由于调研报告也涉及可读性问题,所以,语言有时可以生动活泼,适当采用群众性的生动而形象的语言。同时注意使用一些浅显生动的比喻,增强说理的形象性和生动性。但前提必须是为说明问题服务。

(3)调研报告要突出重点,切忌面面俱到、事无巨细地进行分析。一份合格而优秀的报告,要突出重点,切忌面面俱到、事无巨细地进行分析,适当选用多种不同类型的图表,具体说明和突出调研报告中的重要部分和中心内容。

(4)注意可信度。调研报告的可信度要求:一是调研报告外观质量好。如果调研报告格式不规范,错别字太多,印刷质量太差,有漏掉的页码,图表制作缺乏美观等都会让人怀疑调研报告制作者的态度,从而认为调研报告的可信度低;二是调研报告的结构要完整,除了对调研结果要详细阐述外,对抽样的方式、所抽样本的特征、采用的调研方法都要加以说明,这样使用调研报告的人员才能根据这些来判断调研报告的可信度;三是避免提出一些“令人大吃一惊”的极端性建议。总之,调研报告必须让其使用者感受到调研人员对整个调研工作的重视程度和对调研质量的控制程度。

(5)市场调研报告是否使用专业术语要视调研报告读者类型而定。如果市场调研报告的读者是专业人士,则调研报告要尽可能多运用专业术语,使得调研报告具有理论深度,使该类读者更加喜爱。反之,如果调研报告的读者是非专业人士,则要尽量避免使用专业术语。

(6)要根据调研目的和调研的内容来确定调研报告的长短,调研报告的篇幅应该是宜长则长,宜短则短。

第四节　市场调研报告的规范性模板

纵观成千上万的市场调研报告,不论是专业人士编写的还是非专业人士编写的,其规范性都有待提高。

一、市场调研报告的一般性规范模板

本节通过分析研究,总结出一般性市场调研报告的规范性模板如表 7.5 所示,该模板既可以供专业市场调研机构及企业市场调研人员参考,也可以供非市场调研人员如政府有关部门的调研人员参考。

表 7.5　市场调研报告的规范性模板

（封面） 　　标题： 　　调研者：（委托公司名称或具体参与调研的人员） 　　调研时间： （目录或内容摘要）（一般 5 页以上的调研报告应该编写目录，5 页以下编写内容摘要） （正文） 第一，进行此次调研的目的是： 　　…… 第二，此次调研的背景是： 　　…… 第三，此次调研运用的方法及原因是： 　　…… 第四，调研数据分析如下： 　　…… 第五，此次调研的结论是： 　　…… 第六，根据调研结论有如下建议： 　　…… （附件） 1. 调研问卷 2. 调研报告中所用公式或专有名词的解释说明 3. 其他

撰写市场调研报告时，对于规范性模板中的正文部分，可以将第一、二、三部分整合在一起，将第五、六两部分整合在一起。但是不论怎样整合这六个方面的内容都不可少，否则调研报告的结构不完整、内容不全面、格式不规范，会给调研报告的阅读者造成困扰，使据此的预测或决策产生失误。对于规范性模板正文中的各部分描写的侧重点则需要视该次市场调研的目的和此调研报告的阅读对象而定。

二、市场调研报告的具体规范性模板

由于市场调研的具体内容的不同，市场调研报告的具体规范性模板也不尽相同。市场调研内容千千万万，由于篇幅所限，我们不可能根据调研内容将所有的具体规范性模板一一列举出来，下面通过研究，列举出许多企业需要调研的主要两个方面内容的调研报告的具体规范性模板，供这两方面调研报告撰写人员参考，当然其他调研内容的调研人员也可借鉴参考应用。

（一）商圈调研报告规范性模板

商圈调研报告规范性模板如表 7.6 所示。

表 7.6　商圈调研报告规范性模板

（封面） 　　标题：××商圈调研报告（在何处开店？或……） 　　调研者：（委托公司名称或具体参与调研的人员） 　　调研时间： （目录或内容摘要）（一般 5 页以上的调研报告应该编写目录，5 页以下编写内容摘要） （正文） 第一，进行此次调研的目的是： 　　为了明确选址是否合理，了解该商圈范围内居民的人口特性、经济状况、生活方式、同竞争店的数量、竞争力大小以及未来的变动趋势，该商圈内交通状况是否方便等，特进行本次市场调研。 第二，此次调研的背景是： 　　……

续上表

第三，此次调研运用的方法及原因： 普查零售店 访问竞争对手 观察客流量 二手资料收集 …… 第四，调研数据分析如下： 人口分析 人口结构　家庭户数构成　收入水平　消费水平　购买心理及行为　客流量 零售网点普查状况分析 商圈零售店总体情况　核心商圈分析(主要竞争对手、次要竞争对手) 次级商圈(主要竞争对手、次要竞争对手) 商圈地理分析 可见度　交通便利性 商圈的优、缺点分析 …… 第五，此次调研的结论是： 选择某某地建立门店是可行的(不可行的)。 …… 第六，根据调研有如下建议： …… (附件) 1. 调研问卷 2. 调研报告中所用公式或专有名词的解释说明 3. 其他

(二)竞争对手调研报告规范性模板

竞争对手调研报告规范性模板如表 7.7 所示。

表 7.7　竞争对手调研报告规范性模板

(封面) 标题：××企业的竞争对手调研报告(主要的竞争对手是谁？或……) 调研者：(委托公司名称或具体参与调研的人员) 调研时间： (目录或内容摘要)(一般 5 页以上的调研报告应该编写目录，5 页以下编写内容摘要) (正文) 第一，进行此次调研的目的是： 为了取得最大的竞争优势，了解主要竞争对手的业务、战略与策略，明确与主要竞争对手相比，本企业的优劣势，特进行此次调研。 第二，此次调研的背景是： …… 第三，此次调研运用的方法及原因： …… 第四，调研数据分析如下： 主要竞争对手概况(列表分别对主要竞争对手的如下方面进行分析) 总的销售规模、利润水平、××产品线销售收入、××产品线利润水平、主要细分市场及排序、主要产品及销售状况、主要销售渠道及销售状况、主要技术及水平、组织形式及人员管理水平。 主要竞争对手的业务分析(列表分别对主要竞争对手的如下方面进行分析) 业务战略定位/目标、业务发展趋势、竞争优/劣势、赢利模型、品牌形象。 主要竞争对手的能力分析(列表分别对主要竞争对手的如下方面进行分析) 经营能力、盈利能力、偿债能力、发展能力。 …… 第五，此次调研的结论是：

续上表

经过详细调研得出如下结论：市场竞争很激烈（或相反），主要的竞争对手有……，主要竞争对手的能力强（弱）…… 第六，根据调研有如下建议： …… （附件） 1. 调研问卷 2. 调研报告中所用公式或专有名词的解释说明 3. 其他

其他方面的具体调研报告的撰写亦可借鉴运用上述两种具体调研报告的规范性模板。

典型案例

××大药房石家庄店调研问卷分析

针对石家庄店销量提升较慢、客单价不高、客流量徘徊不前、“振幅”较小等情况，石家庄店自发组织了一次较为全面的门店顾客调研：

时间：2010.10.25—2010.10.31

地点：××大药房石家庄店

调研方式：现场发收问卷

问卷数量：发出问卷1 015份，收回有效问卷1 015份

1. 您是通过何种途径知道××大药房的？

①电视（212，15.93%）　②报纸（339，25.47%）　③电台（64，4.8%）

④户外广告（189，14.2%）　⑤药房的宣传资料（219，16.45%）

⑥别人告知（308，23.14%）

分析：通过报纸媒体得知××大药房前来消费的占25.47%，别人告知比例23.14%，电视传播15.93%。

说明：开业前期和开业期间的报纸广告和新闻报道、电视广告、新闻是公众认识××大药房的重要途径。别人告知占23.14%，说明××大药房在消费者眼里认同程度比较高，口碑传播是仅次于报纸新闻广告的，消费者是很认同××大药房的。

2. 您来××大药房是否很方便？利用何种交通工具？

①方便（578，38.98%）　②不太方便（135，8.96%）　③不方便（54，3.59%）

④公共汽车（68，4.52%）　⑤出租车（23，1.2%）　⑥自行车（416，27.62%）

⑦摩托车（21，1.39%）　⑧私家车（20，1.33%）　⑨步行（182，12.84%）

分析：来××大药房很方便的占38.98%，使用自行车作交通工具的占27.62%，步行占12.84%，“很方便”在商圈范围内的比例是最大的，主要交通工具自行车和步行前来。

说明：地理位置不佳，交通不便利（坐公交车的仅占4.52%），3公里商圈外的消费者群体的比例较少（主要是公交车，出租车，摩托）。

3. 您家住石家庄哪个区？

①桥西区（101，9.96%）　②桥东区（450，44.38%）　③裕华区（93，9.17%）

④新华区(105,10.36%)　⑤长安区(265,26.13%)

分析:消费群体主要来自桥东区(高达44.38%),长安区(26.13%)。

说明:消费者基本上是商圈范围内或来××大药房较便利的长安区,其他区域的比例基本上一致。

4. 您来××大药房消费几次了?

①1次(131,13.95%)　②2次(116,12.35%)

③3～5次(189,20.13%)　④6次以上(503,53.58%)

分析:6次以上所占比例53.58%,3～5次占20.13%,说明惠顾的消费者忠诚度较高。

5. 您认为××大药房商品价格比石家庄其他大药房价格:

①普遍低(534,55.05%)　②部分低(345,35.24%)　③相差不多(70,7.15%)

④普遍高(6,0.61%)　⑤部分高(15,1.53%)

分析:价格优势十分明显,认同"普遍低"的消费者占55.05%,部分低占35.24%——这部分消费者认为价格低只是部分,说明我们的一部分商品不存在价格优势,必须加强市调。

6. 您感觉××大药房服务:

①好(726,79.69%)　②一般(177,19.43%)　③差(8,0.88%)

主要表现在:

④接待不热情(49,21.88%)　⑤介绍不详细(43,19.20%)

⑥对产品位置不熟悉(68,30.36%)　⑦不礼貌(3,1.34%)　⑧无问候语(21,9.38%)

⑨无人引导(33,14.73%)　⑩敷衍了事(7,3.13%)

分析:消费者对××大药房的服务评价较高,但认为服务一般的也达到19.43%,说明服务意识有待加强是不容忽视的问题。

主要表现在:①介绍不详细、接待不热情:要求营业员对专业知识和主动服务意识必须加强。②对位置不熟悉比例为30.36%,说明营业员对货物摆放位置不熟悉,货架排号没有起很大作用,主动服务意识不强。

7. 在××大药房能否买到所需的药品?

①能(368,37.51%)　②基本上能(593,60.45%)　③不能(20,0.1%)

分析:在××大药房基本能买到所需药品占60.45%,说明还有一部分药品购不到,应根据石家庄市场特点及消费者的用药特点、用药习惯进行调研分析,进一步完善产品结构。

8. 您认为我们还需补充哪些药品才能满足您的需求?

①抗感冒类(244,28.31%)　②心脑血管类(240,27.84%)　③滋补类(140,16.24%)

④肝胆类(80,9.28%)　⑤其他________(158,18.33%)

分析:消费者认为应该补充的药品种类,抗感冒类28.31%,心脑血管类27.84%,这两类所占比例较大,说明:①产品结构有待完善　②不同层次的消费需求不同价格层次的药品。

9. 您常购买的商品类:

①抗感冒类(607,46.62%)　②心脑血管类(322,24.73%)　③滋补类(176,13.52%)

④肝胆类(60,4.61%)　⑤其他________(137,10.52%)

分析:来消费的顾客主要购药为抗感冒抗病毒类,这跟季节转换有一定的关系,这也是客单价一直徘徊不前的一个重要原因。

心脑血管类占消费者购药比例为24.73%,比例较高,滋补类,肝胆类,其他类比例较少,必须加强营销手段促进这些品类销售。

10. 您觉得××大药房的商品价格是否适合不同层次的消费者？种类比重如何？

①是(516,55.9%)　②部分合适(401,43.45%)　③不合适(6,0.65%)

比重：

④多一些知名厂家品牌药(169,43.78%)

⑤多一些普通厂家品牌但适合普通消费者的(217,56.22%)

分析：商品价格"部分适合不同消费者"的比例达43.45%这与第7题类似，说明不同价格层次的药品结构有待完善，必须做市场调研。

消费者要求多一些普通厂家品牌但适合普通消费者的药品，比例达56.22%，增加知名厂家品牌43.7%。说明××大药房主要是普通大众来消费的药房，所以产品结构、二三线品种与一线品种的比例必须调节好，合理采购配置。

11. 您在××大药房是否碰到过质量问题？

①有(84,9.94%)　　②没有(716,90.06%)

分析：碰到质量问题的消费者比例9.94%，质量问题是不容忽视的一个重要问题，必须认真对待，质量是企业的生命，特别是药品。

12. 您除了自己来××大药房消费还经常给别人代购商品吗？

①是(365,40.74%)　②没有(233,26%)　③偶尔(298,33.26%)

分析：来××大药房消费的顾客给别人带药的比例有33.26%，说明××大药房具有价格有优势，品种优势，交通不是很方便。

综合分析：

宣传：注重宣传资料的综合利用，多制造一些新闻卖点，引起媒体关注，多做新闻，尽可能以最少的费用制造出最佳广告效应。加强社区活动、厂商推介宣传、口碑宣传，巩固商圈内的消费群，合理挖掘商圈的消费群体。

价格：必须勤市调，价格体系合理化，根据零售市场动态科学化的调整价格体系，让消费者敏感的产品必须具有价格优势。

服务：充分提高员工的服务素质，多培训考核。加强主动服务意识，"法制"必须落实，常抓不懈，"人性化"的管理要科学，只是"法制"的辅助，管理无情，严格要求遵守制度从管理人员开始。

质量：不容忽视，近来的质量投诉已敲响警钟，各部门必须配合好才能减少事故的发生率。

活动：科学化的设计，多市调，根据时令季节和消费者不同的消费习惯，创造性合理布置分配促销活动，力争活动产生最佳效应。

产品结构：必须进行"扎实"的市调，数据要真实，尽可能科学合理调节产品结构，符合消费者用药特点、用药习惯。

"处方市场"的攻坚：想尽一切办法扩大这"市场份额"集思广益，全员皆兵。

（资料来源：作者根据网络相关资料整理，原文见 http://wenku.baidu.com）

案例讨论题：

(1)上述案例中的市场调研问卷分析运用的是什么分析方法？

(2)从上述案例对调研问卷的分析中我们学习到关于市场调研问卷分析的哪些技巧？

大学生个人职业规划调研报告

一、调研背景

1. 调研目的

在这个充满竞争与挑战的社会，能否明确自身的优势与劣势、能力与素质显得尤为重要。我们要准确评价个人特点和强项，评估个人目标和现状的差距，重新认识自身的价值并使其增值，才能更好地了解就业市场，科学合理地选择行业和职业。我们要突破生活的格线，塑造清新充实的自我，以既有的能力为基础，确立人生的方向，提供奋斗的目标。所以此次的调研目的是为了能更准确地定位自己和职业方向，能够扬长避短，发挥自身的核心竞争力。

主要调研内容为：

(1)了解自身性格方面的情况。

(2)了解自身为人处事的情况。

(3)调研自身的学习能力。

(4)调研自身责任感强度。

(5)调研自身的服务能力。

(6)确定自身的职业方向。

2. 调研对象

在对本人有一定了解的人群中，选取不同类型的人，包括同学，朋友和家人。

3. 调研方法及结果处理

此次调研采用单纯随机抽样的方式，以留置调研法为主来进行调研。共发放问卷 20 份，收回 20 份，有效问卷 20 份，有效率达到 100%。

利用综合意见法对问卷结果进行处理，得出初步的分析结论。

二、调研问卷分析

1. 对被调研者进行分类

通过对本人的认知程度分为两大类，比较熟识和十分熟识。其中比较熟识类有男性 6 人，女性 3 人。十分熟识类有男性 5 人，女性 6 人。以下分析均分类统计。

2. 性格分析

(1)性格特征。调研结果显示，在对我十分熟识的人中的认为我是个外向的人居多，如图 7.7 所示。在对我比较熟识的人群中普遍人群中，认为我性格外向和一般，如图 7.8 所示。

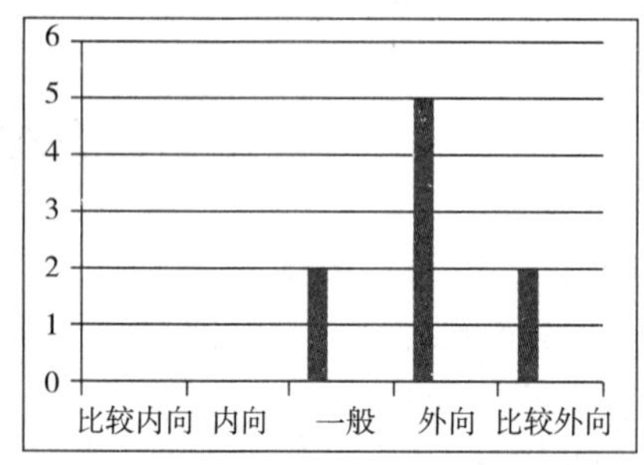

图 7.7 “十分熟识”人群的性格特征评价

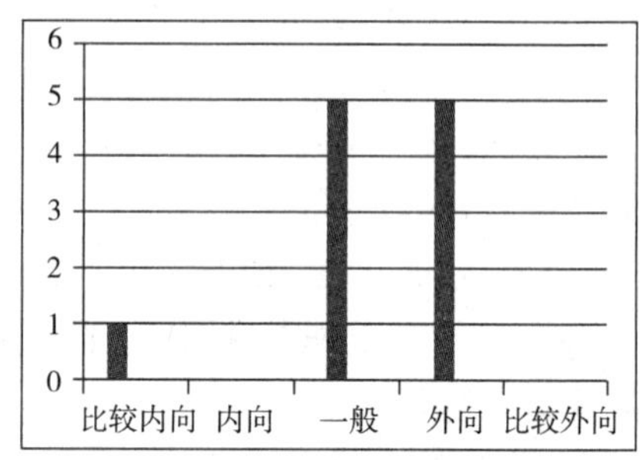

图 7.8 “比较熟识”人群的性格特征评价

(2)细心程度。如图 7.9 所示,在十分熟识的人群中认为我细心或很细心占很大比重。如图 7.10 所示,在比较熟识的人群中,细心占全部比重。

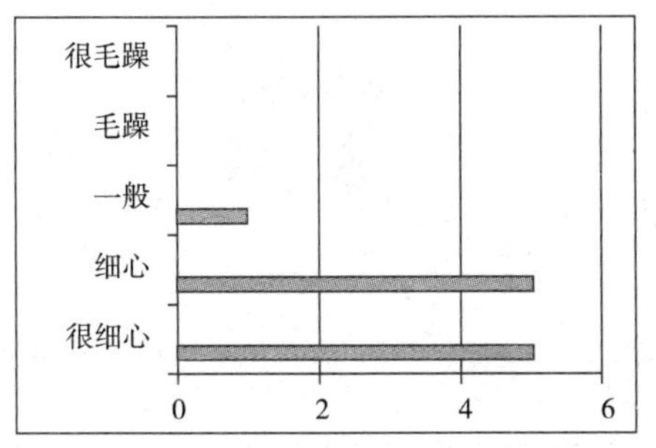

图 7.9　“十分熟识”人群的细心程度评价

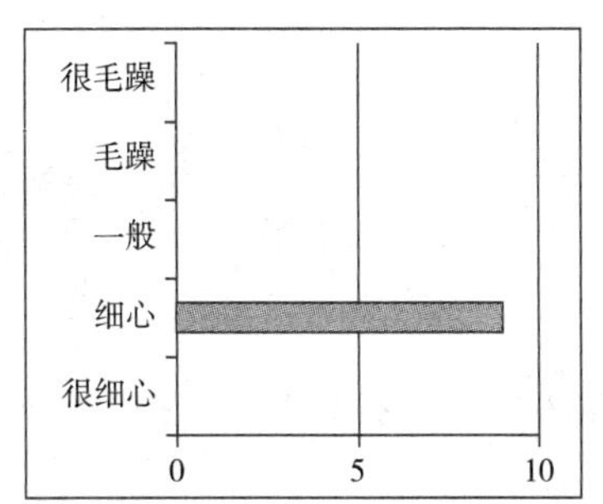

图 7.10　“比较熟识”人群的细心程度评价

3. 能力分析

(1)交际能力。如图 7.11 所示,在十分熟识的人群中认为我的交际能力强的占多数,而一般的也有一定比例。如图 7.12 所示,在比较熟识的人中,普遍认为交际能力属于强的一类。

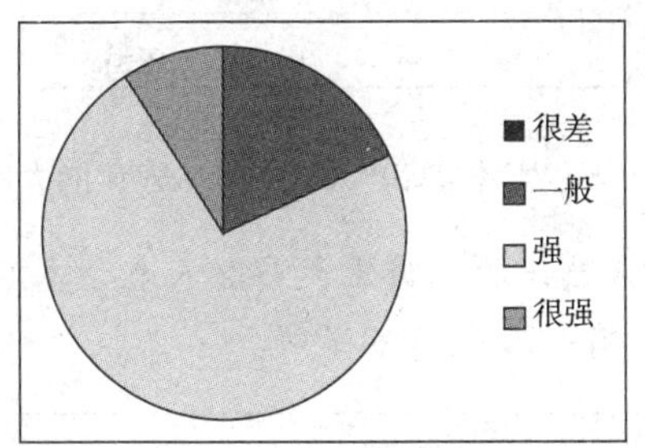

图 7.11　“十分熟识”人群的交际能力评价

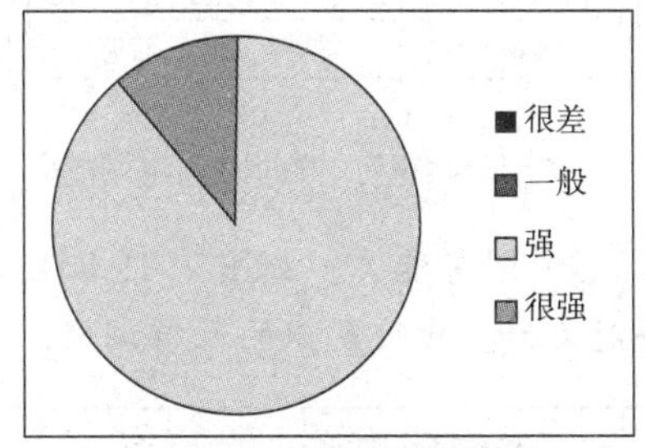

图 7.12　“比较熟识”人群的交际能力评价

(2)学习能力。如图 7.13 和图 7.14 所示,学习能力两类显示的数据比例相似,大都集中在强或很强范围内。

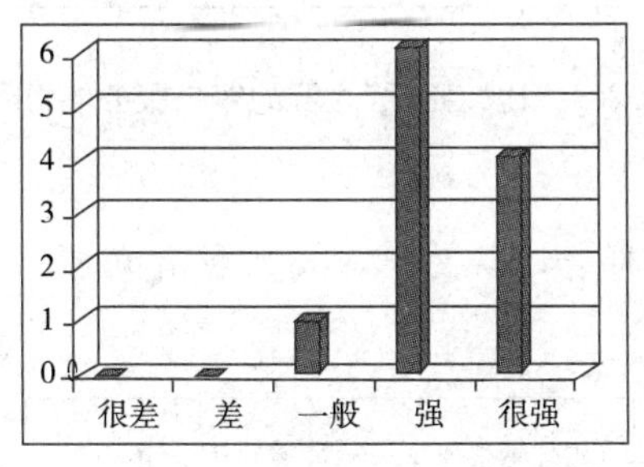

图 7.13　“十分熟识”人群的学习能力评价

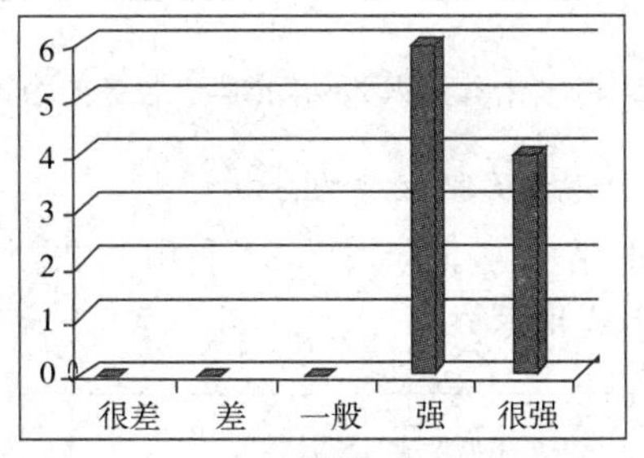

图 7.14　“比较熟识”人群的学习能力评价

(3)处事灵活性。如图 7.15 和图 7.16 所示,十分熟识的人群里,对本人处事灵活性的评价比比较熟识的人群要分散,观点不同,认为一般的较多。

(4)团队建设能力。如图 7.17 和图 7.18 所示,对于十分熟识我的人观点不一,分散在一般和很强之间 。比较熟识我的人则集中在一般和强之间这项调研中有一人表示不是很了解。

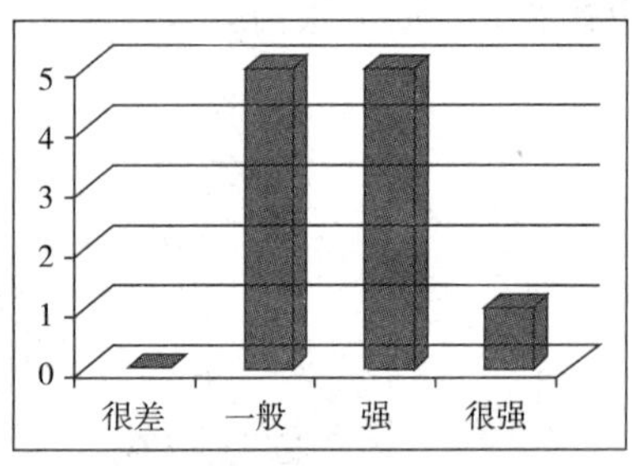

图 7.15 “十分熟识”人群的处事灵活性评价

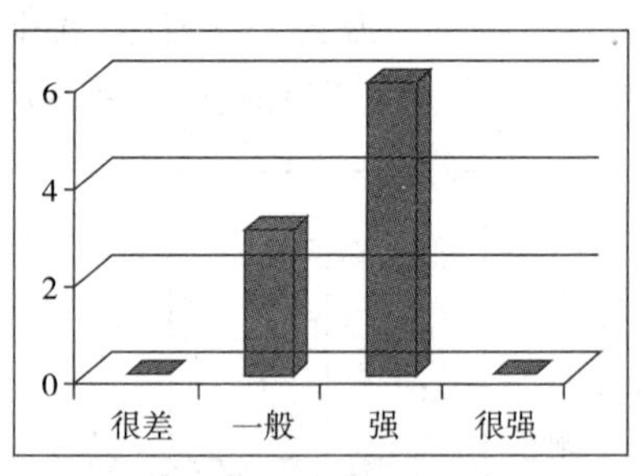

图 7.16 “比较熟识”人群的处事灵活性评价

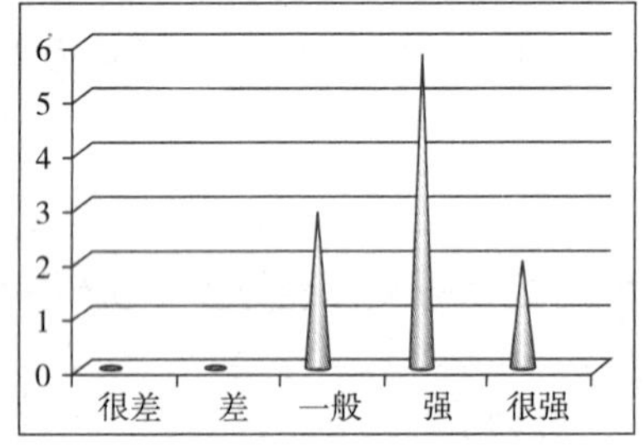

图 7.17 “十分熟识”人群的团队建设能力评价

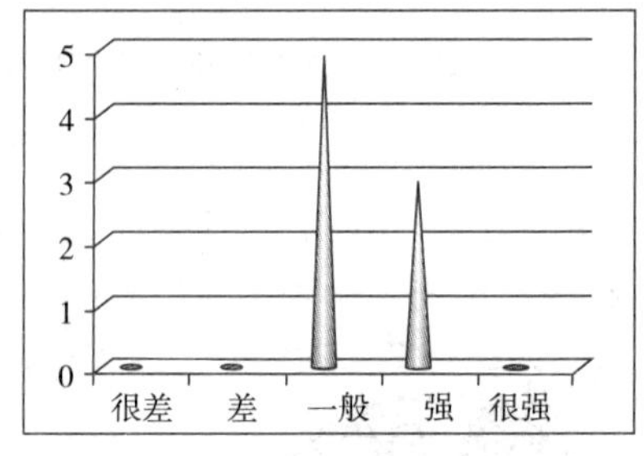

图 7.18 “比较熟识”人群的团队建设能力评价

(5)客户服务能力。如图 7.19 和图 7.20 所示,十分熟识的人群中大多数人表示本人的客户服务能力好。比较熟识的人群调研结果显示相类似,有一人表示不了解。

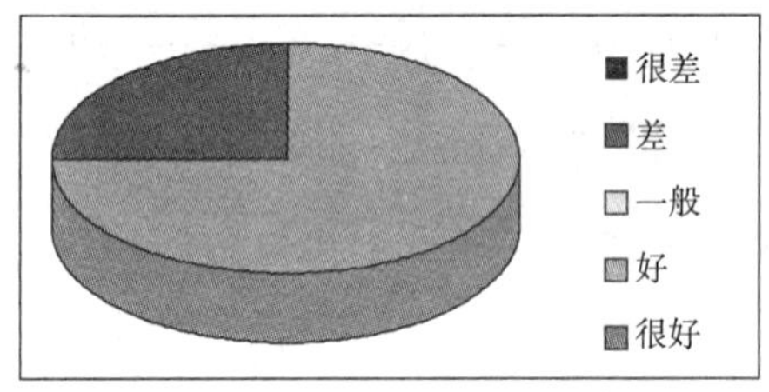

图 7.19 “十分熟识”人群的客户服务能力评价

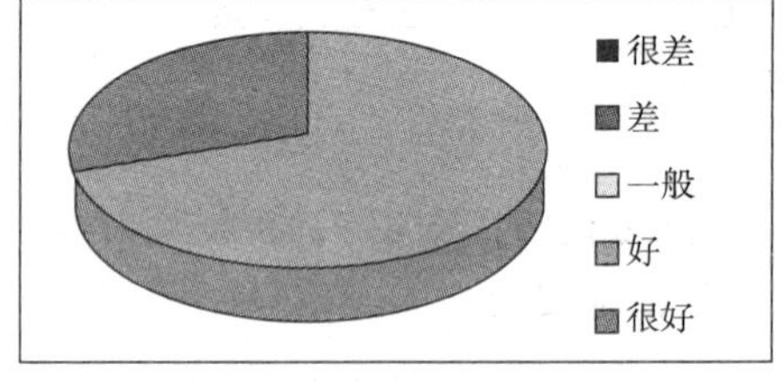

图 7.20 “比较熟识”人群的客户服务能力评价

4. 态度及职业潜力分析

(1)责任感。如图 7.21 和图 7.22 所示,这两类人群普遍认为本人是比较有责任感的人,数据结果相类似。

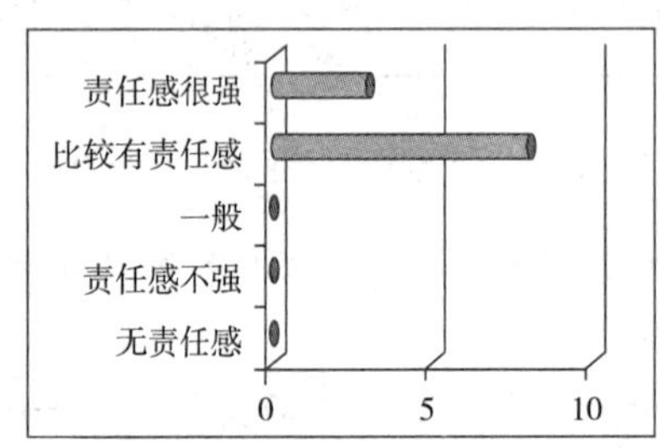

图 7.21 “十分熟识”人群的责任感评价

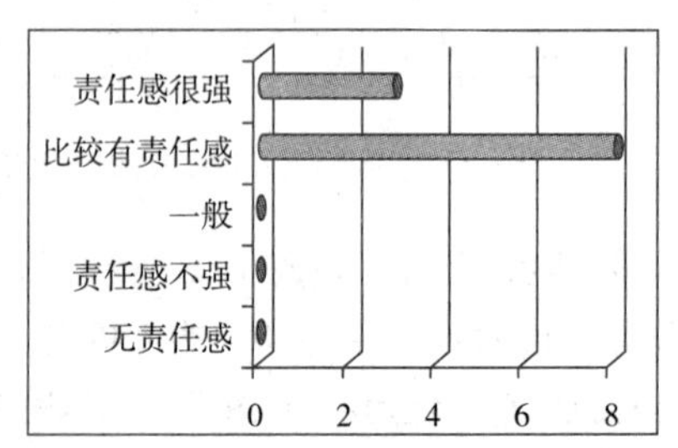

图 7.22 “比较熟识”人群的责任感评价

(2)信任感。如图 7.23 和图 7.24 所示,两类人群选择差异性不大,比例接近,多数认为我是有一定责任感的人,还有一部分人认为我有很强的责任感。

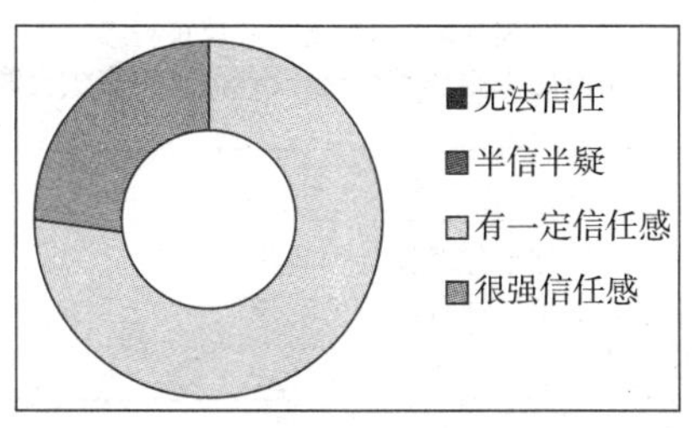

图 7.23 “十分熟识”人群的信任感评价

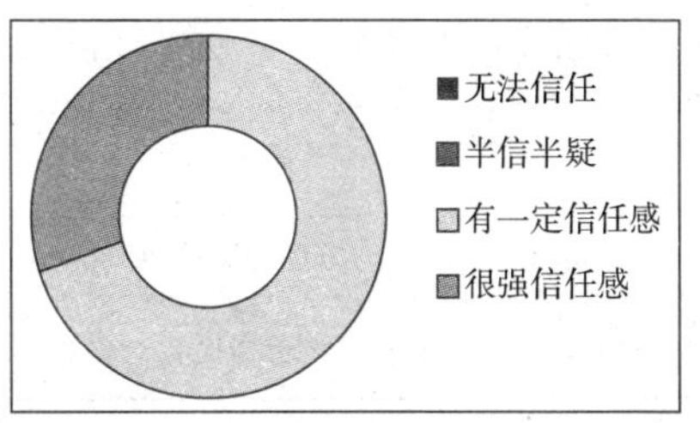

图 7.24 “比较熟识”人群的信任感评价

(3)销售潜质。如图 7.25 和图 7.26 所示,在十分熟识我的人群中,有一部分人认为我的销售潜质一般,与有潜质和非常有潜质的比例相当。而比较熟识的人群却很少有认为我销售潜质一般的,大都认为很有潜质。

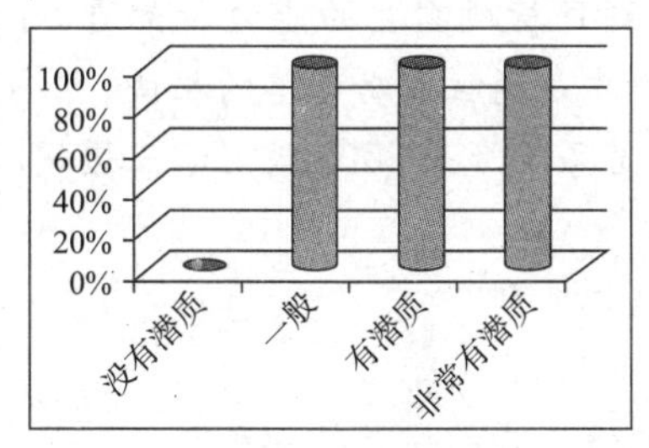

图 7.25 “十分熟识”人群的销售潜质评价

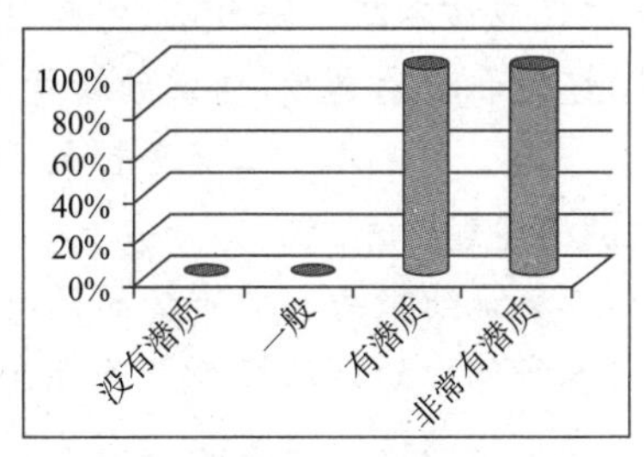

图 7.26 “比较熟识”人群的销售潜质评价

5. 开放性问题分析

在开放性问题调研中,认为我做销售的比例最大,其次是文员,再次是管理和人力资源,做技术的较少(见图 7.27)。但是做销售和做文员要求的能力和素质相差较大,出现这样的结果,我认为原因有以下几方面:①在对我十分熟识的人中,多为我的室友和家人,我在他们面前往往是安静的或很少表现的,也许有人认为我适合文职类工作。②被调研者中有些男性认为女性做文职比较合适,回答时受定性思维影响。③那些认为我特别适合做销售的人看到了我活跃和积极工作时的状态。④我对待不同人,在不同的心情状态下,给人的印象和性格也不同。

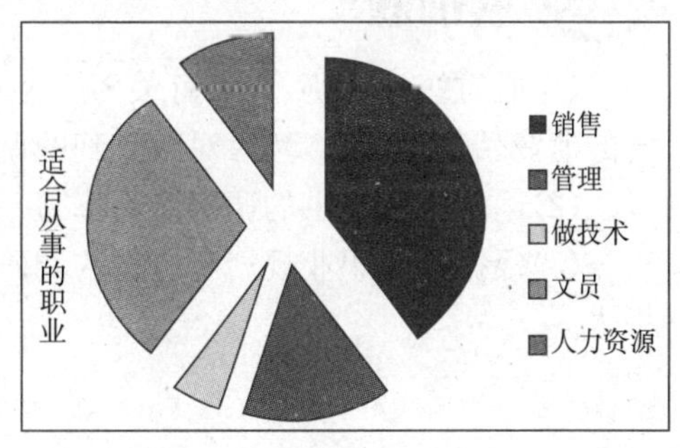

图 7.27 开放性问题分析

三、自身情况的 SWOT 分析

本人自身情况的 SWOT 分析如表 7.8 所示。

表 7.8　自身情况的 SWOT 分析

优　　势	劣　　势
(1)我的性格偏外向,有一定交际能力 (2)我的学习能力很强,可以更好的适应社会的要求 (3)我给人很强的信任感和责任感	(1)我的处事灵活性表现的一般,比较按规矩行事 (2)我的团队建设能力表现不突出,没有得到很多机会锻炼
机　　会	威　　胁
(1)我做事细心,行政或人力方面的职业也有机会 (2)很强的信任感可以赢得许多忠诚客户 (3)我愿意为客户服务的精神可以适应很多行业	(1)名校学生的硬件条件对我是种威胁 (2)销售行业的不稳定性对我是种威胁 (3)自身灵活性不足是对变通的威胁

四、结论及建议

通过此次调研和分析,我认为结果是客观并且准确的。对我了解程度不同的人,对我的评价也是不尽相同。但是我认为自己的兴趣爱好是决定以后工作能否做好的重要因素,现在的能力或评价不代表日后的发展和改变,我个人比较喜爱有挑战性的工作,例如销售或市场,行政工作并不是很喜欢,所以以我目前的心态和调研结果显示,我可能比较适合销售类工作。

我建议应该不断了解自己,完善自己,努力提高达到目标所需要的能力和素质,对于未来的发展,怀抱积极的态度,踏实的精神,认真走好每一步才是通往成功道路的秘诀。

(资料来源:天津商业大学商品学专业 2009 级同学王媛媛的作业)

案例讨论题:

(1)市场调研报告与非市场的调研报告有什么本质的区别?

(2)本案例中的调研报告是否存在问题?如果是,有哪些?

(3)非市场的调研报告的撰写是否可以套用市场调研报告的规范性模板?

实训题

(1)通过统计年鉴、政府有关部门公布的数据等,通过二手数据调研法调研近 5 年我国各省的消费品物价指数,然后对收集到的调研资料进行整理和分析。

(2)运用上题提供的调研资料撰写一份调研报告。

(3)根据你的职业规划所进行的调研获得的信息资料撰写一份关于你的职业规划的调研报告。

第八章　市场预测导论

失败的投资

某企业证券投资部在得知国家要将存款利率调高的特大利空消息后，预测股票市场将会在较长时间里走下坡路，企业应该立即抛空手中股票，等待到更低价格时再吸纳回来。于是企业当即将拥有的500万长虹股票、200万万科股票、100万茅台股票低价抛售一空，然后等待股票市场下跌。但是一个月后，股票市场走势恰恰相反，而且是越走越强，该企业投资部不得不以高于10%的当初抛售价买回这些股票，这一来一回的低卖高买加上手续费等使企业损失了500万人民币。

（资料来源：本文由作者根据相关资料改写）

造成上述企业500万人民币损失的原因是什么？是市场调研失灵还是市场预测没有用？市场预测真的无用吗？

第一节　市场预测的作用

从广泛的意义来说，企业从事市场营销活动的根本宗旨在于最大限度地满足消费者的需求和欲望，以便获得最大效益，这就需要对市场进行广泛深刻的研究和分析。在以市场导向为特征的商品经济中，企业对市场需求状况或各类现象的研究，不仅要着眼于现实，更重要的是把握和预测未来，也就是说，应具有超前性。即企业要根据市场过去和现实的供求变化，分析和研究它们变化的规律和原因，并以此对一定时期的潜在的和未来的市场变化趋势进行科学的推断。

一、市场预测的含义

（一）预测的含义

预测是指人们对未来不确定事件的推断和预见，是对事物未来变化趋势以及对人类实践活动的后果事先所做的估计和测定。客观世界中许多事物的发展具有不确定性，它们在一定的时间和空间范围内能否发生，如何演变，产生何种影响，往往是不确定的，人们很难预先完全肯定。然而，人们为了达到认识世界和改造世界的目的，必须探求客观事物未来的发展变化趋势，将未来事物发展变化的不确定性减少到最小，使其对人类的不利影响程度尽可能降到最低。也就是说，在人们行动之前，使其认识能最大限度地接近事物未来发展的客观实际，在把握事物发展变化趋势的基础上，制定行动计划，以便指导目前的行动，趋利避害，引导客观事物朝着有利于人类健康的方向发展。所以简单来说，预测就是人们根据客观事物的过去和现在推测其未来发展情况的活动和过程。

预测学是综合哲学、社会学、经济学、数理统计以及工程技术等方面的理论和方法而形成的一门方法论科学。它研究的范围极为广泛，几乎涉及自然科学和社会科学的各个领域，如气象预测、生态环境预测、科技发展方向预测、军事预测、社会发展预测、政治预测、文化教育预测、经济预测等。虽然各类预测有其各自的预测领域、对象、方式和手段，但它们都有着共同的研究特征，即依据各自领域研究对象的长期变动规律来估测和推断未来的变化情况，由此来把握研究对象的未来变化趋势。另外，它们各自研究所遵循的基本原理也有着共同之处。

（二）经济预测的含义

经济预测，是指与未来有关的旨在减少不确定性对经济活动影响的经济分析、推测与预见。它是对将来经济发展的科学认识。经济预测不是靠经验、凭直觉的预言或猜测，而是以科学的理论和方法、可靠的资料、精密的计算及对客观规律性的认识所作出的分析和判断。这样的预测是一种分析的程序，它可以重复地连续进行下去。目的是为未来问题的经济决策服务。为了提高决策的正确性，需要由预测提供有关未来的情报，使决策者增加对未来的了解，把不确定性或无知程度降到最低限度，并有可能从各种备选方案中作出最优决策。经济预测包括政府机构对整个国民经济发展综合性预测，各类经济部门、各个行业经济发展的预测，以及各类经济目标的专项预测，也包括各个企业对其商品的生产销售等具体市场营销活动后果的预测。

经济预测是目前预测研究领域中相当重要的一项内容，它已成为世界各国政府实施国民经济管理的重要手段，也成为现代企业微观经济行为管理的重要工具。

（三）市场预测的含义

市场预测，就是运用科学的方法，对影响市场供求变化的诸因素进行调研，分析和预见其发展趋势，掌握市场供求变化的规律，为经营决策提供可靠的依据。市场预测是经济预测的重要组成部分。在市场经济条件下，市场预测是经济预测中最基本的、最主要的内容，是经济预测的核心。

市场预测是一门实践性很强的学科。研究市场预测，要以经济学理论为基础，借鉴市场学、管理学、计划学、统计学等理论，坚持理论联系实际。这样，才能掌握这种现代管理手段，为企业科学决策提供依据。

二、市场预测的历史演变

市场预测产生的历史悠久。根据我国《史记》记载，公元前 6 世纪到 5 世纪，范蠡在辅佐勾践灭吴复国以后，即弃官经商，19 年之中三致千金，成为天下富翁，他的商场建树取决于他懂得市场预测。例如，“论其存余不足，则知贵贱，贵上极则反贱，贱下极则反贵。”这是他根据市场上商品的供求情况来预测商品的价格变化。这是最早期的简单商品经济条件下，比较典型的市场预测活动。很明显那时的预测仅仅是人们在经济活动中自发产生的、凭感觉意识到的一种简单的估计和判断活动。

随着商品经济的发展，大规模的商业活动的兴起，预测的重要性日益突现。特别在十八、十九世纪，虽然随着资本主义机器大工业的产生和迅速发展，生产规模和贸易日益扩大，生产社会化程度不断提高，市场预测受到了许多企业的重视，不少企业经营人员都进行了这方面的工作，积累了不少的经验。但是由于当时资本主义正处于上升时期，正在向全世界扩张，世界市场还在不断扩大，市场总体表现为供不应求，危机和竞争的压力不是很明显，所以市场预测仍然停留在经验摸索阶段。而且，当时的科学技术能力和经营管理水平也无法满足系统研究的要求。这种情况下，市场预测就只能局限于各企业分散进行的状况。

到了 20 世纪初，科技的进步和管理水平大幅度提高，如科学管理引发的生产效率的大幅提高和科技创新导致的生产能力的重大突破，使产品销售成为企业面临的重要问题。此时各国之间、各企业之间的市场竞争日益加剧，市场开始了从卖方市场向买方市场的转变。为了更有效地推销产品和新产品的生产更适合于市场，一些大企业、大公司和学术机构开始成立了专门的市场预测机构，广泛开展市场预测研究活动。随着经济统计资料的搜集和统计方法的改进以及关于经济周期和危机理论的探索，到了 20 年代，各种预测未来经济和市场情况的方法应运而生，如综合经济指数法、趋势延伸法等。同时，一些学者利用积累的经济统计资料，以及对经济周期理论的认识，开展了市场预测的较深入的研究，并收到了一定的效果。如 20 年代初期，风行一时的巴布生图表就是早期的市场预测资料。它分别将美国和加拿大两国的主要商品的批发物价指数、全国工业生产产品指数、股票价格指数、公债收益统计等，编成美国巴布生图表(Babson Chart of U. S. Business)和加拿大巴布生图表(Babson Chart of Canada)，以供工商企业作为参考，预测市场。哈佛大学商学院也编成哈佛每月指数图表，提供给商品市场、证券市场和货币市场。但是，这些预测都未能预测出 1929 年经济大危机的爆发，使工商界深感失望。这一蓬勃兴起的市场预测热潮就此冷却下来。此后，西方经济学家和预测工作者逐渐从挫折中吸取了教训，开展了深层的、长期的经济周期运行规律的分析和预测。从此，经济发展的总体趋势、循环性和周期性分析(tend and cycle analysis)受到了人们的重视，在预测技术上也有了较大的发展和提高。

第二次世界大战后，军事技术的成果逐渐转为商用，带动了生产力的迅速发展，商品数量快速增长，市场问题，或者说营销问题，几乎成为企业生存的头等重要问题。同时，在新的经济理论(如凯恩斯主义)指导下，各国政府都加强了对国民经济的干预和调控。从政府机构、学术机构到企业都开始认识到市场预测的重要价值。这一切使市场预测的实践和研究活动普遍展开，预测技术在欧美广为传播，特别是在美国得到了广泛的重视和应用。更值得提出的是，在 1946 年世界第一台电子计算机在美国诞生后，电子计算机应用的日益推广和强大功能，使得计量经济学、市场信息管理以及市场预测技术的研究和应用都进入了一个新的阶段。许多市场预测技术和方法都有所创新和发展。

20 世纪 60 年代以来，西方各国建立了大量的市场预测咨询机构。到 20 世纪 70 年代初，世界各国已有 2 500 家专业预测咨询机构。由于经济统计资料的不断积累，统计、预测方法的不断完善，电子计算机及网络技术的应用，使市场预测进入了一个新天地。

在市场预测领域，美国预测咨询机构的数量和开展预测活动的规模，都处于领先地位。每年各政府部门借助大量的预测智囊机构和活动，公布全国经济活动的主要预测结果，作为制定和执行政策的依据。这些预测咨询机构特别致力于研究全球经济发展趋向、战略问题及其深远影响，以及高深的未来预测方法和技术，如举世闻名的美国的兰德公司、斯坦福国际咨询研究所，英国的伦敦战略研究所，日本的野村综合研究所，人类 2000 国际协会，世界未来学会，以及由 12 个国家组成的国际应用系统分析研究所等。

我国在解放初期，也曾开展过一些市场上的预测工作。从 20 世纪 50 年代后期开始，在高度集中的计划经济体制下，企业是各级行政机构的附属物，既无经营自主权，又不关心市场，更谈不到要进行市场预测了。由于我国长期以来就不重视市场预测工作，所以市场预测的学术研究一直未能独立，而是同国民经济计划学、社会经济统计学结合在一起，发展十分缓慢。直到 20 世纪 70 年代末 80 年代初的改革开放以来，管理科学受到重视，市场预测工作才开始走上正规。1978 年，国家计划部门开始用数学模型做宏观经济预测。1979 年，我国成立了未来研究会，社会一经济预测工作，是该会经常研究的课题之一。而且，围绕当时如何实现国民经济翻两番和制定科技发展的规划，国家科委组织有关专家就科技优先发展作了预测。国务院技术经济研究中心和中国科协联合组织全国一级学会就各领域的“2000 年的中国”作了预测。市场预测也从计划学、统计学中独立出来，成为一门应用科学。

到了 20 世纪 80 年代初，预测科学在我国才开始广泛地发展和普及。全国各地信息咨询、信息研究等预测机构如雨后春笋般地相继成立。小到企业、公司的预测，大到地方政府、中央政府长远发展规划的预测，都得到了广泛的开展。如国家信息中心经济预测部就是我国宏观经济监测、预测和研究的权威机构。

国家信息中心经济预测部，其职责是运用数量经济分析技术，客观、准确、及时地对国民经济发展进行预测监测和分析研究，为国家实施有效的宏观调控提供决策支持。它有知识密集专业齐全的研究队伍，覆盖全国的预测监测系统，全国工业生产监测系统，全国消费者意向调研系统，全国工业企业景气调研系统，全国消费市场监测系统，宏观经济预警系统等。它还有功能齐全的预测模型：季度预测模型，年度预测模型，中长期预测模型，投入产出价格模型，世界经济模型等。它设有宏观预测处、经济监测处和市场预测处等具体预测部门，还编辑出版《经济预测与分析》刊物及其他信息资料。

三、市场预测的作用

近几十年来，由于电子计算机和信息技术等科学技术方面的重大突破的影响，商品经济迅速发展，市场规模空前广阔，市场竞争日趋激烈，商品交换已打破地区、国家和洲际界限。因此，无论从宏观还是微观上讲，控制和影响市场的因素都增多了，市场结构及其运动规律变得更复杂。相应地，对作为决策依据的市场预测方法和市场预测结果的要求就更加严格，更加迫切。也就是说，专业化、社会化、国际化的商品经济的发展和现代企业的运作，都更加离不开科学的市场预测。

我国自改革开放以来，国民经济持续迅猛发展，逐渐从独立的封闭式经济结构和市场体系转变成开放型的面向世界的市场经济体系。世界新技术革命特别是电子计算机和信息技术突破带来的社会、经济、市场全面发展，为我国政府、各行各业和各类企业制定规划和决策了造成了一个与过去截然不同的崭新局面。经济工作者和市场从业人员以及企业管理人员，都必须在自己的工作中，科学地、客观地研究掌握市场预测的理论和方法技术，学会判断未来，避免走向错误的发展方向。我国过去几十年经济发展缓慢，甚至出现大起大落的情况，其根本原因虽然是指导思想有误和管理体制某些弊端所致，但管理科学方法受排斥，片面强调定性分析，没有建立科学的市场预测体系也是重要原因之一。无数历史事实业已证明，不论是宏观经济还是微观经济，不论是什么性质的企业，是否进行市场预测工作，对于组织生产活动和经济生活都有明显不同的效果。可见市场预测工作是非常必要的。

市场预测对宏观经济和企业经营都有着非常重要的意义，主要表现在以下几个方面：

（一）市场预测是宏观经济调控的重要依据

随着政府职能的转变，政府管理经济的方式转变为对经济的宏观调控。政府职能部门通过市场调研与预测把资金配置、生产规模、社会需求及市场变化状态公布于众，使企业更多地了解市场变化的全局，指导企业作出正确的经营决策，从而达到宏观管理的目的。同时对调整国民经济制定行业规划，合理布局生产力都将起到积极的作用。

（二）市场预测是引导社会生产，满足市场需求的重要手段

市场需求的不断变化反映了人们物质文化生活需求的千差万别和不断更新。进行市场预测可以了解市场需求什么，需要多少。这样就可以按需生产，使生产和消费结合起来，更好地满足市场需求，避免社会资源的浪费。通过对市场进行科学的估计与预算，在投资和新产品开发方面，在经营商品品种、规格、数量和质量等方面与人们需求相适应，就可以使人们多种多样、经常变化的需求得到充分满足。市场需求是瞬息万变的，如果不了解市场需求状况及其发展趋势，就会造成商品积压或脱销，市场供应就会失去平衡，不能满足社会需要。要做到按需生产，产品适销对路，就必须进行市场预测。

（三）市场预测是企业制定经营战略、进行科学决策的重要依据

在市场经济条件下，企业是市场竞争的主体。企业要生存和发展就必须选择目标市场，从企业的优势出发，制定长期的经营战略。这里的核心是预测未来市场的发展趋势，掌握市场需求的潜力，把握市场机会。避开或减少经营风险，从而增强经营的自觉性，克服盲目性，合理安排生产，增强企业和产品在国内外市场上的竞争能力。例如：在 20 世纪 60 年代日本的汽车工业，特别是丰田汽车公司预测到能源将日趋紧张，通货膨胀将加剧，城市交通会更加拥挤，环境保护将引起社会广泛重视，针对这些情况，便立即作出决策，研制出了能耗小、价格低、安全可靠、轻便小型的第一流限制排气系统车，并于发生能源危机的 20 世纪 70 年代打入美国市场，逐步打败了美国传统的、高能耗的高级大型轿车，成为汽车工业的霸主。可见，市场预测是制定企业经营战略的重要依据，市场预测提供的市场信息和预测方案是科学决策的基础。是指导企业市场营销活动的依据。如果企业无视市场，盲目决策，将可能招致生产经营活动的失败，甚至破产。通过市场预测，可以根据市场变化情况，调整企业内部组织结构，为人、财、物合理配备提供指导信息，促进企业提高管理水平。通过市场调研与预测，可以掌握市场上同类产品的发展动向，以及竞争对手可能投入市场的新产品及市场经营策略，及时采取各种应变措施，调整产品结构，调整经营策略，为提高企业的应变能力，为企业在竞争中获胜提供必要的条件和手段。通过市场预测，可以使企业生产或经营适销对路的产品，加快资金周转，节省资金，提高经济效益。

（四）市场预测是提高企业经济效益的重要保证

经济效益是我国经济工作的关键问题，无论是宏观经济的调控，还是微观经济的搞活，其目的都是在于提高经济效益。经济效益是以最少的投入，获得最大的产出。利润是经济效益的一项综合指标。利润的取得与价值直接相关。“物以稀为贵”，市场供求发生变化，价格也会随之变化。而价格的制定与市场需求的预测直接相关。比如化妆品、营养品等定价如果太低或太高，都会影响其销售。价格偏低会降低产品的“身价”，使消费者不屑一顾，价格偏高会使消费者认为脱离实际价值，不予理睬或无力购买。企业只有在对市场需求进行准确预测分析后，适当定价，才能使其产品或劳务的价值得到充分实现，从而保证经济效益的稳步提高。实践证明，预测所获得的利润相当于预测经费的50倍。

综上所述，市场预测是宏观经济管理和微观经济决策的重要职能，是科学组织社会化大生产，有计划指导经济活动，有效利用市场机制，合理配制资源，提高经济效益的重要手段，是企业按市场经济发展规律，科学制定企业市场营销发展战略和营销计划的客观依据。随着经济的发展、市场的创新，市场预测将在经济决策和企业经营管理中发挥愈来愈重要的作用。

第二节　市场预测的种类与内容

一、市场预测的种类

市场预测的种类很多，可按不同的标志加以区分，常用的有：按空间划分，按时间划分，按方法划分、按性质划分等。

(一)按市场预测的空间范围划分

按市场预测的空间范围分类，市场预测可分为宏观市场预测和微观市场预测。

1. 宏观市场预测

宏观市场预测是研究整体市场需求的发展变化及趋势，其内容涉及国民经济全局的市场预测，其空间往往是全国性的市场预测。宏观市场预测，以调节全国国民经济的产供销关系，安排国民经济综合平衡中各种比例关系，合理配置各种资源等为目的，为国民经济宏观决策提供必要的可靠的依据。

2. 微观市场预测

微观市场预测，是指企业所进行的市场预测。从空间范围来看，表现为当地市场或企业产品或业务所涉及地区的市场预测。微观市场预测的范围比较小，其预测的过程及其内容也非常具体、细致，如企业对某个市场商品需求的数量、品种、规格、质量等所做的预测，为企业根据市场变化合理安排生产和经营活动提供准确、具体的市场信息。

(二)按市场预测时间划分

按市场预测项目预测未来的时间长短不同分类，市场预测可分为近期市场预测、短期市场预测、中期市场预测和长期市场预测。

1. 近期市场预测

近期市场预测，是指以周、旬或月为时间单位(或预测周期)的市场预测。近期市场预测的结果可以用来编制月份或季度的各种生产或营销计划，而且要求其预测结果必须做到及时、准确，对市场的各种变化要有敏感的反应，使商品生产和经销企业能够及时地了解市场近期内的发展变化，以便适当安排商品生产数量和组织市场营销。

2. 短期市场预测

短期市场预测，是指一年以内的市场预测。短期市场预测可适用于制定年度、季度和月计划的工作，其结果可以用来编制生产企业购进原材料计划及生产计划，编制营销企业组织货源和销售计划等，它是企业编制各种年度计划的重要依据之一。

3. 中期市场预测

中期市场预测，是指一年以上、五年以下的市场预测。它是制定年度计划和修订长期计划的依据。在我国一些企业寿命周期和商品寿命周期普遍较短的情况下，中期市场预测尤其显得非常重要。

4. 长期市场预测

长期市场预测，是指五年或五年以上的市场预测，它适合于对市场长期趋势的分析和规划工作，如我国的每一个五年计划，就是在长期市场、经济的预测基础上制定的。长期市场预测主要是对市场未来的发展变化趋势和运行规律做出综合性的分析和判断，以此为依据来明确宏观经济或企业发展的方向和具体目标。现在长期市场预测的周期都在加长，不少国家、地区或企业都在进行十几年甚至几十年的市场预测。如清华大学中国经济研究中心的潘文卿等学者对 21 世纪前 20 年中国经济增长前景做出了 GDP、资本存量、消费、劳动力等方面的预测，得出了 21 世纪前 20 年中国经济的 GDP 年均增长率将可能为 6.88%的结论。

(三)按市场预测的技术方法划分

按市场预测的技术方法分类，市场预测可分为定性分析预测法和定量分析预测法。定性分析预测方法是依据预测者对市场有关情况的了解和经验及分析，主观判断做出的市场预测。定量分析预测法是根据大量的历史观察值，用数理分析手段建立数学模型，进行市场预测的方法。

总而言之，市场预测有多种多样，在研究实际问题时，要根据研究对象的主要特点，根据市场预测目的要求，选择适当的市场预测类型，以满足预测者分析总量的需要。上面所述的市场预测的分类，每一种类型都不是独立存在的，它们是相互联系的，如对全国大市场的预测可能包含了某一行业或某一类企业的预测项目，又如企业的长期预测项目涉及了各个具体阶段或各个短期预测的内容等。所以，在每一项具体市场预测工作中，预测者都必须确定预测时间的长短、预测范围的大小、预测的内容、预测的方法，也就是说，要对市场预测的各种分类综合考虑，才能确定一个具体的市场预测过程，进行具体的操作。

二、市场预测的内容

市场预测的内容十分广泛。从国家宏观经济管理部门角度进行的宏观市场预测，主要包括季度宏观经济形势及预测、季度工业企业景气预测、季度地区经济的分析及预测；年度国民经济发展预测；中长期国民经济发展战略研究；宏观经济调整政策模拟研究；宏观经济模型建设与应用；市场模型与市场变动趋势预测；居民消费水平与结构研究；价格模型及价格改革方案的测算与研究；重点行业分析及发展趋势预测；国内国外主要商品供求预测等。从企业角度进行市场预测，则主要是根据已有资料预测企业目标市场的未来发展趋势，预测企业的市场占有率变化，以便及时调整企业的经营发展方向，作出正确的经营决策，在激烈的市场竞争中立于不败之地。由于不同经济管理部门和不同企业的决策和计划的具体要求不同，其市场预测内容有不同的侧重点，因此，市场预测的内容即广泛又繁杂。

(一)市场需求预测

市场需求预测是指通过对消费者的购买心理和消费习惯的分析，以及对国民收入水平、收入分配政策的研究，预测在一定时期、一定的市场范围内，关于消费者和社会集团对某种商品或某种生产资料的有支付能力的需求。市场需求预测大致分为消费品市场需求预测和生产资料市场需求预测两大类。

1. 消费品市场需求预测

消费品市场需求预测，是针对消费者和社会团体对消费品未来的需求和需求变化的原因及其变动趋势的预测。主要包括消费品的结构和具体消费品的数量、品种、规格、花色、型号、款式、质量、包装、品牌及所需时间等方面的预测。由于消费者的消费水平受到收入水平、人口数量、价格水平、教育程度、心理活动等多种因素的影响，所以消费品需求预测首先要做好消费者平均消费水平的预测，如人口数增长速度的预测、商品价格水平变动的预测、人均收入水平变化的预测，以及消费结构变动趋势的预测等。而社会集团对消费品的需求也同样受到其购买水平、营利能力、员工人数等方面的影响，所以也需要对社会集团的消费结构变动趋势等做出预测，然后才能对具体的消费品目标，如对某种商品的所需数量、时间、品种等进行预测。

2. 生产资料市场需求预测

生产资料市场需求预测，是研究物质资料生产部门（如工业和农业）对生产资料未来的需求，分析影响需求变化的原因及其变动趋势。从工业方面看，它主要包括对工业发展规模、结构变化、基建投资、劳动生产率、技术进步、固定资产使用年限、管理水平等方面的预测。从农业方面看，它包括对可耕地面积、农业内部结构变化、农民收入水平、农业贷款、农用生产资料价格、农业新产品和新技术的发展等方面的预测。

（二）市场供给预测

市场供给预测，是对一定时期和一定范围的市场供应量、供应结构、供应变动因素等进行分析预测，即对在一定时期内可以投放市场以供出售的商品的品种、数量、质量和时间等方面的预测。商品资源主要来自生产部门，其次是进口，此外还有国家储备、商业部门的储存商品以及社会潜在物资（如废旧物资）。市场供给预测包括对进入市场的商品资源总量及其构成和各种具体商品的市场可供量的变化趋势的预测。具体说来，它包括对可供市场销售的商品资源的预测；对商品生产能力的预测；对企业预期利润的预测；对同行业、同类产品生产能力及竞争能力的预测；对企业产品销售量及市场占有率的预测；对国家进出口商品变动趋势的预测。它同市场需求预测结合起来，可以预测未来市场供求矛盾的变化趋势。我国由于外贸进口许多商品受国家控制，因此，市场供给预测主要是预测国内生产部门可以提供的商品量及其构成。

预测商品生产的发展及其变化趋势，需要了解掌握有关产品历年的产值、产量、成本、销售情况，以及生产企业的数量、生产能力、原材料供应、生产设备、生产技术、产品质量、运输能力以及研究开发水平（能力及速度）等情况，并在预测生产结构的基础上，研究各种产品在预测期内可能提供商品资源的企业及其生产能力和销售能力及市场需求动向等，进而测算出商品资源量、市场需求的程度及其发展趋势。

（三）市场商品销售预测

市场商品销售预测，是指对市场商品的价格、销售量、商品的寿命周期及其变动趋势的预测。

市场商品销售预测，首先是对重要商品市场供求关系方面的预测，这是指对列入国家指令性计划和指导性计划的市场供求变动趋势的预测，对关系国计民生的重要商品（如粮食、汽车等）的种数、规格、花色、功能等具体需求变动趋势的预测。通常国家或地区经济预测机构公布的经济信息和预测资料中包含了这方面的内容。其次，对具体企业来说，市场商品销售预测，主要是针对本企业具体经营的商品或竞争商品所进行的价格、销量、成本、利润、寿命周期及其市场占有率等方面的预测，并研究它们的变动趋势。

（四）科学技术发展前景预测

科学技术发展前景预测，是关于现代科学技术的未来发展和重大突破所引起的对社会、经济、市场等生产、生活各方面造成的影响所进行的分析和预测。

当前，世界科学技术迅猛发展，最新科技成果向商业应用方面的转移周期愈来愈短，给人们的需求带来越来越广阔的天地，也使大部分产品的市场生命周期明显缩短，这给企业生产经营带来了比较大的难度。在这迅速变化的社会中，科学技术发展前景预测可帮助企业把握科学技术发展的方向，特别是掌握与本企业产品有关或与其原材料、工艺、设备等有关学科的科技发展水平、发展方向、发展速度和发展趋势等方面的情况，为企业制定科学技术决策及长远产品发展规划提供依据。而且新技术的突破和应用（如电子计算机和信息技术）可能对人们的生活和生产方式产生重大影响，通过科学技术发展前景预测，有助于企业了解市场、分析市场和预测市场，并科学决策。

（五）市场竞争格局预测

一是对主要竞争对手的产品产量、销售量的分布格局，以及产品质量、成本、价格、品牌知晓度和满意度、新产品开发、市场开拓等要素构成的竞争格局及其变化态势进行分析、评估和预测；二是对主要竞争对手的战略、策略进行预测。

（六）企业经营状况预测

主要对企业的资产、负债、权益、收入、成本费用、利润以及经营效率、偿债能力、营利能力的变化趋势进行预测分析，为加强经营管理提供信息支持。

（七）经济政策调整动向预测

经济政策调整动向预测，是指对国家或地方政府未来的经济政策调整变化趋势和变化程度方面所进行的预测。

国家和地方各级政府、企业管理部门（如工商管理部门和环保部门等）的政策法令或经济措施等，都会对企业生产经营带来巨大的影响。如，国家开发大西北的政策，北京奥运会的规划建设，国家税制方面和会计制度的改革，住房贷款政策的变化，教育领域的改革措施以及汽车等商品的关税政策调整等，都会对市场、企业和消费者产生影响。企业经营者应对这些新政策、法令的颁布和重大经济改革措施出台的前兆做出反应，预测它们正式起用的时间和效果，并在经营等各方面尽快做好准备。

（八）外贸进出口的发展和变化预测

外贸进出口的发展和变化预测，是指关于对外贸易进出口商品总额、商品构成、重要商品进出口数量、价格及其贸易收支变动趋势的预测。

伴随着我国国内市场与国外市场的联系愈来愈密切，外资企业的进入和外国商品的涌入将使国内市场的竞争愈来愈激烈。此外，我国加入 WTO 后，国内外市场的互动效应将愈来愈明显，许多企业必须在几年内完成重大的调整或改革，以适应国际运营的环境和规则。企业通过外贸进出口方面的发展和变化预测，特别是对本行业或同类产品进出口数量等方面的预测，可以掌握市场需求和供应的结构变化，从而制定相应的经营对策。

另外，政治形势的变化、文化教育事业的发展、就业人员的比例、社会风俗习惯等的变化，都是影响市场未来变化的重要因素，也都应当作为市场预测的内容。但企业在进行具体项目的预测时，不能包罗万象，应全面分析市场预测项目的性质，抓住影响预测目标的重要因素或基本成分作为它的预测内容。

第三节　市场预测的程序

市场预测具有一定的科学程序，我们必须按照科学程序进行市场预测，才能使预测结果更加准确。但是市场预测是在一定的预测原理的指导下遵循一定的原则而进行的，所以下面我们首先介绍市场预测的原理。

一、市场预测的原理

市场预测的基本原理，是以预测学的理论和方法为基础，以市场情况为对象，阐明了人们运用各种预测方法对市场中各种现象未来的发展趋势做出预测的根本道理。所以它对市场预测领域的预测原则和预测方法具有普遍的指导意义。

（一）可知性原理

可知性原理，是指市场预测对象的未来发展趋势是可知的，人们可以通过对市场现象的分析研究，发现和找出其内在的变化特征，提示其发展变化的规律性，据此认识和判断它们未来的变化趋势。可知性原理是市场预测的理论基础。如果市场现象的发展变化的规律性不可知或无法认识，那么市场预测就没有任何意义了。所以预测活动是建立在可知性基础之上的，人们能否预测事物未来的发展，依赖于能否找出预测目标的演变规律。尽管市场变化多端，只要我们敢于探索，善于分析，在预测中是可以逐步揭示它的变化规律的，从而提高市场预测的准确性。

（二）系统性原理

系统性原理，是指将市场预测对象视为一个与其他市场事物存在普遍联系的系统，用系统论原理指导市场预测活动。系统论认为，每个系统内部各个组成部分之间相互联系、相互作用、相互制约，并且同其他事物系统之间也是相互联系的。它强调系统的目的性、整体性和层次性，强调运用系统分析的方法对所要解决的问题加以综合性的分析和研究。根据系统性原理来看，市场预测无论其项目范围的大小和内容的多少，都不是孤立的、封闭的，所以市场预测应把预测对象看作一个由多种要素构成的系统，应注意分析系统内外各种要素的变化，必须把预测对象放在社会、经济、市场的大系统中加以研究，将市场预测与人口预测、工业预测、农业预测、科技预测、国际市场预测等有机地结合起来分析，另外还须把预测对象与企业内部的各系统联系起来进行分析（如企业的财务、销售、研究能力情况等），才能得出客观的、科学的预测结果。

（三）连续性原理

连续性原理，是指市场现象的发展具有合乎规律的连续性，人们可在认识它的过去和现在的基础上探知它的未来。市场现象同客观世界事物一样，其发展变化具有连续性，未来情况是过去和现在发展的结果，是过去和现在的延续，所以人们可以依据市场现象的过去和现在来预测它的未来。但运用连续性原理进行市场预测应注意，它适用于预测对象具有明显的规律性，若预测对象变化规律不明显，或具有很大的偶然性或随机性，则运用此原理将难以保证预测的准确性和可靠性。另外，市场现象的变化规律的延续发展是在其客观条件不变的前提下得出的结论，如果客观条件发生了变化，如某项经济政策的颁布对企业的商品销售产生了巨大影响，则市场现象将会发生本质上的改变，其规律性就会中断或发生转折。此时仍使用连续性原理就会造成重大的预测失误。

（四）类推性原理

类推性原理，是指市场不同现象之间存在着某种类似的结构或发展模式，人们可以根据已知市场现象的结构和发展模式，来类推某个未知市场现象的结构和发展模式。市场中许多事物之间具有相似性，可以采用类推原理进行预测，如同类商品之间的类推预测，地区市场类推全国市场的预测，典型样本类推市场总体的预测，国外市场类推国内市场的预测等。一般来说，越相似的事物，市场类推预测的效果越好。

（五）因果性原理

因果性原理，是指市场中的各种因素、各种现象之间存在着一定的因果关系，人们可以从市场因素或市场现象变化的原因推测变化的结果。因果关系广泛存在于世界万物之间，在市场和经济现象中也普遍存在，发现市场预测对象与其他市场因素之间的因果关系，并利用这种关系进行预测是一种较为可靠的预测方法。

二、市场预测的原则

进行市场预测必须遵循一定的原则。市场预测的基本原则是在市场预测的原理指导下，充分考虑了实际预测的中的操作问题和准确性问题，从而得出的基本规则。一般应有以下几个原则：

（一）科学性原则

市场预测的科学性原则，是指在市场预测的整个过程中应遵循科学的思维方式和操作方法。具体说，市场预测应是在调研、科学实验和广泛收集客观信息资料的基础上，运用一定的程序和数学方法，掌握市场现象的发展变化规律，并对可能出现的情况、结果和水平做出客观的、科学的描述。科学的市场预测是在市场预测基本原理的基础上进行的，不是主观的、随意的猜测。缺乏逻辑性思维的经验估计，临时拼凑出来的数据，应付上级检查做出的“官”样文章以及充满水分的“预测报告”，都是不科学、不健康的预测行为，这对企业的市场预测结果，甚至企业的经营产生难以估量的恶果。

（二）连续性原则

连续性原则，是由市场预测的连续性原理出发，在具体市场预测中强调对预测对象及其相关因素的过去和现在资料的全过程收集和分析，以便据此推测未来。这些历史资料的缺少或中断都会对市场现象变化规律的研究产生不利影响。所以企业在平时的经营活动中应注意市场有关信息数据的收集积累和加工处理，以便为某一时刻的市场预测做好准备。

（三）低成本原则

低成本原则就是要将市场预测所需要的成本费用降到最低。市场预测是一项复杂的超前性研究工作，必然耗费一定的人力、物力、财力和时间。按照低成本原则进行市场预测，就是在保证预测结果精确度要求的前提下，合理选择样本容量、预测方法和预测工具，以最低的费用和最短的时间，获得最佳的预测结果。即使是世界上最强的企业，其资金也是有限的，所以进行市场预测要同企业其他经营项目一样，也要在预测之前做好计划，核算成本，切忌过于追求精确度，而不顾成本的消耗。

（四）及时性原则

市场预测具有很强的时效性，即在一定时间内得出的预测值，对企业具有很高的参考价值，过了预测时段，或预测时间过长，其作用就逐渐削弱。及时性原则强调在市场预测中按照具体预测目标的要求，合理地分配预测工作各个阶段，把握它们的时间进程，以便在规定的时间内完成预测结果，实现市场预测的经济价值。另一方面，及时性原则，还体现在时间上的连续性预测，如周、月、季、半年、年度或三年、五年预测。这种规范化的市场预测将对企业的现代化管理和运作极为有利。

(五)定性分析与定量分析相结合的原则

市场预测的方法很多,主要有定性分析和定量分析两大类(详见后面章节介绍),每一类方法都有各自的优点和不足。实际市场预测中应考虑从多个角度分析预测问题,这就涉及可能需要用多种方法进行预测。通常把定性分析预测的结果与定量分析预测的数值进行比较和论证,也就是说把两类方法结合起来使用,才会收到更好的预测效果。

总之,市场预测是一项科学性、实践性很强的工作,搞好市场预测工作的根本在于预测者有科学的、客观的态度、认真负责的精神、广博的知识领域和应用能力,以及科学的方法和技术,这样才能使预测工作顺利展开,并使预测结果准确、可靠,从而可以有效地防止企业经营决策的失误。

三、市场预测的程序

市场预测是具有一定的科学程序的,如图 8.1 所示。

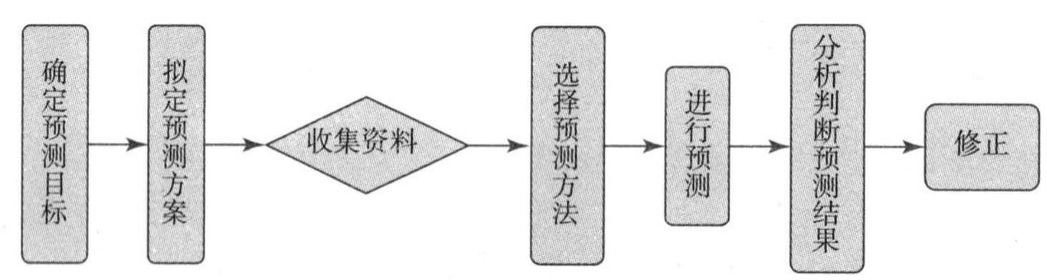

图 8.1　市场预测的程序

具体程序如下:

(一)确定预测目标

确定预测目标,就是要确定预测的内容、范围、要求和期限。预测目标是整个预测工作的主题,因此,确定预测目标要准确、清楚和具体。例如,要明确描述:预测什么;通过预测解决什么问题;是对一种产品的预测,还是对几种产品的预测;是中期预测,还是长期预测;是地区性预测,还是对企业产品涉及范围的预测等。

(二)拟定预测方案

企业进行市场预测应是一种有组织、有计划、有核算的经济行为,如同企业的其他业务工作一样。所以预测组织者应根据预测目标的内容和要求,制定市场预测工作的整体计划,它包括人员的安排,任务的布置,阶段的目标和资金的投入等,为全面开展预测工作做好组织上、行动上和财力上的准备。

(三)搜集整理资料

市场预测中使用的信息、数据资料,是指与预测目标有关的所有历史的和现实的资料。它包括通过各种调研形式得到的第一手资料和通过报刊、杂志、政府或学术机构公布的统计资料或研究结果获得的第二手资料,以及企业自身积累、汇总得到的内部资料。值得注意的是,市场预测并非把搜集到的原始资料(文件、文章、数字、消息等)全盘吸收,而是要整理、筛选、分析,去粗取精,去伪存真,全面、客观、真实、准确地占用有关资料。由于市场预测对象的基本变化规律的识别依据的就是这些资料,所以它们的质量和可靠性是提高预测效果的关键。

(四)选择预测方法,建立预测模型

市场预测方法的选择一是看预测目标的性质和费用、期限、精确度等要求,二是看占有的信息资料的类型和内容。如企业对下一年的销售量进行预测,现拥有大量的、比较全面的、系统的数据资料,则可考虑采用某种定量分析预测方法,并针对数据的变化情况,选择一个特定

的数学模型，然后分析参数，建立预测模型。关于预测方法和预测模型的选择在以后章节中将详细介绍。

(五)进行预测

利用选定的预测方法和预测模型，对各种变量或各种因素进行计算或分析，即可确定预测的结果。

(六)分析判断预测结果

一般情况下，在得出具体的预测值以后，还应对其进行进一步的分析、检验和评价。对预测值的评估，可以考虑采用逻辑推理方法进行基本判断，如由定量分析数学模型得出的预测结果，可以再结合定性分析的某种方法进行逻辑推理判断，由于双方侧重点不同，相当于从不同角度看待同一个问题，若能得出较为一致的结论，说明预测效果较好。比如，某企业通过定量预测该企业明年的销售额将会达到一亿人民币，但该企业去年的销售额只有 5 000 万，而根据分析明年该企业的目标市场的消费者的收入及需求将不会有较大的变化，由此用定性分析的逻辑推理可以判断这个预测结果将不可能实现，这说明这个预测结果存在较大问题。

(七)修正预测结果

通过上一步的分析判断，如果预测结果存在较大问题，就需要进行修正。这时需要进一步地分析该次预测所运用的方法是否恰当，如果不恰当则需要选择新的预测方法进行新的预测，从而修正预测结果。

第四节　市场预测方法概述

市场预测的方法大致分为两大类:定性分析预测法和定量分析预测法。

一、定性分析预测法

(一)定性分析预测法的含义

定性分析预测法，又称判断分析预测法，是凭借预测者在市场活动实践中获得的经验、知识和综合分析能力，通过对有关资料的分析推断，对未来市场发展变化趋势做出性质上和程度上的估计和测算的方法。

(二)定性分析预测法的优缺点

定性分析预测法有着非常显著的优点:节省时间、节省费用、灵活多变，如果运用得当，极具实用价值。定性分析预测法，是一种传统的预测方法，在过去商品经济不够发达、预测技术和手段比较落后的情况下，定性分析预测法在市场预测中占据着主要地位。随着社会、经济、市场的发展和科学技术的进步，现在市场竞争异常激烈，行情变幻莫测，信息交流快捷，仅靠一个或几个人的经验和知识等进行判断分析得出预测结果，显然存在着明显的不足。但是，现代的定性分析预测法，已突破了传统的定性分析方法的局限性，它将不再是依靠一个或几个人，而是靠一个掌握着现代经济理论、科学技术和先进预测方法的群体，借助于一整套科学的预测方法，如德尔菲法、联测法、转导法、扩散指数法等，进行逻辑推理性思维和预测。现代的定性分析预测法隐含了深刻的数理统计学和行为科学等学科的思想和方法，所以用现代定性分析预测法进行市场预测具有一定的可靠性和科学性，它在市场预测中仍占有十分重要的地位，不可替代，特别是在市场数据资料不够充分，预测项目的历史资料欠缺的情况下，这种方法具有很重要的应用价值。

但是，定性分析预测法也有明显的弱点，如过分依赖于预测者个人或群体的素质（知识、能力、经验等），所以如果使用该方法独立进行市场预测，特别是对大领域、长周期或企业战略性规划项目的预测，其预测的范围、深度和精确度都受到一定的限制。

二、定量分析预测法

（一）定量分析预测法的含义

定量分析预测法，是根据一定的数据资料，运用数学方法来确定各市场变量之间的数量关系，并据此来预测市场未来变化的方法。

（二）定量分析预测法的优缺点

定量分析预测法的主要优点是：预测结果比较精确，预测效率比较高。定量分析预测法的特点是"凭数据预测"，它能够通过模拟各变量之间的数量关系，较准确地测算出市场未来的发展变化趋势和具体的程度。这种方法，由于直接应用了数理统计的理论和方法，整个预测过程都比较严谨，具有较强的科学依据，所以预测结果比较精确，预测效率比较高。

但定量分析预测法也有自己的局限性，如对预测项目的历史数据资料要求较高，某些因素由于不能量化而不能计入预测模型，并对预测人员的能力要求较高等，目前对我国企业来说，大多数预测人员不具备这样的素质，企业自身也不具备这样的条件，所以应用此方法进行普遍的、经常性的或重大项目的市场预测有一定的难度。

定量分析预测法大致分为两大类：时间序列分析法和因果关系分析法。时间序列分析法中有常用平均法和趋势延伸法。因果关系分析法中有回归分析预测和计量经济预测法。

三、市场预测的精确度分析

实际工作中，每个市场预测人员都非常希望降低市场预测的误差，提高预测的精确度。因为只有准确的市场预测结果，才能够为制定科学的宏观经济计划或微观的企业经营管理战略策略提供最可靠的依据，为企业带来巨大的经济效益。反之，误差太大的市场预测值将为企业带来难以估量的经济损失。以下我们对市场预测误差产生的原因、精确度的测定以及提高途径进行全面细致的分析。

（一）市场预测误差产生的原因分析

市场预测误差产生的原因较多，其中有客观的原因，也有主观的原因。

1. 市场环境的变化

市场环境总是变化多端、错综复杂的，由于市场供给能力与市场需求结构、人口数量与素质、消费者价值观念、收入、产品价格及国家经济政策等因素变化的影响，使市场预测值往往与市场实际运行结果之间出现一定的偏差，这就是市场预测的误差。

2. 市场预测本身的局限性

市场预测是对未来的市场变化趋势进行推测，它本身就存在着极大的不确定性，而预测目标又受许多因素影响，在不断变化着，因此对它的预测结果必然存在一定的误差。

3. 市场预测人员的水平

市场预测人员的业务素质、实际经验、工作态度、互相配合的程度以及预测方法和具体模型的选择等情况，也是导致市场预测产生误差的因素。

4. 预测结果被不良决策采纳或决策执行不力的影响

市场预测的结果总是会作为决策的重要依据，而决策也必须执行，但是即使是市场预测工作做得非常好，可如果由于决策人员的水平问题做出了错误的决策，或由于决策执行人员使执行不力也会使市场的运行结果与当初的预测之间存在一定误差。

(二)市场预测误差的测定

市场预测的结果能否与预测目标的未来发展相吻合，一是取决于预测对象本身的发展进程及影响其发展的各种因素的作用效果;二是取决于预测者和决策者认识客观市场现象和自觉控制市场现象发展方向的能力。人们能否自觉而准确地认识市场现象发展变化的内在规律性，是预测结果是否符合市场现象未来发展实际的决定性因素。科学的市场预测绝对不是人们随心所欲的主观估测，更不是拍脑门的凭空想象，而是根据历史的和客观的多种资料，运用科学的分析方法，探求市场现象的内在联系和发展规律，明确其发展的方向，分析和推测未来的变化趋势和程度。

市场预测误差从量的角度来说是指预测值与实际值的偏差。预测误差是一个衡量预测精确度的指标，预测误差的大小与预测的准确程度成反比。预测误差越小，表明预测的精确度越高;反之，预测的精确度越低。

当然，实际的市场预测误差必须要在依据市场预测值做出的计划或决策实施以后，通过跟踪监测预测值与实际值的比较才能得到。也就是说，通过实践的验证来确定市场预测的误差，这是一种事后行为。常用的市场预测误差的指标为

$$\text{预测误差}=\frac{|y-\hat{y}|}{y}\times 100\%$$

式中：$\hat{y}$ 为预测值;y 为实际值。

通常，预测误差达到 10%以下，就为高预测精确度，高于 30%为预测不准，介于二者之间则为预测基本准确。但对不同的问题有不同的衡量标准，如我国证监会规定，若企业年度报告的实际利润低于其预测的 10%～20%的，发行公司聘任的注册会计师应在指定报刊上作出公开解释并致歉。若比预测值低 20%以上的，除要作出公开解释和致歉外，中国证监会将视情况实行事后审查。所以这项预测精确度的指标要求必须控制在 90%以上。

在实际市场预测中，预测人员或企业的各方面总是力求预测结果与实际情况更接近一些，也就是使预测误差小一些，保证在允许的误差范围之内。所以企业预测人员往往在选择预测方法时，通过数学模型自身的检验方法或一些统计误差计算方法，预先估算出使用某种预测方法得出的预测值的理论误差，然后进行比较，选出误差最小的预测方法进行预测。

常用的评价数学预测模型的预测误差的指标有:平均误差、平均绝对误差、均方误差和标准误差。一些常用的数理统计方法数学模型，一般都有一套独立的误差评价检验方式，如回归模型的各种检验，可直接应用预测模型得出的估计值(或理论值)与历史实际值比较计算出预测误差。

(三)降低市场预测误差的途径

在市场预测中，预测人员及其上级都非常关心预测的精度有多大，这个问题是难以回避的，也是衡量预测人员工作业绩的标准。公平地说，由于上述所说的多种因素的影响，市场预测误差肯定是客观存在的。这无疑会对市场预测的精确度产生不利的影响，致使预测结果不能被采纳或因此造成决策失误。市场预测误差虽然是不可避免的，但是预测人员却可以通过各种努力将它控制在最低限度。这是因为所持预测工作除了应具备各种条件和消除主观因素造成的预测误差之外，从根本上说，市场现象的变化本身也是存在客观规律的，只要预测人员认真研究市场现象的历史变化特征，找到它的规律性，选择适当的方法来最佳地模拟这种规律，并利用这种规律对未来进行预测，就可将预测误差限制在合理的误差区间范围内，从而发

挥市场预测的真正价值。

市场预测误差必须降低也是能够降低的。降低市场预测误差的方法主要有：

1. 提高预测人员的素质

进行市场预测，其预测误差的大小与预测人员素质的高低具有非常密切的关系。只懂数学计算不懂市场的人做不了市场预测，反之，只有市场经验，没有掌握现代预测方法和技术的人也难以成功。所以出色的市场预测人员必须具备多学科知识、丰富的市场工作经验以及高超的综合分析判断能力。对于大中型的需要预测团队的市场预测项目，要求预测者除具备良好的个人能力、经验、心理素质之外，还须具备同事之间较高的团结协作能力。拥有高素质的预测人员或团队，是提高市场预测精确度、降低预测误差的重要途径。提高市场预测人员的素质可以通过招聘高素质的预测人员或进行高效的培训来实现。

2. 进行准确全面的市场调研，保证数据资料的系统性、可靠性和全面性

通过市场调研掌握全面、系统、可靠的市场信息数据资料，是提高市场预测精确度、降低预测误差的基础。数据资料不全，或数据资料失真，都会导致较大的市场预测误差，甚至导致市场预测完全的失败。现代有关部门或企业应注意建立科学的市场信息系统和规范的数据库，长期积累和保存与企业市场预测有关的信息数据资料，为降低市场预测误差提供全面精确的数据支持。

3. 选择合适的预测方法、建立科学的预测模型

市场预测方法和具体预测模型的确定、变量的选取、样本容量的大小，以及计算过程中产生的误差，都有可能造成预测结果较大的偏差。所以在实际市场预测中，必须对多种对预测方法进行精细的比较，选择最恰当的预测方法，以便建立科学的预测模型。

4. 控制和修正预测误差

市场预测目标如同世界其他事物一样，存在着一种内在的、固有的、客观的规律性。市场预测就是根据它的内在规律性来对其未来进行分析计算估计推测的。但一般来说，只有市场发展规律产生作用的条件不变，此规律才会延续下来，也就是说，市场现象才会重复产生，而且它也不会是简单的重复。所以这就需要预测人员根据市场的变化及时修正预测的误差，如核对数据资料、及时补充最近的信息、适当修改模型等，从而控制和调整预测误差，提高预测值的精确度。

中档家用轿车市场需求的预测

浙江某汽车销售公司在消费者协会的支持下，对中档家用轿车省内市场需求量进行预测，其过程如下：

第一步，确定市场预测目的。

在省内对国产中档家用轿车的需求量迅速上升且有不断发展趋势的情况下，为了充分把握市场的需求状况，该公司围绕以下4个目标开展市场预测：

(1)调研全省中档家用轿车销售的基本情况，分析本公司经营产品的市场地位和竞争能力。

(2)做好中档家用轿车省内市场需求量的定量预测，为公司近期安排进货与合理库存提供数据。

(3)了解各类型用户使用中档家用轿车的情况和需要确定推出新产品的方向。

(4)对发展与扩大用户群作出可行性论证。

第二步，搜集并整理信息资料。根据确定的预测目标，他们着重搜集了下列资料：

(1)本公司历年的品种、销售量、成本、盈利率指标等资料。

(2)同行业销售资料及国内同类产品的技术性能、价格、成本、产量等情报。

(3)全省中档家用轿车历年社会保有量及各类产品市场占有率资料。

(4)全省历年的汽车进口资料。

(5)汽车行业研究所的有关报告、文章和研究成果。

(6)有关发展家用汽车工业技术经济政策的文件、社论文章等材料。

通过这些资料的整理分析，他们对公司经营产品在省内市场的地位、优势和企业发展生产的有利条件、不利因素，及国家发展汽车工业、扩大汽车消费群、开拓家用汽车市场的有关政策规定都有了比较清晰的了解，做到了知己、知彼、知政策、知市场。

第三步，多种方法开展调研。

为了补充资料的不足，他们还采取多种方法开展市场调研，以便进一步掌握有关情况。主要有：①重点调研；②访问会谈；③发信征询；④专题调研。如为了摸清中档轿车消费者最低的心理价位，他们走访了许多中高收入者，获得了消费者对家用轿车的外观、内在质量、价格、售后服务等各方面的详细资料，并将资料经计算机处理，掌握了该省家用汽车市场的翔实的资料。

第四步，回归预测方法的运用，根据调研整理前 10 年间的国产中档家用轿车的年销售量资料、推算了全省每年的需求量。

做出销售量和年份相互之间的相关图。从中看出，市场需求量和年份这两个变量之间为直线趋势，对它们的相关关系可配以直线方程 $y=a+bt$，进而用最小二乘法求得 a,b 两个参数，并计算相关系数 r 及标准离差。最后测得该省当年中档家用轿车的需求量为 6 000 辆左右。根据本公司的市场占有率，计算出本公司的预测值。

第五步，市场预测结果的运用。

(1)为企业的经营决策提供依据。通过预测，看到了近期中档家用轿车供求趋势，做出了大力促销家用中档汽车的决策。确定了 3 年的销售计划，设想逐年递增 30%。

(2)促进新产品开发。通过预测，看到了汽车工业的重点向环保化、小型化的发展趋势，将市场的调研与预测的信息反馈给生产企业，建立松散型的产销联合体。最大限度地满足消费者的需求。

(资料来源：本文由作者根据网络相关资料改写，原文见 http://ycy.njtvu.edu.cn)

案例讨论题：

(1)案例中进行的市场预测遵循了哪些市场预测原则？

(2)案例中进行市场预测的程序是否科学？为什么？

实训题

调研你校周围的一个小商店的经营情况，为预测它的未来发展前景制定一个科学的预测程序。

第九章　定性分析预测法

泰勒斯的市场预测

据记载，早在古希腊，有个哲学家名叫泰勒斯，很注意市场调研和预测。一次，他根据天气情况预测到油橄榄会大丰收，可人们对他的预测都不相信。于是泰勒斯把榨油机都买了下来。结果这年的油橄榄果真大丰收。第二年，泰勒斯以高价出租榨油机，赚了不少钱。他说这样做主要不是为了赚钱，而是借此惩罚那些不相信市场调研和市场预测的人。

泰勒斯运用的就是定性分析预测法，取得了成功，我们怎样运用定性分析预测法才能像泰勒斯那样取得成功呢？要回答这个问题，我们首先需要了解定性分析预测法有哪些具体方法，以及每种方法的适用范围。

第一节　集合意见法

用定性分析法预测时，预测者根据自己的经验和知识及能力直接得出结论，是一种个人判断分析预测法。目前在我国的许多企业预测决策中，这种情况很常见，特别是企业主管或部门主管或业务主要负责人作为预测者时。当然，在企业运营中，企业主管必须时时对一些市场问题做出预测决策，但如若对一些企业重大预测问题也常是个人独断，仅依赖于个人经验时，则难免出现漏洞。现在我国一些企业寿命周期很短，如许多上市公司一年绩优，二年绩平，三年绩劣，其中一个非常重要的问题就是市场预测的失误，其重要原因就是没有运用集合意见法进行预测。

一、集合意见法的含义

集合意见法，又称集合经营与管理人员意见法，是集合企业主管、管理人员和业务人员三方面的预测方案，加以归纳、分析、判断，确定企业预测方案的预测方法。许多预测问题只凭预测者个人的知识和经验进行预测往往具有局限性，而集合意见法则能集思广益，克服个人预测的局限性，有利于提高市场预测的质量。

二、集合意见法的运用步骤

(1)预测组织者根据企业经营管理的要求，向参加预测的有关人员提出预测项目和预测期限的要求，并尽可能提供有关背景资料。

(2)预测有关人员根据预测要求及掌握的背景资料，凭个人经验和分析判断能力，提出各自的预测方案。在此过程中，预测人员应进行必要的定性分析和定量分析。定性分析主要分析历史资料、目前市场状态、产品适销对路的情况、商品资源、流通渠道的情况及变化、消费心理变化、顾客流动态势以及企业目前的经营管理状况等。定量分析主要确定未来市场需求几种可能状态(如市场销路好或市场销路差的状态)，估计各种可能状态出现的主观概率及每种可能状态下的具体销售值。

(3)预测组织者计算有关人员的预测方案的方案期望值。方案期望值等于各种可能状态主观概率与状态值乘积之和。

(4)将参与预测的有关人员分类，如厂长(经理)类、管理职能科室类、业务人员类等，计算各类综合期望值。综合方法一般是采用平均数、加权平均数统计法或中位数统计法。

中位数统计法是指将所有预测值由低到高排列起来，然后取中间那个数，如果中间有两个数，则再将这两个数进行算术平均。

(5)确定最后的预测值。预测组织者将各类人员的综合期望值通过加权平均法等计算出最后的预测值。

【例 9.1】 某零售企业为了预测明年烟酒销售额，要求经理和业务科、计划科、财务科及销售员作出年度销售预测。

运用集合意见法作出预测，具体步骤如下：

第一步：各位经理、科室负责人和售货员分别提出各自的预测方案意见。见表 9.1、表 9.2。

表 9.1 单位：万元

经理	销售估计值						期望值	权数
	销售好	概率	销售一般	概率	销售差	概率		
甲	500	0.3	420	0.5	380	0.2	436	0.6
乙	550	0.4	480	0.4	360	0.2	484	0.4

表 9.2 单位：万元

科室人员	销售估计值						期望值	权数
	销售好	概率	销售一般	概率	销售差	概率		
业务	600	0.5	400	0.2	360	0.3	488	0.3
计划	540	0.4	480	0.3	340	0.3	462	0.3
财务	580	0.3	440	0.3	320	0.4	434	0.4
售货员	销售估计值						期望值	权数
	销售好	概率	销售一般	概率	销售差	概率		
甲	480	0.3	400	0.5	300	0.2	404	0.4
乙	520	0.3	440	0.4	360	0.3	442	0.3
丙	540	0.2	420	0.5	380	0.3	432	0.3

未来的市场销售前景有三种可能性：销售好、销售一般、销售差，每一种可能性发生的机

会，称为概率。如销售好的概率为0.3，即指“销售好”发生的可能性有30%。销售好、销售一般、销售差三种可能性概率之和等于1。

权数：不同人员由于在企业中地位不同，权威性不同，他的预测意见的影响力也不同，如经理甲是正经理，经理乙是副经理，显然经理甲的权威性大于经理乙的权威性，因此，经理甲的权数应大于经理乙的权数。经理甲权数为0.6，经理乙权数为0.4，也可以是0.7和0.3，具体数字由预测人员主观确定。其他人员的权数意思也相同，凡是权威性大一些的人员，其权数也就大一些。

第二步：计算各预测人员的方案期望值。

方案期望值等于各种可能状态的销售值与对应的概率乘积之和。

如经理甲的方案期望值

$$500\times0.3+420\times0.5+380\times0.2=436(\text{万元})$$

业务科人员的方案期望值

$$600\times0.5+400\times0.2+360\times0.3=488(\text{万元})$$

售货员甲的方案期望值

$$480\times0.3+400\times0.5+300\times0.2=404(\text{万元})$$

其他人员方案期望值都依此计算，并填入表中。

第三步：计算各类人员综合预测值。

即分别求出经理类、科室人员类、售货员类的综合预测值。

综合预测值公式为：

$$\tilde{Y}=\frac{\sum W_i\tilde{Y}_i}{\sum W_i}$$

式中：$\tilde{Y}$为某类人员综合预测值；$\tilde{Y}_i$为某类各人员的方案期望值；W_i为某类各人员的方案期望值权数。

经理类综合预测值为

$$\frac{436\times0.6+484\times0.4}{0.6+0.4}=455(\text{万元})$$

科室人员类综合预测值为

$$\frac{488\times0.3+462\times0.3+434\times0.4}{0.3+0.3+0.4}=459(\text{万元})$$

售货员类综合预测值为

$$\frac{404\times0.4+442\times0.3+432\times0.3}{0.4+0.3+0.3}=424(\text{万元})$$

第四步：确定最后预测值。

这是对三类人员的综合预测值应用加权平均法再加以综合。由于三类人员的综合预测值重要程度是不同的，所以应当为三类人员综合预测值给予不同的权数。现假定：经理类权数为4；科室人员类权数为为3；售货人员类权数为2。（权数可以是小数，也可以是正整数）

最后预测值为

$$\frac{455\times4+459\times3+424\times2}{4+3+2}=\frac{1\,820+1\,377+848}{9}=449(\text{万元})$$

集合意见法避免了个人判断分析法对个人素质的过分依赖，广泛采纳了多方面的意见，并吸取了各类人员的才智,上下多层多角度结合制定出能反映客观实际的预测方案。显然,这对企业来说是一种较为实用的、比较有效的市场预测方法。

第二节 德尔菲法

一、德尔菲法的含义

德尔菲法(Delphi method)又称专家小组意见法,它是由各专家用书面形式独立地回答预测者提出的问题,并经过反复多次修改各自的意见,最后由预测者进行综合分析,确定预测值的一种市场预测方法。

德尔菲法是由美国的兰德公司(RAND)于 1946 年首创和使用的,20 世纪 50 年代以后,在西方盛行起来。德尔菲是古希腊一座城的名字,该城有座太阳神阿波罗的神殿,因阿波罗能预卜未来,故后人借用德尔菲比喻神的高超预见能力。后来有不少有预言家都曾先后在此发表演说,提出各种预言,从此德尔菲就成为专家提出预言的代名词。

在德尔菲法提出和应用之前,人们常用专家会议法来广泛征询专家的意见,进而做出预测。专家会议法是根据市场预测的目的和要求,向有关专家提供一定的背景材料,请他们就市场未来的发展变化做出判断和估计,并在专家会议上提出和解释各自的看法,最后经组织者统计专家意见而得出预测值。这种方法使专家有面对面交流、争论、探讨的效果,所以至今,它也是一种在国内外广泛使用的预测方法。

德尔菲法虽也是一种有专家参与市场预测的方法,但它与专家会议法在操作方法和预测步骤上有明显的不同。正是由于这种独特的预测手段和过程,使德尔菲法成为市场预测判断分析法中最重要、最有效的一种方法。德尔菲法应用十分广泛,可用于预测商品供求变化、市场需求、产品的成本和价格、商品销售、市场占有率、商品生命周期等方面。这种方法不但可在企业预测中发挥重大作用,还可在行业预测、宏观市场预测中采用。它不仅可用来进行短期预测,还可用来进行中、长期预测,效果都比较好,尤其是当预测中缺乏必要的历史数据,应用其他预测方法有困难时,采用德尔菲法更能收到较好的效果。

二、德尔菲法的特点

(一)匿名性

各位专家在整个预测过程中,完全不知还有哪些人也参加了这项预测工作,所以他们只是根据预测组织者所给的统一背景资料和自己的经验、知识等,在不受其他人意见(如权威或上司意见)影响的情况下,独立地做出预测结论。所以德尔菲法的匿名性特征,可使各类专家充分发挥自己的才能和坦率地发表自己的见解,避免了会议交流中各种因素对专家个性和心理状态干扰的不利影响。

(二)反馈性

德尔菲法要多次收集反馈意见,每次征询都把预测组织者的要求和经过整理统计的各位专家意见的资料又反馈给各位专家。经过多次反馈,使每位专家既能充分表述自己意见,又能参考他人观点做出修正。这样使预测意见愈来愈集中,也就是使预测结果愈来愈准确。

(三)代表性

在进行预测的专家中,包括了各类企业,各个行业、专家研究机构、学者及政府官员等对市场问题素有研究和对市场预测富有经验的各类人士,他们的预测融合了大量的各类信息,具有很强的专业代表性，所以可靠性也很高。

德尔菲法也有其不利的一面，如预测过程耗时较长，专家咨询费用较高等。但对企业的重大预测问题，采用此方法进行预测，还是极为合算的。

三、德尔菲法的预测步骤

（一）选择专家

选好专家是预测成败的关键，预测的准确性在很大程度上取决于参加预测的专家的水平。对专家的选择，在性质、职业及经验方面应有针对预测主题进行。人数过少，缺乏代表性，信息量不足。人数过多，组织工作困难，成本增加。据经验数据表明：在预测专家的规模不足 15 人时，专家人数愈多，预测精度愈高；当专家人数超过 15 人时，专家人数增加，对预测结果的精度影响不大。因此，选择专家人数一般以不低于 15 人为宜。通常以 15～20 人为宜。

（二）准备资料

根据预测的目的和要求拟定需要调研了解的问题，列成预测意见征询表，并准备好有关问题的背景资料。

（三）初步预测

向各专家发去有关预测咨询问卷和资料，请专家在互不知情的情况下对所咨询的问题作出初步的独立的预测，并按规定期限收回。

（四）反馈修正

对收回的专家预测意见归纳、综合，再将经统计整理后的信息反馈给各位专家，请其比较自己与其他人的不同意见，对自己的意见做出修改或补充，并请其做出关于修正意见的说明，再按期收回。如此形式的反馈修正一般应有 3～4 次，使各位专家意见趋于集中和稳定。

（五）确定预测值

在各专家判断意见稳定的基础上，对各专家的意见加以综合，得出市场预测结果。

四、德尔菲法的应用

【例 9.2】 某公司运用用德尔菲法对其年商品销售量进行预测。邀请了 5 个方面专家共 15 位。各位专家的各次反馈意见如表 9.3 所示。试运用统计方法做出最后综合预测结果。

表 9.3　商品年销售量专家判断意见　　单位：万件

专家小组成员		第一次意见			第二次意见			第三次意见		
		最低销售量	最可能销售量	最高销售量	最低销售量	最可能销售量	最高销售量	最低销售量	最可能销售量	最高销售量
市场研究专家	A	200	250	300	210	260	300	200	240	280
	B	220	256	320	230	250	320	230	250	290
	C	230	289	310	220	290	310	220	280	270
消费者代表	A	150	200	250	160	201	260	150	160	250
	B	180	240	260	180	240	280	180	185	260
	C	170	230	245	160	210	270	160	169	230
批发专家	A	180	220	260	190	200	250	180	200	280
	B	170	230	280	160	210	260	185	210	260
	C	160	245	271	170	220	280	169	215	250
零售专家	A	160	225	290	160	225	280	150	250	300
	B	186	235	280	185	236	290	162	230	310
	C	189	241	278	190	237	286	170	245	302

续上表

专家小组成员		第一次意见			第二次意见			第三次意见		
		最低销售量	最可能销售量	最高销售量	最低销售量	最可能销售量	最高销售量	最低销售量	最可能销售量	最高销售量
生产专家	A	201	256	330	200	258	290	200	230	285
	B	210	275	320	205	246	286	196	250	306
	C	195	285	354	201	248	305	185	242	304
合　计		—	—	—	—	—	—	2 737	3 356	4 177

对表中15位专家的第三次意见，运用统计方法计算其简单算术平均值。计算公式为

$$\bar{y}=\frac{\sum y}{n}$$

式中：y为各位专家和判断预测值；n为专家人数。

计算得出：

最低销售量预测值：$\bar{y}=2\ 737/15=182.47$(万件)

最可能销售量预测值：$\bar{y}=3\ 356/15=223.73$(万件)

最高销售量预测值：$\bar{y}=4\ 177/15=278.47$(万件)

根据3个平均销售量预测值，再进行加权算术平均，即可确定该商品年销售量的综合预测值。对3个平均销售量分别给予0.1，0.8，0.1的权数，则该问题的综合预测值为

$$\bar{y}=\frac{182.47\times 0.1+223.73\times 0.8+278.47\times 0.1}{0.1+0.8+0.1}$$

$$=225.08(\text{万件})$$

五、运用德尔菲法应该遵循的原则

(1)挑选的专家应有一定的代表性、权威性。

(2)在进行预测之前，首先应取得参加者的支持，确保他们能认真地进行每一次预测，以提高预测的有效性。同时也要向组织高层说明预测的意义和作用，取得决策层和其他高级管理人员的支持。

(3)问题表设计应该措辞准确，不能引起歧义，征询的问题一次不宜太多，不要问那些与预测目的无关的问题，列入征询的问题不应相互包含；所提的问题应是所有专家都能答复的问题，而且应尽可能保证所有专家都能从同一角度去理解。

(4)进行统计分析时，应该区别对待不同的问题，对于不同专家的权威性应给予不同权数而不是一概而论。

(5)提供给专家的信息应该尽可能的充分，以便其作出判断。

(6)只要求专家作出粗略的数字估计，而不要求十分精确。

(7)问题要集中，要有针对性，不要过分分散，以便使各个事件构成一个有机整体，问题要按等级排队，先简单后复杂，先综合后局部。这样易引起专家回答问题的兴趣。

(8)调研单位或领导小组意见不应强加于调研意见之中，要防止出现诱导现象，避免专家意见向领导小组靠拢，以至得出专家迎合领导小组观点的预测结果。

(9)避免组合事件。如果一个事件包括专家同意的和专家不同意的两个方面，专家将难以做出回答。

第三节 联测法

一、联测法的含义

联测法又称比例推算预测法，是指以某一个企业的普查资料或以某一个地区的抽样调研资料为基础，进行分析、判断、联测，确定某一行业以至整个市场的预测值的方法。简单说，联测法就是运用一部分或局部的市场、经济资料及有用的相关比率来预测另一部分或全局的市场预测值的方法。

运用联测法进行市场预测时，要获得一个大范围或大领域的预测值，必须得到该地区或该领域的尽可能详尽的资料，这就必须进行大范围的市场普查或抽样调研。显然，对一般企业来说，进行这样的调研存在着很大的难度(时间，资金，人力等有限)，而联测法可对解决此类问题提供有效的工具。联测法预测的基本思路是，首先选取一个与预测主题有关的小范围，对此进行普查或抽样调研，以求获得全面的、系统的、客观的资料。然后研究此小范围或局部情况与大范围或全局情况的关系，发现它们之间的相关比率。最后，根据局部的实际资料数据和相关比率联测大范围或全局的市场预测值。

联测法的运用，关键在于局部普查或抽样调研得到的资料应具有典型性或代表性，它应是大市场或全局情况的缩影，也就是说，它应能代表或反映大范围或全局情况的面貌，不然，会出现难以估量的误差。另外，还要保证局部情况与全局情况的相关比率的正确性，这需要深刻分析市场经济量的内在经济含义来确定，即在从事各种经济工作的实践中、在市场营销活动中，注意分析、总结有关重要比例。如在社会商品零售额中，食品、衣着、日用品、文娱用品、报纸杂志、医药、燃料等各类商品销售额的比重是有规律的；企业商品销售与商品库存是有一定比例的。居民收入水平与购买某种商品的数量是有一定比例的；这种比例关系在市场现象中还能总结出很多。

联测法对企业从事市场预测来说是一种省时省力的好方法。因为联测法借助于对局部的调研资料来推断全局的市场预测值，使整个预测过程和操作手段大大简化，也使一些市场预测中难以处理的问题迎刃而解。

二、联测法的应用

【例 9.3】 某企业的产品在 5 个城市销售，该产品的销售与城市就业人数密切相关。该企业去年在各城市市场销售量如表 9.4 所示。试预测明年这 5 个城市的这种产品的需求量。

表 9.4 企业去年的产品销售量

城市	1	2	3	4	5
实际销售量(件)	320 000	60 000	90 000	80 000	400 000
就业人数(万人)	400	50	72	63	307

经过对城市 1 市场的就业人员的抽样调研发现，明年该市就业人员将对该企业这种产品的购买量为每 100 人 9 件，即需求率为 0.09。

如此，明年该企业这种产品在城市 1 的需求量将达到

$$400\times0.09=36(\text{万件})$$

下面的问题是如何对其他四个城市的需求量做出预测。因现在只有一个城市的资料，在这种情况下，可以考虑用联测法，即以城市 1 的市场调研资料和去年的实际销售量数据为基础，并根据销售量与需求量之间的相关比率，推算其他 4 个城市的需求量。具体过程如下：

(一)计算销售率

由表 9.4 中资料看出,各地市场实际销售量差异是很大的,除了需求水平的差异之外,就业人数也有很大关系,为消除就业人数对该产品需求量的影响,可引入销售率的概念。销售率是销售量与就业人数的比率,反映的是各地市场的消费水平,其公式为

$$销售率(S)=销售量(Y)/就业人数(N)$$

如城市 1 市场的销售率为

$$S_1=320\ 000/400=800(件/万人)=8(件/百人)$$

城市 2 市场的销售率为

$$S_2=60\ 000/50=1\ 200(件/万人)=12(件/百人)$$

城市 3 和 4 的销售率见表 9.5。

(二)计算销售率比

以城市 1 市场为准,计算各市场的销售率比,即计算以城市 1 市场为基准的销售率指数。如城市 2 市场的销售率比为

$$S_2/S_1=12/8=1.5$$

(三)计算需求率

销售率反映着各地市场的消费水平。各地市场销售率差异,可以近似地反映各城市市场之间需求水平的差异。这样,就可以根据各地市场销售差异,以城市 1 市场为基准,预测其他各城市的市场需求量。以 D 表示需求率(即需求量与就业人数的比值),则各市场以城市 1 市场为基准的需求率比为

$$D_i/D_1$$

由于销售率比约等于需求率比,即

$$\frac{S_i}{S_1}\approx\frac{D_i}{D_1}$$

所以第 i 城市市场的需求率近似为

$$D_i\approx D_1\cdot\frac{S_i}{S_1}$$

因城市 1 的市场需求率为 0.09,其他各城市销售率也可根据上表中的数字算出,代入上式,即可得到各地市场的需求率。计算结果见表 9.5。

(四)计算需求量

根据各城市市场的需求率和就业人数,就可计算出各地市场的需求量预测值。有关计算见表 9.5。

表 9.5 明年各城市的商品需求量预测表

城市	去年实际销售量 Y(件)	就业人数 n(万人)	销售率 Y/n	销售率比 S_i/S_1	需求率 D	明年需求量 $D\times n$(万件)
1	320 000	400	8	1	0.09	360 000
2	60 000	50	12	1.5	0.135	97 200
3	90 000	72	8	1	0.09	64 800
4	80 000	63	7.875	0.98	0.088	55 448
5	400 000	307	7.675	0.96	0.086	384 000
合计	950 000	892	—	—	—	961 448

由表中计算可知，明年第1～5个城市的该产品的需求量分别为：360 000，97 200，64 800，55 448，384 000件，共计961 448件。当然对这些预测值还需要进一步做出综合分析判断，通过调整后确定出最后的预测值。

第四节 类比法

一、类比法的含义

类比法是指遵循类比原则，把预测对象与和其同类的或相似的先行事物加以对比分析，来推断预测对象未来发展趋向与可能水平的一种预测方法。具体说，类比法就是根据事物、市场及其环境因素的相似性，从一个已知的事物、市场及其环境因素的发展变化情况出发，类比推测其他类似的事物、市场未来的变化趋势的一种判断分析预测方法。类比法的突出特点就是要求预测对象与类比对象具有类比性、相似性或近似性。

由于市场中存在着许多类似的现象和问题，它们的变化规律非常相似，或者有着共同的变化特征。人们利用这些共同点或相似性，从已知的一个问题的变化情况去推断另一个未知问题的变化趋势。如当企业要投入一种新产品的生产和销售时，因新产品不可能有历年的销售资料，无法进行历史数据变化规律分析，这时可以用同类型或相近似的产品的历史与现实资料类比、推断，从而预测新产品的生产和销售情况，也就是说用类比法进行预测。

正是由于类比法可从已知事物或现象推断未知事物和现象的特征，使其在市场预测中具有广泛的应用性，而且手段简便，适用性和论证性强，对企业来说是一种极为有效的预测工具。

但是，从另一方面来说，类比法的应用广泛性和灵活性特点，对一些市场现象了解不深的预测者来说，却容易出现较大的预测偏差。另外，类比法所得出的结论有一定的偶然性。类比只是类比，类比不等于雷同。关于某一类对象自己有一套定理体系，类比到另一类对象时，有些命题的真假性被破坏是不足为奇的。所以，运用类比法进行预测，要求预测人员具有丰富的实践经验，对预测目标及其关联内容有深刻的了解和透彻的研究，掌握比较全面的有关信息资料，有较强的分析、综合、逻辑推理能力，积累有关对象的共同属性，抓住事物的本质联系。只有这样，才能保证预测结果符合市场变动的实际规律，为企业的市场运作提供真实可靠的依据。

二、类比法的类型

在市场预测中，类比法应用渠道很广，类型很多，有产品类比预测、行业类比预测、地区类比预测等预测法。

（一）产品类比法

产品类比法，是依据产品之间在功能、构造、原材料、规格等方面的类似性，来预测产品市场发展中可能出现的某些相似性。

产品类比预测法，主要用于对新产品的销售状况预测。比如，我们可以根据第五代计算机与第四代计算机的相近性，据此以第四代计算机的发展规律，推断预测出第五代计算机市场的大致发展趋势；也可以根据4G手机的变化趋势，来推测5G手机的市场需求变化规律等。由于新产品无历史销售规律可借鉴，直接将其投入市场，有着很大的盲目性，所以通过同类产品的销售情况类比，可使企业把握新产品的整个销售过程，如新产品的市场前途、市场占有率的变动趋势，以及产品的市场生命周期等。掌握这些情况，对企业经营来说是极为有利的。所以，用类比法来预测新产品的发展方向和变化趋势是一种非常简便而有效的预测方法。

(二)行业类比法

很多产品的发展是从一个行业市场开始，逐步向其他行业推广，而且每进入一个新行业，往往要对原来的产品作一些改进或创新，以适应新行业的市场需求。根据这一点，运用行业类比法对产品的新行业市场进行预测，有一定的可靠性。比如，根据办公家具的应用发展情况，来预测家用家具的市场销售变化情况。

(三)地区类比法

事实上，同类产品的市场不仅在同行业之间存在着时差，而且在不同地区之间也存在着明显的领先滞后关系。因此，预测者可以根据依靠领先地区的市场变化规律，来类比预测滞后地区市场的变化。比如，我国高科技产品中的计算机、DVD、数码相机、手机等，总是最先在上海、北京、深圳等地盛行，然后才在全国其他大城市推广。所以对于这些高科技产品，我国内陆地区可以根据上海、北京、深圳的发展规律，来类比推测滞后本地区高科技产品的可能变化情况。我国产品的地区性发展，一般是先沿海，后内陆；先城市，后农村；当然，运用地区性类比预测法，也必须考虑不同地区市场需求的差异性。

此外，地区类比法还有一种很重要的形式，就是两个国家情况类比预测，即根据领先国家的市场发展情况，类比预测滞后国家的市场发展情况。当然，这种类比推测更为复杂，难度更大，精确性也要低一些。两个国家类似产品的预测，不仅要考虑人口、风俗习惯、宗教信仰、文化和消费心理，还必须考虑两个国家的经济增长、经济结构、经济体制、政治制度和法律法规等方面的差异。比如，预测 4G 手机在我国的发展状况，就可以参照日本、美国或德国的 4G 手机的发展规律。但是，如果在这种类比预测中不注意我国具体国情，如我国政府对手机生产销售政策、居民的收入水平及消费心理等，那么这种预测就会出现很大偏差。

三、运用类比法应该注意的问题

(1)要充分考虑不同空间市场的相似程度与差异程度，不能简单地将一个空间市场的现象或变化套用到另一个空间市场的现象或变化上面。

例如，不能把计算机在美国的销售规律直接用做在我国的销售趋势上。这是因为，各种产品或各个区域都存在着一定的差异，所以不能只注意类比对象某一方面或某几方面的相似性，还应考虑不同空间市场对其影响，需要对类比的程度加以调整和修正，从而提高预测值的精确度。

(2)要注意类比对象的时间跨度，原用作类比依据的产品可能在数十年前就已投入市场，而新产品虽然与老产品基本功能可能相近，但投入市场的时间却相差太久，那么新产品未来的变化规律就未必与老产品的相似。所以我们不能简单地沿用老方法或手段进行市场预测。

四、类比法的应用

【例 9.4】 某生产商生产的产品 A，在 6 年中的市场销售额的历史统计资料如表 9.6 所示。以此资料来分析类比该企业的产品 A 改进后的新产品 B 在 2012 年投入到原有市场后的销售发展趋势和销售量。

表 9.6 产品 A 的销售量资料

年份	2006	2007	2008	2009	2010	2011
销售量(百万件)	3.2	3.40	3.74	4.56	6.43	11.77
环比指数	1.00	1.06	1.10	1.22	1.41	1.83

根据销售量数据，可以求出环比指数，如表中第三行所示。并可画出产品A的销售量变化曲线图，如图9.1所示。

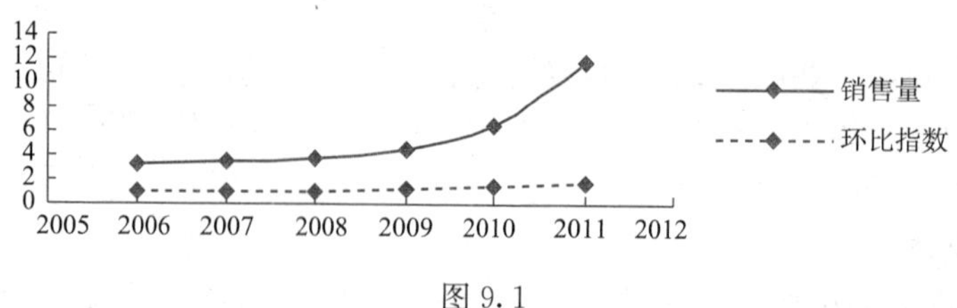

图9.1

由图9.1分析看出，产品的销售量呈逐步增长的趋势，其增长幅度分为三阶段：前两年，增长幅度在4%～6%之间，第三年增长幅度为10%，最后三年增长速度几乎成倍变化。因此，产品A的销售量变化规律为，前两年为企业寿命周期的诞生期的前段，前两年属诞生期后段，从2009年起，开始进入成长期。

根据企业的市场研究资料，产品B与产品A的核心产品基本相同，其目标市场依然是A产品的目标市场，但B产品改进了花色和款式，估计其目标顾客喜欢的程度能够提高50%，而且该市平均家庭收入2011年比2006年增长100%，但生产成本将会增加20%。综合考虑上述情况，估算出产品B的销售量可能是产品A的销售量的2.5倍。因此根据产品A的发展规律类比预测产品B的销售情况。

2012年产品B的销售量预测值为

$$3.2\times2.5=8(\text{百万件})$$

2013年产品B的销售量预测值为

$$8\times1.06=8.48(\text{百万件})$$

第五节　预警指标预测法

一、预警指标预测法的含义

预警指标是指预先向企业或有关部门发出预警信号的经济变量指标。预警指标预测法就是运用多个预警指标构成的指标体系的变化来分析判断市场未来发展变化趋势的方法。

企业进行市场预测，不仅要注意企业本身的生产经营状况和产品本身的生产和销售情况变化，而且还要注意整个经济形势的变化对市场的影响。因为，企业是处于一定的市场环境和经济环境中的，经济形势的变化必然会对市场、企业产生影响，而且这种影响有时表现得非常突出。如有时市场上商品销售量停滞或下降(有时是普遍性的，有时是某个行业的)，这并不是由商品的生产质量、商品的销售手段或商品本身等方面所引起的，而是由众多预警指标反映出的经济形势所决定的。所以企业在市场预测中应注意宏观指标的变化，根据各种指标之间所反映的经济变化规律来进行预测，或修正、调整用其他方法得到的市场预测值。

预警指标预测法的主要做法是在研究分析历史经济形势波动的主要原因和特点的基础上，设计预警经济指标体系(或给出预警界限)。当体系内的市场、预警经济指标发生变化时(或超过这一界限时)，预示近期内的经济形势或市场行情运行可能发生重大变化，这时企业或其他机构应注意并考虑采取相应的对策。预警指标预测法的最突出的特点是简单、迅速、敏感、直观地反映市场、经济形势的波动。

二、预警指标预测法的作用

预警指标预测法主要用于市场景气情况的预测。市场并不总是沿着完全平衡的路径运行的，宏观经济的增长或下降引起的市场变化常常呈现出波动发展的趋势。市场波动是经济和市场发展中的不稳定因素，它严重阻碍着市场、经济的正常进行。影响着企业的发展。但从另一方面来说，市场的这种波动现象又是市场发展中必然存在的，它是宏观经济政策与市场需求、企业运作、科技发展等因素相互作用的结果，是对市场和经济的一种修正和调节。市场景气情况的预测就是对这种波动规律进行的预测。这对企业的经营决策(或国家宏观经济管理、调控)是十分重要的。

首先企业通过分析市场景气情况，能了解整个市场变化对企业经营活动的影响。现今，处于信息社会的现代企业是一个开放系统，其生产经营活动总是在一定的市场环境中进行，与市场环境的各个方面有着千丝万缕的联系，宏观经济环境的变化，市场景气情况如何，必然会对企业经营决策产生影响。企业决策层如果不研究未来市场的变动趋势，不免会做出错误的决策，使企业遭受损失，甚至危及企业的生存。同样企业预测人员，如果不注意分析宏观经济和市场的变动情况，就有可能使企业的销售预测发生趋势性错误，同样对企业产生严重的后果。可见，市场景气情况预测对企业的重要性显而易见。

其次，企业利用景气情况预测能比较准确地把握未来市场发展的趋势，在市场行情发生重大转折前，及时发出预警，并能对自己的预测目标做出调整。

最后，企业利用景气情况预测，能正确评价当前市场运行的状态，市场形势的程度或正常与否，从而为预测者提供企业具体预测项目的依据。

三、预警指标预测法的具体方法

预警指标预测法主要有两种方法:领先落后指标预测法和扩散指数预测法。

(一)领先落后指标预测法

领先落后指标预测法，是根据经济发展有关预警指标的变化同市场变化之间在时间上的先后顺序，来分析、判断、预测市场发展前景的一种预测方法，

市场是宏观经济的综合反映，宏观经济发展中的许多经济指标的变化，都会先后影响市场的变化趋势，进而影响到企业的生产经营活动。当一个国家经济发展繁荣，市场需求旺盛时，企业就景气，当国家经济增长缓慢，市场疲软时，企业就不景气。所以市场或企业的经济运行是否景气，可以用一系列的预警指标来衡量。通常按照经济发展指标同市场变化的先后时间顺序来划分，大致分为 3 大类:领先预警指标、同步预警指标和落后预警指标。领先落后指标预测法是运用不同预警指标的时间先后顺序特点对市场的不同影响进行市场预测。

1. 领先预警指标

领先预警指标，又称先行预警指标。在时间顺序上，领先预警指标的变化是先于市场变化的，即经济指标先变动，过去一段时间后，市场才随之发生变化。例如，建设计划中基建投资的增加，企业研究开发项目的投入，住宅建筑拨款的增加等，都是经济指标变动在先，市场变化在后。在基建过程中固然会引起对建筑材料和个人消费品等市场需求量的增加，但更重要的是可以预见到，经过基建过程，基建项目的投产或企业研究开发项目的实现后，能够为市场提供更多的商品资源，可能引起市场商品供应量的增加。同时，基建项目竣工使用后，又会引起家具、装修材料及其他有关商品的需求量的迅速上升等。在市场领域，这种具有领先特征的经济指标有很多，如商品价格是市场需求量的领先指标，货币发行量是通货膨胀的领先指标，家电

销售量是民用电量的领先指标，合同订单数是市场景气的领先指标等。其他如价格指数、人口增加数量等，都对市场需求量的增减起到预先警示的作用。

领先预警指标预测就是利用领先预警指标的预先警示作用预测市场的未来变化趋势。各类企业通过市场调研，掌握并分析领先指标的变动程度及其方向，是对市场景气情况预测的重要内容。领先预警指标也是企业经济运行景气指标系统中的一项重要指标。

2. 同步预警指标

同步预警指标，又称一致预警指标。在时间上，这类指标的变动与市场的变化几乎同时发生。如国家对银行存款利率的提高，在公布的当天就会引起股票市场价格的下降。又如农副产品的收购价格的上升，会促使农业和生产单位迅速改变对农副产品自给部分与商品部分的分配比例，从而使当年市场的农副产品供应量有较大的增加；有些商品的批发价格变动，会立即涉及零售价格的变化，以至快速影响到市场需求量的变化等。也就是说，前者的变动与后者经济活动的变化，几乎是同时发生的，这就是同步指标的预测作用。

3. 落后预警指标

落后预警指标，又称迟行预警指标、滞后预警指标。这类经济技术的变动在时间上落后于市场经济活动。如，以分期付款方式销售汽车、商品房、高档家用电器等价值较高的耐用消费品，市场需求及市场商品价格发生变化，而当这些耐用消费品的分期付款到付款期限时，消费者为支付到期货款而动用存款，将使银行储蓄减少，就是市场需求及市场商品价格先行变化，而与之相关的预警指标（银行存款指标）是经过一段时间后才发生变化。

企业分析各项经济指标在时间上同市场变化之间的规律性，并通过市场调研深入了解各项经济指标的发展变化，能够预测企业未来的变化及其发展前景。

(二)扩散指数预测法

1. 扩散指数预测法的含义

扩散指数预测法是根据一批领先经济预警指标的升降变化，计算出上升指标的扩散指数，以扩散指数为依据来判断市场未来的景气情况。这里的“扩散”，是指不局限于运用某个或某几项经济指标，而是扩散到一批经济指标，即运用一批经济预警指标的变化来预测市场未来的发展趋势。所以，扩散指数法是经济变化和市场行情运行的晴雨表，它比任何单一指标都更具有可靠性和权威性。

2. 扩散指数法的应用步骤

(1)选择一批领先预警指标。运用扩散指数法进行预测时，要预先选择能反映整个市场景气情况的领先预警指标，设为C个。

(2)收集领先预警经济指标的有关数据，明确其是上升还是下降。主要是在对各个经济指标循环波动进行测定的基础上，确定在某一时点上呈现上升趋势的指标(“+”号指标)的个数，设为A个。

(3)计算扩散指数。

$$\mathrm{DI}=(A/C)\times 100\%$$

(4)根据扩散指数对市场未来的景气情况进行判断。根据国外的经验：

当$\mathrm{DI}>50\%$时，表示市场处于上升状态，即市场未来会出现景气状况。

当$\mathrm{DI}=50\%$，便认为市场已到达转折点，即市场未来的发展由上升而转入下降，或由下降而转入上升。

当DI<50%时，表示市场处于下降状态，即市场未来会出现不景气状况。

如，某城市研制了一套经济监测系统，经济预警指标总数为30个，上个月应用此系统得出扩散指数为58%。本月监测发现，这些指标中有20个呈现上升趋势。根据扩散指数计算公式，即可得本月的扩散指数为

$$DI=\frac{A}{C}\times 100\%=\frac{20}{30}\times 100\%=67\%$$

由此判断，该城市经济上升指标数大于下降指标数，市场仍处于上升状态，处于景气空间的前期，下期市场仍将上升。

用扩散指数法进行预测，首先必须建立一套景气预警指标体系。然后才能根据这套系统监测的结果，再通过以上的分析，最后得出市场是否景气的结论。

从宏观方面来看，建立在经济周期理论上的景气预警指标体系，是美国经济学家最早开始使用的，其主要目的是用于研究经济周期的波动。这种方法后来在发达国家得到普遍的运用。不过，由于在建立景气预警指标的内容和方法上的差异，各国的景气动向信息缺乏可比性。我国也用一套指标体系(我国的宏观经济监测指标体系始建于1985年)来预测国家的宏观经济发展状况，如“中经产业景气”指数。

“中经产业景气”指数简称“中经”指数，是由经济日报社中经产业景气指数研究中心和国家统计局中国经济景气监测中心共同研究编制。依托经济日报社和国家统计局各自在中国经济领域的权威视角，跟踪监测、前瞻预警国民经济重点行业领域的运行状况，及时挖掘报道行业领域中的新情况、新问题，着力搭建一个行业景气发展态势持续监测及信息发布的高层平台，打造一个有影响力的准确预测判断行业发展态势的数据产品品牌，以期为中央政府、行业主管部门、广大工商企业提供科学的决策依据。

“中经指数”包括国民经济重点行业，如钢铁、纺织、装备制造、煤炭、石化、电力等，于2009年4月陆续推出，并固定发布。

“中经指数”是一个指数体系。各产业指数都包括景气指数(以行业生产、销售、利润、就业、投资等主要经济指标合成)、预警指数(以10个左右行业先行指标合成，反映行业发展态势)，以及用红、黄、绿、浅蓝、蓝色灯号直观描述行业经济冷热状况的行业预警灯号。

“中经指数”以《经济日报》为首发平面媒体，中国经济网为首发网络媒体，按季度发布各产业景气指数和报告。具体时间为当年度1月、4月、7月、10月的下旬。相关产业遇特殊情况，在具备数据支持的情况下，发布频率可调整为月度发布。

目前该指数包括“中经”扩散指数和“中经”合成指数两个系列，每个系列分别由先行、一致和迟行3类指数组成。

“中经”指数的先行指标为：钢产量、水泥产量、化肥产量、10种有色金属产量、国家银行企业存款、国家银行短期贷款余额、出口商品总值。

“中经”指数的一致指标为：工业总产值、社会消费品零售总额、银行工资性现金支出、预算内工业销售收入、狭义货币、进出口总额、基建投资额。

“中经”指数的迟行指标为：财政预算支出、商品零售物价总指数、海关进口总额、国家银行商业贷款。

“中经”扩散指数(DI)反映不同时点上升指标的比例，如果DI低于50%，则表示构成DI指数的经济指标中有半数以上出现下降；，反之，则表示经济活动上升。当DI曲线从上往下穿

越50%线时，表示经济运行已经超过景气的“峰”，开始进入“收缩”阶段；反之，DI曲线从下向上穿越50%线时，则表示经济景气由“谷”开始回升。该指标的特点是，能够反映景气在各部门的涉及和渗透，较准确地反映我国经济波动中的转折点，但不能反映景气变动的幅度。

对企业进行市场预测来说，“中经”指数是一些非常有价值的宏观经济状况指标。通过观察研究这些指数，可把握国家经济和全国市场的变化动向，这对企业具体项目的预测是非常有参考价值的，而且对企业的市场运营也有很重要的提示作用。当然，多年在市场中运营，并对市场研究具有一定实力的企业，可建立一套企业所在地区或所属行业的经济指标监测体系，从而对企业运作的具体市场领域进行市场景气情况的分析和判断，这就更具针对性和准确性了。但对一般企业来说，借用“中经”指数来判断市场景气情况，不失为一种节时省力的好方法。

典型案例

扩散指数法的应用

一、指标的选择及其分类

某石油企业经济预警先行指标为固定资产投资额、新建原油生产能力、开发井口数；一致指标为原油产量、工业增加值、工业总产值、税费总额；滞后指标为：工业全员劳动生产率、工资增加值率、资本收益率。

二、计算扩散指数

该石油企业2010—2012年的指标变化如表9.7所示。

表9.7　石油企业扩散指数

年份	先行扩散指数	一致扩散指数	后滞扩散指数
2010	35%	50%	0
2011	0	33%	33%
2012	0	33%	33%

三、作出预测

把表1中的有关扩散指数与理论上的扩散指数经济监测预警信号系统进行比较，即可对该石油企业未来趋势做出预测。

由表1的扩散指数值可以看出，：该油田2010—2012年先行扩散指数分别为35%、0、0，已连续3年小于50%，同时一致扩散指数也连续2年小于50%，滞后扩散指数2011和2012两年仅为33%，远小于50%，由此可以说明油田生产经营形势转入低谷期，说明该油田经过多年的开发，无后备储量接潜，投资工作量、原油产量逐年减少、企业效益也将逐年下降。

（资料来源：作者根据杂志文章改写，原文见杨宗英，陈晓丽．扩散指数法在石油企业景气预测中的应用．当代经济．2007年第5期（下））

案例讨论题：

(1)上述案例中的指标的选择及分类是否科学？

(2)用扩散指数法预测石油企业的景气状况是否恰当？为什么？

(3)案例中的预测步骤是否科学？

实训题

(1)你自己将来打算在哪个行业就业呢？调研目前该行业的经济景气指数，试分析这些指标意味着什么。

(2)初步预测你选择的这个行业的发展前景。提示：除自己分析外，还可以聆听这方面专家或从业人员的预测意见。

(3)运用类比法预测你工作后十年内的发展状况。选择一个你比较了解的十多年前和你在专业、性格、家庭背景、能力、优势与劣势等方面极为相似的前辈，仔细调研分析他(她)工作后十年内的工作表现及成绩，分析他(她)这十年工作的时间、空间与你将来十年工作的时间、空间差异对你工作状况的影响大小，结合以上两方面的调研与分析预测你工作后十年内的表现及成绩。

第十章　时间序列分析预测法

天津东方化工厂近 11 年的产品销售额如表 10.1 所示。

表 10.1　产品销售额　　单位:万元

年份	2001	2002	2003	2004	2005	2006	2007	2008	2009	2010	2011
销售额	300	340	380	410	430	420	453	457	561	565	600

现在需要预测 2012 年的产品销售额,以便制定生产与销售计划,用什么预测方法是最恰当的呢? 是时间序列分析预测法吗?

第一节　时间序列分析预测法概述

一、时间序列概述

(一)时间序列的含义

系统中某一变量或指标的数值或统计观测值,按时间顺序排列成一个数值序列,就称为时间序列,又称动态数据,如表 10.2 所示。时间可以是以周、月、季度和年等为单位。

表 10.2　某市 6 年来的汽车货运量　　单位:亿吨千米

年份	2006	2007	2008	2009	2010	2011
一季度	4.77	6.38	7.46	10.34	8.48	10.39
二季度	6.16	8.06	6.37	10.45	8.15	10.48
三季度	5.04	9.64	8.46	9.54	9.43	12.23
四季度	5.13	6.83	8.89	8.27	9.67	10.98

(二)时间序列的种类

1. 绝对数时间序列

绝对数时间序列是指由绝对指标所构成的序列,可以反映经济现象的绝对水平和规模的发展变化过程和趋势。

2. 相对数时间序列

相对数时间序列是指由相对指标所构成的序列，可以反映经济现象数量对比关系的发展变化过程和趋势。

3. 平均数时间序列

平均数时间序列是指由平均数指标所构成的序列，可以反映经济现象一般水平的发展变化过程和趋势。

(三)时间序列的编制原则

保证各期指标数值的可比性，是编制时间序列的基本原则。具体来说，要注意以下问题：

(1)时间长短应尽量统一。时间数列中，指标值的大小与时间长短有直接的关系。

(2)总体范围应一致。如:行政区划、隶属关系。

(3)计算口径应统一。计算方法、计量单位等要统一，如:劳动生产率可按实物量或价值量计算。

(4)指标含义和经济内容应一致。如:国土法国民收入和国民法国民收入。

(四)时间序列的基本模式

时间序列模式，是指时间序列所反映的某种可以识别的事物变动趋势形态。某种经济变量的时间序列模式，是受各种不同因素同时作用后的综合结果。利用时间序列分析法进行预测，首先要分析时间序列的模式，根据数据模式所反映出来的规律性，来选择恰当的预测方法进行预测。

1. 趋势变动型模式

趋势变动型模式的表现是:时间序列在一段较长的历史时间内呈现出持续上升或者下降或者保持水平变化的趋势，这种变动表现为一种长期趋势，呈现出水平趋势、直线上升趋势、直线下降趋势、曲线上升趋势、曲线下降趋势。一般长期趋势变动量用 T 表示。趋势变动型模式典型形态如图 10.1 所示。

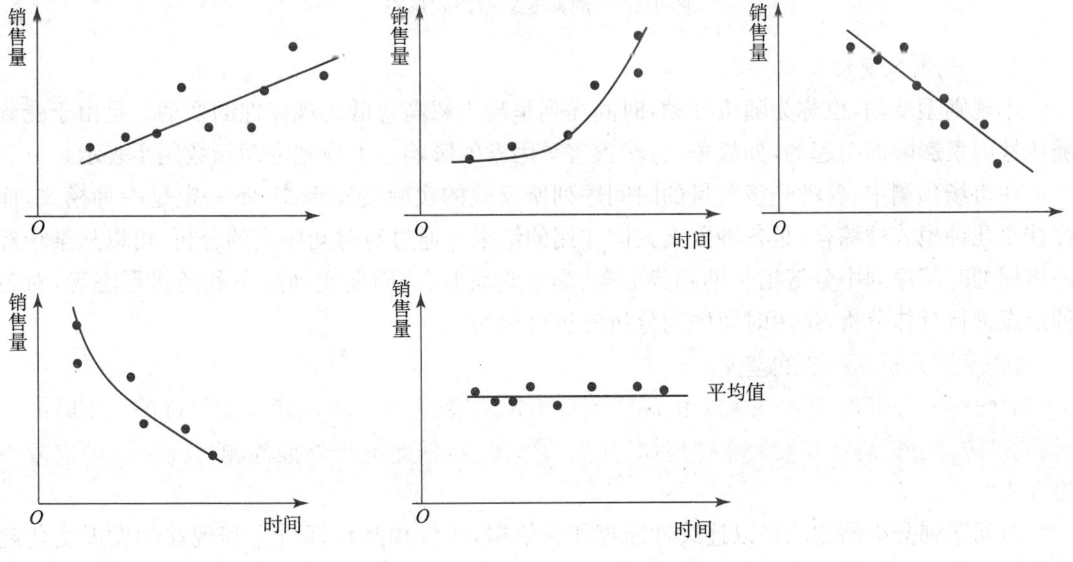

图 10.1　趋势变动型模式形态

2. 季节变动型模式

季节变动型模式是时间序列按照季度、月份排列，以一年为一个周期，呈现出随着季节的变化，每年反复地有规则地变动形态。季节变动指数用 S 表示。图 10.2 所示为典型的季节变动型模式形态。

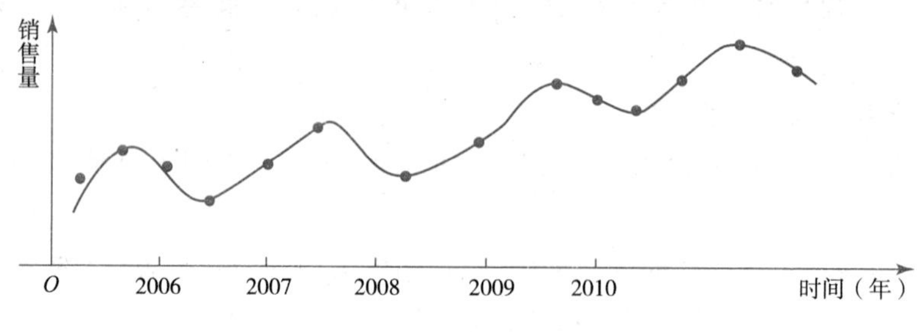

图 10.2 季节变动型模式形态

3. 周期变动型模式

周期变动型模式也称循环型模式，是指时间序列在为期较长的周期内(1 年以上至数年)，呈现出有规则的交替循环变动形态。循环变动指数用 C 表示。图 10.3 所示为典型的周期变动型模式形态。

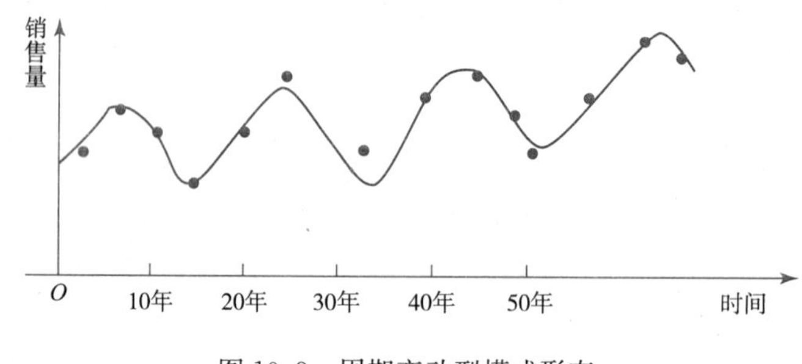

图 10.3 周期变动型模式形态

4. 不规则型变动模式

不规则型变动，也称为随机变动，时间序列呈现出忽高忽低无规律性的变动。是由于受到随机性因素影响而引起的，如战争、自然灾害等因素的影响。不规则变动指数用 I 表示。

在市场预测中，各种经济变量的时间序列所反映的实际变动形态，不一定是一种模式，而往往是几种模式的综合，是各种因素共同作用的结果。通过对时间序列的分析，可以从某个经济指标的时间序列中分解出长期趋势形态、季节变动形态、周期变动形态和随机形态等，对各种形态进行具体分析，运用时间序列分析法进行预测。

二、时间序列分析预测法的含义

时间序列分析预测法，又称为时间数列分析预测法，它是一类利用预测目标的历史时间数据，通过统计分析研究其发展变化规律、建立数学模型，据此进行外推预测目标的一种定量预测方法。

时间序列分析预测法是以连续性原理作为依据，假设预测目标过去和现在的发展变化趋势仍然会按照原来的样式延续到未来，它撇开了事物发展变化的因果关系，只是从预测目标的时间序列统计数据中找出其自身的发展变化规律，并根据这一规律来推断其未来的发展变化趋势,做出定量的预测。

三、时间序列分析预测法的基本原理

时间序列分析预测法是根据某个经济变量的时间序列,依据惯性原理,通过统计分析或建立数学模型进行趋势外推,以对该经济变量的未来可能值做出定量预测的方法。

时间序列分析预测法依据的是惯性原理,所以它建立在某经济变量过去的发展变化趋势的基础上,也就是该经济变量未来的发展变化趋势是假设的。然而,从事物发展变化的普遍规律看,同一经济变量的发展变化趋势在不同的时期是不可能完全相同的。这样,只有将定性预测和时间序列分析预测有机结合在一起,才能收到最佳效果,即首先通过定性预测,在保证惯性原理成立的前提下,再运用时间序列分析预测法进行定量预测。

四、时间序列分析预测法的步骤

(1)收集历史数据,编制时间序列。

(2)将时间序列数据画成坐标图,确定数据变动趋势的类型。

(3)选择恰当的预测方法,建立预测模型。

(4)测算预测误差,最终确定预测结果。

时间序列分析预测法包括平均预测法、指数平滑预测法、季节指数预测法和趋势延伸预测法。

第二节 平均预测法

平均预测法就是利用时间序列数据的平均数进行市场预测的时间序列分析法。分为简易平均法和移动平均法两大类。

一、简易平均法

简易平均法是用一定观察期时间序列的数据求得平均数,以平均数为基础确定预测值的方法。简易平均法包括算术平均法、加权平均法、几何平均法等。

(一)算术平均法

算术平均法在实际运用中有两种方式:

(1)以预测目标的历史时间序列的平均数,作为预测期的预测值的一种预测方法。

设一组时间序列为 $y_1, y_2, y_3, \cdots, y_n$。算术平均数的公式为

$$\bar{y} = \frac{\sum_{i=1}^{n} y_i}{n}$$

式中:$\bar{y}$ 为算术平均数,即预测值;y_i 为第 i 期的观察值;n 为时间序列的期数。

【例 10.1】 某商店 2012 年 1~6 月份的销售额依次为 50,52,48,55,60,65 万元,预测 7 月份的销售额。

$$\bar{y} = \frac{\sum_{i=1}^{n} y_i}{n} = \frac{50+52+48+55+60+65}{6} = 55(\text{万元})$$

即 2012 年 7 月份的销售额为 55 万元。

在数据的时间序列表现出水平型趋势即无显著的趋势变化和季节变动时,才能采用简易

平均法进行预测。世界上第一个股票价格平均——道琼斯股价平均数在 1928 年 10 月 1 日前就是使用简易平均法计算的。

(2)以最近观察值加上平均增长量作为预测值。当时间序列中的数据呈现出一种趋势性变动的时候,如果其增长量大致相同时,则运用此种方式进行预测。

设一组时间 $y_1, y_2, y_3, \cdots, y_n$。

第一步:计算观察期内各期的增加量 ∇y_t, $\nabla y_t = y_t - y_{t-1}$。

第二步:计算各期增长量的平均值 $\overline{\nabla y_t}$

$$\overline{\nabla y_t} = \frac{\sum_{t=2}^{n} \nabla y_t}{n-1}$$

第三步:进行预测。预测模型为

$$\hat{y}_{t+1} = y_t + \overline{\nabla y_t}$$

【例 10.2】 某公司广告投入额历史资料如表 10.3 所示,预测第 8 期的广告投入额。

表 10.3　广告投入额　　单位:万元

期数	广告投入额 y_t	增长量 ∇y_t
1	100	—
2	105	5
3	110	5
4	116	6
5	122	6
6	127	5
7	133	6

$$\overline{\nabla y_t} = \frac{\sum_{t=2}^{n} \nabla y_t}{n-1} = \frac{5+5+6+6+5+6}{6} = 5.5$$

$$\hat{y}_{t+1} = y_t + \overline{\nabla y_t} = 133 + 5.5 = 138.5$$

即第 8 期的广告投入额为 138.5 万元。

算术平均法将远期数值和近期数值在预测未来中的作用同等看待,但从预测角度看近期的数值要比远期的数值对未来有更大的作用。因此算术平均法预测的结果不够准确。

(二)加权平均法

在市场预测中,时间序列中的每期数据对预测值的影响程度是不同的,近期数据包含着更多关于未来情况的信息。而算术平均数法只反映一般的平均状态,不能体现重点数据的作用。加权平均法,是根据时间序列中每期数据的重要程度的不同分别加以不同的权数,其加权平均数作为预测期的预测值。

1. 加权平均法的预测公式

设一组时间序列为 $y_1, y_2, y_3, \cdots, y_n$;$w_1, w_2, w_3, \cdots, w_n$ 为相对应的权数。加权平均数的公式为

$$\bar{y} = \frac{\sum_{i=1}^{n} y_i w_i}{\sum_{i=1}^{n} w_i}$$

式中：$\bar{y}$ 为加权平均数，即预测值；y_i 为第 1 到第 n 期的观察值；w_i 为第 1 到第 n 期的权数；n 为时间序列的期数。

2. 加权平均法中权数的确定

加权平均法进行预测，关键在于确定适当的权数。权数的确定主要是根据时间序列的波动情况、预测者对预测目标未来变化趋势的定性分析及经验。一般来讲，距离预测期较近的观察值给以较大的权数，距离预测期较远的观察值给以较小的权数。采用的形式为：第一，等比数列；第二，等差数列；第三，令 $\sum W=1$；第四，根据时间序列中每个数据的重要程度的不同分别加以不同的权数。

3. 加权平均法的应用

【例 10.3】 某企业 1～6 月的销售额如表 10.4 所示，预测 7 月份的销售额。

表 10.4　某企业销售额　　单位：万元

月　份	1	2	3	4	5	6	7 月份预测值
观察值	26	27	24	28	26	25	25.9(万元)
权重(w_i)	1	2	3	4	5	6	

$$\bar{y}=\frac{\sum_{i=1}^{n}y_iw_i}{\sum_{i=1}^{n}w_i}=\frac{26\times1+27\times2+24\times3+28\times4+26\times5+25\times6}{1+2+3+4+5+6}\approx25.9(\text{万元})$$

即该企业 7 月份的销售额为 25.9 万元。

(三)几何平均法

当预测目标的历史时间序列的逐期环比速度大致相同时，我们可以用几何平均法计算出平均发展速度，以此为基础求出预测期的预测值。

设一组时间序列为 $y_1,y_2,y_3,\cdots y_n$，其环比发展速度分别为 $G_1,G_2,G_3,\cdots,G_{n-1}$。几何平均数的公式为

$$\bar{y}_g=\sqrt[n-1]{\frac{y_2}{y_1},\frac{y_3}{y_2},\frac{y_4}{y_3},\cdots,\frac{y_n}{y_{n-1}}}$$

式中：$\bar{y}_g$ 为几何平均数；$y_1,y_2,y_3,\cdots y_n$ 为第 1 到第 n 期的观察值；n 为数据的期数。

求预测值的公式为

$$\hat{Y}_{t+T}=Y_t\cdot\bar{y}_g$$

式中：$\hat{Y}_{t+T}$ 为预测值，若求下期预测值，则 $T=1$；Y_t 为最后一期观察值。

【例 10.4】 现有某服装企业近 9 年女装销售额资料(见表 10.5)，根据时间序列计算环比发展速度，并预测该企业 2012 年的女装销售额。

表 10.5　某服装企业近 9 年女装销售额统计表

年份	销售额 y_t（万元）	环比发展速度 $G_{n-1}=\frac{y_n}{y_{n-1}}\Big/(\%)$
2003	412	
2004	450	109.2

续上表

年份	销售额 y_t（万元）	环比发展速度 $G_{n-1}=\frac{y_n}{y_{n-1}}\Big/(\%)$
2005	476	105.8
2006	511	107.4
2007	552	108.0
2008	597	108.2
2009	650	108.9
2010	710	109.2
2011	770	108.5

(1)对观察值计算环比发展速度(环比指数)，见表 10.5。

根据计算出的环比发展速度看，其值在 108%左右变化不大，断定可以用几何平均数预测法。

(2)求几何平均数。

$$\overline{y}_g=\sqrt[8]{1.092\times1.058\times\cdots\times1.085}=1.081(108.1\%)$$

(3)建立预测模型并预测。

$$\hat{Y}_{t+1}=\hat{Y}_{2011+1}=\hat{Y}_{2012}=\hat{Y}_{2011}\cdot\overline{y}_g=770\times1.081=823.37(\text{万元})$$

即该企业 2012 年的女装销售额为 823.37 万元。

二、移动平均法

移动平均法是在算术平均法的基础上发展起来的，这种方法以近期实际数据为依据，每次将最近的 n 个周期的数据进行算术平均，逐期向前移动，每移动一次，增加一个最新周期的数据，同时舍去原来一个最旧周期的数据，再进行算术平均，并以最新的算术平均值作为下一个周期的预测值。

移动平均法不仅是移动着求时间序列中一定数量数据的平均值构成新时间序列，而且能够较好地修匀时间序列，消除时间序列中不规则变动或季节变动。这种方法常用于修匀历史数据，揭示变动趋势，因此在社会公共管理领域的预测中得到广泛的应用。常用的移动平均法有一次移动平均法、加权移动平均法、变动趋势移动平均法和二次移动平均法。

(一)一次移动平均法

如果历史数据的变化呈水平模式，即各期数据是围绕着某个稳定值上下波动，则可以利用一次移动平均法进行预测。一次移动平均法又称简单移动平均法，是对时间序列按一定的观察期数，顺序移动，平均只计算一次移动平均数作为预测值。一次移动平均法的预测模型为：

设一组时间序列为 $y_1,y_2,y_3,\cdots,y_n$，跨越期数为 N，则有

$$\hat{Y}_{t+1}=M_t^{(1)}=M_{t-1}^{(1)}+\frac{y_t+y_{t-1}+y_{t-2}+\cdots+y_{t-N+1}}{N}$$

式中：$\hat{Y}_{t+1}$ 为 $t+1$ 期预测值；$M_t^{(1)}$ 为 t 期的一次移动平均值；y_t 为观察值；N 为跨越期数据个数。

【例 10.5】 有这样一组历史销售数据资料，如表 10.6 所示，用一次移动平均法预测第 12 期的预测值。

表 10.6　一次移动平均法计算表　　单位:吨

期数 n	销售量	$N=3$		$N=5$	
		预测值	绝对误差	预测值	绝对误差
1	2 000	—	—	—	—
2	1 350	—	—	—	—
3	1 950	—	—	—	—
4	1 975	1 767	208	—	—
5	3 100	1 758	1 342	—	—
6	1 750	2 342	592	2 075	325
7	1 550	2 275	725	2 025	475
8	1 330	2 133	833	2 065	765
9	2 200	1 533	667	1 935	265
10	2 770	1 683	1 087	1 980	790
11	2 350	2 090	260	1 915	435

第一步:利用已知销售数据资料绘制散点图,如图 10.4 所示。从散点图中可以看出,该组时间序列中的数据是围绕着 2 000 吨这个数据上下波动的,可以利用一次移动平均法来进行预测。

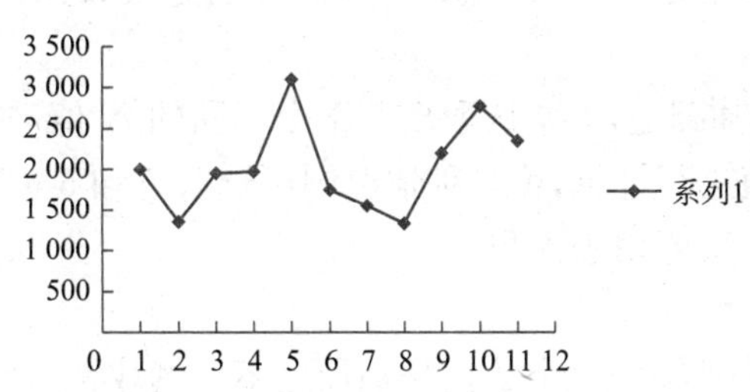

图 10.4　散点图

第二步:选用若干个 N 值($N=3$,$N=5$),计算一次移动平均数及误差,如表 10.6 所示。

第三步:确定 N 值。分别计算平均绝对误差,选择平均绝对误差较小的 N 值。

当 $N=3$ 时

$$|\bar{e}| = \frac{208 + 1\,342 + 592 + 725 + 833 + 667 + 1\,087 + 260}{8} = 5\,714/8 = 714.25$$

当 $N=5$ 时

$$|\bar{e}| = \frac{325 + 475 + 765 + 265 + 790 + 435}{6} = 3\,055/6 = 509.17$$

因为当 $N=5$ 时平均绝对误差较小,故选用 $N=5$ 进行预测。

第四步:绘制拟合图,如图 10.5 所示。

第五步:利用一次移动平均法的预测模型进行预测。

$$\hat{Y}_{t+1} = M_t^{(1)} = M_{t-1}^{(1)} + \frac{y_t + y_{t-1} + y_{t-2} + \cdots + y_{t-N+1}}{N}$$

$$Y_{12} = \frac{1\,550 + 1\,330 + 2\,200 + 2\,770 + 2\,350}{5} = 2\,040(\text{吨})$$

即预测第 12 期的销售量为 2 040 吨。

利用移动平均法进行预测时,恰当地选择跨越期数 N 是十分重要的,也是这种方法的关

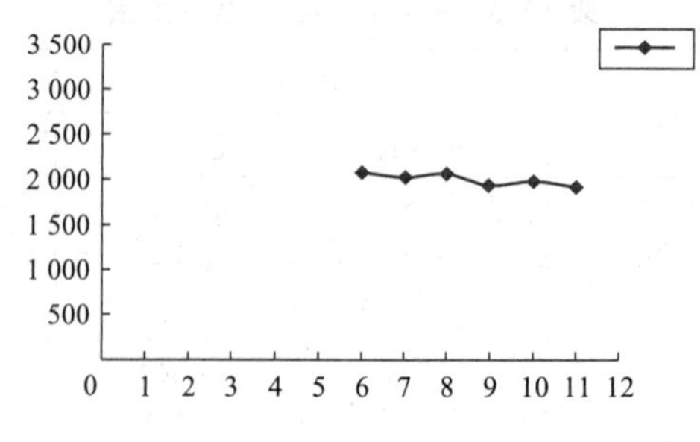

图 10.5　拟合图

键所在。N 的取值一般分 3 种情况：

第一，如果时间序列中含有大量的随机因素，或其发展趋势样式变化较小，即数据模式呈脉冲样式，一般跨越期取得长一些，N 取 7～9。

第二，如果时间序列中含有的随机因素较少，其发展趋势样式有变化的趋势，即数据模式呈阶梯样式，一般跨越期取得短一些，N 取 2～5。

第三，如果时间序列发展趋势呈现出水平样式，其趋势大致保持一个稳定的水平，一般跨越期长短关系不大。

在上述 3 种情况分析基础上，通常选取出若干个不同的 N 值进行计算，比如，第一种情况下可选取 7 和 9 两个 N 值进行计算，第二种情况则可选取 3 和 5 进行计算，通过比较其误差，从中选择误差较小的那个 N 值用于预测。

(二)加权移动平均法

在时间序列中，对于跨越期中每个数据分别加以不同的权数，计算出加权移动平均数作为预测值的一种预测方法。其预测模型为

设一组时间序列为 $y_1, y_2, y_3, \cdots, y_n$，跨越期数为 N，每组跨越期的权数分别为 $w_1, w_2, w_3, \cdots w_n$，则有

$$\hat{Y}_{t+1} = M_t^{(1)} w = \frac{w_1 y_t + w_2 y_{t-1} + w_3 y_{t-2} + \cdots + w_n y_{t-N+1}}{w_1 + w_2 + w_3 + \cdots + w_n}$$

加权移动平均法实际上是加权平均法和移动平均法的组合，可以充分地发挥这两种方法的优点，具体应用是只要按照加权平均法中确定权数的原则恰当地确定权数后，代入上述公式即可进行预测。

(三)变动趋势移动平均法

当时间序列中的数据呈现出一种线性变化时，逐期增长量和逐期增减量不等时，我们可以用变动趋势移动平均法进行预测。具体预测步骤为：

(1)计算预测目标的时间序列的一次移动平均数，并将一次移动平均数放在跨越期的中间位置上。

(2)求出一次移动平均数的逐期增长量。

(3)对逐期增长量求移动平均数，并放在中间的位置上。

(4)利用下面预测模型进行预测。

$$\text{预测值} = \text{最后一个移动平均值} + \text{期数} \times \text{最后一个增加量的移动平均值}$$

上式中的期数是指最后一个移动平均值与预测期的间隔数。

【例 10.6】 某企业前 11 年的销售额数据资料如表 10.7 所示，试用变动趋势移动平均法预测 2011 年的销售额。

表 10.7　变动趋势移动平均预测法计算表　　单位：万元

年份	销售额	一次移动平均值 $M_t(N=3)$	M_t 的逐期增长量	逐期增长量的移动平均值($N=3$)
2000	10			
2001	12			
2002	18	13.33		
2003	19	16.33	+3.00	
2004	21	19.33	+3.00	
2005	20	20.00	+0.67	+2.22
2006	18	19.67	−0.33	+1.11
2007	15	17.67	−2.00	−0.55
2008	19	17.33	−0.34	−0.89
2009	23	19.00	+1.67	−0.22
2010	21	21.00	+2.00	+1.11
2011				

$$\hat{y}_{t+1} = y_{12} = 21 + 2 \times 1.11 = 23.22(\text{万元})$$

即 2011 年的销售额为 23.22 万元。

(四)二次移动平均法

当时间序列呈现出明显的线性增长或下降的变动趋势时，用一次移动平均进行预测时，移动平均值总是滞后于实际值的变化，也就是说会出现滞后偏差，即一定的滞后。因此要进行修正，在一次移动平均值的基础上，再进行二次移动平均，利用两次移动平均的滞后偏差规律，来求得移动系数，建立线性预测模型。

二次移动平均法，是对一次移动平均值再进行二次移动平均，并在最后两个移动平均值(即最后一期的一次移动平均值和最后一期的二次移动平均值)的基础上，求得参数并进行预测。二次移动平均法的预测模型为

$$\hat{y}_{t+T} = a_t + b_t \cdot T$$

式中：$\hat{y}_{t+T}$ 为第 $t+T$ 期的预测值；a_t, b_t 为移动参数；t 为观察期的期数；T 为预测的期数。

$$a_t = 2M_t^{(1)} - M_t^{(2)}$$

$$b_t = \frac{2}{N-1} \cdot (M_t^{(1)} - M_t^{(2)})$$

$$M_t^{(1)} = \frac{y_t + y_{t-1} + y_{t-2} + \cdots + y_{t-N+1}}{N}$$

$$M_t^{(2)} = \frac{M_t^{(1)} + M_{t-1}^{(1)} + M_{t-2}^{(1)} + \cdots + M_{t-N+1}^{(1)}}{N}$$

在二次移动平均法中要注意的是，一次移动平均值和二次移动平均值只能作为本期的移动平均值，不能直接作为预测值，它们是用来求移动参数的。此外，在二次移动平均法中，也必须确定跨越期 N。

【例 10.7】 某医院 9 年门诊急诊人次及二次移动算术平均计算表数据资料如表 10.8 所示，试用二次移动平均法预测下一年度的门诊急诊人次。

表 10.8　某医院九年门急诊人次及二次移动算术平均计算表　　单位：人

年份	门诊急诊人次	$M_t^{(1)}(N=3)$	$M_t^{(2)}(N=3)$	a_t	b_t
2003	65 970	—	—	—	—
2004	66 750	—	—	—	—
2005	67 508	66 743	—	—	—
2006	68 304	67 521	—	—	—
2007	69 069	68 294	67 519	69 069	775
2008	69 817	69 063	68 293	69 833	770
2009	70 629	69 838	69 065	70 611	773
2010	71 402	70 616	69 839	71 393	777
2011	72 211	71 414	70 623	72 205	791

其步骤为：

(1)选取若干个 N 值(这里我们只计算一个 N 值，$N=3$)，计算一次移动平均值、二次移动平均值，见表 10.8。

(2)计算参数 a_t、b_t ，见表 10.8。

(3)建立预测模型：$y_{t+T}=72\ 205+791T$

(4)求预测值：$y_{2012}=y_{2011+1}=72\ 205+791\times 1=72\ 996$(人)

即该医院 2012 年的门诊急诊人次为 72 996(人)。

第三节　指数平滑预测法

运用移动平均法进行预测时，仅仅考虑了离预测期最近的 N 个数据，且对这 N 个数据是看成一样重要的，这是移动平均法的缺陷，而能够克服这种缺陷的是指数平滑法。在进行预测的时候，考虑到了全部的观察值数据，并且根据每个数据对预测值影响的不同，分别加以不同的权数，通过对预测目标历史统计序列的逐层平滑计算，消除由于随机因素造成的影响，找出预测目标的基本变化趋势并以此预测未来。指数平滑法的模型使用简单，预测精度较高，只需少量数据和计算时间，模型和参数具有较直观的意义，方便使用者理解和控制等。指数平滑法克服了移动平均法的缺点，其应用范围更为广泛。指数平滑法有一次指数平滑法、二次指数平滑法和三次指数平滑法。本节主要介绍前两种预测法。

一、指数平滑法的特点

(1)指数平滑法求得的预测值实质上是预测目标的全部历史数据的加权平均数，即指数平滑法实质上是一种以特殊的等比数列为权数的加权平均法。

(2)对近期的观察值给予较大的权数，对远期的观察值给予较小的权数，权数呈依次递减的等比数列。

(3)当实际观察值数目很大时，权数之和接近于 1，是一种特殊形式的指数权数。

二、一次指数平滑法

一次指数平滑法，是以预测目标的本期实际值(最后一期观察值)和上期指数平滑值为基础，分别给予二者以不同的权数，计算出本期(最后一个观察期)的一次指数平滑值作为下期预测值的一种预测方法。

(一)一次指数平滑法的预测模型

一次指数平滑值的计算公式为

$$\hat{Y}_{t+1} = S_t^{(1)} = ay_t + (1-a)S_{t-1}^{(1)}$$

式中：$\hat{Y}_{t+1}$ 为 $t+1$ 期预测值；$S_t^{(1)}$ 为 t 期的一次指数平滑值；a 为加权因子($0 \leqslant a \leqslant 1$)；$y_t$ 为 t 期的实际值(观察值)；$S_{t-1}^{(1)}$ 为 $t-1$ 期的一次指数平滑值，t 期的预测值。

$$S_{t-1}^{(1)} = ay_{t-1} + (1-a)S_{t-2}^{(1)}$$
$$S_{t-2}^{(1)} = ay_{t-2} + (1-a)S_{t-3}^{(1)}$$
$$\vdots$$
$$S_{t-n}^{(1)} = ay_{t-n} + (1-a)S_{t-n-1}^{(1)}$$

当 $t=1$ 时，$S_1^{(1)} = ay_1 + (1-a)S_{1-1}^{(1)}$，$S_0^{(1)}$ 是不存在的，所以 S_1(初始值)需要我们来确定。

(二)初始值 S_1 和加权因子 a 的确定

1. 初始值 S_1 的确定

如果所求问题中，有明显的初始值，那就用给定的初始值。如果原序列没有明确的初始值，原则上这样规定：①若序列数较大，如 $n>15$ 时，用 y_1 作为初始值就行了；②若序列数 $n<15$ 时，则选用最初 3 期的数据，用算术平均法或加权平均法求得的平均数作为初始值。

2. 加权因子 a 的确定

在指数平滑法中，预测成功的关键是加权因子 a 的选择。a 的大小规定了在新预测值中新数据和原预测值所占的比例。a 值愈大，新数据所占的比重就愈大，原预测值所占的比重就愈小，反之亦然。

a 的确定分两种情况：

第一，当预测目标的时间序列中的数据虽然有上下波动，但整个发展趋势比较稳定及波动不大时(波动幅度在 20%以下)，a 取较小值(0.1～0.5)。

第二，当预测目标时间序列中的数据呈现明显且迅速上升或下降趋势时，也就是说波动很大时(波动幅度在 20%以上)，a 取较大值(0.6～0.9)。

在上述两种情况分析的基础上，我们通常选取若干个 a 值进行计算，比如第一种情况可以选取 0.2 和 0.4 两个数计算，第二种情况可以选取 0.6 和 0.8，通过比较其误差，选取误差较小的 a 值，用于求预测期的预测值。

(三)一次指数平滑法的应用举例

【例 10.8】 某家用电器公司的冰箱销售量的历史资料如表 10.9 所示，试用一次指数平滑法预测第 13 期的销售量。

表 10.9　冰箱历史销售量及一次指数计算表　　单位:万台

期数	销售量	$a=0.2$		$a=0.5$	
		预测值	绝对误差	预测值	绝对误差
1	50				
2	52	50	2	50	2
3	47	50.4	3.4	51	4
4	51	49.7	1.3	49	2
5	49	49.6	0.6	50	1

续上表

期数	销售量	$a=0.2$		$a=0.5$	
		预测值	绝对误差	预测值	绝对误差
6	48	49.5	1.5	49.5	1.5
7	51	49.2	1.8	48.8	2.2
8	40	49.6	9.6	49.9	9.9
9	48	47.7	0.3	45	3
10	52	47.8	4.2	46.5	5.5
11	51	48.6	2.4	49.3	1.7
12	59	49.1	9.9	50.2	8.2

(1)利用已知销售数据资料绘制散点图,如图 10.6 所示。

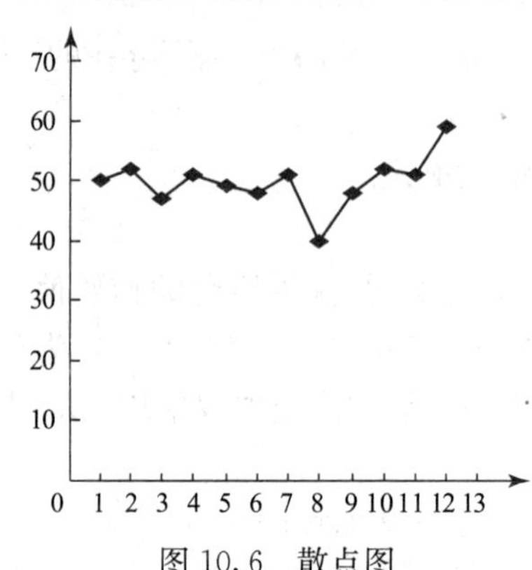

图 10.6　散点图

(2)从图 10.6 可以看出,该预测目标的观察值(时间序列数据)波动幅度较小,所以应该选取较小的 a 值,本题选取 0.2 和 0.5 计算一次指数平滑数及误差。计算数据如表 10.9 所示。

(3)确定 a 值。分别计算平均绝对误差,选择平均绝对误差较小的 a 值。

当 $a=0.2$ 时

$$|\bar{e}|=\frac{2+3.4+1.3+0.6+1.5+1.8+9.6+0.3+4.2+2.4+9.9}{11}\approx 3.37$$

当 $a=0.5$ 时

$$|\bar{e}|=\frac{2+4+2+1+1.5+2.2+9.9+3+5.5+1.7+8.2}{11}\approx 3.7$$

因为当 $a=0.2$ 时平均绝对误差较小,故选用 $a=0.2$ 进行预测。

(4)绘制拟合图,如图 10.7 所示。

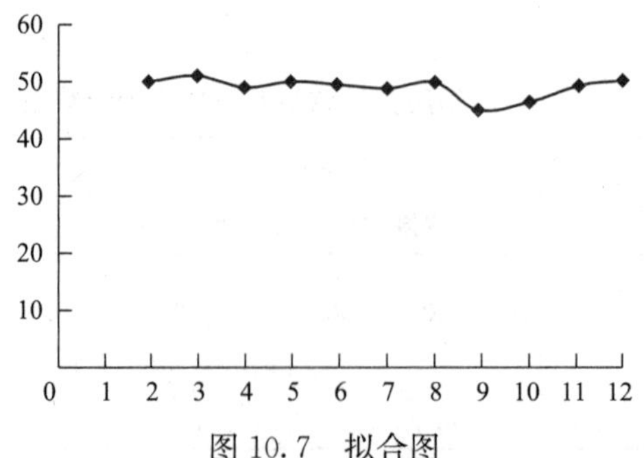

图 10.7　拟合图

(5)利用一次指数平滑法的预测模型进行预测。

$$\hat{Y}_{t+1} = S_t^{(1)} = ay_t + (1-a)S_{t-1}^{(1)}$$

$$\begin{aligned}\hat{Y}_{13} &= 0.2 \times 59 + (1-0.2) \times 50.2 \\ &= 51.96\end{aligned}$$

即第 13 期冰箱的销售量为 51.96 万台。

三、二次指数平滑法

指数平滑预测法是一种时间序列预测法,对于有明显线性趋势的时间序列,不宜用一次指数平滑法进行预测,因为利用一次指数平滑法进行预测,指数平滑值总是滞后于实际值,即会出现滞后偏差。这时就需要运用二次指数平滑法进行预测。

与二次移动平均法相似,二次指数平滑法是对一次指数平滑值再进行一次指数平滑,以求得二次指数平滑值,并利用一次指数平滑值与二次指数平滑值的滞后偏差演变规律,建立线性方程进行预测的一种预测方法。

二次指数平滑法的预测模型为:

$$\hat{Y}_{t+T} = a_t + b_t T$$

式中:$\hat{Y}_{t+T}$ 为第 $t+T$ 期的预测值;a_t,b_t 为指数平滑参数;t 为观察期的期数;T 为预测的期数。

$$a_t = 2S_t^{(1)} - S_t^{(2)}$$

$$b_t = \frac{a}{1-a}(S_t^{(1)} - S_t^{(2)})$$

$$S_t^{(1)} = ay_t + (1-a)S_{t-1}^{(1)}$$

$$S_t^{(2)} = aS_t^{(1)} + (1-a)S_{t-1}^{(2)}$$

需要特别注意的是:运用二次指数平滑法进行预测,其一次指数平滑值和二次指数平滑值只能作为本期的指数平滑值,不可以直接作为预测值,它是用来求指数平滑参数的。此外,在二次指数平滑法中,仍然存在确定初始值和平滑系数 a 的问题,其确定方法与一次指数平滑法相同。

【例 10.9】 现有某服装企业 1993—2011 年销售额(单位:百万元),资料如表 10.10 所示,试用二次指数平滑法预测 2012 年的销售额。

表 10.10　销售额及指数平滑值计算表　　单位:百万元

年份	销售额	$S_t^{(1)}$	$S_t^{(2)}$	a_t	b_t	Y_{t+T}	$\lvert Y_t - Y_{t+T}\rvert$
1993	80	80.00	80.00	80.00	0.00	—	—
1994	81	80.50	80.25	80.75	0.25	80.00	1.00
1995	85	82.75	81.50	84.00	1.25	81.00	4.00
1996	84	83.38	82.44	84.31	0.94	85.25	1.25
1997	90	86.69	84.56	88.81	2.13	85.25	4.75

续上表

年份	销售额	$S_t^{(1)}$	$S_t^{(2)}$	a_t	b_t	Y_{t+T}	$\|Y_t-Y_{t+T}\|$
1998	92	89.34	86.95	91.73	2.39	90.94	1.06
1999	95	92.17	89.56	94.78	2.61	94.13	0.88
2000	89	90.59	90.07	91.10	0.51	97.39	8.39
2001	92	91.29	90.68	91.90	0.61	91.61	0.39
2002	99	95.15	92.92	97.38	2.23	92.51	6.49
2003	102	98.57	95.74	101.40	2.83	99.61	2.39
2004	110	104.29	100.02	108.56	4.27	104.23	5.77
2005	120	112.14	106.08	118.21	6.06	112.83	7.17
2006	140	126.07	116.08	136.07	10.00	124.27	15.73
2007	150	138.04	127.06	149.02	10.98	146.06	3.94
2008	155	146.52	136.79	156.25	9.73	160.00	5.00
2009	180	163.26	150.02	176.50	13.24	165.98	14.02
2010	175	169.13	159.58	178.68	9.55	189.73	14.73
2011	180	174.56	167.07	182.06	7.49	188.24	8.24
合计	—	—	—	—	—	—	105.19

(1)确定初始值。本例中观察值大于15，所以其初始值用第一个观察值即1993年的数值代替。

(2)选择平滑常数 a。在此例中选定 $a=0.5$。

(3)计算一次、二次指数平滑值。

$S_0^{(1)}=Y_1=80$

$S_1^{(1)}=0.5\times 81+(1-0.5)\times 80=80.5$

……

$S_{18}^{(1)}=0.5\times 180+(1-0.5)\times 169.13=174.56$

$S_0^{(2)}=Y_1=80$

$S_1^{(2)}=0.5\times 80.5+(1-0.5)\times 80=80.25$

……

$S_{18}^{(2)}=0.5\times 174.56+(1-0.5)\times 159.58=167.07$

(4)建立预测模型。

因为

$a_1=2\times 80.5-80.25=80.75$

……

$a_{18}=2\times 174.56-167.07=182.06$

$b_1=\frac{0.5}{1-0.5}\times(80.5-80.25)=0.25$

……

$b_{18}=\frac{0.5}{1-0.5}\times(174.56-167.07)=7.49$

所以

$y_{t+T}=a_t+b_tT$

$y_{t+1}=y_{2012}=182.06+7.49\times 1$

$y_{2012}=y_{2011+1}=182.06+7.49\times 1=189.55$(百万元)

(5)确定预测值。

即2012年的销售额预测为189.55百万元。

在指数平滑法中,求预测值时,用到的是全部的观察值,并对近期的观察值给以较大的权数,对远期的观察值给以较小的权数,避免了移动平均法在求预测值时,只用到n个观察值并且给以相同的权数的缺点。但指数平滑法的一个较大的缺点是:没有一种简便的方法来确定恰当的a值。

指数平滑法只是一种预测工具,在实际生产经营活动中,预测远比模型要复杂得多。依靠历史数据和预测模型而得出的预测数据,还需要结合社会发展、经济贸易的活跃程度等多方因素进行分析,才能使预测更加科学合理。

第四节　季节指数预测法

季节指数预测法是一种时间序列预测技术,来源于经济活动中销售量的预测。它是以市场的循环周期为特征,分析季节变动因素对预测目标的影响,通过计算历史销售量变化的季节性系数,以此来预测目标的未来发展变化趋势的一种方法。随着预测模型的不断完善,季节指数预测法已经不局限于经济预测,它还广泛应用于预测对象的行为表现为明显周期波动的社会、科学、技术和军事等活动。

季节指数预测法包括直接平均季节指数预测法和移动平均季节指数预测法。

一、直接平均季节指数预测法

直接平均季节指数预测法是根据各季节变动时间序列资料,用求算术平均值的方法直接计算各月或各季的季节指数的一种预测方法。

直接平均季节指数,表示在各月或各季平均销售水平上季节性变动幅度的大小。

(一)直接平均季节指数预测法的预测步骤

(1)收集历年(通常至少是3年)各月或各季的统计资料。

(2)求出各年同月或同季度的平均数(用A_t表示)。

(3)求历年所有月份或季度的总平均值(用B表示)。

(4)计算同月或同季度的季节指数,$S_t=\dfrac{A_t}{B}$。

(5)计算不考虑季节影响的预测值$\hat{x}_t$,季节指数预测法预计预测期的预测目标以上期为基数,具有一定的增长。所以

$$\hat{x}_t=x_t(1+q)$$

式中:x_t为最近一年各季度观察值;q为预测期与前一年相比的增长速度。

(6)建立预测模型为

$$\hat{y}_t=\hat{x}_t\times\hat{S}_t$$

式中:$\hat{y}_t$为第t期预测值。

(7)计算预测值。

(二)直接平均季节指数预测法的应用举例

【例 10.10】 某地区 2009—2011 年衬衫的零售额资料见表 10.11。预计 2012 年的销售额以 2011 年销售额为基数,其增长速度是 8%,试以表中资料预测 2012 年各季的销售额。

表 10.11 直接平均季节指数计算表 单位:万元

季度	2009	2010	2011	A_t	S_t(%)
1	182	231	330	247.7	28.9
2	1 728	1 705	1 932	1 788.3	208.9
3	1 144	1 208	1 427	1 259.7	147.2
4	118	134	132	128	14.9

(1)求各年同季度平均数 A_t,计算结果见表 10.11。

(2)求历年所有季度的总平均值 $B=\dfrac{247.7+1\ 788.3+1\ 259.7+128}{4}\approx 855.9$。

(3)计算同季度的季节指数,$S_t=\dfrac{A_t}{B}$,计算结果见表 10.11。

(4)计算 $\hat{x}_t$,本例是预计 2012 年的销售额,以 2011 年销售额为基数,其增长速度是 8%,所以 $\hat{x}_t=x_t(1+8\%)$,计算结果见表 10.12。

表 10.12 x_t 值、预测值计算表

季度	2009	2010	2011(x_t)	$\hat{x}_t$	$\hat{y}_t$
1	182	231	330	356.4	102.99
2	1 728	1 705	1 932	2 086.56	4 358.82
3	1 144	1 208	1 427	1 541.16	2 268.59
4	118	134	132	142.56	21.24

(5)求预测值,2012 年各季度的预测值计算结果见表 10.12。

【例 10.11】 某企业 2009—2011 年某产品销售量资料见表 10.13。预计 2012 年的销售量以 2011 年销售量为基数,其增长速度是 6%,试以表中资料预测 2012 年各季的销售量。

表 10.13 销售量资料及季节指数计算数据 单位:万件

季度	2009	2010	2011	A_t	S_t(%)
1	220	240	250	236.67	59.29
2	420	520	530	490	122.76
3	460	580	600	546.67	136.96
4	290	320	360	323.33	81.00

(1)求各年同季度平均数 A_t,计算结果见表 10.13。

(2)求历年所有季度的总平均值 $B=\dfrac{236.67+490+546.67+323.33}{4}\approx 399.16$。

(3)计算同季度的季节指数,$S_t=\dfrac{A_t}{B}$,计算结果见表 10.13。

(4)计算 $\hat{x}_t$，本例是预计 2012 年的销售量，以 2011 年销售量为基数，其增长速度是 6%，所以 $\hat{x}_t = x_t(1+6\%)$，计算结果见表 10.14。

表 10.14　预测值计算表　　　　单位:万件

季度	2009	2010	2011(x_t)	$\hat{x}_t$	$\hat{y}_t$
1	220	240	250	265	157.12
2	420	520	530	561.8	689.67
3	460	580	600	636	871.07
4	290	320	360	381.6	309.1

(5)求预测值，2012 年各季度的预测值计算结果见表 11.14。

(三)直接平均季节指数法的适用范围

我们仔细分析【例 10.10】，观察期每年与上一年相比，其增长速度不超过±50%，但是 2012 年各季度的预测值与 2011 年的观察值相比，第三季度大于±50%，其余 3 个季度都大于 100%，此例预测值完全是运用直接平均季节指数预测法预测计算的结果，没有其他因素的影响，所以根据经验我们就知道这种预测结果精确度很低。

我们再仔细分析【例 10.11】，观察期每年与上一年相比，其增长速度不超过±10%，2012 年各季度的预测值与 2011 年的观察值相比，除了第一季度，其余 3 个季度增长幅度都不太大，此例预测值也完全是运用直接平均季节指数预测法预测计算的结果，没有其他因素的影响，所以根据经验我们知道这种预测结果的精确度相对于【例 10.10】要高得多。

比较这两个例子后，我们不禁要问:同样的方法为什么其精确度相差很大?

我们再比较一下两个例子的观察期数据发现一个规律就是:【例 10.10】各季度的观察值相差很大，第一季度与第二季度相比几乎达到 10 倍，而【例 10.11】的观察值，各季度的差别要小得多，这就是同样的方法其精确度相差很大的主要原因。

如果我们再举一个例子，让观察值的差别更小，我们可以发现求得的预测值的精确度会更高。

从以上分析我们可以得出:直接平均季节指数预测法的适用范围是有季节变动但各季度观察值的差别不能太大的预测目标的预测。而有季节变动且各季度观察值的差别较大的预测目标的预测则需要运用移动平均季节指数法

二、移动平均季节指数预测法

移动平均季节指数预测法是利用移动平均法分解时间序列 4 类变动因素，计算出既消除长期趋势变动又消除循环变动和不规则变动、比较精确地反映季节变动情况的季节指数，并据此修正没有考虑季节影响的预测值，对市场现象做出预测。

移动平均季节指数法适用于研究既有季节变动又有长期趋势变动市场现象的时间序列，而且它可将长期趋势变动与季节变动分别研究，再加以综合，并利用综合预测模型对市场现象加以预测。

预测模型为

$$\hat{y}_t = \hat{x}_t \times \hat{s}_t$$

【例 10.12】　某服装企业 2009—2011 年的衬衫各季度的销售额资料见表 10.15，试用移动平均季节指数预测法测定各季度季节指数，并预测 2012 第二、三、四季度的销售额。

表 10.15　衬衫各季度的销售额及季节指数计算表　　单位:万元

年份	季度	销售额 (y_t)	移动平均数 ($n=4$)	中心化移动平均数(M_t)	各年季度委节指数 $S_t=(3)/(5)$
(1)	(2)	(3)	(4)	(5)	(6)
2009	1	265			
	2	373	309.3		
	3	333	305.8	307.5	108.3
	4	266	305.0	305.4	87.1
2010	1	251	315.3	310.1	80.9
	2	370	326.0	320.6	115.4
	3	374	331.3	328.6	113.8
	4	309	348.0	339.6	91.0
2011	1	272	353.5	350.8	77.5
	2	437	363.3	358.4	121.9
	3	396	368.3	365.8	108.3
	4	348			
2012	1	292			

(1)根据时间序列时间单位选择跨越期,并计算移动平均数,将第一个移动平均数放在跨越期的中间,计算结果见表 10.15。

(2)对第 4 列移动平均数序列进行中心化,即计算所有两个相邻数据的算术平均数,并将第一个数放在第一年的第三季度对应的位置,计算结果见表 10.15。

(3)将原时间序列 y_t 除以中心化移动平均数序列 M_t 得到对应季度的季节指数,见表 10.15。

(4)求同季度的平均季节指数,用算术平均法求得每季度的平均季节指数,见表 10.16。

表 10.16　平均季节指数计算表

1	2	3	4	5	6
季度	2009	2010	2011	同季度季节指数平均值	季节指数调整值
1		80.9	77.5	79.2	79.9
2		115.4	121.0	118.2	119.2
3	108.3	113.8	108.3	110.1	111.1
4	87.1	91.0		89.1	89.8
合计				396.6	400.0

(5)计算季节指数调整值。由于季节指数平均值有的是两个数的平均,有的是三个数的平均,与实际的有一定的偏差,所以需要进行修正,修正结果见表 10.16。

调整系数 $k=4/$季节指数平均数总和

季节指数调整值$=k\times$同季度季节指数平均值

(6)计算趋势变动值。可用变动趋势移动平均法、二次移动平均法、二次指数平滑法和直线趋势延伸法求得趋势变动值。本例用直线趋势延伸法建立模型如下:

$$\begin{aligned}\hat{x}_t &= a + bt \\ &= \sum x/n = \sum tx/\sum t^2 \\ &= 330 + 4.3t\end{aligned}$$

（注：相关计算见表 10.17）

表 10.17　直线趋势模型参数计算表

年份	季度	销售 y	时序 t	y_t	t^2
2009	1	265	−6	−1 590	36
	2	373	−5	−1 865	25
	3	333	−4	−1 332	16
	4	266	−3	−798	9
2010	1	251	−2	−502	4
	2	370	−1	−370	1
	3	374	0	0	0
	4	309	1	309	1
2011	1	272	2	544	4
	2	437	3	1 311	9
	3	396	4	1 584	16
	4	348	5	1 740	25
2012	1	292	6	1 752	36
合计		4 286	0	783	182

2012 年第二、三、四季度的趋势变动值计算如下：

2012 年第二季度 $t=7$，$\hat{x}_t=330+4.3\times7=361.1$

2012 年第三季度 $t=8$，$\hat{x}_t=330+4.3\times8=364.4$

2012 年第四季度 $t=9$，$\hat{x}_t=330+4.3\times9=368.7$

(7)用趋势变动值乘以其经调整后的季节指数，求得综合预测值如下：

2012 年第二季度预测值：$\hat{y}_t=\hat{x}_t\times\hat{s}_t=361.1\times119.5\%=431.5$

2012 年第三季度预测值：$\hat{y}_t=\hat{x}_t\times\hat{s}_t=364.4\times110.9\%=404.1$

2012 年第四季度预测值：$\hat{y}_t=\hat{x}_t\times\hat{s}_t=368.7\times89.8\%=331.1$

第五节　趋势延伸预测法

当时间序列数据的变化呈现出一定的规律或趋势特征，并可运用一定的数学方法将这种规律或趋势描述下来时，则可运用趋势延伸预测法进行预测。

一、趋势延伸预测法概述

(一)趋势延伸预测法的含义

趋势延伸预测法又称趋势外推预测法，是根据时间序列的长期变化趋势，用数学方法找出能最佳地描述这种变化趋势的曲线，然后向外延伸来进行市场预测的方法。

随着时间的推移，市场经济现象的发展变化，常常是遵循着一定的规律。趋势延伸预测法就是把历史数据中的规律辨识出来，经过科学的计算和经济分析，最后用数学函数表达式近似地来描述这一发展过程，并假设在今后的相当一段时间内，该现象仍将以这个数学表达式所预示的趋势发展下去，预测者用这个表达式所推算出来的数据预测未来。

如果某一市场现象过去的发展是以随机的方式出现的，联系发展的各个阶段的总是一些毫不相干的突变事件，那么所得到的这一现象的数据对于预测未来没有什么价值。但是，众多的经济和市场理论专家的验证和大量的历史信息表明，市场经济现象在一定的条件下、在一定的历史阶段总是近似地以某种形式有规律地向前发展，我们可以在前人的理论基础上利用一些基本的方法，来对经济生活中经常发生的一些现象的未来情况予以预测。

趋势延伸预测法是建立在一定的外界前提条件下的预测方法，最经典的假定条件是：第一，市场经济现象产生和发展的因素变化不大，而且同样地影响着这一现象未来的发展演变；第二，市场经济现象的发展是一个渐变过程，而不是跳跃式的突变，也就是说，趋势延伸法不能预测由于社会变更、战争和科技上的重大突破所引起的经济现象的变化。

使过去的趋势向未来延伸得越远，满足上述两个前提条件的可能性就越小，我们的预测接近真实的可能性就变得越小。所以这种预测方法一般是对短期和中期的预测才有价值。当然，我们对某现象过去的数据掌握得越多，对这一现象观察的时间越长，则对未来的预测会越准确。对于预测的超前时间，会因为经济现象自身的特点不同而长短不一。理论界对这个问题尚无定论，比较集中的看法是，预测的超前时间不超过占有可靠统计数据时间的 1/3。例如，我们观察某一现象有 15 年，那么根据取得的数据用趋势延伸模型计算，预测以后 5 年内的变化是比较合理的。当然若在趋势延伸定量预测的同时再结合一些定性预测方法会取得更好的效果。

在市场预测使用的历史数据中，许多时间序列都表现出很明显的趋势特征，如直线趋势、二次曲线趋势，以及一些特殊曲线的变化趋势等。运用趋势延伸法进行预测，必须确保所选择的预测模型与既往市场因素的实际数据曲线最为吻合，也就是说，运用这些预测方法推算的市场变化趋势最具代表性。因此，要分析时间序列数据的变化情况，从中找出内在的变化规律，再用数学的方法把它描述出来，即建立相应的数学模型，从而为市场预测提供有效的工具。

（二）趋势延伸法预测的基本步骤

1. 通过分析，选择预测目标

运用趋势延伸法进行预测时，要首先根据企业在实际中遇到的市场经济问题，选择预测目标。由于大多数市场问题都涉及企业经营或市场环境的方方面面，从而构成了围绕着该问题的许许多多的因素，但预测时不可能将所有影响因素都考虑进去，否则计算模型和运算过程将极其复杂，反而影响预测的效果，因此，采用趋势延伸预测法预测时应注意，要选择最有助于解决该预测问题的因素，即将对预测问题影响最大的因素作为预测目标。

2. 通过调研，收集时间序列数据

运用趋势延伸法建立预测模型，需要一定的时间序列数据。预测人员必须调研收集预测目标，收集过去尽可能长的时期中的数据，以便建立这一预测目标的时间序列数据。

在数据的收集中需要注意 3 点：一是时间越近的数据对未来的影响越大，所以数据应逐期收集直到当前；二是有时得到的数据往往不能直接运用，有时也不完整，例如，某期的数据由于不可抗拒事件的影响，与其他值偏离太大，这不能反映企业的正常经营状况，不是预测者所需要的，因此，还需要对这些偶然数据做一些适当的处理，即剔除异常值的作用；三是要补齐个别缺少的数据，可以通过市场分析或调研进行数据的补充工作。

3. 通过判断，确定基本数学模型

选择基本的数学模型，需要根据预测问题时间序列数据变化的特征进行。一般情况下，我们采用图形识别法和经验法来判断应采用哪种基本数学模型。图形识别法就是将这些历史数据在直角坐标图上标出，然后将各个观察值点连接起来，画出拟合度最佳的直线或曲线，直接观察和判断这些实际值曲线的变化规律，然后找出近似的数学表达式作为模拟该规律的数学模型。如果观察判断时间序列变动规律像一条直线，则我们可以选择直线公式作为该问题的基本数学模型。试验法一般是在尝试了多种基本模型预测之后，或通过误差的计算和实际的验证，以及其他经济方法的分析等，挑选出一种更为可靠的基本数学模型。

图形识别法简便易行，不必进行烦琐的运算，所以可操作性很强，应用广泛。图形识别法分析判断时间序列变动规律的步骤如下：

(1)在平面直角坐标中以 y 轴表示预测变量的因变量，以 x 轴表示时间序列的自变量，并利用预测变量的历史时间数据资料，在坐标图上标出各对应点，即观察点。

(2)根据各观察点所显示的趋势走向图形，用作图工具或随手画出一条沿各个点拟合度最佳的直线或曲线。

(3)观察分析这条直线或曲线，判断其所对应的最为适合的基本数学表达式，即基本数学模型。

4. 求参数，建立预测模型

这一步是根据时间序列的实际观察值，运用一定的数学方法或技巧求出基本数学模型的参数，然后将这些参数代入基本数学模型，即可建立起该目标的预测模型。

求参数是趋势延伸预测法的核心部分，一般都有较大的计算量。计算参数的方法很多，有较为复杂的方法，也有较为简单的方法。一般而言，复杂的计算会使结果更趋理想。同一种方式根据模型参数的多少，应用起来也有所变化，简单的方法有取点法和三和法，还有最小二乘法等，我们需要根据基本数学模型的特征和时间序列的长短选择的适当方法。

5. 根据延伸趋势，进行预测

趋势延伸预测法是假设预测目标的过去发展规律会同样延续到未来，所以我们只要在将未来的时间期数代入已经建立的预测模型中，即可求出预测目标的未来预测值，对市场未来变化趋势作出较为准确的预测。

二、直线趋势延伸预测法

(一)直线趋势延伸预测法的含义

直线趋势延伸预测法又称直线模型预测法，它是根据预测问题的时间序列所呈现的直线趋势特征，找出拟合直线，建立直线预测模型，然后向外延伸，从而进行预测的一种方法。

在预测目标的时间序列呈现出线性变动趋势时，即预测变量逐期的增(减)量大体相等时，一般可用直线趋势延伸预测法进行预测。另外，当遇到时间序列大多数数据点的变化呈现为一条直线特征，而有个别点出现异常时，例如某期的观察值远远大于(小于)其相邻点时，可以经过对其实际预测问题的分析，进行数据的处理，例如适当的调整，然后再用直线趋势延伸预测法进行预测。

直线趋势延伸预测法仅适用于预测变量时间序列呈现直线长期趋势变动的情况。它对时间序列资料一律同等看待，不论各数据离预测期的远近。在拟合中还消除了季节、不规则、循环 3 类变动因素的影响，所以该方法反映了时间序列资料长期趋势的平均变动水平。

应用直线趋势延伸预测法进行预测，只要未来发展趋势大体上不发生大起大落的变化，继续遵循直线趋势发展变化的假设，而且呈现出比较稳步的发展，那么选用此法进行中期，甚至长期的预测，即简便又有一定的可靠性。

(二)直线趋势延伸预测法基本数学模型

直线趋势延伸预测法的基本数学模型为

$$\hat{y}_t = a + bt \tag{10.1}$$

式中：t 为已知时间序列 y_t 的时间变量，即时间周期的期数；$\hat{y}_t$ 为已知时间序列 y_t 的线性趋势估计值，或预测值；a，b 为待定参数，a 表示趋势线在 y 轴上的截距，b 为直线的斜率，表示时间 t 变动一个单位时趋势值的平均变动数。

（三）直线趋势模型的几何图形

直线趋势模型的几何图形如图 10.8 所示。

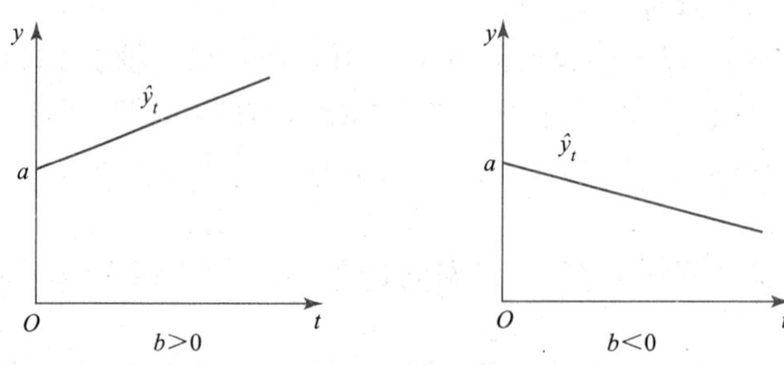

图 10.8　直线趋势模型的几何图形

（四）参数 a、b 的确定

用直线趋势延伸预测法进行预测，必须建立预测模型。而建立预测模型的关键，是为已知时间序列找到一条能最佳地拟合其长期线性发展规律的直线，即需要正确地推算出直线的 a、b 两个参数。在已知时间序列的条件下来估算模型参数的方法有很多，可用二次移动平均法、二次指数平滑法、累积法、分组平均法和选点法等。但计算直线模型参数 a、b 最常用的方法是最小二乘法。最小二乘法又称最小平方法，是运用数学中最小二乘法的原理，根据历史时间数据拟合出一条发展趋势线，使该线与实际值之间的离差平方和为最小。即在坐标上，所求得的拟合直线上的各点至对应的各观察点之间的距离最小（偏差平方和最小），从而使该直线最能代表观察期数据的变动趋势，所以这条拟合直线就可作为预测模型。

假设有 n 期的历史观察值的时间序列：

t：	1	2	3	…	n
y_t：	y_1	y_2	y_3	…	y_n

用最小二乘法求解参数 a、b，则

实际观察值与估计值之间的偏差的平方和为

$$Q=\sum_{t=1}^{n}(y_t-\hat{y}_t)^2$$

将式(10.1)代入上式，可得

$$Q=\sum_{t=1}^{n}(y_t-a-bt)^2$$

利用极值定理，要使偏差平方和 Q 最小，则必须满足

$$\frac{\partial Q}{\partial a}=0$$

$$\frac{\partial Q}{\partial b}=0$$

即

$$\frac{\partial Q}{\partial a}=-2\sum(y-a-bt)=0$$

$$\frac{\partial Q}{\partial b}=-2\sum(y-a-bt)t=0$$

整理得

$$\sum y-na-b\sum t=0$$

$$\sum yt-a\sum t-b\sum t^2=0$$

由上面两个方程联立可求得

$$b=\frac{n\sum ty-\sum t\sum y}{n\sum t^2-\left(\sum t\right)^2} \tag{10.2}$$

$$a=\frac{1}{n}\sum y-b\cdot\frac{1}{n}\sum t \tag{10.3}$$

式中：t 为时间序列的时序变量；y 为时间序列的实际观察值。

一般情况下，按时间顺序给 t 分配序号。为了简化计算，当时间序列中数据点数目 n 为奇数时，设 n 的中点为新坐标 y 的原点，比如：$n=7$，设

t：	1	2	3	4	5	6	7
x：	−3	−2	−1	0	1	2	3

当 n 为偶数时，如 $n=8$，则设

t：	1	2	3	4	5	6	7	8
x：	−7	−5	−3	−1	1	3	5	7

此时，$\sum x=0$。

将 t 用 x 替换，并将 $\sum x=0$ 代入式(10.2)和式(10.3)，则 a、b 的计算公式简化为

$$a=\frac{\sum y}{n}$$

$$b=\frac{\sum xy}{\sum x^2} \tag{10.4}$$

(五)预测模型的建立

将时间序列数据代入(10.4)两个公式，求出 a、b 值，再将数值代入式(10.1)，便可建立预测模型

$$\hat{y}=a+bx \tag{10.5}$$

再将新 x 值代入，即可对未来某期的预测变量(预测目标)进行预测。在实际问题预测中直接运用上式(10.4)和式(10.5)即可。

(六)直线趋势法的应用

【例 10.13】 天津兰方公司 2001—2011 年的产品销售情况如表 10.18 所示，试用直线趋势延伸预测法预测未来两年的销售额。

表 10.18 实际市场销售额 单位：百万元

观察期	2001	2002	2003	2004	2005	2006	2007	2008	2009	2010	2011
实际销售额	30	34	39	43	46	50	53	57	61	65	68

1. 作图判断变动趋势

以时间为自变量，销售额为因变量，在直角坐标轴上绘出各点，观察是否能拟合成直线，即观察实际销售额数据变化规律是否近似为一条直线。

由图 10.9 可知，该问题的实际销售额变动趋势近似为一条直线，因此可用直线趋势延伸预测法进行预测。选用基本数学模型为直线公式 $\hat{y} = a + bx$。

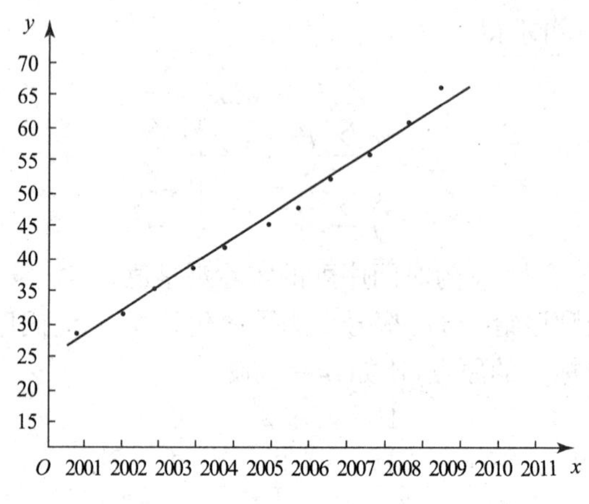

图 10.9 销售额趋势图

2. 求参数 a、b

已知 $n = 11$，设

t：	1	2	3	4	5	6	7	8	9	10	11
x：	−5	−4	−3	−2	−1	0	1	2	3	4	5

则 $\sum x = 0$。

因为

$$\sum y = 30 + 34 + 39 + 43 + 46 + 50 + 53 + 57 + 61 + 65 + 68 = 546$$

$$\sum xy = 415$$

$$\sum x^2 = 110$$

代入 a、b 公式，可得

$$a = \frac{\sum y}{n} = \frac{546}{11} = 49.64$$

$$b = \frac{\sum xy}{\sum x^2} = 3.77$$

3. 建立预测模型

将 a、b 值代入基本数学模型

$$\hat{y} = a + bx$$

则该预测对象的预测模型为

$$\hat{y} = 49.64 + 3.77x$$

4. 进行预测

2012 年的销售额预测值为

$$\hat{y}_{12} = 49.64 + 3.77x = 49.64 + 3.77 \times 6 = 72.26(\text{百万元})$$

2013 年的销售额预测值为

$$\hat{y}_{13} = 49.64 + 3.77x = 49.64 + 3.77 \times 7 = 76.03(\text{百万元})$$

三、二次曲线趋势延伸预测法

虽然直线趋势预测法简便易行，但在众多的市场现象中，市场商品的供给与需求的影响因素是多种多样的，如价格、气候、政策、企业决策、利润水平，以及企业经营特点等都在一定程度上影响着市场的变化，使其发展变化规律表现为非直线趋势的也有很多，即表现为各种不同形状的曲线发展变动趋势，如高低起伏形态。其实直线趋势只是市场经济现象的一种特殊表现形式。对于非直线趋势变化的市场现象，必须配合各种曲线预测模型对其进行预测。曲线趋势变动线的具体形式有很多，下面介绍二次曲线趋势预测法。

（一）二次曲线趋势延伸预测法的含义

二次曲线趋势延伸预测法又称二次曲线模型预测法，它是根据预测问题的历史时间序列所呈现的二次曲线，即抛物线的趋势特征，拟合成二次曲线，建立二次曲线预测模型，然后向外延伸，从而进行预测的一种方法。

如果预测对象的时间序列资料的变动属于由高而低再升高，或由低而高再降低的趋势形态，即抛物线形态，那么考虑运用二次曲线趋势延伸法来进行预测。

（二）二次曲线趋势延伸法的预测模型

二次曲线趋势延伸法的基本数学模型为

$$\hat{y}_t = a + bt + ct^2 \tag{10.6}$$

式中：t 为已知时间序列 y_t 的时间变量，即时间周期的期数；$\hat{y}_t$ 为已知时间序列 y_t 的二次曲线趋势估计值或预测值；a、b、c 代表待定参数。

（三）二次曲线趋势模型的几何图形

二次曲线趋势模型的几何图形如图 10.10 所示。

由图 10.10 中可以看出：

当 $a>0, b>0, c>0$ 时，二次曲线开口向上，有最低点，曲线呈正增长趋势。

当 $a>0, b<0, c>0$ 时，二次曲线开口向上，有最低点，曲线呈负增长趋势。

当 $a>0, b>0, c<0$ 时，二次曲线开口向下，有最高点，曲线呈负增长趋势。

当 $a>0, b<0, c<0$ 时，二次曲线开口向下，有最高点，曲线呈负增长趋势。

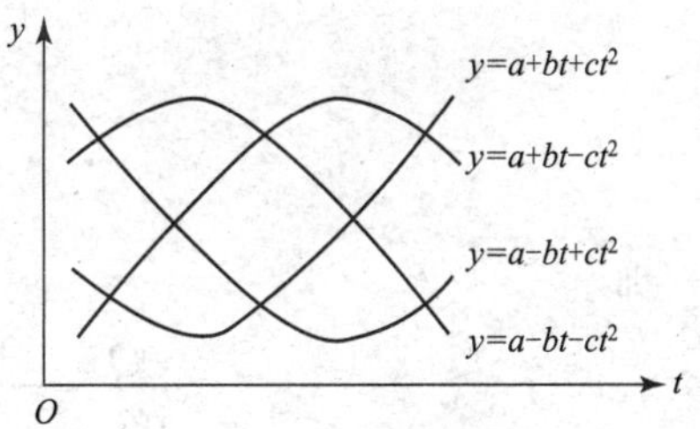

图 10.10　二次曲线趋势模型的几何图形

为了分析和判断二次曲线模型的特征，可先求其一阶差分

$$\begin{aligned}\Delta y^{(1)} &= y_t - y_{t-1} \\ &= a + bt + ct + [a + b(t-1) + c(t-1)] \\ &= (b-c) + 2ct\end{aligned}$$

再求其二阶差分：

$$\begin{aligned}\Delta y^{(2)} &= \Delta y_t^{(1)} - \Delta y_{t-1}^{(1)} \\ &= b - c + 2ct - [(b-c) + 2c(t-1)] \\ &= 2c\end{aligned}$$

由上述分析可见，其二阶差分 $\Delta y_t^{(2)}$ 是与 t 无关的常数。由此可知，二次曲线模型的特征是 y 的二级增长量(即逐期增长量的增长量)都相等。因此，二次曲线趋势延伸法适用于历史数据的二级增长量基本都相同的预测对象。

在实际的市场预测中，某些商品的市场寿命周期曲线就类似于此，这样我们可以利用它来描述这些商品的销售过程，当然由于其两支对称，而一般商品的实际销售过程不可能完全对称，所以，我们通常以一支来拟合商品的销售变化趋势。

(四)二次曲线趋势延伸法中的参数 a、b、c 的确定

要利用二次曲线模型来预测变化趋势，需要首先求出模型中的参数 a、b、c。求参数的方法也是用最小二乘法，即使时间序列各期的实际观察值到这条二次曲线的纵向距离的平方和(或称偏差平方和)为最小，从而计算出这 3 个参数，为已知时间序列找到一条能最佳地拟合其呈二次曲线发展规律的模型；然后根据所建立的预测模型，进行预测。

设历史时间序列数据为

t：	1	2	3	…	n
y_t：	y_1	y_2	y_3	…	y_n

实际观察值与估计值之间的偏差平方和为

$$Q = \sum_{t=1}^{n} (y_t - \hat{y}_t)^2$$

将式 10.6 代入上式，可得

$$Q = \sum_{t=1}^{n} (y_t - a - bt - ct^2)^2$$

利用极值定理，要使偏差平方和 Q 最小，则必须满足

$$\frac{\partial Q}{\partial a} = 0$$

$$\frac{\partial Q}{\partial b} = 0$$

$$\frac{\partial Q}{\partial c} = 0$$

即

$$\frac{\partial Q}{\partial a} = -2\sum (y - a - bt - ct^2) = 0$$

$$\frac{\partial Q}{\partial b} = -2\sum (y - a - bt - ct^2)t = 0$$

$$\frac{\partial Q}{\partial c} = -2\sum (y - a - bt - ct^2)t^2 = 0$$

整理得

$$\sum y - na - b\sum t - c\sum t^2 = 0$$

$$\sum yt - a\sum t - b\sum t^2 - c\sum t^3 = 0$$

$$\sum yt^2 - a\sum t^2 - b\sum t^3 - c\sum t^4 = 0 \tag{10.7}$$

与直线趋势延伸法同理，按时间顺序给 t 分配序号。并为了简化计算，引入新坐标 y，且设 n 的中点为新坐标 y 的原点，并设 $\sum x = 0$ 。

将 t 用 x 替换，并将 $\sum x = 0$ 代入式(10.7)，则 a、b、c 的计算公式简化为

$$\sum y = na + c\sum x^2$$

$$\sum xy = b\sum x^2$$

$$\sum yx^2 = a\sum x^2 + c\sum x^4 \tag{10.8}$$

式中：x 代表时间序列的时序变量；y 代表时间序列的实际观察值。

此时，只须将时间序列的数据代入上述 3 个方程，3 方程联立求解便可得出参数 a、b、c。

(五)预测模型的建立

根据时间序列数据和求参数的方程，求出 a、b、c。然后将求出的参数 a、b、c 数值，代入(10.6)式，即可建立预测模型为

$$\hat{y} = a + bx + cx^2 \tag{10.9}$$

最后将新的 x 值代入(10.9)，即可对未来某期的预测变量(预测目标)进行预测。在实际问题预测中直接运用上述(10.8)和(10.9)中的四个公式即可。

(六)二次曲线趋势法的应用

【例 10.14】 某家用电器公司近 7 年的市场销售额如表 10.19 所列，试用二次曲线趋势延伸法预测未来两年的销售额。

表 10.19　实际市场销售额　　单位：百万元

年份	2005	2006	2007	2008	2009	2010	2011
实际销售额	350	300	250	350	400	450	550

(1)画坐标图判断变动趋势。以时间期数为自变量，销售额为因变量，在直角坐标轴上绘出各时间序列各数据点，观察是否能拟合成二次曲线，即观察实际销售额数据变化规律是否近似为一条抛物线。

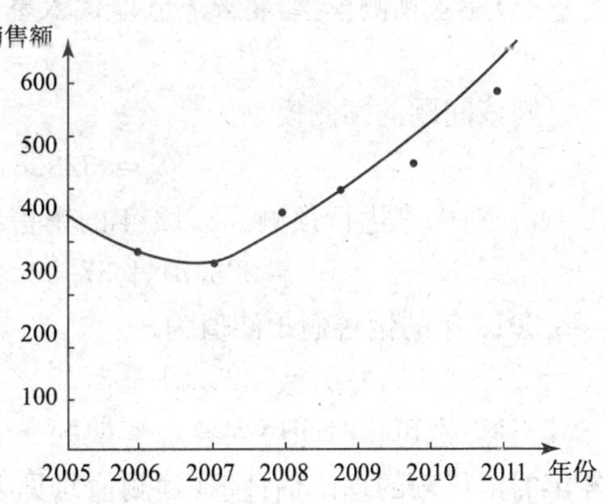

图 10.11　实际销售额

观察分析图 10.11 可知，该公司的实际销售额变动趋势近似为一条抛物线，因此可用二次曲线趋势延伸法进行预测。选用基本数学模型为二次曲线公式。

(2)计算参数 a、b、c。设 $\sum x = 0$，根据式(10.8)，求解参数的有关数据是 $\sum x^2$，$\sum x^4$，$\sum y$，$\sum xy$，$\sum x^2 y$

计算结果见表 10.20。

表 10.20　计算结果　　单位：万元

年份	实际销售额 y	x	x^2	x^4	xy	x^2y	$\hat{y}$
2005	350	−3	9	81	−1 050	3 150	334.52
2006	300	−2	4	16	−600	1 200	303.57
2007	250	−1	1	1	−250	250	300.00
2008	350	0	0	0	0	0	323.81
2009	400	1	1	1	400	400	375.00
2010	450	2	4	16	900	1 800	453.57
2011	550	3	9	81	1 600	4 950	559.52
	$\sum y=2\ 650$		$\sum x^2=28$	$\sum x^4=196$	$\sum xy=1\ 050$	$\sum x^2y=11\ 750$	

将表中有关数据代入下列方程组

$$\sum y = na + c\sum x^2$$
$$\sum xy = b\sum x^2$$
$$\sum yx^2 = a\sum x^2 + c\sum x^4$$

得出

$$2\ 650 = 7a + 28c$$
$$1\ 050 = 28b$$
$$11\ 750 = 28a + 196c$$

解联立方程可得

$$a = 323.81$$
$$b = 37.5$$
$$c = 13.69$$

(3)建立预测模型，将 a、b、c 值代入基本数学模型

$$\hat{y} = a + bx + cx^2$$

则该问题的预测模型为

$$\hat{y} = 323.81 + 37.5x + 13.69x^2$$

(4)对未来进行预测。2012 年的销售额预测值为

$$\hat{y}_8 = 323.81 + 37.5\times 4 + 13.69\times 4^2 = 692.85(\text{万元})$$

2013 年的销售额预测值为

$$\hat{y}_9 = 323.81 + 37.5\times 5 + 13.69\times 5^2 = 853.56(\text{万元})$$

当然，也可将时间序列各观察期的 x、x^2 值代入预测模型，即可分别计算出 2005－2011 各年的销售额的理论估计值(预测值)，见表 10.20 中的最后一列数据。以此可求得趋势曲线，并可对该预测问题的实际值与理论值做出比较或误差分析。

四、三次曲线趋势延伸预测法

直线曲线趋势延伸预测法和二次曲线趋势延伸预测法的基本数学模型都属于多项式公式，即直线公式和二次曲线公式都是多项式公式的特例。另外此类模型中还有一种较为常用的预测模型，这就是三次曲线模型，称为三次曲线趋势延伸预测法。下面对此作一些简单

介绍。

三次曲线趋势延伸法的基本数学模型为

$$\hat{y} = a + bx + cx^2 + dx^3 \tag{10.10}$$

同理，用最小二乘法可得出求解参数 a,b,c,d 的公式，为

$$\begin{cases} \sum y = na + c\sum x^2 \\ \sum xy = b\sum x^2 + d\sum x^4 \\ \sum yx^2 = a\sum x^2 + c\sum x^4 \\ \sum x^3 y = b\sum x^4 + d\sum x^6 \end{cases} \tag{10.11}$$

同理亦假设 $\sum x = 0$，所以也有 $\sum x^3 = 0$。

只须利用时间序列数据，代入这 4 个公式，并将四个方程联立即可求出参数 a、b、c、d，然后将这些数值代入原基本数学模型，即可得实际问题的预测模型。再以未来期的 y 值代入，便可求得预测值。

【例 10.15】 某家用电器公司最近 15 个月的彩电销售量如表 10.21 所示。试用三次曲线趋势延伸法预测下个月的该产品销售情况。

表 10.21　产品销售额　　单位：万台

月份 t	1	2	3	4	5	6	7	8	9	10	11	12	13	14	15
销售额 y	29	30	33	34	33	34	33	31	33	31	32	34	33	34	36

首先作图观察该时间序列的变动趋势，如图 10.12 所示。

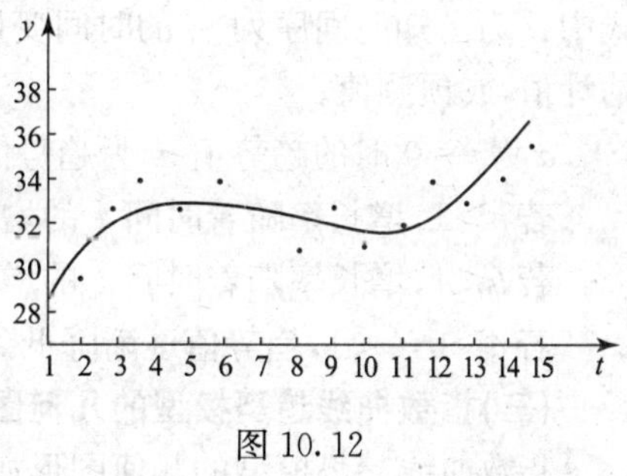

图 10.12

分析判断该厂产品销售额的变动趋势近似于一条三次曲线，可用三次曲线趋势延伸法进行预测。

参照例 10.14，设 $\sum x = 0$，则

$\sum y = 490 \quad \sum x^2 = 280 \quad \sum x^4 = 9\ 352$

$\sum x^6 = 369\ 640$

$\sum xy = 64 \quad \sum x^2 y = 9\ 138 \quad \sum x^3 y = 3\ 214$

将这些数据代入式(10.11)为

$$\begin{aligned} &15a + 280c = 490 \\ &280b + 9\ 352d = 64 \\ &280a + 9\ 352c = 9\ 138 \\ &9\ 352b + 369\ 640d = 3\ 214 \end{aligned}$$

解方程组，得

$a = 32.63 \quad b = -0.346\ 58 \quad c = -0.002\ 1 \quad d = 0.017\ 22$

预测模型为

$$\hat{y} = a + bx + cx^2 + dx^3 = 32.63 - 0.346\ 58x - 0.002\ 1x^2 + 0.017\ 22x^3$$

将下一个月的 y 值代入上式，可得第 16 个月的预测值为

$$\hat{y}_{16}=32.63-0.346\,58\times 8-0.002\,1\times 8^2+0.017\,22\times 8^3=38.54(\text{万台})$$

五、指数曲线趋势延伸预测法

指数曲线趋势延伸预测法是时间序列趋势延伸预测法中的一种比较复杂的预测方法。

(一)指数曲线趋势延伸预测法的含义

1. 指数曲线趋势延伸预测法的概念

指数曲线趋势延伸预测法又称指数曲线模型预测法,它是根据预测变量的时间序列所呈现的指数曲线增长规律特征,找出拟合指数曲线,建立指数曲线预测模型,然后向外延伸进行预测的一种方法。

2. 指数曲线趋势延伸预测法的适用范围

指数曲线趋势延伸预测法适用于预测变量的时间序列呈现指数曲线趋势变动的情况。也就是说,随着时间的推移,其逐期增长率(或下降率)大体相同,即按几乎同一比例增长(或下降)的趋势发展。从图形来观察,在算术坐标图上,它表现为一条增长曲线(近似于指数曲线),而在比例尺度图上,表现为近似于一条直线。符合这些条件的时间序列可采用指数曲线趋势延伸预测法进行预测。

许多研究表明,某些新技术的发展,某些新产品的生产以及占领市场等经济发展的定量特点都比较符合指数曲线增长规律,特别是在市场现象产生和发展初期,这一规律在数学上表现得更为精确,因此用些方法预测更为有效。

(二)指数曲线趋势延伸预测法的基本数学模型

指数曲线趋势延伸预测法的基本数学模型为

$$\hat{y}_t=ab^t \tag{10.12}$$

式中:t 为已知时间序列 y_t 的时间变量,即时间周期的期数;$\hat{y}_t$ 为已知时间序列 y_t 的指数曲线估计值,或预测值。

a 为 $t=0$ 时的趋势值;b 为趋势值的平均发展速度。

若 $b>1$,增长率随着时间 t 的增加而增加。

若 $b<1$,增长率随着时间 t 的增加而降低。

若 $a>0,b<1$,趋势值逐渐降低到以 0 为极限。

(三)指数曲线趋势模型的几何图形

指数曲线趋势模型的几何图形如图 10.13 所示。

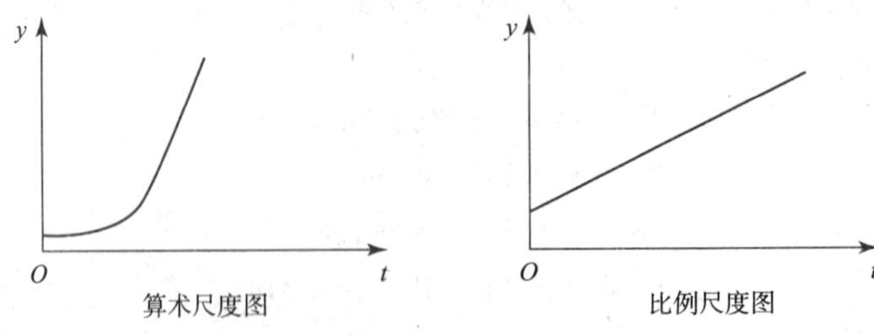

图 10.13 指数曲线趋势模型的几何图形

(四)指数曲线趋势延伸法中参数 *a*、*b* 的确定

指数曲线趋势延伸法模型参数 a 为时间序列的水平值,b 为时间序列的平均发展速度。a

和 b 参数的确定，通常先将指数曲线方程式化为直线形态，然后类似直线趋势延伸预测法用最小二乘法进行拟合运算求得。

具体做法是，将式(10.12)两边取对数，成为

$$\lg\hat{y} = \lg a + t\lg b \tag{10.13}$$

令

$$y' = \lg\hat{y} \quad A = \lg a \quad B = \lg b$$

则

$$y' = A + Bt \tag{10.14}$$

此为以 A、B 为参数的直线公式，如同直线趋势延伸预测法中的模型。所以可直接引用直线趋势延伸预测法中求参数的公式：

$$\begin{aligned} A &= \frac{\sum y'}{n} = \frac{\sum \lg y}{n} \\ B &= \frac{\sum xy'}{\sum x^2} = \frac{\sum x\lg y}{\sum x^2} \end{aligned} \tag{10.15}$$

式中 x 替换了 t，且令 $\sum x = 0$ 。

只须将实际数据 y 取对数，代入上述公式，即可求出 A 和 B。

(五)预测模型的建立

将时间序列数据代入上面两个公式，求出 A、B 值以后，再将它们的数值代入式(10.14)，即可得预测模型

$$y' = A + Bx \tag{10.16}$$

再将新 x 值代入，即可对未来某期的预测变量(预测目标)进行预测。然后再对 y' 取反对数即可求得预测值。在实际问题预测中直接运用式(10.15)和式(10.16)即可。

另外，亦可对 A、B 值直接取反对数，求得 a、b，代入式(10.13)，得预测模型为

$$\hat{y}_t = ab^x$$

再将新的 x 值代入，便可进行预测。

(六)指数曲线趋势法的应用

【例 10.16】 某家具厂第 1～15 期的沙发产量情况如表 10.22 所示，试用指数曲线趋势延伸预测法预测下一期的产量。

表 10.22　实际产品产量　　单位:套

期数	1	2	3	4	5	6	7	8	9	10	11	12	13	14	15
产量	30	42	57	83	115	160	224	310	446	601	843	1 186	1 639	1 841	2 056

(1)作图判断变动趋势。先将时间序列数据绘于算术尺度图纸上，观察是否属于增长型变动规律，即观察实际产品产量数据变化规律是否近似为一条指数曲线。

从图 10.14 可以看出，产量曲线呈现增长型变动规律，近似于一条指数曲线。

再用比例尺度图绘出进一步观察确定见图 10.15。

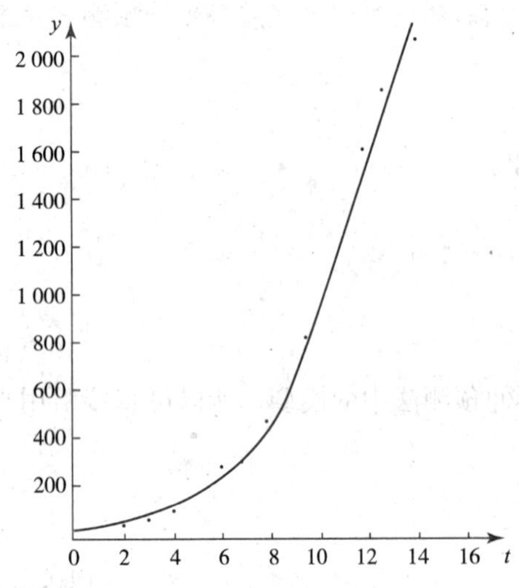

图 10.14 销售值变化趋势图(算术尺度)

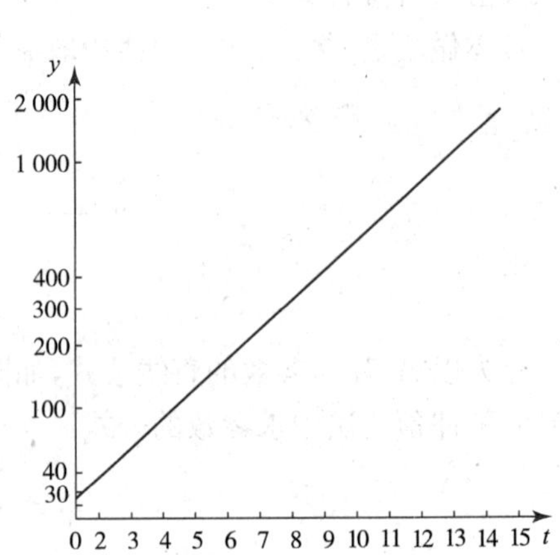

图 10.15 销售值变化趋势图(半对数尺度)

我们从比例尺度图可以看出,实际产量曲线近似为一条直线,所以可确定,此时间序列的变动规律近似为一条指数曲线,因此可用指数曲线趋势延伸法进行预测。选用基本数学模型为指数曲线公式:

$$\hat{y}_t = ab^x$$

(2)求参数 a、b。根据求参数公式,有关计算如表 10.23 所示。

表 10.23 求参数 a、b 有关计算表

观察期 t	实际产量 y(万套)	lg$y$	Y	Y^2	Y(lg$y$)
1	30	1.477 12	−7	49	−10.339 84
2	42	1.623 25	−6	36	−9.739 50
3	57	1.558 7	−5	25	−7.793 50
4	83	1.919 08	−4	16	−7.676 32
5	115	2.060 70	−3	9	−6.182 10
6	160	2.204 12	−2	4	−4.408 24
7	224	2.350 25	−1	1	−2.350 25
8	310	2.491 36	0	0	0
9	446	2.649 33	1	1	2.649 33
10	601	2.778 87	2	4	5.557 74
11	843	2.925 83	3	9	8.777 49
12	1 186	3.074 08	4	16	12.296 32
13	1 639	3.214 58	5	25	16.072 90
14	1 841	3.265 05	6	36	19.590 30
15	2 056	3.313 02	7	49	23.191 14
n=15		$\sum$ lg$y$=36.905 34		$\sum Y^2$ =280	$\sum Y$(lg$y$) =39.645 47

代入公式可得:

$$A=\frac{\sum y'}{n}=\frac{\sum \lg y}{n}=\frac{36.905\,34}{15}=2.460\,4$$

$$B=\frac{\sum xy'}{\sum x^2}=\frac{\sum y(\lg y)}{y^2}=\frac{39.645\,47}{280}=0.141\,59$$

(3)建立预测模型。

将 A、B 值代入基本数学模型

$$y'=A+Bx$$

则该问题的预测模型为

$$y'=2.460\,4+0.141\,59x$$

(4)对未来进行预测。第 16 期的 x 值为 8,代入上式

$$y'=2.460\,4+0.141\,59\times 8=3.593\,12$$

再取反对数,则下一期的预测值为

$$\hat{y}_{16}=3\,919.2(\text{套})$$

六、戈珀资曲线趋势延伸预测法

戈珀资曲线是一种成长曲线,表现产品在市场上的变化规律。戈珀资曲线趋势延伸预测法是趋势延伸预测的一个重要组成部分,常常用于商品的寿命周期各阶段的变动趋势分析。它通常包括了这样一些方法:戈珀资曲线法、修正指数曲线法和逻辑曲线法等。这 3 种曲线的图形大致都是"S",所以人们习惯地称它们为"S"型增长曲线。下面主要介绍其中的戈珀资曲线趋势延伸预测法的应用。

(一)戈珀资曲线趋势延伸预测法的含义

戈珀资曲线趋势延伸预测法又称戈珀资曲线分析法,它是根据预测变量的历史时间序列所呈现的戈珀资曲线增长规律特征,找出拟合戈珀资曲线,建立戈珀资曲线预测模型,然后向外延伸进行预测的一种方法。

戈珀资曲线是以英国统计学家和人寿保险专家 B. Gompartz 命名的。他在 1820 年为预测人口增长而提出了这样一条曲线,后由美国学者普莱斯(R. Prescott)在 1922 首次应用于市场预测。

(二)戈珀资曲线趋势延伸法的适用范围

戈珀资曲线趋势延伸法适用于预测变量的时间序列在其发展初期速度比较缓慢,随后增长速度加快,达到一定程度后,其增长量虽然还有,但增长速度减低,最终达到平稳发展的状况。

我们知道,市场上任何一种商品的销售量都不会无限地增加,即使处于高速增长的商品,也终究会达到一个饱和水平,而这些商品的寿命周期就表现为这种规律的发展变化趋势。如新产品在其试生产阶段,产量和销售量增长不大,在正式投产后销售阶段,产量和销售量的增长速度加快,到达一定程度后又进入稳定时期,增长速度减慢,直到最终不再增长,相当于产品的市场销售到了饱和期。所以具有产品寿命周期或有增长上限的时间序列,若用二次曲线或指数曲线趋势延伸预测法来预测,会产生较大的拟合误差。此时可用戈珀资曲线趋势延伸预测法来描述和预测,也就是说,戈珀资曲线趋势延伸预测法在具有产品生产生命周期的商品的市场销售的预测中应用比较广泛。

(三)戈珀资曲线趋势延伸预测法的基本数学模型

戈珀资曲线趋势延伸预测法的基本数学模型为

$$\hat{y}_t = ka^{b^t} \tag{10.17}$$

式中:t 代表已知时间序列 y_t 的时间变量,即时间周期的期数;$\hat{y}_t$ 代表已知时间序列 y_t 的戈珀资曲线估计值,或预测值;k、a、b 是待定参数,K 代表了曲线增长的上限,$K > 0, 0 < a \neq 1$,$0 < b \neq 1$。

(四)戈珀资曲线的几何图形

戈珀资曲线的几何图形如图 10.16 所示。

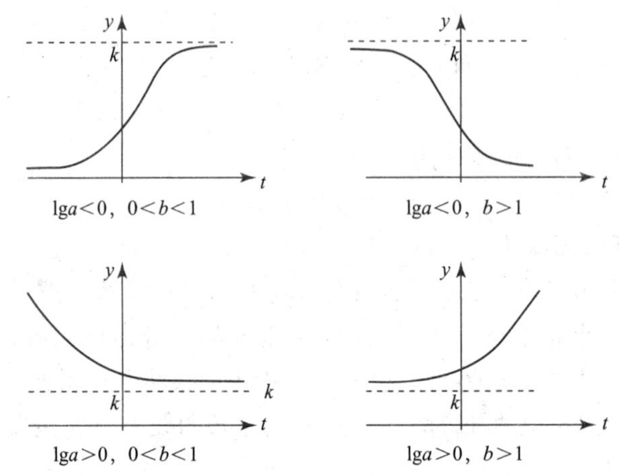

图 10.16　戈珀资曲线的几何图形

(五)参数 *k*、*a*、*b* 的确定

为简化计算,可采用对数形式,即对式(10.17)两边取对数。

具体做法是,将式(10.18)两边取对数,成为

$$\lg\hat{y}_t = \lg k + b^t \lg a \tag{10.18}$$

用三和法求参数 k、a、b。

设有 n 为观察期周期的 $\frac{1}{3}$(即数据个数能被 3 整除),时间序列期数 t 从 0 开始,将时间序列资料数据分为三组(即三段),每组有 n 个数据。

第一组,t:　0　1　2　3　…　$n-1$

　　y_t:　y_0　y_1　y_2　y_3　…　y_{n-1}

第二组,t 从 n 到 $2n-1$,y_t 从 y_n 到 y_{2n-1}。

第二组,t 从 $2n$ 到 $3n-1$,y_t 从 y_{2n} 到 y_{3n-1}。

将三组数据分别代入式(10.18),得

$$(\text{I})\begin{cases}\lg y_0 = \lg k + b^0 \lg a \\ \lg y_1 = \lg k + b^1 \lg a \\ \lg y_2 = \lg k + b^2 \lg a \\ \quad\vdots \\ \lg y_{n-1} = \lg k + b^{n-1} \lg a\end{cases}$$

$$
(\text{II})\quad\begin{cases}\lg y_n = \lg k + b^n \lg a \\ \lg y_{n+1} = \lg k + b^{n+1} \lg a \\ \lg y_{n+2} = \lg k + b^{n+2} \lg a \\ \vdots \\ \lg y_{2n-1} = \lg k + b^{2n-1} \lg a\end{cases}
$$

$$
(\text{III})\quad\begin{cases}\lg y_{2n} = \lg k + b^{2n} \lg a \\ \lg y_{2n+1} = \lg k + b^{2n+1} \lg a \\ \lg y_{2n+2} = \lg k + b^{2n+2} \lg a \\ \vdots \\ \lg y_{3n-1} = \lg k + b^{3n-1} \lg a\end{cases}
$$

将(Ⅰ),(Ⅱ),(Ⅲ)各组联立方程分别两边相加,得三组观察值对数之和

$$
\sum_1 \lg y_t = n\lg k + (1+b+b^2+\cdots+b^{n-1})\lg a \qquad (1)
$$

$$
\sum_2 \lg y_t = n\lg k + b^n(1+b+b^2+\cdots+b^{n-1})\lg a \qquad (2)
$$

$$
\sum_3 \lg y_t = n\lg k + b^{2n}(1+b+b^2+\cdots+b^{n-1})\lg a \qquad (3)
$$

将(3)式减去(2)式,得

$$
\sum_3 \lg y_t - \sum_2 \lg y_t = b^n(1+b+b^2+\cdots+b^{n-1})(b^n-1)\lg a \qquad (4)
$$

将(2)式减去(1)式,得

$$
\sum_2 \lg y_t - \sum_1 \lg y_t = (1+b+b^2+\cdots+b^{n-1})(b^n-1)\lg a \qquad (5)
$$

用(4)式除以(5)式,得

$$
b^n = \frac{\sum_3 \lg y_t - \sum_2 \lg y_t}{\sum_2 \lg y_t - \sum_1 \lg y_t}
$$

两边开 n 次方,得

$$
b = \left(\frac{\sum_3 \lg y_t - \sum_2 \lg y_t}{\sum_2 \lg y_t - \sum_1 \lg y_t}\right)^{\frac{1}{n}} \qquad (10.19)
$$

由(5)式得:

$$
\lg a = \frac{\sum_2 \lg y_t - \sum_1 \lg y_t}{(1+b+b^2+\cdots+b^{n-1})(b^n-1)}
$$

因为

$$
1+b+b^2+\cdots\cdots+b^{n-1} = \frac{b^n-1}{b-1}
$$

所以

$$
\lg a = \left(\sum_2 \lg y_t - \sum_1 \lg y_t\right)\frac{b-1}{(b^n-1)^2} \qquad (10.20)
$$

由(2)式得

$$\lg k=\frac{1}{n}\left[\left(\sum_{1}\lg y_t\right)\frac{b^n-1}{b-1}\lg a\right] \tag{10.21}$$

式中：n 为时间序列时间周期总期数的 1/3；$\sum_{1}\lg y_t$ 为观察期第一个 1/3 周期观察值 y 的对数之和；$\sum_{2}\lg y_t$ 为观察期第二个 1/3 周期观察值 y 的对数之和；$\sum_{3}\lg y_t$ 为观察期第三个 1/3 周期观察值 y 的对数之和。

注意：t 从 0 开始分配序号，为 $0,1,2,\cdots,3n-1$。

将实际数据 y 取对数，代入式(10.19)、(10.20)，(10.21)，即可求出参数 $\lg a$、b 和 $\lg k$。

(六)预测模型的建立

将时间序列数据代入上面三个公式，求出 $\lg a$、b 和 $\lg k$ 后，再将它们的数值代入式(10.18)，即可得预测模型

$$\lg\hat{y}_t=\lg k+b^t\lg a$$

再将新 t 值代入，即可对未来某期的预测变量(预测目标)进行预测。然后再对 $\lg\hat{y}_t$ 取反对数即可求得预测值。在实际问题预测中直接运用上述 4 个公式即可。

当然，也可对值 $\lg a$ 和 $\lg k$ 直接取反对数，求得 a、k，代入式(10.17)，得到预测模型为

$$\hat{y}_t=ka^{b^t}$$

再代入新的 t 值，便可直接进行预测。

(七)戈珀资曲线趋势延伸预测法的应用

【例 10.17】 某广告公司 2003—2011 年的营业额如表 10.24 所列，试用戈珀资曲线趋势延伸预测法预测 2012 年的营业额。

表 10.24　广告公司实际营业额　　单位：百万元

年份	2003	2004	2005	2006	2007	2008	2009	2010	2011
营业额	4.9	6.0	7.2	7.6	8.4	8.5	8.6	9.2	9.0

(1)绘图判断变动趋势。将时间序列数据绘于直角坐标图上，观察其是否属于增长型变动规律，并分析实际营业额数据变化规律是否近似为一条戈珀资曲线。

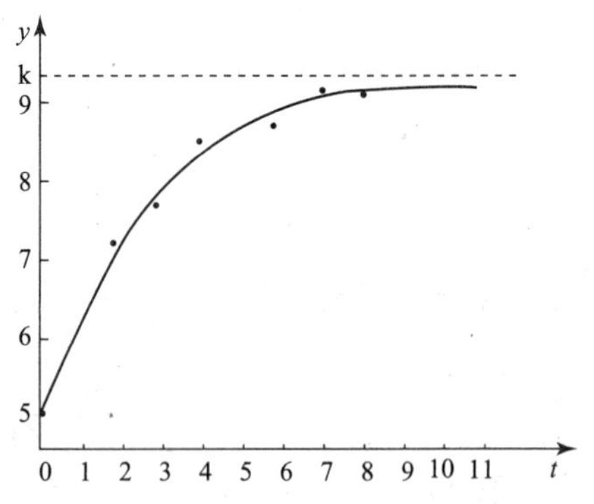

图 10.17　广告公司实际营业额曲线图

从图 10.17 可以看出，营业额曲线呈现增长型变动规律，曲线增长速度开始较缓慢，随后加快，到最后又变得缓慢，呈现为一条有增长上限的曲线，因此不宜采用二次曲线或指数曲线趋势延伸预测法预测。该曲线符合戈珀资曲线中当参数 $0<a<1$、$b<1$ 的情形，所以可用戈珀资曲线趋势延伸预测法进行预测。

运用基本数学模型为戈珀资曲线公式

$$\hat{y}_t=ka^{b^t}$$

或其对数形式

$$\lg\hat{y}_t=\lg k+b^t\lg a$$

(2)求参数 a、b、k。根据求参数公式，有关计算如表 10.25 所示。

表 10.25　求参数 a、b、k 的有关数据、估计值及误差

年份	实际营业额 y（百万元）	t	$\lg y$	$\lg\hat{y}$	$\hat{y}$	$\hat{y}-y$
2003	4.9	0	0.690 2	0.692 8	4.93	0.03
2004	6.0	1	0.778 2	0.785 8	6.11	0.11
2005	7.2	2	0.857 3	0.847 1	7.03	−0.17
2006	7.6	3	0.880 8	0.887 8	7.72	0.12
2007	8.4	4	0.924 3	0.914 5	8.21	−0.19
2008	8.5	5	0.929 4	0.932 3	8.56	0.06
2009	8.6	6	0.934 5	0.944 0	8.79	0.19
2010	9.2	7	0.963 8	0.951 7	8.95	−0.25
2011	9.0	8	0.954 2	0.956 8	9.05	0.05
$3n=9$	$\sum y=69.4$		$\sum \lg y=7.912\ 7$			平均绝对误差=0.13

本例观察数据共 9 个，所以观察期 1/3 周期的数据是 3，即 $n=3$。

则观察期第一个 1/3 周期观察值的对数之和为

$$\sum_{1}\lg\hat{y}_t=0.690\ 2+0.778\ 2+0.857\ 3=2.325\ 9$$

观察期第二个 1/3 周期观察值的对数之和为

$$\sum_{2}\lg y_t=0.880\ 8+0.924\ 3+0.929\ 4=2.734\ 5$$

观察期第三个 1/3 周期观察值的对数之和为

$$\sum_{3}\lg y_t=0.934\ 5+0.963\ 8+0.954\ 3=2.852\ 5$$

将以上有关数据代入求解参数 a、b、k 的公式

$$b=\left(\frac{\sum_{3}\lg y_t-\sum_{2}\lg y_t}{\sum_{2}\lg y_t-\sum_{1}\lg y_t}\right)^{\frac{1}{n}}=\left(\frac{2.852\ 5-2.734\ 5}{2.734\ 5-2.325\ 7}\right)^{\frac{1}{3}}=0.660\ 8$$

$$\lg a=\left(\sum_{2}\lg y_t-\sum_{1}\lg y_t\right)\frac{b-1}{(b^n-1)^2}$$

$$=(2.734\ 5-2.325\ 7)\frac{0.660\ 8-1}{(0.288\ 6-1)^2}=-0.274$$

$$\lg k=\frac{1}{n}\left[\left(\sum_{1}\lg y_t\right)\frac{b^n-1}{b-1}\lg a\right]$$

$$=\frac{1}{3}\left[2.325\ 7-\frac{0.288\ 6-1}{0.660\ 8-1}(-0.274)\right]=0.966\ 8$$

（3）建立预测模型。将 lga、b、lgk 值代入基本数学模型

$$lg\hat{y}=Lgk+b^t lga$$

可得预测模型

$$lg\hat{y}=0.966\ 8+(-0.274)\times 0.660\ 8^t$$

（4）对未来进行预测。将 2012 年的 t 值 9，代入上式得

$$lg\hat{y} = 0.9668 + (-0.274) \times 0.6608^9$$
$$= 0.9602$$

再取反对数，则求得 2012 年的预测值为

$$\hat{y}_{2012年} = 9.12(百万元)$$

另，因 $lgk = 0.9668$，求其反对数，得

$$k = 9.26$$

该值即本例曲线增长的上限。

在实际运用中，戈珀资曲线趋势预测法除描述产品的寿命周期曲线的规律，延伸预测，并找出曲线增长的上限或下降的下限外，还可对饱和期的起始点和饱和期长度做出预测。

一般来说，产品在导入期的销售增长率在 0%～5% 左右；成长期在 10% 以上；成熟期稳定在 0.1%～10% 之间；衰退期销售增长率为负值。但如此划分的各个阶段的销售增长率是一种经验数据，不同的商品具有不同的特点，要灵活运用。

可以用戈珀资曲线中的参数来推断产品所处的寿命周期的阶段，以便对产品的销售规律有更深的了解。

七、修正指数曲线趋势延伸预测法

修正指数曲线模型是“S”曲线模型（即增长曲线模型）中的另一种重要形式，下面介绍它的市场预测特点和方法。

（一）修正指数曲线趋势延伸预测法的含义

修正指数曲线趋势延伸预测法是根据预测变量的历史时间序列所呈现的修正指数曲线增长规律特征，找出拟合修正指数曲线，建立修正指数曲线预测模型，然后向外延伸进行预测的一种方法。

修正指数曲线与戈珀资曲线和逻辑曲线通称为成长曲线或“S”曲线，它们都可用于产品的寿命周期方面的预测。

（二）修正曲线趋势延伸预测法的基本数学模型及图形

修正曲线趋势延伸预测法的基本数学模型为

$$y' = k + ab^t \qquad (10.22)$$

修正指数几何曲线图形如图 10.18 所示。

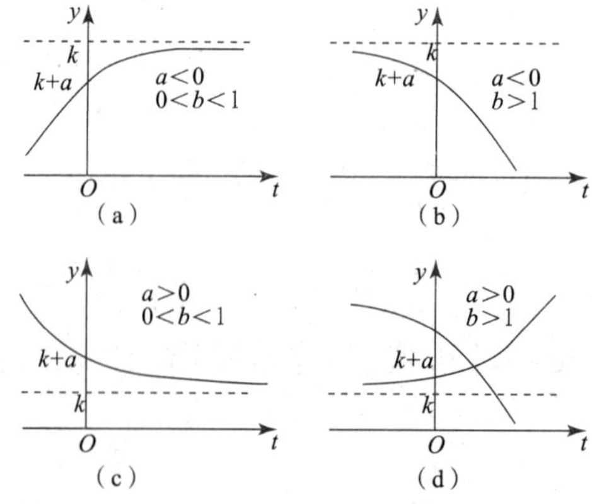

图 10.18　修正指数曲线几何图形

(三)修正曲线趋势延伸法的参数 k、a、b 的确定

我们仍然用三和法来求参数为

$$b=\left(\frac{\sum_3 \frac{1}{y}-\sum_2 \frac{1}{y}}{\sum_2 \frac{1}{y}-\sum_1 \frac{1}{y}}\right)^{\frac{1}{n}} \tag{10.23}$$

$$a=\left(\sum_2 \frac{1}{y}-\sum_1 \frac{1}{y}\right)\frac{b-1}{(b^n-1)^2} \tag{10.24}$$

$$k=\frac{1}{n}\left(\sum_1 \frac{1}{y}-a\cdot\frac{b^n-1}{b-1}\right) \tag{10.25}$$

式中:n 为时间序列时间周期总期数的 1/3;$\sum_1 \frac{1}{y}$ 为观察期第一个 1/3 周期观察值 y 的倒数之和;$\sum_2 \frac{1}{y}$ 为观察期第二个 1/3 周期观察值 y 的倒数之;$\sum_3 \frac{1}{y}$ 为观察期第三个 1/3 周期观察值 y 的倒数之和。

注意:t 从 0 开始分配序号,为 0,1,2,…,3n−1。

将实际数据 y 取倒数,代入式(10.23)、(10.24)、(10.25),即可求出逻辑曲线公式参数 k、a、b。

(四)修正指数曲线趋势延伸预测法预测模型的建立

将时间序列数据代入式(10.23)、(10.24)、(10.25),求出 a、b 和 k 后,再将它们的数值代入(10.22)式,即可得预测模型

$$y'=k+ab^t$$

再将新 t 值代入,即可对未来某期的预测变量(预测目标)进行预测。在实际问题预测中直接运用上述四个公式即可。

(五)修正指数曲线趋势延伸法的应用。

【例 10.18】 某电脑生产商第 1~9 期的电脑产量情况如表 10.26 所示,试用修正指数曲线趋势延伸法预测下一期的销量。

表 10.26　实际电脑产量　　单位:万台

期数	1	2	3	4	5	6	7	8	9
销量	26	51	71	87	100	109	116	118	125

(1)作图判断变动趋势。先将时间序列数据绘于直角坐标图上,观察其是否属于成长型变动规律,并分析实际产品销量数据变化规律是否近似为一条修正曲线。

我们从图 10.19 可以看出,电脑产量曲线呈现成长型变动规律,曲线增长速度原来较快,逐渐变得缓慢,最后增长幅度更小,呈现为一条有增长上限的曲线,因此不宜采用二次曲线或指数曲线趋势延伸预测法预测。曲线基本符合修正指数曲线运行的趋势,所以可考虑用修正指数曲线趋势延伸预测法进行预测。

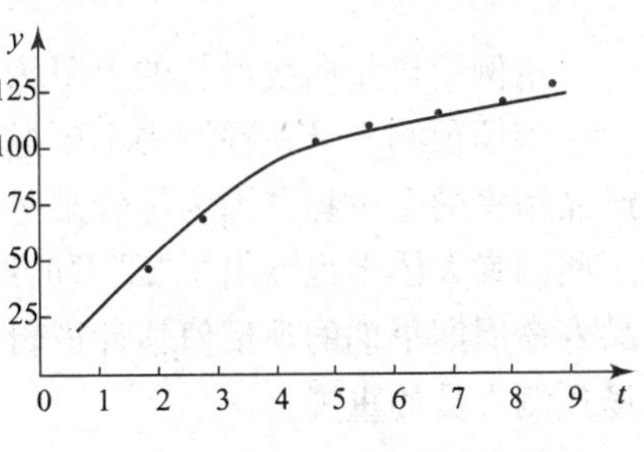

图 10.19　实际电脑产量曲线图

用基本数学模型为修正指数曲线公式为

$$\hat{y} = k + ab^t$$

(2)求参数 a、b、k。因本例观察期数据共 9 个，所以观察期 1/3 周期的数据为 3，即$n=3$。

那么：

观察期第一个 1/3 周期观察值的对数之和为

$$\sum_1 y = 148$$

观察期第二个 1/3 周期观察值的对数之和为

$$\sum_2 y = 296$$

观察期第三个 1/3 周期观察值的对数之和为

$$\sum_3 y = 359$$

将上列数据代入求解参数 a,b,k 的公式

$$b = \left[\frac{\sum_3 y - \sum_2 y}{\sum_2 y - \sum_1 y}\right]^{\frac{1}{n}} = \left(\frac{359-296}{296-148}\right)^{\frac{1}{3}} = 0.652\ 4$$

$$a = \left(\sum_2 y' - \sum_1 y'\right)\frac{b-1}{(b^n-1)^2}$$

$$= (296-148) \times \frac{0.652\ 4-1}{[(0.652\ 4)^3-1]^2} = -98.61$$

$$k = \frac{1}{n}\left(\sum_1 y' - a \cdot \frac{b^n-1}{b-1}\right)$$

$$= \frac{1}{3}\left[148 - (-980\ 61) \times \frac{(0.652\ 4)^3-1}{0.652\ 4-1}\right] = 117.638$$

(3)建立预测模型。将 a、b、k 值代入基本数学模型

$$\hat{y} = k + ab^t$$

可得该预测问题的预测模型为

$$\hat{y} = 117.638 - 98.61 \times 0.652\ 4^t$$

(4)对未来进行预测。第 10 期 t 的值为 9，代入上式，则下一期的预测值为

$$\hat{y} = 117.638 - 98.61 \times 0.652\ 4^9$$

$$= 115.27(万台)$$

本例销售量曲线增长的上限为 $k=117.638$ 万台。

市场预测人员在预测中不要过分依赖逻辑曲线、戈珀资曲线或修正指数曲线来判断预测产品销售的全过程。因为尽管某些普通的经济和生物学的定律引导出了指数增长趋势，并且一些因素大体上也导出了“S”型曲线，但不存在导出任何特种形式的“S”曲线的定律。在用产品寿命周期早期的观察值估计逻辑曲线的全部参数时，特别容易产生错误，这点尤其要引起市场预测人员的重视。

典型案例

网民规模的预测

一、总体网民规模

截至2012年6月底，中国网民数量达到5.38亿，互联网普及率为39.9%。在普及率达到约四成的同时，中国网民增长速度延续了自2011年以来放缓的趋势，2012年上半年网民增量为2 450万，普及率提升1.6个百分点(见图20)。

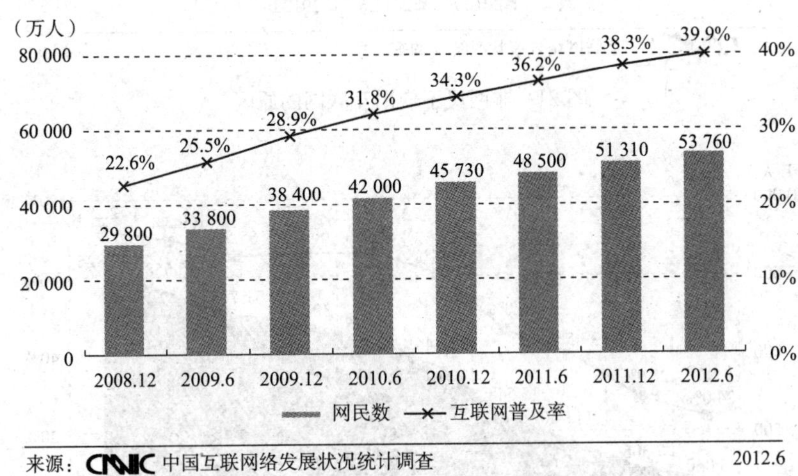

图20 中国网民规模与普及率

当前网民增长进入了一个相对平稳的阶段，互联网在易转化人群和发达地区居民中的普及率已经达到较高水平，下一阶段中国互联网的普及将转向受教育程度较低的人群以及发展相对落后地区的居民，因而需要关注互联网在这些人群中扩散的障碍。比较历年来非网民不上网的原因，其中有两个原因的重要性逐年上升。2012年6月，54.8%的非网民不上网的原因是因为“不懂电脑和网络”，相比2010年6月，比例上升近十个百分点，IT技能的缺失依然是阻碍互联网深入普及的最大障碍；另一个因素则是自认为年龄太大或者太小而不使用互联网。相比之下，因为个人使用互联网意识不强(“不感兴趣”/“不需要”)，或者没有上网设备而不上网的非网民比重在下降(见图21)。

二、手机网民规模

截至2012年6月底，我国手机网民规模达到3.88亿，较2011年底增加了约3 270万人，网民中用手机接入互联网的用户占比由上年底的69.3%提升至72.2%(见图22)。手机网民上一波的快速增长周期在2010年上半年结束，从2011年下半年开始，手机网民的增速重新出现回升势头，终端的普及和上网应用的创新是新一轮增长的重要刺激因素。当前，智能手机功能越来越强大，移动上网应用出现创新热潮，同时手机价格不断走低，“千元智能机”的出现大幅降低了移动智能终端的使用门槛，从而促成了普通手机用户向手机上网用户的转化。

手机上网快速发展的同时，台式电脑这一传统上网终端的使用率一直在下降，2012年上半年使用台式电脑上网的网民比例为70.7%，相比2011年下半年下降了2.7个百分点(见图23)。

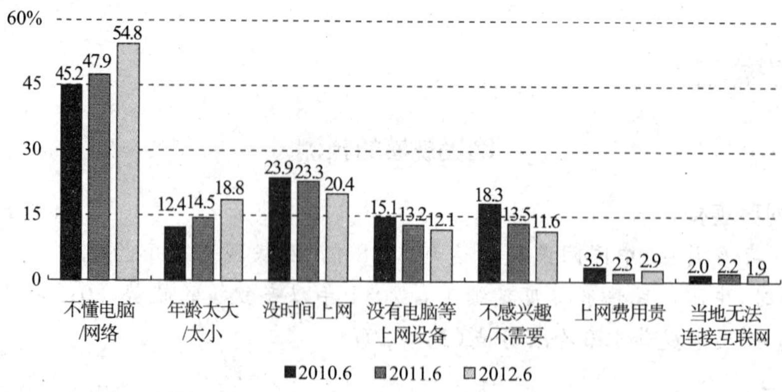

图 21　非网民不使用互联网的原因

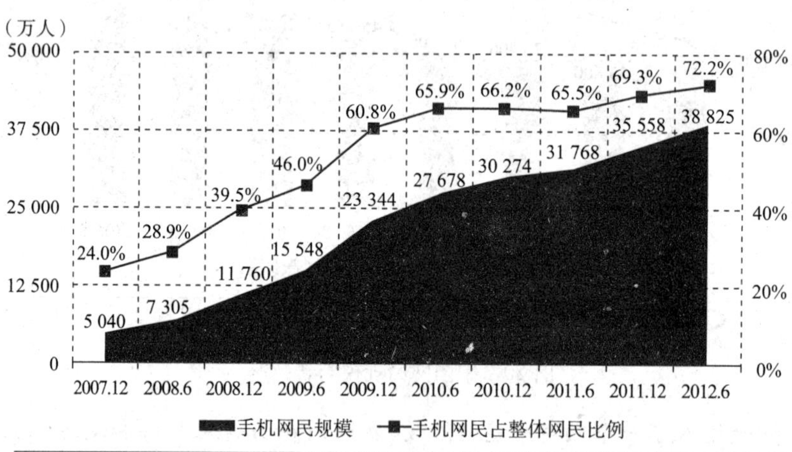

图 22　手机上网网民规模

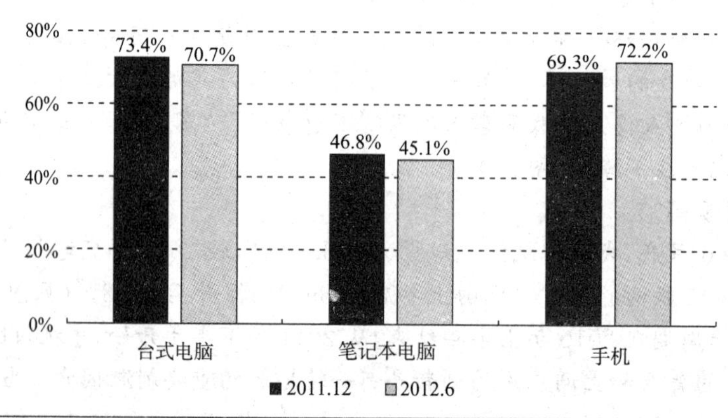

图 23　网民上网设备

在这样的发展趋势下，目前中国网民实现互联网接入的方式呈现出全新格局，在2012年上半年，通过手机接入互联网的网民数量达到3.88亿，相比之下台式电脑为3.80亿，手机成为了我国网民的第一大上网终端(见图24)。

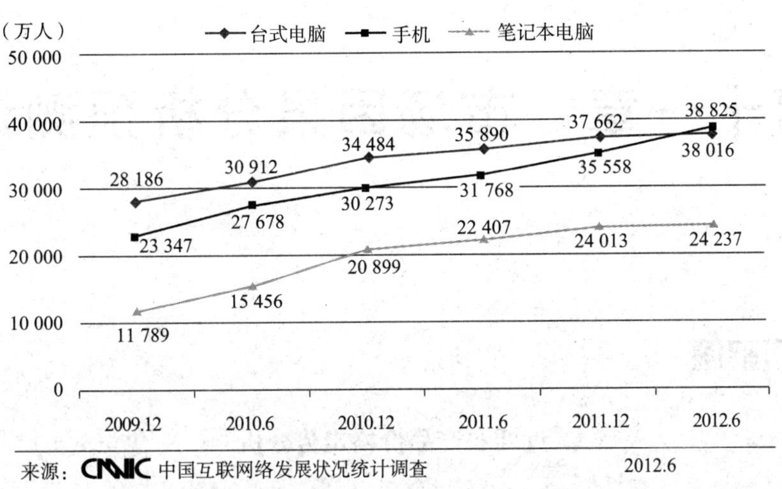

图24　2009.12—2012.6使用各类终端上网的网民规模

移动互联网和手机终端的发展对中国互联网的普及具有重要的意义，对于中国广阔的农村地区以及庞大的流动人口来说，使用手机接入互联网是更为廉价和简便的方式。在2012年刚开始上网的新网民中，农村网民比例达到51.8%，这一群体中使用手机上网的比例高达60.4%，使用台式电脑和笔记本电脑的比例只有45.7%和8.7%，而新网民中城镇人口使用手机上网的比例只有47.2%，这一结果显示出，相比于电脑，手机对农村网民的增长发挥了更加重要的作用。虽然中国农村地区的信息化基础设施建设、电子设备的普及已经有了长足的发展，但是通过电脑使用固网的成本依然较高，在这样的限制下，通过手机终端接入移动互联网是在农村地区普及互联网更加现实的方式。

(数据来源：CNNIC第30次调查报告，http://www.cnnic.net.cn/hlwfzyj/)

案例讨论题：

(1)案例中的时间序列数据：中国网民规模与普及率、手机上网网民规模和使用各类终端上网的网民规模分别是什么变动类型的时间序列数据?

(2)最好应用哪一种时间序列分析法预测2013年的中国网民规模与普及率、手机上网网民规模和使用各类终端上网的网民规模?请做出预测。

实训题

(1)利用周末去当地调研一家大型超市，调研近9年的销售额，将其销售额绘成坐标图，判断其属于什么时间序列模式，分析可运用什么时间序列预测法预测其未来一年的销售额，为什么?并进行预测。

(2)上网收集近年来市场预测方法预测理论的新发展。

第十一章　市场因果分析预测法

近期农产品价格走势分析

2012年的春节过后，全国气候稳定，农产品市场供需平衡，食品价格均有不同程度的回落。其中，猪肉和鸡蛋价格降幅最为明显，蔬菜和水果价格也从高位小幅回落。总体趋势上看，近期农产品价格整体上会以降为主，价格逐步回归合理。

中农网价格行情系统的数据显示，2012年农产品价格在春节期间涨到最高，2月份开始总体回落，数据显示，2月中旬，农产品集团价格指数较上旬下降了4.67%。从趋势上看，2月下旬开始，价格指数回落速度开始放缓，并有微微上扬的迹象。主要是由于近期南方气候湿冷，蔬菜价格运行高位；同时寒冷天气也影响鱼类捕捞，价格微涨。

猪肉价格经历了年前的小幅反弹，春节过后便开始迅速回落，与1月份相比，2月份猪肉月平均价格跌幅已经超过2个百分点。猪肉价格的下跌主要受节后需求降低的影响。然而春季正是猪疫病高发期，据了解，目前各地仔猪补栏需求增加，仔猪价格大涨，而同时猪肉需求下降，生猪价格大幅回落。这种情况很可能会导致2012年生猪存栏量下降，猪肉价格后期反弹。

禽蛋价格从2011年9月份开始下降，跌势一直持续，2012年2月跌幅更为明显。中农网价格行情系统的数据显示，与上旬相比，2月中旬，鸡蛋平均价格下跌了5.7%，其中，鸭蛋、农家红鸡蛋、土鸡蛋、鲜鸡蛋、鹌鹑蛋等分别下跌了7.4%、5.2%、3.7%、3.64%和1.52%。禽肉价格稳中有降，番鸭和三黄鸡价格分别下跌2.4%和2.26%。

牛羊肉价格春节期间达到最高，2月份开始回落。数据显示，2月中旬，牛肉价格较上旬下降了0.97%，这是去年5月份以来，牛肉价格首次明显回落。羊肉价格也表现高位平稳。猪肉价格的下降致使牛羊肉消费量降低，加之年后食品消费总量整体下滑，预计短时间内，牛羊肉价格将依然保持稳中有降的趋势。

水产品价格较去年同期偏高，但总体趋势表现稳定。2月中旬，深圳水产品价格没有明显波动，与上旬相比，部分淡水鱼价格稳中有降，其中，鲫鱼、鲢鱼、鲤鱼、鲩鱼和鲈鱼平均价格均有小幅下降，跌幅分别为1.03%、1.32%、0.3%、2.86%和0.73%；大头鱼、武昌鱼、生鱼、鲶鱼等淡水鱼价格保持不变。

蔬菜价格在春节期间达到最高，2月份开始回落，但近期依然高位震荡。由于深圳近期多阴雨天气，蔬菜价格在2月20日～2月26日有所上涨。本地蔬菜涨幅最为明显。其中苦瓜、油麦菜、春菜、上海青、小白菜、菠菜、芥菜、芥兰、大白菜价格分别上涨73.91%、64.71%、52.71%、37.5%、33.33%、30.56%、30.3%、27.91%和22.2%。

水果价格近期走势平稳，但依然保持高位。由于季节原因，水果供应和需求均无明显变化，预计水果价格将继续保持当前水平。

（资料来源：中国农业信息网，http://www.agri.gov.cn/）

中国农业信息网关于2012年我国农产品价格走势的分析预测只是应用了简单的主要依据经验而由“一定的因”来判断得出“一定的果”。这并不是严格意义上的“因果分析预测法”，那么真正的因果分析预测法是怎样的呢？我们如何应用它来进行市场预测呢？

第一节　市场因果分析预测法概述

在市场预测的定量方法中，市场因果分析预测法（又称相关分析法）是与时间序列预测法大不同的另一类预测方法。时间序列分析法侧重从时间因素来考虑预测对象的变化和发展，时间序列发展数学模型一般都是时间的函数。而市场因果分析预测法是从市场、经济变化的因果关系入手，分析市场变化的原因，找出市场现象原因与结果之间的联系方法，并据此进行市场预测。

一、市场变量之间的因果关系分析

市场经济活动中现象与现象之间彼此关联而构成的依存关系，称为市场变量的因果关系。

企业总是处在激烈竞争的市场中，而市场是在不断发展变化的，其变化发展是由多种因素决定的，而市场的变化同各种影响因素之间又存在着或大或小的依存关系，即因果关系。市场是社会经济、科学技术、价值观念、风俗习惯、自然因素等方方面面的综合反映。

比如：一种商品的质量、价格、款式等是影响顾客是否购买这种商品的直接因素；一个国家或地区的经济发展水平、人口数量、收入水平、消费心理是决定商品供求关系的直接因素；消费者需求的多样性是促使企业应用新技术、开发新产品的直接因素；一种产品的质量、促销方式、价格水平等更是引起其市场需求增加或减少的直接因素；等等，不一而足。

对于市场中这些客观存在的依存关系，可以用数量加以分析、研究、描述，进而进行预测。当然，这与时间序列分析预测法中仅仅考虑时间一个因素对预测变量的影响相比，预测难度是比较大的。

在市场预测中，市场变量因果关系的形态有两种：

一是简单的因果关系：预测目标与各影响因素之间存在的主要或次要依存关系。

二是复杂的因果关系：预测目标与各影响因素之间存在相互影响，而各影响因素之间也存在相互依存关系。

我们在研究市场现象的这些依存关系时，一般将所要预测的市场现象（预测目标）称为因变量，其具体数量称为因变量值，而将与市场现象有密切关系的各种影响因素称为自变量，其具体数量称为自变量值。比如：将企业的广告费用作为自变量，将企业的销售额作为因变量，研究广告费用的投入量对企业销售额增减的影响；将居民收入作为自变量，将市场商品需求量作为因变量，研究预测收入水平变动对需求量未来发展变化的影响；将人口、价格等因素作为自变量，将市场需求量作为因变量，研究人口变动、价格变动对市场需求量的影响；等等。

市场现象之间的相互依存关系可以分为两大类:函数关系和相关关系。

函数关系是指市场现象之间确定的依存关系,即自变量取一个数值,则因变量必然有一个对应的确定数值。当自变量发生某种变化时,因变量必然会发生一个相应程度的变化。这种函数关系建立的是确定性的数学模型,这种数学模型是人们按照市场经济活动中多种经济现象之间客观存在的定性关系,用定义方式建立变量之间相互关系的一种数量变化关系式。即,一个变量(或多个变量)能完全决定另一个变量的变化,这种决定不会随时空的变化而变化。

我们将变量 y 与 p 个变量 $x_1,x_2,\cdots,x_p$ 之间存在的某种函数关系表示为:$y=f(x_1,x_2,\cdots x_p)$。比如,某企业生产一种商品,年销售额记为 y,商品价格为 100 元,销售量记为 x,则:$y=100x$。

相关关系是指现象之间确实存在的一种不确定的依存关系,即当自变量取一个数值时,因变量必然存在与它对应的数值,但这个对应值是不确定的。当自变量发生某种变化时,因变量也必然发生变化,但变化的程度是不确定的。如居民对某种个人消费品的需求量同收入水平之间的因果关系等。这种变量之间有因果关系,但它们之间的因果关系还没有到一个变量(或多个变量)能完全决定另一个变量的程度,数量关系随着不同时期或不同地区会有所变化。相关关系建立的是非确定性的因果关系的数学模型。

对于函数关系的依存关系,只要用一个函数表达式来描述就可以了。对于相关关系的依存关系,用相关关系分析和回归方程的方法加以研究,即用统计分析的方法来研究市场现象之间的相关关系,找出其发展变化规律的数学关系式,从而预测市场未来的发展变化趋势。

市场现象相互之间的依存关系,大多数表现为相关关系,它们之间既存在着密切关系,但又不能由一个变量的值精确地求出另一个变量的值,而必须借助于数理统计规律来寻求。所以它不像表现为函数关系的市场现象问题的研究方法那么简单。根据市场现象所存在的相关关系,对它们做统计定量分析,从而达到对市场现象找出规律、进行预测的目的。如机电产品的需求量与工农业总产值、机械工业产值、基建投资等因素有关。但这种关系,我们不能用某个函数式确切地表达,也不能准确地直接计算出有多少工业总产值就需要多少机电产品,而必须利用数理统计的方法来寻求它们之间的因果关系和影响程度,并近似地估算出它们之间数量的关系,从而进行预测,这就是市场因果分析预测法。

二、市场因果分析预测法的含义

市场因果分析预测法是在对市场现象中的变量之间所存在的因果关系的统计分析的基础上,建立数学模型,从而揭示预测变量与其他有关的经济变量之间的数量变化关系,据此进行市场预测的方法。即把其他相关因素的变化看作产生市场现象的"因",而预测对象的变化看作市场现象的"果",建立描述各种因果关系的数学模型,并根据相关因素的变化,对预测对象的未来变动趋势进行推断预测。

在市场预测中,非确定性的因果关系是普遍存在的,而因果分析预测法针对市场中这种普遍存在的因果关系问题进行研究预测,它是一种非常重要的市场预测方法,在对市场现象的深层次、综合性、更准确的研究预测中起着非常重要的作用。在一般的市场现象预测时,如果市场预测者能够找到影响市场预测对象的主要因素,并取得准确的数量资料,还能清晰地阐明它们之间的依存关系,即可采用因果分析预测法进行预测。

市场因果分析法虽然是一种比较科学的预测方法,但需要具备一定的条件,如经营管理应达到一定的水平,还应具有系统、完整、准确的数据,必要的科技设备和手段等,否则都可能影响该方法的使用和精确性。另外从定量分析方面,预测者还应注意该方法的一些具体应用条件。

三、市场因果分析预测法的应用条件

市场因果分析预测法的应用，需要具备以下几个基本条件：

（一）市场现象的因变量与自变量之间必须存在相关关系

应用市场因果分析预测法的首要条件是：市场现象的自变量与因变量之间必须是相关关系。只有存在相关关系的自变量与因变量才能够用市场因果关系预测法来建立数学模型，以自变量的变化及程度去预测因变量的变化及程度。

因此判断市场现象之间是否具有相关关系，是非常重要的。那么我们怎样才能准确判断市场现象之间是否存在相关关系呢？

一般地，我们可以通过两方面来判定市场现象之间是否存在相关关系。第一，应用经济理论知识和实践经验，从定性的角度判断市场现象之间是否存在相关关系。比如经济学和市场营销学等理论告诉我们：某市场的需求受到该市场人口数量的变动、该市场消费者的收入变动、该市场消费者消费心理的变化趋势等的影响。这就告诉我们：市场需求与人口数量、消费者收入及消费者消费心理具有相关关系。又如，家庭主妇知道，今天来市场购买蔬菜的主妇特别多，那么今天的蔬菜价格可能一会就会上涨，必须赶快下手购买。这就是家庭主妇的实践经验告诉她们蔬菜价格与购买人数具有相关关系。第二，通过绘制相关散点图，通过计算相关系数指标等方法对市场现象之间的关系进行相关分析，从定量的角度来判断现象之间是否存在相关关系。这是一种比较精确地判定市场现象之间是否存在相关关系的方法。

我们必须对市场现象从定性和定量两个方面充分进行分析，才能最后判定它是否存在相关关系，才能正确决定是否运用市场因果分析法来预测市场的未来变化趋势。

（二）市场现象的自变量与因变量之间必须高度相关

市场因果分析预测法的应用，不仅要求被研究的市场现象之间确实存在相关关系，而且还要求自变量与因变量之间的相关关系是密切相关，即高度相关的。存在相关关系的市场现象并不一定都是高度相关，因此因果分析预测法只适用于预测一部分具有相关关系的现象，即预测存在高度相关的市场现象，对于相关程度较低的市场现象，应用因果分析预测法进行预测可能出现较大的失误，对于这类市场现象我们需要选择其他的预测方法进行预测。

市场现象的自变量与因变量之间必须高度相关，这一应用条件要求我们应用因果分析预测法进行实际预测时，只能选择与预测变量即因变量具有高度相关关系的因素为自变量，而对与因变量不具有或只有低度相关关系的因素则必须剔除。为此，作为市场预测人员，必须对市场现象各因素做深入细致的分析，要从多方面对影响因素进行检验，决不遗漏一个高度相关的影响因素，也决不误选一个低度相关或不相关的影响因素作为自变量。

（三）必须能够比较容易取得精确的市场现象自变量的预测值

市场因果分析预测法应用的最终目的是求得因变量的预测值，而要求得因变量的预测值就必须首先具有自变量的预测值。也就是说要预测因变量的变化趋势，首先需要预测自变量的预测值，当然如果不能首先精确地预测自变量，那么更不可能对因变量进行准确的预测了。

所以，市场预测人员不仅要准确调研自变量和因变量在观察期内的实际值，还必须要应用恰当的方法准确预测自变量在预测期内的数值。否则就不可能应用市场因果预测法进行准确的预测。

市场因果分析预测法的上述三个基本条件是相互关联的，是必须同时具备的。

四、市场因果分析预测法的应用步骤

应用市场因果分析预测法进行市场预测时必须按照科学的步骤进行。市场因果分析预测法的应用步骤如图 11.1 所示。

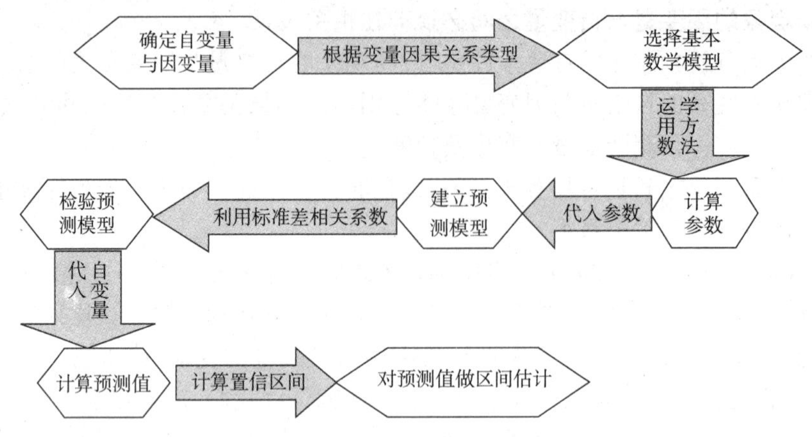

图 11.1　市场因果分析预测法应用步骤

具体过程如下：

(一)确定自变量与因变量

应用市场因果分析预测法，首先需要根据市场预测目的，确定自变量与因变量。因果分析预测法是根据市场现象之间的相关关系进行预测的方法。因此确定相关关系和自变量、因变量就成为第一步的工作。一般来说，确定因变量是比较容易的，只要根据市场预测的目的，将所要进行市场预测的对象作为因变量即可。就市场预测的最终目的来看，一般是预测某个企业目标市场的需求量，或各类企业的销售量(额)。因而，一般情况下是把市场需求量(或销售量、额)作为市场预测的因变量。由于因变量的发展变化受到一个或多个自变量的影响，自变量的数值直接决定因变量的数值。因此在市场因果分析预测法中，自变量的确定才是最重要的，相对因变量的确定，自变量的确定要复杂得多，是更加困难的。

市场因果分析预测法中的自变量，就是引起市场变化的各种影响因素。当自变量为某个特定值时，因变量则依据确定的相关关系取得相应的值，即市场预测值。从市场预测结果来说，是确定因变量的值；但是从市场预测过程来看，比较复杂的工作则是选择何种影响市场预测值的因素作为自变量。在选择自变量时，需要根据相关资料，分析判断自变量同因变量之间的相关程度，选择与因变量关系最为密切，或比较密切，或影响比较大的因素作为自变量。例如，国民收入及其分配比例的变化，居民收入和就业人数的变化，以及产品价格的变动、企业促销费用的增减等，都是与因变量关系比较密切的影响因素，这些都可以作为自变量。

如果影响因素较多，但又只能选择其中的一部分作为自变量，那么就必须比较分析每个自变量对因变量的影响程度，选择影响程度较大的因素作为自变量。必须注意的是，同一个自变量在不同情况下，会产生不同的影响作用，例如价格的变动就是如此。一般来说，价格上涨市场需求量就会减少，价格下降市场需求量就会增加，尤其是价值较高的耐用消费品(如计算机、电视机、洗衣机、电冰箱、空调机等)，更是如此，尽管有时价格升降幅度并不大，也会对市场需求量发生较大的影响。因此，在市场预测中必须充分注意价格变动的影响作用，并作为自变量引入模型。但在有些情况下，价格的变动对市场需求量的影响又是很小的，如当商品价格变动幅度较小，起不到调节作用时，或是商品本身价值很小，或是需求量有一定限度等，例如一些生活必需品等，即使价格变动较大，需求量也不会产生大的变化。

某些商品的销售量可能还受到某些特定因素的影响，这些影响有时甚至是很大的。例如，家用小汽车的销售量不仅受到目标市场消费者可任意支配收入水平的较大影响，同时还在很大程度上受到该地区交通运输条件的影响。有的自变量对某种商品的因变量具有显著作用，如住宅竣工面积对于装饰产品或家具的需求量，而有的自变量对另一种商品则不发生什么影响作用，如住宅竣工面积对于服装的需求量。因此在进行市场预测过程中，必须对自变量进行筛选，舍弃那些对因变量影响较小的自变量，选择对因变量影响较大的自变量，以便简化运算过程，也使预测模型的精确度大大提高。

此外，还有一些影响较大的非数量化的因素也需要选作自变量。比如，营销渠道、促销方式、经营模式、服务质量、管理水平等，这些都是影响销售量（额）的重要因素，它们的变化也会直接影响因变量发生较大的变化，对于这些因素也必须考虑选为自变量。但是，市场因果关系预测法是一种定量预测方法，必须是数量化的自变量才能建立预测模型，所以在选择非数量化的影响因素作为自变量时，需要首先把它们数量化。如，管理水平，我们可以根据其高低分为若干等级，以它的等级作为数量自变量。如此同样可以根据自变量（管理水平的等级）的提高或降低，来预测因变量（企业商品销售量）的增减。

（二）选择基本数学模型

市场因果关系的数学模型有多种，企业市场预测人员需要根据变量之间的因果关系类型，选择恰当的基本数学模型。

对市场现象进行因果分析是对具有因果关系的影响因素（自变量）和预测对象（因变量）所进行的数理统计分析处理。只有当自变量与因变量确实存在某种关系时，拟合出的数学模型才有意义。作为自变量的因素与作为因变量的预测对象是否相关，相关程度如何，以及判断这种相关程度的把握有多大，是进行因果分析必须要解决的问题。自变量与因变量的相关程度，影响到预测值有效性的大小。如果自变量与因变量相关程度较强，则自变量的变化对因变量的变化具有重大影响；如果自变量与因变量的相关程度较弱，则自变量的变化对因变量的变化影响就小。因此，自变量与因变量之间存在着显著的相关性是进行因果分析的基础。事实上，只有在分析自变量与因变量之间的相关性后，预测人员才能最终确定因变量的主要影响因素，并选出相应的基本数学模型，如哪一种回归预测模型。

一般地，我们可以用绘制相关图和计算相关系数的方法来确定变量之间因果关系的类型，以此对自变量与因变量之间的相关关系进行准确的分析，从而选择恰当的数学模型。

市场因果关系的相关图是以散点图的形式，将自变量与因变量数据资料的各对应值绘制为几何图形。在绘制相关散点图时，将横坐标作为自变量，纵坐标作为因变量。变量之间客观存在的资料数据表达的相关关系的方向、形式等不同，则绘制出不同类型的散点图。

通过散点图观察变量之间相关程度的高低，还能够看出其相关方向、相关的程度以及相关的形式。

相关散点图一般有 5 种类型，如图 11.2 所示（以一个自变量和一个因变量的相关性为例）。

图 11.2(a)中所表现的是自变量与因变量不相关，因变量的变化不受自变量变化的影响，

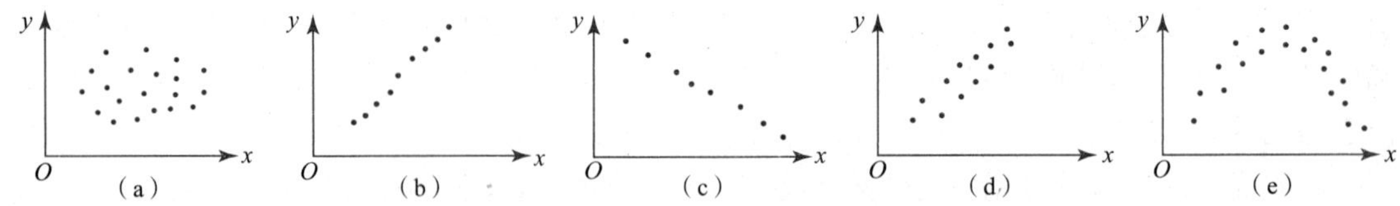

图 11.2　5 种常见的散点图类型

即自变量的变化根本不使因变量发生某种规律性变化，自变量与因变量之间是一种不相关关系。

图 11.2(b)所表现的自变量与因变量之间存在正相关关系。自变量的增加引起因变量的增加，而自变量的减少同样引起因变量的减少，说明自变量与因变量是正相关关系。散点基本上呈现一条直线，说明自变量与因变量的相关程度很高，并表现为直线形式，这是一种强正相关关系。

图 11.2(c)所表现的是自变量与因变量的相关关系为负相关关系。自变量的增加引起因变量的减少，而自变量的减少反而引起因变量的增加，说明二者之间为负相关关系。散点也基本上集中在一条直线上，也说明相关程度很高，并表现为直线形式，这是一种强负相关关系

图 11.2(d)所表现的是自变量与因变量存在正相关关系，但散点不很集中，表明相关程度稍低一些。相应地自变量与因变量的负相关关系也会出现这种情况，这是一种弱相关关系。

图 11.2(e)所表现的也是自变量与因变量之间存在相关关系，但散点图基本上呈现曲线形式，散点不很集中，说明自变量与因变量的相关程度不是很高。相应地自变量与因变量也会表现为其他形式的曲线。这是一种曲线弱相关关系。当然如果散点图呈现的是比较集中的曲线形式，则是一种曲线强相关关系。

市场预测人员通过观察散点图，可以判定市场现象自变量与因变量之间相关关系的类型，还可以观察到相关程度的高低。在选择确定自变量时，必须选择与因变量高度相关的自变量，舍弃低度相关的。最后，根据所选定的影响因素，即自变量的个数、影响因素与预测目标相关的类型，来判断其所对应的最为适合的基本数学表达式，从而选择出恰当的数学模型，进行有效市场预测。

市场预测人员在建立基本数学模型时，需要特别注意的是：

第一，如果发现一个因变量有多个基本同等重要的影响因素，且各因素与因变量的相关程度都比较高，就要建立多元回归方程模型。

第二，如果一个因变量只有一个取决定性作用的影响因素，其他因素的影响作用很小，且这一个因素与因变量是高度相关，则要建立一元回归数学模型。

第三，如果自变量与因变量的相关关系是直线相关关系，就要建立直线回归方程数学模型。

第四，如果自变量与因变量的相关关系是曲线相关关系，就应建立曲线回归方程模型。

总之，市场预测人员所建立的数学模型必须真实、准确地反映市场现象因变量与自变量相关关系的变化规律，以这样的数学模型作为实际预测的基本数学模型，才能对市场现象做出准确的预测。

(三)计算参数

在市场因果关系预测法中，任何一种数学模型都存在两个或两个以上的参数，预测人员在

建立了恰当的数学模型后，必须根据以往历史统计资料的数据，运用一定的数学方法或技巧求出基本数学模型的参数，才能进行市场预测。

（四）建立预测模型

这一步是最简单的一步，只需要将上述计算出来的参数代入已经选择出来的数学模型之中，即可建立起该预测问题的实际预测模型。

（五）检验预测模型

预测模型建立以后，还不能将其作为实际预测的数学模型。因为这个数学模型是否是科学的，其产生的预测误差是否在我们允许的范围之内，还必须通过标准差、相关系数等的检验，并测定其预测误差在我们允许的范围之内后，才能将其用于实际预测，否则，用未经检验的预测模型直接地、盲目地进行预测，其预测结果是靠不住的，企业或政府部门应用这样的预测结果制定计划或规划可能会带来重大损失。

此外，在预测模型经过检验后，也还必须注意，由于建立预测模型的参数是运用收集来的统计数据进行计算的，而统计数据本身可能会存在各种偏差。所以，在确定是否可以运用该数学模型进行实际预测时，还必须考虑这些统计数据偏差的性质。如果它们是属于随机误差，是偶然性的，可以用适当的数理统计方法解决的，则这个数学模型可以运用；而如果它们是内在的、必然的，且影响比较大的，则这个数学模型是不能用来进行实际预测的。可见，企业市场预测人员必须对这些偏差用适当的数理统计方法判别出来，从而确定能不能用这个预测模型做出预测。

另外，上述建立的预测模型还有一个假设，即认为每一个时期的误差是一个独立的偶然性误差，不受时间的影响。否则，如果预测对象自身相关，预测模型依然是靠不住的。

（六）计算预测值

这一步是根据经过分析和检验的预测模型进行实际预测，求得预测值。这是预测者的最终目的。这也是比较简单的一步，企业预测人员只需要将预测期的自变量代入上述已经过检验的预测模型加以计算就可求得预测值。

（七）对预测值做区间估计

市场预测值可以用一个点值来表示，但更多的情况下是根据需要求出预测值的区间估计值，也就是给出预测值的一个较可靠的波动范围。这个范围能更好地反映预测值的实际含义，在使用时也有充分的运作余地。对预测值做区间估计主要通过计算其置信区间来完成。

市场因果分析预测法虽然是科学的预测方法，但决不应当把其预测过程只看成是简单的数学运算。市场的客观经济现象是复杂的，数学模型也只能把有关数据简单、明确、形象地显示出来，而如何确定符合客观实际的预测值，还需要市场预测人员进行全面细致的市场调研，掌握丰富的市场信息，根据个人的经验和分析判断能力，最后做出科学的判断。也就是说，在运用市场因果分析预测法进行预测时还需要与定性分析预测法相结合，把各种主要因素都考虑进去，以定量的数据为基础，经过综合分析判断，最后确定出反映市场未来发展的预测值，只有这样的市场预测才能真正达到市场预测的目的。

第二节　线性回归分析预测法

市场因果分析预测法主要包括经济计量法和回归分析法。回归分析法包括线性回归分析预测法和非线性回归关系预测法，相对来说比较容易操作和较常用的是线性回归分析预测法。

一、线性回归分析预测法的含义

回归分析起源于生物学研究，是由英国生物学家兼统计学家高尔登（Francis Galton，1822—1911）在19世纪末研究遗传学特性时首先提出来的。高尔登在1889年发表的著作《自然的遗传》中，提出了回归分析这一术语。

回归原来的含义是指遗传上儿子的身高，既受其父的身高的影响，又有回归于其种族平均身高的趋势，即回归于其种族的一般平均高度。他发现，普遍来看，若父亲身高低于其种族平均身高，则其子的身高会高于其父，但低于其种族平均身高。若父亲身高高于其种族平均身高，则其子的身高会低于其父，但高于其种族平均身高。在这里，回归到平均状态的含义非常明显。回归的现代含义与过去大不相同。一般说来，回归是研究因变量随自变量变化的关系形式的分析方法。其目的在于根据已知自变量来估计和预测因变量的总平均值。回归分析就是用数理统计的方法对市场现象的因果关系所进行的分析。它通过对自变量与因变量的变化进行大量观察所掌握的实际数据进行分析，找出它们之间相互影响的相关关系与变化规律，再用一定的数学模型来描述这种相关变化规律，最后运用数学模型计算市场预测值。

很显然，回归分析与时间序列分析是不同的，时间序列分析只是根据市场现象本身过去发展的历史资料进行分析，不考虑影响其变动的其他因素，而回归分析将其他影响因素也考虑在内。时间序列只是动态外推分析，而回归分析既有动态外推分析，也有静态的横断面的分析。所以时间序列分析相对来说比较简单，其预测结果的准确性也相对低一些，而回归分析虽然比较复杂一些，但其准确性也大大提高了。

在市场的多种现象中，如果自变量与因变量之间呈直线相关，以此建立直线回归方程，从而预测因变量的变化趋势的市场预测方法就是线性回归分析预测法。

二、一元线性回归分析预测法

（一）一元线性回归分析预测法的含义

市场现象中，影响因变量变化的因素很多，如果与因变量呈直线相关的多个自变量中只有一个因素是基本的、起决定作用的，就可以以此作为自变量建立预测模型对该市场问题进行预测，这就是一元线性回归分析预测法。

在这种模型里仅有两个变量，一个自变量和一个因变量。它是假设这两个变量之间的关系非常密切，而其他因素的影响甚微，可以作为随机因素看待，不在研究分析模型之列。

一元线性回归分析预测法是指成对的两个变量数据分布大体上呈直线趋势时，运用合适的参数估计方法，求出一元线性回归模型，然后根据自变量与因变量之间的关系，预测因变量的趋势。

（二）一元线性回归分析预测法的优点

尽管运用一元回归分析预测法进行预测时仅仅考虑了影响市场现象变化的一个因素，但是它也有其独特的优点。

第一，一元回归分析预测法运用的分析技术较为简单，借助于此法可帮助预测人员掌握许多基本的统计概念和分析手段。而且它也是帮助我们理解掌握多变量回归预测法的基础。

第二，一元回归分析预测法简便易行，在实际市场预测中具有较大的作用。它能够使预测者剔除那些无足轻重的因素而将理论上可能有重要意义的因素挑选出来，以便进行更为综合的分析和预测。另外，它抓住了影响市场现象变化的核心问题和关键因素进行分析，这对于解决实际预测问题是非常重要的。

总之，一元回归分析预测法是回归分析法是最基本、最简单的方法，也是应用最为广泛的一种方法。多元回归分析预测法、经济计量法等，都是在一元回归分析预测法的合乎逻辑的推广和扩展的基础上进行的。

（三）一元线性回归分析预测法的应用步骤

应用一元线性回归分析预测法进行预测时应该遵循因果分析法的基本过程，具体预测步骤如下：

1. 收集整理预测对象的历史资料

进行任何的预测都必须首先收集整理预测对象的历史资料，一元线性回归分析预测法当然也不例外。一元线性回归分析预测法是利用一个自变量与因变量之间的线性回归相关关系进行预测，要根据预测问题的具体要求，分析市场、经济各方面活动的规律性，确定好预测目标，并把影响市场、经济现象变化的主要因素找出来，选定自变量和因变量。进行具体预测时，必须要有自变量和因变量的历史资料。这些资料越丰富，预测结果的可信程度就越高。此外还要考虑到自变量的未来可知性，因为线性回归是建立在自变量变化的情况下，来预测因变量的变化的。如果自变量的未来值不能确定，则因变量的未来值将无法预测。

2. 绘制散点图，观察变量之间是否存在一元线性相关关系

如果直观散点图显示观察值变化呈直线型，说明变量之间线性相关关系明显，则可选定一元线性回归方程作为基本数学模型。若散点图观察值各点非常散乱，直接观察找不出什么规律，则可判定不能运用一元线性回归分析预测法预测未来。

3. 求回归参数，建立一元线性回归预测模型

（1）一元线性回归分析预测法的基本数学模型为

$$\hat{y} = a + bx \tag{11.1}$$

此式又称为一元线性回归方程。

式中：x 为自变量；$\hat{y}$ 为因变量，线性回归分析估计值，或预测值；a 为回归直线的截距；b 为回归直线的斜率（代表待定回归参数）。

一元线性直线回归分析模型的几何图形，如图 11.3 所示。

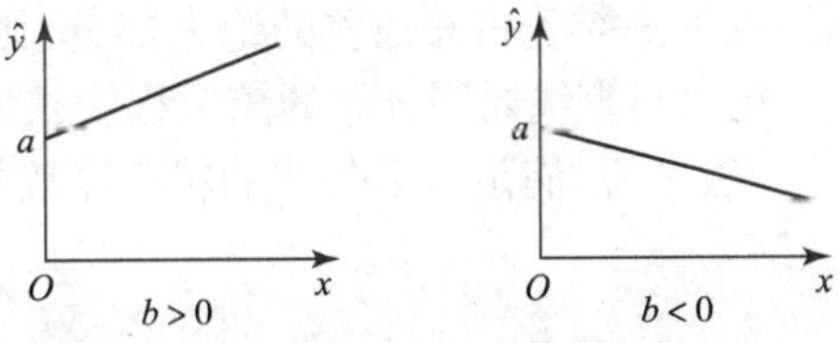

图 11.3 直线回归分析模型的几何图形

（2）确定一元线性回归分析预测法的参数 a、b。一元线性回归分析预测法用最小二乘法求回归方程（11.1）的参数。

假设有 n 期的历史观察值资料

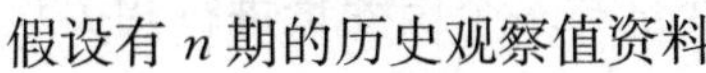

t：	1	2	3	…	n
x_t：	x_1	x_2	x_3	…	x_n
y_t：	y_1	y_2	y_3	…	y_n

用最小二乘法求回归参数的基本原则是，对于确定的方程，要使观察值 y 与估计值 $\hat{y}$ 的偏差的平方和最小。由此方法可求出

$$b = \frac{n\sum xy - \sum x \sum y}{n\sum x^2 - \left(\sum x\right)^2} \tag{11.2}$$

$$a=\frac{1}{n}\sum y-b\cdot\frac{1}{n}\sum x \tag{11.3}$$

我们只要将历史资料自变量 x 和对应的因变量 y 的数据代入上面两式，即可求得回归参数 a,b。

(3)建立一元线性回归分析预测法的预测模型。

将上述求得的 a,b 值，代入式(11.1)，即建立预测模型。

4. 检验一元线性回归分析预测法的预测模型

上述建立的预测模型是否可以直接用于实际预测，还需要对预测模型进行检验，方可判定。

对预测模型的检验主要包括以下几个方面：

(1)回归标准差 s 检验。从观察值 y 与估计值 $\hat{y}$ 的对比来看，回归直线上的各点(估计值)同对应的观察期各点(观察值)之间，均存在着一定的离差，即观察值曲线上各点的 y 值均偏离回归直线。离差越大，拟合程度越差，预测的准确性也越低，因而需要测定估计值的标准差，而回归标准差 s 就是用来估量 y 值在回归直线两侧的离差程度，以便在进行实际预测时为预测值建立一个置信区间范围。

求算回归标准差的公式如下：

$$s=\sqrt{\frac{\sum(y_t-\hat{y}_t)^2}{n-k}} \tag{11.4}$$

式中：s 为回归标准差；y_t 为因变量第 t 期的观察值；$\hat{y}_t$ 为因变量第 t 期的估计值；n 为观察期的个数；k 为自由度，即变量的个数(包括因变量和自变量)。

运用式(11.4)求得的 s 值越小，观察值 y_t 在回归直线周围分布的离散程度越小，建立的直线回归方程的精确度越高，表明回归直线拟合越好。因观察值与回归估计值之间的离差，一是由于自变量取不同值的影响，二是由于其他因素的影响。前者称为能由自变量 x 得到解释的离差，这种离差若占总离差的绝大部分，则预测模型的离差检验可获得通过。s 值越大，观察值 y_t 在回归直线周围分布的离散程度越大，建立的直线回归方程的精确度越低 。

一般来说，满足以下公式的精确度较好，即判定预测模型通过了回归标准差检验

$$\frac{s}{\bar{y}_t}\times 100\%<15\%$$

式中：s 为回归标准差；$\bar{y}_t$ 为因变量观察值的平均值。

(2)相关系数 r 检验。相关系数是描述两个变量 x 与 y 之间线性关系密切程度的一个数量指标。相关系数检验是检验自变量与因变量之间线性相关密切程度的显著性。

在一元线性回归分析预测法中，相关系数只对一个自变量与一个因变量进行相关程度分析，所以又称为单相关系数。

相关系数 r 的基本计算公式为

$$r=\frac{\sum(x-\bar{x})(y-\bar{y})}{\sqrt{\sum(x-\bar{x})^2(y-\bar{y})^2}} \tag{11.5}$$

或

$$r=\frac{n\sum xy-\sum x\sum y}{\sqrt{n\sum x^2-(\sum x)^2}\cdot\sqrt{n\sum y^2-(\sum y)^2}} \tag{11.6}$$

式中：x 为自变量的观察值；y 为因变量的观察值；$\bar{x}$ 为自变量观察值的平均值；$\bar{y}$ 为因变量观察值的平均值；n 为观察期的个数。

相关系数 r 的几何意义如图 11.4 所示。

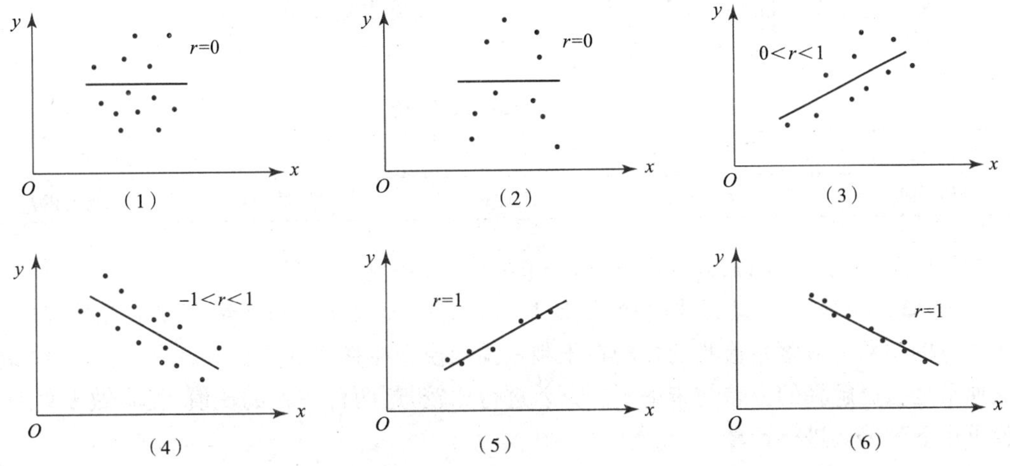

图 11.4　相关系数的几何意义

相关系数 r 具有以下特征：

第一，r 的取值范围：$[-1,1]$。

第二，r 的符号与参数 b 相同：$r>0$ 时，为正线性相关，表示 y 随 x 的增加而线性增加；$r<0$ 时，为负线性相关，表示 y 随 x 的增加而线性减小。

第三，$|r|$ 越接近于 1，自变量与因变量之间的线性相关程度就越高；$|r|$ 越接近于 0，自变量与因变量之间的线性相关程度就越低。

由图 11.4 可知：

当 $r=0$ 时，回归直线方程中 $b=0$，回归直线平行于 x 轴，说明 y 取值与 x 无关。二者之间无线性相关关系。但此时它们之间可能存在其他非线性相关关系。

当 $|r|=1$ 时，因变量的观察值与估计值相等。这时所有的点都在回归直线上。说明 x 与 y 存在完全确定的线性相关关系，称它们为完全线性相关。

当 $0<|r|<1$ 时，x 与 y 存在一定的线性相关关系。$|r|$ 越接近于 1，观察值数据散点越靠近回归直线，呈现越来越强的线性相关关系。$r>0$ 时，$b>0$，称 x 与 y 为正相关。$r<0$ 时，$b<0$，称 x 与 y 为负相关。

虽然当 $0<|r|<1$ 时 x 与 y 为线性相关关系，但只有当 r 的绝对值大到一定程度时，才能认为它们之间线性关系密切，这时称为较强的线性相关关系。所求的预测模型才有意义。否则，自变量与因变量之间若呈现出弱相关关系，则得出的预测模型没有意义，即不能用于实际问题的预测。

$|r|$ 究竟大到什么程度，才算是较强的相关关系呢？这可以查相关系数表确定。查表方法如下：

首先根据样本数据 (x_t, y_t) 计算相关系数 r。

然后根据给定的显著性水平 α 值(该值代表被估计的参数同时为零的可能性的大小，在市场预测中一般要求这种可能性小于5%，即 $\alpha=0.05$)，按照 $n-2$ 的数值在相关系数表中查出相应的临界值 r_α。

最后比较 $|r|$ 与临界值 r_α 的大小，若 $|r|>r_\alpha$，则认为是较强的相关关系，或称显著相关，若 $|r|<r_\alpha$，则认为是相关性不强，或不显著。相关系数表见书后附表A。

一般情况下，相关系数的不同数值对应的相关强度如表11.1所示。

表11.1 相关系数强度

相关系数 $\|r\|$	<0.3	0.3～0.5	0.5～0.8	>0.8
相关强度	无相关	低度相关	显著相关	高度相关

如果要用一元线型回归方程来预测，一般要求 r 要大于0.7。

(3)显著性 F 检验。显著性检验，就是对已建立的预测模型和变量之间是否具有显著的相关关系的检验。显著性检验的目的在于判定预测模型在整体上是否显著成立。这种检验的方法通常是将已解释的方差与未解释的方差进行比较，这两种方差的比值，就叫做 F 统计量。该值可用下列公式进行计算

$$F=\frac{\sum(\hat{y}-\bar{y})^2/(k-1)}{\sum(y-\hat{y})^2/(n-k)} \tag{11.7}$$

式中：y 为因变量的观察值；$\bar{y}$ 为因变量的观察值的平均值；$\hat{y}$ 为因变量的估计值；n 为观察期的个数；k 为自由度，为变量的个数(包括因变量和自变量，一元线性回归预测中就是2)。

我们从式(11.7)可以看出，在预测模型已确定的情况下，F 统计量的大小取决于 n 的值。n 值较大时，F 统计量的分母就较小，F 统计量的值就会增大。反之，n 值较小时，F 统计量的分母就会增大，F 统计量的值就会减小。

要判定预测模型是否通过了显著性检验，必须将计算出的 F 统计量数值与 F 分布表中的相应值比较。F 分布表中列出了在显著水平 α 下，关于分子自由度为 $k-1$ 和分母自由度为 $n-k$ 情况下的显著水平 F_α。如果 $F>F_\alpha$，则预测模型通过了 F 检验。如在一般市场预测问题中，通常取 $\alpha=5\%$，若计算出的 F 统计量大于 F_α 查表获得的值，则表明可以有95%的把握认定 x 与 y 之间存在着显著的相关关系，运用这一预测模型进行预测是可行的、科学的，而且其准确性也是较高的。F 分布表见书后附表B。

(4)t 检验。t 检验是用 t 统计量对参数 b 进行检验，检验 b 在某一显著性水平 α 上是否显著为0。其实质是检验 x 是否对 y 有显著的相关关系影响(不一定是线性相关关系)。如果 b 为0，则回归方程为 $\hat{y}=a$，说明 x 对 y 影响不显著，线性假设不成立。这就出现一个问题，以上引进的相关系数 r 时，曾介绍 r 的值的大小可以说明 x 与 y 的相关程度，这里又为什么还要检验 b 是否显著为0来进一步检验 x 对 y 有无显著影响呢？原因在于任何两个没有因果关系或相关关系的经济变量之间，也可能有很高的 r 值。例如我国的农业总产值与计算机销售量之间可以说没有什么相关关系(至少我们可判断它们没有很大的相关性)，但这两套数据放在一起，可能算出很高的 r 值，如可能发现由这些数据得出的 r 值高达0.99，但是二者并非其一为因，另一为果。这是因为这两项指标随着时间的推移都在发展着，但它们在逻辑上没有必然的相关性。正确的看法是：这两个变量的变动，可能是由于消费者收入水平的变化引起的结果。这样的相关性称为不合逻辑的相关性。因此，在做预测以前，我们必须首先确定，自变量与因

变量之间是否存在逻辑上的相关关系，这对实际问题的预测是非常重要的，这就是 t 检验的主要作用。

t 检验的计算公式如下

$$t=\frac{r\sqrt{n-2}}{\sqrt{1-r^2}} \tag{11.8}$$

我们将前面计算出的 r 值及观察期数 n 代入上式，即可得 t 统计量。

一般情况下选择 95%的置信度，即 5%的显著水平，查 t 分布表中的自由度为 $n-2$，可得此时 t 的临界值 t_α。若计算出的 t 统计量大于 t_α，则表明自变量与因变量之间存在着相关性，这种相关性在统计上有意义，可以用这个预测模型进行预测。否则表明这两变量之间不存在相关性，此模型不能用来预测。

5. 进行预测

进行预测就是计算预测值。在上述四个方面的检验都通过以后，我们就可以将已估计或预测出的未来的自变量的 x 值代入已经通过检验的预测模型，然后计算出未来的预测值。

6. 确定置信区间

所谓预测值的置信区间，就是在一定的概率值下，估计出预测值的范围，也就是预测值的上下限。要判断样本参数的估计值在多大程度上可以"近似"地替代总体参数的真值，往往需要通过构造一个以样本参数的估计值为中心的"区间"，来考察它以多大的可能性(概率)包含着真实的参数值。这种方法就是置信区间估计。

预测值的置信区间的确定分两种情况：

第一，如果观察值数据较多，即 n>30，则确定置信区间的公式为

$$\hat{y}_t \pm t_{\alpha/2}s$$

式中：$\hat{y}_t$ 为预测值；$t_{\alpha/2}$ 为 $\alpha/2$ 置信度和 $n-k$ 自由度的 t 的临界值；α 为显著性水平；s 为上述的回归标准差。

第二，如果观察值数据较少，即 $n\leqslant 30$ 时，则估算预测值的置信区间的公式为

$$\hat{y}_t \pm t_{\alpha/2}s\sqrt{1+\frac{1}{n}+\frac{(x_0-x)^2}{\sum(x-\bar{x})^2}} \tag{11.9}$$

式中：x_0 为预测期自变量的值；x 为观察期自变量的值；$t_{\alpha/2}$ 为 $\alpha/2$ 置信度和 $n-k$ 自由度的 t 的临界值；$\bar{x}$ 为观察期自变量的 x 平均值；n 为观察期数据个数。

(四)一元线性回归分析预测法的应用实例

【例 11.1】 某公司 2002—2011 年，其目标市场的就业人数与公司的年销售额资料如表 11.2所示。经市场调研和分析推算，未来一年该公司目标市场的就业人数将为 1 300 万人。试用一元回归分析预测法预测 2012 年的公司销售额。

表 11.2 目标市场就业人数与销售额资料

年份	2002	2003	2004	2005	2006	2007	2008	2009	2010	2011
就业人数(万人)	397	423	462	544	601	686	708	784	921	1 223
实际销售额(万元)	324	351	389	473	513	524	602	688	813	1 087

(1)画图，判断自变量与因变量之间的相关关系。假设目标市场就业人数为自变量 x，公

司销售额为因变量 y，在直角坐标轴上绘出各点，观察是否能拟合成直线，即观察目标市场的就业人数与公司实际销售额数据变化规律是否具有线性相关关系。

我们观察图 11.5，该公司目标市场的就业人数与公司实际销售额之间存在着相关关系，且散点基本集中在一条直线上，说明相关程度较高，即直观判断二者之间有较高的线性相关关系，因此可用一元线性回归分析预测法进行预测。选用基本数学模型为直线回归方程：

$$\hat{y} = a + bx$$

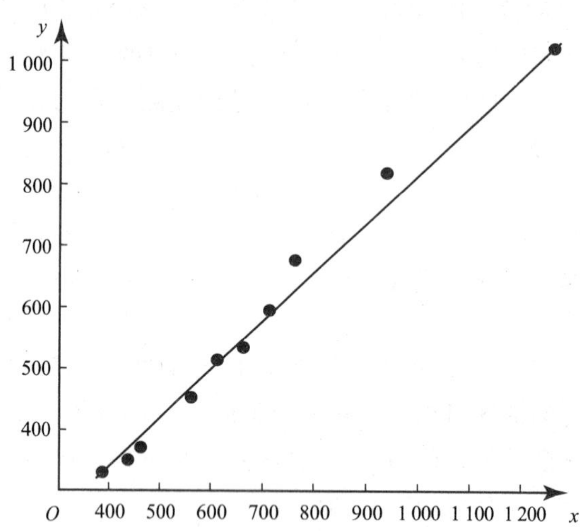

图 11.5　目标市场就业人数与公司实际销售额之间关系图

(2)求参数 a,b 。首先求得有关数据如表 11.3 所示。

表 11.3　一元回归方程计算表

年份	就业人数 x（万人）	销售额 y（万元）	x^2	y^2	xy
2002	397	324	157 609	104 976	128 628
2003	423	351	178 929	123 201	148 473
2004	462	389	213 444	151 321	179 718
2005	544	473	295 936	223 729	257 312
2006	601	513	361 201	263 169	308 313
2007	686	524	470 596	274 576	359 464
2008	708	602	501 264	362 404	426 216
2009	784	688	614 656	473 344	539 392
2010	921	813	848 241	660 969	748 773
2011	1 223	1 087	1 495 729	1 181 569	1 329 401
合计	6 749	5 764	5 137 605	3 819 258	4 425 690

因为　$\sum x = 6\ 749$　　$\sum y = 5\ 764$

$\sum x^2 = 5\ 137\ 605$　　$\sum y^2 = 3\ 819\ 258$

$\sum xy = 4\ 425\ 690$　　$n = 10$　　$k = 2$

所以　根据最小二乘法求出的参数公式，可得

$$b=\frac{n\sum xy-\sum x\sum y}{n\sum x^2-\left(\sum x\right)^2}$$

$$=\frac{10\times 4\ 425\ 690-6\ 749\times 5\ 764}{10\times 5\ 137\ 605-(6\ 749)^2}=0.919$$

$$a=\frac{1}{n}\sum y-b\cdot\frac{1}{n}\sum x$$

$$=\frac{5\ 764}{10}-0.919\times\frac{6\ 749}{10}$$

$$=-43.833$$

(3)建立预测模型。将 a、b 值代入一元回归方程

$$\hat{y}=a+bx$$

则该预测对象的预测模型为

$$\hat{y}=-43.833+0.919x$$

(4)检验预测模型。根据回归标准差、相关系数、显著性检验和 t 检验公式,分别进行检验。

①回归标准差 s 检验。回归标准差有关计算数据如表 11.4 所示。

表 11.4 离差平方计算表

年份	就业人数 x(万人)	销售额 y(万元)	$\hat{y}$	$(y-\hat{y})^2$	$(\hat{y}-\bar{y})^2$	$(y-\bar{y})^2$	$(x-\bar{x})^2$
2002	397	324	321.01	8.94	65 224.05	63 705.76	77 228.41
2003	423	351	344.9	37.21	53 592.25	50 805.16	63 453.61
2004	462	389	380.74	68.23	38 282.84	35 118.76	45 326.41
2005	544	473	456.1	285.61	14 472.09	10 691.56	17 134.81
2006	601	513	508.49	20.34	4 611.77	4 019.56	5 461.21
2007	686	524	586.6	3 918.76	104.04	2 745.76	123.21
2008	708	602	606.82	23.23	925.38	655.36	1 095.61
2009	784	688	676.66	128.6	10 052.07	12 454.56	11 902.83
2010	921	813	802.57	108.78	51 152.83	55 979.56	60 565.21
2011	1 223	1 087	1 080.1	47.61	253 713.69	260 712.36	300 413.61
合计	6 749	5 764	5 763.99	4 647.31	492 131.05	496 888.4	513 204.92

运用回归标准差公式,求得

$$s=\sqrt{\frac{\sum(y_t-\hat{y}_t)^2}{n-k}}$$

$$=\sqrt{\frac{4\ 647.31}{10-2}}=24.1$$

因为 $\frac{s}{\bar{y}_t}\times 100\%=\frac{24.1}{576.4}\times 100\%=4.2\%<15\%$

所以该预测模型通过回归标准差检验。

②相关系数 r 检验。将有关数据代入相关系数公式,可得:

$$r=\frac{n\sum xy-\sum x\sum y}{\sqrt{n\sum x^2-\left(\sum x\right)^2}\cdot\sqrt{n\sum y^2-\left(\sum y\right)^2}}$$

$$= \frac{10 \times 4\ 425\ 690 - 6\ 749 \times 5\ 764}{\sqrt{10 \times 5\ 137\ 605 - (6\ 749)^2} \cdot \sqrt{10 \times 3\ 819\ 258 - (5\ 764)^2}} = 0.995\ 3$$

显然，相关系数 $r > 0.7$，表明自变量与因变量之间存在着较强的正相关关系。

另外，再取显著性水平 $\alpha = 0.05$，自由度 $n - k = 8$。查相关系数表临界值表，得临界值

$$r_\alpha = 0.632$$

因为 $r > r_\alpha$，这也说明该公司目标市场的就业人数与其销售额之间存在着很强的正相关关系。

至此，我们可以说预测模型完全通过了相关系数检验。

③显著性 F 检验。将有关数据代入 F 检验公式，可得

$$F = \frac{\sum (\hat{y} - \bar{y})^2/(k-1)}{\sum (y - \hat{y})^2/(n-k)}$$

$$= \frac{492\ 131.05}{4\ 647.31/(10-2)} = 847.17$$

取显著性水平 $\alpha = 0.05$，分母自由度 $n-k=8$，分子自由度 $k-1=1$。查 F 分布临界值表，得临界值

$$F_\alpha = 5.32$$

$F > F_\alpha$，说明该公司目标市场就业人数与其销售额之间存在的相关关系非常显著。预测模型也就通过了 F 检验。

④ t 检验。将数据代入 t 的计算公式，得 t 统计量

$$t = \frac{r\sqrt{n-2}}{\sqrt{1-r^2}} = \frac{0.995\ 3\sqrt{10-2}}{\sqrt{1-(0.995\ 3)^2}} = 29.06$$

取 $\alpha = 0.05$ 的显著水平，查 t 分布表中的自由度 $n-2$，可得此时 t 的临界值 $t_\alpha = 1.86$。因 t 统计量大于 t_α，说明该预测对象的自变量与因变量之间存在着相关性，而且这种相关性还具有统计意义，所以我们可以用这种预测模型预测该公司未来一年的销售额。

(5)进行预测。上述预测模型已经通过了所有检验，这就可以直接进行预测了。将已估计出的未来一期的自变量 x 的值代入预测模型，就可计算出未来一期的预测值。

2012 年的销售额预测值为

$$\begin{aligned} y_{2012} &= -43.833 + 0.919x \\ &= -43.833 + 0.919 \times 1\ 300 \\ &= 1\ 150.867(\text{万元}) \end{aligned}$$

(6)确定置信区间。确定预测值的置信区间，根据式(11.9)

因为 $n = 10 < 30$，

所以公式为

$$\hat{y}_t \pm t_{\alpha/2} s \sqrt{1 + \frac{1}{n} + \frac{(x_0 - \bar{x})^2}{\sum (x - \bar{x})^2}}$$

我们取 $\alpha/2 = 0.025$，自由度 $n - k = 8$，查 t 分布表，得 t 的临界值为

$$t_{\alpha/2} = 2.306$$

当该公司目标市场就业人数 $x_0 = 1300$（万人）时，该公司销售额的预测区间为

$$\hat{y}_t \pm t_{\alpha/2} s \sqrt{1+\frac{1}{n}+\frac{(x_0-\overline{x})^2}{\sum (x-\overline{x})^2}}$$

$$=1\ 150.867 \pm 2.306 \times 24.1 \times \sqrt{1+\frac{1}{10}+\frac{(1\ 300-674.9)^2}{513\ 204.92}}$$

$$=1\ 150.867 \pm 75.82\text{(万元)}$$

即，以95%的把握程度预测，当目标市场就业人数达到1 300万人时，公司的年销售额介于1 075.047～1 226.689万元之间。

三、多元线性回归分析预测法

(一)多元线性回归分析预测法的含义

在市场活动中，客观环境是复杂的，某个市场因素的变化往往会受到许多因素的影响，即一个因变量可能受到多个自变量的影响，此时，如果有两个以上的自变量对因变量的影响程度都较大，那么还是根据一个自变量的变化去估算因变量的变化规律，就会带来较大的误差。因此当研究变量之间的关系时涉及两个以上较大影响的自变量时，就应当运用多个自变量，即采用多元回归分析预测法。

多元回归分析预测法是指有多个自变量的回归分析预测方法。一元回归分析预测法是多元回归分析预测法的一种特殊情况。

建立一个具有良好预测效果的多元回归方程模型，必须慎重地筛选自变量。某个市场变量(因变量)往往受到许多因素(因变量)的影响，如果不加鉴别，把所有因素都选作自变量回归模型，不但会加大工作量，而且会出现自变量之间高度线性相关的情况，以致降低预测结果的准确性。挑选自变量应当注意掌握好以下几点：

第一，所选的自变量必须对因变量有显著的影响。

第二，所选的自变量应具有完整的准确度较高的数据资料，而且自变量本身的变动有一定的规律性，能够取得准确度较高的预测值，难以定量的因素，多元回归方程中一般不宜选入。

第三，所选的自变量与因变量之间具有较大的相关性，具有经济意义和内在的因果关系，而不是形式上的相关。

第四，所选的变量之间的相关程度不应高于自变量与因变量之间的相关程度。应当尽可能避免自变量之间高度线性相关，不致发生多重共线性问题。

比如，一个地区蔬菜的需求量，会受到多种因素的影响，如该地的消费人口数量、蔬菜的价格水平、可替代商品(如水果)的消费量、副食的消费、居民收入水平、粮食消费量等，都会对蔬菜消费需求量发生影响。但是，在建立回归模型过程中，并不一定每个影响因素都能成为一个在数量上对因变量起相当作用的自变量。有些因素的影响作用很小，在对因变量回归分析中可不考虑。另外，判断分析所选出的影响因素，不一定每个因素都能有充足的量化资料，这也给自变量的选定带来一定的局限性。总之，多元回归分析预测法，是在判断分析基础上，对影响因变量的各种因素进行分析，并从中选择主要的、不可忽视的因素作为自变量，而且这些自变量还必须是可量化的、独立的。

如果所选择的多个自变量与因变量之间呈直线相关，则需要运用多元线性回归分析预测法进行预测。

多元线性回归分析预测法是指多个自变量与因变量之间分布大体上呈直线趋势时，运用合适的比一元线性回归分析预测法复杂得多的参数估计方法，求出多元线性回归模型，然后根据多个自变量与因变量之间的直线相关关系，预测因变量的趋势。

用多元线性回归分析预测法对多种因素进行分析及预测，是目前市场预测中的重要方法之一。在进行多元线性回归分析预测法时，其基本原理和方法及步骤与一元线性回归分析预测法类似。只是它在因素分析，回归参数计算和检验上要复杂得多。

(二)多元线性回归分析预测法的基本数学模型及参数的确定

多元线性回归分析预测法的基本数学模型为

$$\hat{y} = a + b_1x_1 + b_2x_2 + \cdots + b_mx_m \tag{11.10}$$

式中：$x_1, x_2, \cdots, x_m$ 为自变量；$\hat{y}$ 为因变量，线性回归分析估计值或预测值；$a, b_1, b_2, \cdots, b_m$ 为待定回归参数。

此式又称为多元线性回归方程，它表达了一个因变量与 m 个自变量之间的线性相关关系及其变动规律。

多元线性回归分析预测法用最小二乘法求回归方程(11.10)的参数。一般都用计算机完成运算过程，提高数据处理能力。下面介绍多元线性回归分析预测法中最简单的一种方法，二元线性回归分析预测法的应用。

(三)二元线性回归分析预测法

只有二个自变量的线性回归分析预测方法，就是二元线性回归分析预测法。

1. 二元线性回归分析模型及参数的确定

二元线性回归分析预测法的基本数学模型是

$$\hat{y} = a + b_1x_1 + b_2x_2 \tag{11.11}$$

式中：x_1, x_2 为自变量；$\hat{y}$ 为因变量，线性回归分析估计值或预测值；a, b_1, b_2 为待定回归方程参数。

用最小二乘法建立的求参数的方程为

$$\begin{aligned} \sum y &= na + b_1\sum x_1 + b_2\sum x_2 \\ \sum x_1y &= a\sum x_1 + b_1\sum x_1^2 + b_2\sum x_1x_2 \\ \sum x_2y &= a\sum x_2 + b_1\sum x_1x_2 + b_2\sum x_2^2 \end{aligned} \tag{11.12}$$

只须将历史资料自变量 x 和对应的因变量 y 的数据代入上面公式，并联立求解方程组，即可求得回归参数 a、b_1、b_2 。

再将这些求得的参数代入回归方程，即可建立预测模型。

2. 二元线性回归分析预测法预测模型的检验

检验二元线性回归分析预测法的预测模型比检验一元线性回归预测模型要复杂得多。一般有回归标准差检验、相关系数检验、F 检验和 t 检验等。

(1)回归标准差检验。求二元线性回归标准差的公式与一元线性方程回归标准差的公式相同，即

$$s = \sqrt{\frac{\sum (y_t - \hat{y}_t)^2}{n - k}} \tag{11.13}$$

式中：s 为回归标准差；y_t为因变量第 t 期的观察值；$\hat{y}_t$为因变量第 t 期的估计值；n 为观察期的个数；k 为自由度，为变量的个数(包括因变量和自变量，在这里就是 3)。

判断回归标准差能否通过检验，仍用以下公式

$$\frac{s}{\overline{y}_t}\times 100\%$$

式中：s 为回归标准差；$\overline{y}_t$ 为因变量观察值的平均值。

如果依此式计算出的值小于 15%，就表明二元回归预测模型通过了回归标准差检验。

(2)相关系数检验。二元线性回归分析预测法中，相关系数检验是检验两个自变量与因变量之间的线性关系密切程度，需要计算复相关系数和偏相关系数。

①复相关系数。复相关系数是反映因变量与两个自变量之间线性相关关系密切程度的指标，其计算公式为

$$r=\sqrt{1-\frac{\sum (y-\hat{y})^2}{\sum (y-\overline{y})^2}} \tag{11.14}$$

式(11.14)中的 r 表示所有自变量作为一个整体对因变量的影响程度。

②偏相关系数。在二元线性回归分析预测法中，是两个自变量与因变量的影响，它们之间的相关关系是比较复杂的。因为，不仅自变量与因变量之间存在相关关系，而且两个自变量之间也可能存在相关关系。要真正分析变量之间的相互关系，则必须在消除其他变量影响的情况下，计算某两个变量之间的相互关系，这种相关系数称为偏相关系数。在计算偏相关系数之前，还须先计算单相关系数。

二元线性回归模型中有 3 个变量，所以有 3 个单相关系数。

a. y 与 x_1 的相关系数

$$r_{01}=\frac{\sum (y-\overline{y})(x_1-\overline{x}_1)}{\sum (y-\overline{y})^2\sum (x_1-\overline{x}_1)^2}$$

b. y 与 x_2 的相关系数

$$r_{02}=\frac{\sum (y-\overline{y})(x_2-\overline{x}_2)}{\sum (y-\overline{y})^2\sum (x_2-\overline{x}_2)^2}$$

c. x_1 与 x_2 的相关系数

$$r_{12}=\frac{\sum (x_1-\overline{x}_1)(x_2-\overline{x}_2)}{\sum (x_2-\overline{x}_2)^2\sum (x_1-\overline{x}_1)^2}$$

假设：当 x_2 不变时，y 与 x_1 之间的相关系数为 r'_{01}。

当 x_1 不变时，y 与 x_2 之间的相关系数为 r'_{02}。

当 y 不变时，y 与 x_1、x_2 之间的相关系数为 r'_{12}。

则三个偏相关系数的计算公式为

$$\begin{aligned} r'_{01}&=\frac{r_{01}-r_{01}r_{12}}{\sqrt{(1-r_{01}^2)(1-r_{02}^2)}} \\ r'_{02}&=\frac{r_{02}-r_{01}r_{12}}{\sqrt{(1-r_{01}^2)(1-r_{02}^2)}} \\ r'_{12}&=\frac{r_{12}-r_{01}r_{02}}{\sqrt{(1-r_{01}^2)(1-r_{02}^2)}} \end{aligned} \tag{11.15}$$

与一元线性回归一样，所有的偏相关系数也都在-1与$+1$之间，一般偏相关系数的绝对值越接近于1，两变量间的线性相关程度越高。因此用偏相关系数检验时，r'_{01} 和 r'_{02} 的绝对值应接近于1，而 r'_{12} 应接近于0。否则 x_1 与 x_2 之间有很强的线性相关关系，所建立的预测模型就不能用来进行预测。

(3)显著性 F 检验。二元线性回归分析预测法的 F 检验的计算公式与一元线性回归预测法中 F 值的计算公式相同，依然是

$$F=\frac{\sum(\hat{y}-\bar{y})^2/(k-1)}{\sum(y-\hat{y})^2/(n-k)} \tag{11.16}$$

式中：y 为因变量的观察值；$\bar{y}$ 为因变量的观察值的平均值；$\hat{y}$ 为因变量的估计值；n 是观察期的个数；k 是自由度，为变量的个数(包括因变量和自变量，在这里就是3)。

根据有关数据算出 F 统计量。查 F 分布表，在显著水平 α 下，关于分子自由度为 $k-1=2$，分母自由度为 $n-3$ 情况下的显著水平临界值 F_α。当 $F>F_\alpha$ 时，则说明预测模型通过了 F 检验。如在一般市场预测问题中，通常取 $\alpha=5\%$，若计算出的 F 统计量大于 F_α，则表明可以有95%的把握认定 x_1 和 x_2 与 y 之间存在着显著的相关关系。

(4)t 检验。在二元线性回归预测法中的 t 检验，又称回归系数检验，是检验两个自变量中的每一个自变量对因变量的显著性。即检验某个自变量是否对因变量有显著的影响，是否是多余的，所以要对自变量逐个检验其对因变量的显著性。若某个自变量对因变量的影响不显著，则应当将此自变量从预测模型中剔除，重新建立更为简单的回归模型，或更换自变量，以便提高预测的精确度。

①对 x_1 对应的回归系数 b_1 的检验公式

$$t_1=b_1/s_{b_1}$$

式中：

$$s_{b_1}=\sqrt{\frac{\sum(x_2-\bar{x}_2)^2\sum(y-\hat{y})^2}{\left[\sum(x_1-\bar{x}_1)^2\sum(x_2-\bar{x}_2)^2-\left(\sum(x_1-\bar{x}_1)(x_2-\bar{x}_2)\right)^2\right](n-3)}} \tag{11.17}$$

②对 x_2 对应的回归系数 b_2 的检验公式

$$t_2=b_2/s_{b_2}$$

式中：

$$s_{b_2}=\sqrt{\frac{\sum(x_1-\bar{x}_1)^2\sum(y-\hat{y})^2}{\left[\sum(x_1-\bar{x}_1)^2\sum(x_2-\bar{x}_2)^2-\left(\sum(x_1-\bar{x}_1)(x_2-\bar{x}_2)\right)^2\right](n-3)}} \tag{11.18}$$

将有关数据代入式(11.17)和(11.18)，即可求得两个 t 统计量值。

选择95%的置信度，即5%的显著水平，查 t 分布表中的自由度为 $n-3$，可得 t 的临界值 t_α。若计算得出的某个 t 统计量大于 t_α，则说明它所对应的自变量与因变量之间存在着相关性，这种相关性在统计上有意义。若计算出的某个 t 值大于 t_α，则表明它所对应的自变量对因变量没有影响，或该影响不显著，应从预测模型中去掉该变量，使其还原为一元线性回归方程或重新选择自变量。若两个回归系数都通过了此检验，则可以用这种预测模型进行预测。

3. 预测并确定置信区间

如果上述4种检验都通过了，则可将已估算出的未来的两个自变量的值代入预测模型，就

可计算出未来因变量的预测值。

二元线性回归预测值置信区间的确定与一元线性回归预测法相似：

如果 $n>30$，其公式为

$$\hat{y}_t \pm t_{\alpha/2}s$$

如果 $n\leqslant 30$，其公式则是

$$\hat{y}_t \pm t_{\alpha/2}s\sqrt{1+\frac{1}{n}} \quad (11.19)$$

式中：$t_{\alpha/2}$ 为 $\alpha/2$ 置信度和 $n-k$ 自由度的 t 的临界值；n 为观察期数据个数。

4. 二元线性回归分析预测法的应用

【例 11.2】 某贫困地区过去 8 年的居民人均年收入、新增就业人数及商品销售额如表 11.5所示。经市场调研和分析推算，未来一年该地区的人均年收入将为 17.9 千元，新增就业人数为 25 万人。试用二元回归分析预测法预测 2012 年的商品销售额。

表 11.5 人均年收入、新增就业人数和销售额资料

年　份	2004	2005	2006	2007	2008	2009	2010	2011
人均年收入(千元)	3.0	3.6	4.5	5.8	6.6	8.5	10.5	15.5
新增就业人数(十万)	2.0	2.9	1.8	2.0	2.5	2.3	2.0	2.5
销售额(亿元)	70	75	78	82	88	96	110	130

(1)假设：商品销售额为因变量 y，居民人均年收入为第一个自变量 x_1，新增就业人数为第二个自变量 x_2，则二元线性回归方程为

$$\hat{y}=a+b_1x_1+b_2x_2$$

(2)求参数 a,b_1,b_2。有关计算数据如表 11.6 所示。

表 11.6 二元回归方程有关数据计算表

年份	人均年收入 x_1(千元)	新增就业人数 x_2(十万)	销售额 y(亿元)	x_1^2	x_2^2	x_1x_2	x_1y	x_2y
2004	3.0	2.0	70	9.00	4.00	6.00	210.0	140.0
2005	3.6	2.9	75	12.96	8.41	10.44	270.0	217.5
2006	4.5	1.8	78	20.25	3.24	8.10	351.0	140.4
2007	5.8	2.0	82	33.64	4.00	11.60	475.6	164.0
2008	6.6	2.5	88	43.56	6.25	16.50	580.8	220.0
2009	8.5	2.3	96	72.25	5.29	19.55	816.0	220.8
2010	10.5	2.0	110	110.25	4.00	21.00	1 155.0	220.0
2011	15.5	2.5	130	240.25	6.25	38.75	2 015.0	325.0
合计	58.0	18.0	729	542.16	41.44	131.94	5 873.4	1 647.7

将表中有关数据代入求参数的公式

$$\sum y = na + b_1\sum x_1 + b_2\sum x_2$$

$$\sum x_1y = a\sum x_1 + b_1\sum x_1^2 + b_2\sum x_1x_2$$

$$\sum x_2y = a\sum x_2 + b_1\sum x_1x_2 + b_2\sum x_2^2$$

可得

$$729 = 8a + 58b_1 + 18b_2$$

$$5\,873.4 = 58a + 542.16b_1 + 131.94b_2$$
$$1\,647.7 = 18a + 131.94b_1 + 41.44b_2$$

解方程组得

$$a = 53.886 \quad b_1 = 4.822 \quad b_2 = 1.013$$

(3)建立预测模型。

将参数 a、b_1、b_2 的值代入二元回归方程，得预测模型为

$$\hat{y} = 53.886 + 4.822x_1 + 1.013x_2$$

(4)检验预测模型。

①回归标准差检验。求回归标准差所需数据如表 11.7 所示。

表 11.7　预测模型检验有关数据计算表

年份	销售额 y(亿元)	$\hat{y}$	$(y-\hat{y})^2$	$(\hat{y}-\bar{y})^2$	$(y-\bar{y})^2$
2004	70	70.378 0	0.142 9	430.438 0	446.266
2005	75	74.182 9	0.667 7	287.034 8	260.016
2006	78	77.408 4	0.349 9	188.145 1	172.266
2007	82	83.879 6	3.532 9	52.495 8	83.266
2008	88	88.243 7	0.059 4	8.301 9	9.766
2009	96	97.202 9	1.447 0	36.940 9	23.766
2010	110	106.543 1	11.950 2	237.717 8	356.266
2011	130	131.159 5	1.344 4	1 602.761 2	1 511.266
合计	729		19.494 4	2 843.836	2 862.878

表 11.7 中第三列的值是根据预测模型计算出的，是各时期的估计值或理论值。

根据二元线性回归标准差公式，可得

$$s = \sqrt{\frac{\sum (y_t - \hat{y}_t)^2}{n-k}}$$
$$= \sqrt{\frac{19.494\,4}{8-3}} = 1.97$$

因为

$$\frac{s}{\bar{y}_t} \times 100\% = \frac{1.97}{729/8} \times 100\% \approx 2.2\% < 15\%$$

所以，该预测模型通过了回归标准差检验。

②相关系数检验。

第一，复相关系数检验。根据二元回归方程的复相关系数的计算公式

$$r = \sqrt{1 - \frac{\sum (y-\hat{y})^2}{\sum (y-\bar{y})^2}}$$

将有关数据代入公式，可得

$$r = \sqrt{1 - \frac{19.494\,4}{2\,862.878}} \approx 0.993\,2$$

复相关系数高达 0.993 2，说明两个自变量与因变量之间有高度相关关系，表现为正相关。表示预测模型通过了检验。

第二，根据二元线性回归方程的偏相关系数公式

$$r'_{01}=\frac{r_{01}-r_{01}r_{12}}{\sqrt{(1-r_{01}^2)(1-r_{02}^2)}}$$

$$r'_{02}=\frac{r_{02}-r_{01}r_{12}}{\sqrt{(1-r_{01}^2)(1-r_{02}^2)}}$$

$$r'_{12}=\frac{r_{12}-r_{01}r_{02}}{\sqrt{(1-r_{01}^2)(1-r_{02}^2)}}$$

求得偏相关系数，但需要首先应用下列单相关系数公式

$$r_{01}=\frac{\sum(y-\bar{y})(x_1-\bar{x}_1)}{\sum(y-\bar{y})^2\sum(x_1-\bar{x}_1)^2}$$

$$r_{02}=\frac{\sum(y-\bar{y})(x_2-\bar{x}_2)}{\sum(y-\bar{y})^2\sum(x_2-\bar{x}_2)^2}$$

$$r_{12}=\frac{\sum(x_1-\bar{x}_1)(x_2-\bar{x}_2)}{\sum(x_2-\bar{x}_2)^2\sum(x_1-\bar{x}_1)^2}$$

求得 3 个单相关系数 r_{01}，r_{02}，r_{12}，将有关数据代入单相关系数公式就可以求得。这个计算很复杂，一般应用计算机进行。

然后将单相关系数代入偏相关系数公式，就可以求得 3 个偏相关系数。

③显著性检验。将有关数据代入 F 检验公式，可得

$$F=\frac{\sum(\hat{y}-\bar{y})^2/(k-1)}{\sum(y-\hat{y})^2/(n-k)}$$

$$=\frac{2\,843.836/(3-1)}{19.494\,4/(8-3)}$$

$$=364.70$$

取显著性水平 $\alpha=0.05$，分母自由度 $n-k=5$，分子自由度 $k-1=2$。查 F 分布临界值表，得临界值

$$F_\alpha=5.79$$

因为 $F>F_\alpha$，说明人均年收入、新增就业人数与销售额之间存在的相关关系非常显著。预测模型通过了 F 检验。

④t 检验。t 检验又称回归系数检验，是检验某个自变量对因变量的显著性，即检验某个自变量是否对因变量有显著的影响，是否是多余的，所以要对两个自变量逐个检验对因变量的显著性。若某个自变量对因变量的影响不显著，则应当将此自变量从预测模型中剔除，重新建立更为简单的回归模型，或更换自变量，以便提高预测的精度。

⑤预测并确定置信区间。由于此预测模型都通过了上述检验，就可直接预测了。将已判断出的未来一期的自变量 x_1、x_2 的值代入预测模型，就可算出预测值。

下一年的销售额预测值为

$$\hat{y}=53.886+4.822x_1+1.013x_2$$

$$=53.886+4.822\times17.9+1.013\times2.5$$

$$=142.732\,3\text{(亿元)}$$

确定预测值的置信区间，因该问题样本较小，$n=8<30$，所以公式为

$$\hat{y}_t \pm t_{\alpha/2} s\sqrt{1+\frac{1}{n}}$$

取 $\alpha/2=0.025$，自由度 $n-k=5$，查 t 分布表，得 t 的临界值为

$$t_{\alpha/2}=2.571。$$

以下一期的 x_1、x_2 的值代入上式，销售额的预测区间为

$$\begin{aligned}&\hat{y}_t \pm t_{\alpha/2} s\sqrt{1+\frac{1}{n}}\\&=142.7323\pm 2.571\times 1.97\times\sqrt{1+\frac{1}{8}}\\&=142.7323\pm 5.3721\ (\text{亿元})\end{aligned}$$

即，以95%的把握程度预测，下一年商品的销售额区间（预测值的置信区间）为137.360 2～148.104 4亿元。

第三节　非线性回归分析预测法

在现实社会经济生活中，很多市场现象之间的因果关系并不是线性关系，即自变量与因变量之间呈曲线形态而非直线因果关系，对这种市场现象的分析预测一般要应用非线性回归预测，通过变量转换，将很多的非线性回归转化为线性回归。因而，非线性回归关系也可以用线性回归方法解决，进行预测。

一、一元非线性回归分析预测法

市场现象中一个自变量与一个因变量之间的因果关系除了一元线性回归关系外还存在一元非线性回归关系。

（一）一元非线性回归分析预测法的含义

一元非线性回归分析预测法，是非线性回归预测法中最简单，也最常用的一种预测方法。它是在只有一个自变量的情况下，且这个自变量与因变量之间呈非线性相关关系，根据这种非线性相关关系建立预测模型从而进行预测的一种回归分析预测法。

市场现象中的变量之间除了直线关系还存在许多曲线关系，比如工业产品的产量与成本的关系，企业销售量与其广告费用等，往往呈曲线相关关系。也就是说，这些现象中各经济变量之间的相关关系是非线性的，线性相关仅是非线性相关的一种特殊形式。对此类因果关系如果仍然运用一元线性回归预测法预测就会产生很大误差，这就需要建立合适的非线性回归方程进行预测。只有当非线性程度较低时，用线性回归可以取得较为满意的结果，但当非线性程度高时，就应采用非线性回归。

一元非线性回归预测模型的形式很多，运用哪一种模型呢？这需要通过各种数学模型的固有图像和样本数据的散点图对比，结合专业理论知识及其经验来确定。常用的方法是同时选用图像相近的两三种非线性回归预测模型，经过计算有关统计量并进行比较后再决定采用哪一种非线性回归预测模型。

（二）一元非线性回归模型及其转换

市场现象的自变量与因变量呈一元非线性回归因果关系的预测比一元线性回归因果关系的

预测要困难得多，因为需要首先将其转换为一元线性回归关系。

虽然存在多种一元非线性回归预测模型，不过大多数都可以通过数学形式上的转换变为一元线性回归形式，即用变量替换法，使之变成线性函数形式，再利用一元线性回归方程求出回归系数，从而建立一元线性回归预测模型进行预测。下面介绍几种常用的非线性回归模型及其线性转换。

1. 逆线性回归模型

逆线性回归模型公式为

$$y = a + b\frac{1}{x} \tag{11.20}$$

逆线性回归模型常用于企业单位产品成本问题的预测。假设单位产品的变动成本为 a 、固定成本为 b 、产品产量为 x 、单位产品成本为 y ，则单位产品成本 y 将随着产品产量 x 的增加而减少，这正是此模型描述的逆线性回归规律。

如果设

$$\frac{1}{x} = x'$$

则此逆线性回归方程可转换为直线方程

$$y = a + bx'$$

对于这样一个直线方程，我们就可以运用一元线性回归分析预测法预测企业单位产品成本如何随着产品产量的变化而变化。

2. 指数曲线回归模型

指数曲线回归模型的公式为

$$y = ab^x \tag{11.21}$$

指数曲线回归模型是一种成长式回归模型，它可以较为准确地反映许多市场经济变量的发展变化过程。比如新产品的投放市场量与企业的销售额，城市高科技开发区人口的增长量与当地的生产总值的增长量等，都可能显示出指数回归模型所描述的增长规律。

我们将指数曲线回归模型方程两边取对数

$$\lg y = \lg a + (\lg b)x$$

设

$$y' = \lg y\ ,\ A = \lg a, B = \lg b$$

则此指数曲线回归方程转换为

$$y' = A + Bx$$

这也是一个直线方程，因此也可用一元线性回归分析预测法进行预测。

3. 幂指数曲线回归模型

幂指数曲线回归模型的公式为

$$y = ax^b \tag{11.22}$$

幂指数曲线几何图形如图 11.6 所示。

幂指数曲线回归模型也是一种成长模型。

对于此曲线回归模型，也可将方程两边取对数

$$\lg y = \lg a + b\lg x$$

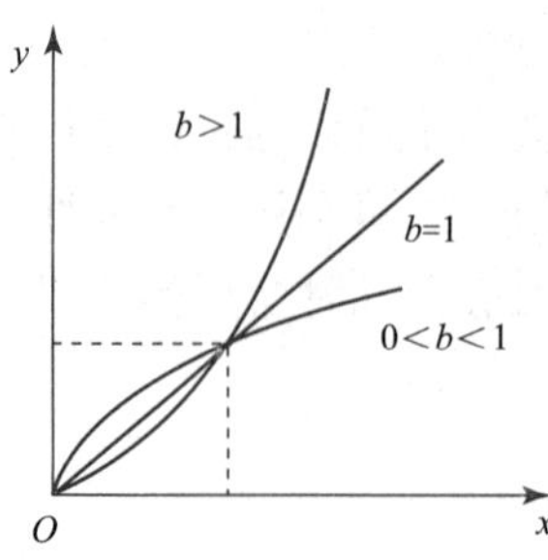

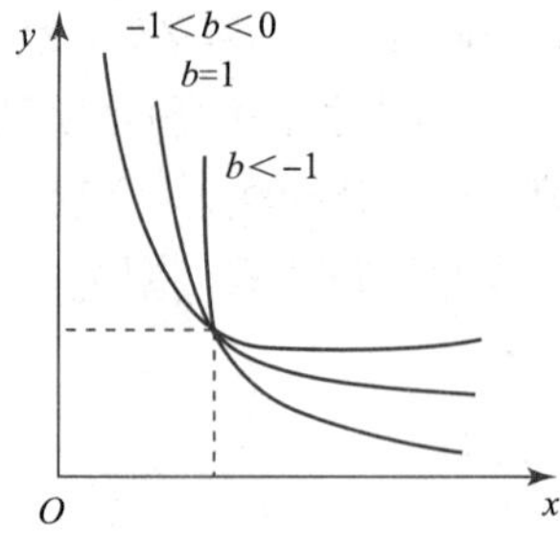

图 11.6　幂指数曲线几何图形

假设：$y' = \lg y, A = \lg a, x' = \lg x$

则此曲线方程转换为

$$y' = A + bx'$$

这也是一个直线方程，同样可用一元线性回归分析预测法进行预测。

4. 修正指数曲线回归模型

修正指数曲线回归模型的公式为

$$y = k + ab^x \tag{11.23}$$

修正指数曲线回归模型也是一种成长模型，它描述的是一种常见的成长现象，即初期成长迅速，随后逐渐降低其成长率，终至接近一条渐近线：$y = k$ 。

5. 戈珀资曲线回归模型

戈珀资曲线回归模型的公式为

$$y = ka^{b^x} \tag{11.24}$$

戈珀资曲线回归模型也属于一种成长模型，是产品生产生命周期模型。如许多新型行业或新产品的成长或销售都经历了这样一个过程：初期成长较慢，此后成长逐渐加速，达到一定程度后成长率又趋降低，终至达到平缓的阶段。它描述了某个行业或某种产品从诞生到结束的整个市场生长过程。所以这是一种很重要的市场预测模型。

6. 逻辑曲线回归模型

逻辑曲线回归模型的公式为

$$\frac{1}{y} = k + ab^x \tag{11.25}$$

逻辑曲线回归模型，像修正指数曲线回归模型和戈珀资曲线回归模型一样都是成长模型，它亦可用来描述市场经济变量的成长现象。

上述修正指数曲线回归模型、戈珀资曲线回归模型和逻辑曲线回归模型等三种成长曲线模型，不能直接转换为直线回归方程形式，所以不能直接用一元线性回归分析预测法进行预测。它们通常用三和法求出回归参数，建立预测模型，再据此预测未来。

一元非线性回归分析预测模型经过转换，根据一元线性回归分析模型计算出参数后，仍须将转换后的变量还原为原变量，从而得到一元非线性回归分析预测模型，再根据它来进行统计处理，不能用转换后的变量进行统计预测。

（三）一元非线性回归分析预测法的应用

【例 11.3】 某企业近 10 年商品流通费用水平和商品零售额的资料如表 11.8 所示，试用一元非线性回归分析预测法，预测 2012 年的商品流通费用水平。

表 11.8　商品零售额和流通费用水平资料

年份	2002	2003	2004	2005	2006	2007	2008	2009	2010	2011
商品零售额(万元)	14.6	17.4	20.5	23.1	26.4	29.6	31.5	35.4	38.6	41.5
流通费用水平(%)	6.5	5.6	4.5	4.0	3.5	3.2	2.9	2.8	2.7	2.6

(1)画图，判断企业商品零售额与流通费用之间的相关关系。设商品零售额为自变量 x，流通费用为因变量 y，在直角坐标轴上绘出各点，观察曲线形式，即观察商品零售额与流通费用水平数据变化规律是什么样的相关关系。

从图 11.7 观察分析可见，随着商品零售额的增加，商品流通费用水平逐渐下降，呈逆线性相关关系，因此可用逆线性回归模型预测随着商品零售额的增加企业流通费用水平的变化趋势。

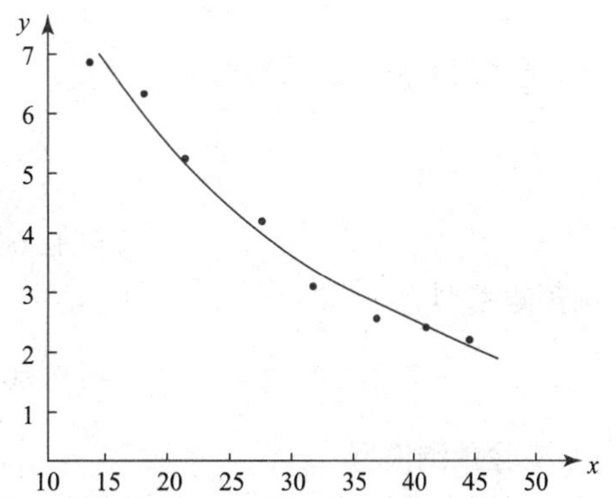

图 11.7　商品零售额与流通费用之间的相关关系图

选用基本数学模型逆线性回归方程：

$$\hat{y} = a + b\frac{1}{x}$$

假设

$$\frac{1}{x} = x'$$

则此逆线性回归方程转换为

$$\hat{y} = a + bx'$$

运用一元线性回归分析预测法进行预测。

(2)求参数 a、b。有关计算数据如表 11.9 所示。

表 11.9　一元回归方程计算数据表

年份	零售额 x(万元)	$x' = \frac{1}{x}$	流通费用 y(%)	$(x')^2$	$x'y$
2002	14.6	0.068	6.5	0.004 6	0.442
2003	17.4	0.057	5.6	0.003 2	0.319
2004	20.5	0.049	4.5	0.002 4	0.221
2005	23.1	0.043	4.0	0.001 8	0.172
2006	26.4	0.038	3.5	0.001 4	0.133
2007	29.6	0.034	3.2	0.001 2	0.109
2008	31.5	0.032	2.9	0.001 0	0.093
2009	35.4	0.028	2.8	0.000 8	0.078
2010	38.6	0.026	2.7	0.000 7	0.070
2011	41.5	0.024	2.6	0.000 6	0.062
合计	278.6	0.399	38.3	0.017 7	1.699

因为 $\sum x' = 0.399$　　$\bar{y} = \frac{38.3}{10} = 3.83$

$\sum (x')^2 = 0.0177$　　$\bar{x} = 27.86$

$\sum x'y = 1.699$　　$n = 10$　　$k = 2$

所以，根据最小二乘法求出的参数公式，可得

$$b=\frac{n\sum x'y-\sum x'\sum y}{n\sum x'^2-(\sum x')^2}$$

$$=\frac{10\times 1.699-0.399\times 38.3}{10\times 0.0177-0.399^2}=95.96$$

$$a=\frac{1}{n}\sum y-b\cdot\frac{1}{n}\sum x'$$

$$=\frac{38.3}{10}-95.96\times\frac{0.399}{10}$$

$$=0.0013$$

(3)建立预测模型。将参数 a、b 值代入一元回归方程

$$\hat{y}=a+bx'$$

即

$$\hat{y}=0.0013+95.96x'$$

则预测模型为

$$\hat{y}=0.0013+95.96\frac{1}{x}$$

(4)检验预测模型。

①回归标准差检验。有关计算数据如表 11.10 所示。

表 11.10　离差平方计算表

年份	零售额 x(万元)	流通费用 y(%)	$\hat{y}$	$(y-\hat{y})^2$	$(\hat{y}-\bar{y})^2$
2002	14.6	6.5	6.57	0.004 9	7.13
2003	17.4	5.6	5.52	0.006 4	3.13
2004	20.5	4.5	4.68	0.032 4	0.45
2005	23.1	4.0	4.16	0.025 6	0.03
2006	26.4	3.5	3.64	0.019 6	0.11
2007	29.6	3.2	3.24	0.016 0	0.39
2008	31.5	2.9	3.05	0.022 5	0.87
2009	35.4	2.8	2.71	0.008 1	1.06
2010	38.6	2.7	2.49	0.044 1	0.28
2011	41.5	2.6	2.31	0.084 1	1.51
合计	278.6	38.3		0.263 7	15.96

根据回归标准差公式，可得

$$s=\sqrt{\frac{\sum(y_t-\hat{y}_t)^2}{n-k}}$$

$$=\sqrt{\frac{0.2637}{10-2}}=0.18$$

因为

$$\frac{s}{\bar{y}_t}\times 100\%=\frac{0.18}{3.83}\times 100\%=4.7\%<15\%$$

所以该预测模型通过了回归标准差检验。

②相关系数检验。只要将有关数据代入相关系数公式，就可得

$$r=\sqrt{1-\frac{\sum(y-\hat{y})/n-k}{\sum(y-\bar{y})^2/n-k}}=0.9917$$

取显著性水平 $\alpha=0.05$，自由度 $n-k=8$，查相关系数临界值表，得临界值

$$r_{0.05}=0.632$$

因为 $$r>r_{0.05}$$

所以该企业的商品零售额与其流通费用水平之间存在着很强的相关关系，该预测模型通过了相关系数检验。

③显著性检验。将有关数据代入显著性检验公式，可得

$$\begin{aligned}F&=\frac{\sum(\hat{y}-\bar{y})^2/(k-1)}{\sum(y-\hat{y})^2/(n-k)}\\&=\frac{15.96/1}{0.2637/8}\\&=481.19\end{aligned}$$

取显著性水平 $a=0.05$，分母自由度 $n-k=8$，分子自由度 $k-1=1$。查 F 分布临界值表，得临界值

$$F_\alpha=5.32$$

因为 $F>F_\alpha$，表明该企业的零售额与其流通费用之间存在显著的相关关系。

所以该预测模型也就通过了 F 检验。

④ t 检验。将有关数据代入 t 的计算公式，得 t 统计量

$$t=\frac{r\sqrt{n-2}}{\sqrt{1-r^2}}=\frac{0.9917\times\sqrt{10-2}}{\sqrt{1-(0.9917)^2}}=6.8986$$

取 $\alpha=0.05$ 的显著水平，查 t 分布表中的自由度 $n-2$，可得此时 t 的临界值 $t_\alpha=2.365$。

因为 t 统计量大于 t_α，说明该预测对象的自变量与因变量之间存在着相关性，而且这种相关性还具有统计意义。

所以该预测模型通过了 t 检验。

(5)进行预测。上述预测模型已经通过了 4 种检验，可见我们完全可以直接运用该预测模型预测下一年该企业的流通费用随着其零售额的增加而降低的趋势。

现在将已估计出的 2012 年的零售额自变量 $x=45$ 万元代入上述预测模型，则 2012 的商品流通费用水平预测值为

$$\begin{aligned}\hat{y}&=0.0013+95.96\frac{1}{x}\\&=0.0013+95.96\times1/45=2.134\%\end{aligned}$$

(6)确定预测值的置信区间。

因为本例中的观察期数 $n=10\leqslant30$，所以确定预测值的置信区间的公式是

$$\hat{y}_t\pm t_{\alpha/2}s\sqrt{1+\frac{1}{n}+\frac{(x_0-\bar{x})^2}{\sum(x-\bar{x})^2}}$$

将有关数据代入上述公式得

$$2.134\% \pm 0.435\%$$

即该例中预测值的置信区是:[1.699%,2.569%]。

也就是以 95%的把握程度预测,当 2012 年该企业的零售额达到 45 万元时,企业的流通费用介于 1.699%~2.569%之间。

关于一元非线性回归预测法,除了逆线性回归模型之外的指数曲线回归模型、幂指数曲线回归模型、戈珀资曲线回归模型等预测模型的运用也可以按照上述逆线性回归模型的预测步骤进行预测。

二、多元非线性回归预测法

多元非线性回归分析预测法是指具有两个或两个以上的自变量与因变量之间呈曲线因果关系的非线性回归分析预测法。

(一)多元非线性回归预测模型

多元非线性回归预测模型为

$$\hat{y} = a x_1^{b_1} x_2^{b_2} \cdots x_k^{b_k} \tag{11.26}$$

应用多元非线性回归预测法进行预测的方法是:

给式(11.25)两边取对数,即

$$\lg\hat{y} = a + b_1 \lg x_1 + b_2 \lg x_2 + \cdots + b_k \lg x_k$$

假设 $y' = \lg y, x'_j = \lg x_j\,(j = 1,2,\cdots k)$,则

$$y' = a + b_1 x'_1 + b_2 x'_2 + \cdots + b_k x'_k \tag{11.27}$$

这样就将多元非线性回归分析模型式(11.26)转换为多元线性回归预测模型式(11.27)了,再运用多元线性回归分析方程求参数的方法,即可求得回归多元非线性系数,然后代入式(11.26),即可建立多元非线性回归模型,从而进行预测。

多元非线性回归预测法中,最简单,也最常用的是二元非线性回归分析预测法。二元非线性回归分析预测法是指只有两个自变量,并且自变量与因变量之间呈非线性因果关系的回归分析预测法。如上所述,只要将它转换为二元线性回归方程即可以运用二元线性回归预测法进行预测。

(二)特殊形式的多元非线性回归预测法

在市场现象中还存在一些特殊形式的多个自变量与因变量之间曲线相关关系,需要建立特殊形式的多元非线性回归模型。对于这样一些特殊形式的多元非线性回归模型,也可将其做数学上的转换,变为多元线性回归模型,再利用多元线性回归方程求得回归系数,建立多元非线性回归预测模型,从而进行预测。

下面我们介绍其中一种特殊的曲线模型

$$y = 1/(a + b_1 x_1 + b_2 x_2) \tag{11.28}$$

假设

$$y' = 1/y$$

则

$$y' = a + b_1 x_1 + b_2 x_2$$

这样同样运用二元线性回归预测法,求得回归系数,再代入式(11.28)即可建立多元非线性预测模型,从而进行预测。

第四节　计量经济预测法

一、计量经济预测法的概述

(一)计量经济学的含义

计量经济学是以一定的经济理论和统计资料为基础,运用数学、统计学方法与计算机技术,以建立经济计量模型为主要手段,定量分析研究具有随机性特性的经济变量关系。主要内容包括理论计量经济学和应用计量经济学。理论计量经济学主要研究如何运用、改造和发展数理统计的方法,使之成为随机经济关系测定的特殊方法。应用计量经济学是在一定的经济理论的指导下,以反映事实的统计数据为依据,用经济计量方法研究经济数学模型的实用化或探索实证经济规律。

计量经济学是诺贝尔经济学奖获得者,挪威经济学家费里希和荷兰统计学家丁伯根于 20 世纪 20 年代末 30 年代初创建的。几十年来,由创建初期主要用于研究微观经济的消费理论、市场行为、边际生产力、景气循环等方面,发展到重点研究宏观经济的理论模型化和数学化。近几十年来,建立的协调理论、模型识别理论将计量经济学推进到新的发展阶段,尤其是计算机技术的出现和发展使计量经济学如虎添翼,计量经济模型研究应用由微观模型发展到宏观模型,由地方模型发展为国家模型,乃至世界模型,如美国的“联结计划模型”包括 18 个国家、7 447 个方程和 3 368 个外生变量。计量经济模型已成为国家或地方的经济分析与经济预测、编制经济发展规划等政府实施经济调控和管理的预测决策工具。

(二)计量经济预测法的含义

计量经济预测法是利用计量经济学模型来表达市场现象中自变量与因变量之间的因果关系,从而预测未来市场变化趋势的一种因果分析预测法。也就是说,计量经济预测法是根据对市场现象变化的经济分析与数学方法相结合,建立计量经济模型,并利用此模型来进行市场预测的一种方法。

(三)计量经济预测法的优缺点

1. 计量经济预测法的优点

与其他定量预测方法相比,计量经济预测法有其独特的优点。时间序列分析预测法是根据某经济变量的历史资料形成的规律简单地向未来延伸而进行预测,没有将其他经济变量对所要预测的经济变量的影响考虑在内,这是一类最为简单但相对低预测精确度的一种定量预测方法。回归分析预测法虽考虑了其他经济变量的影响,但它运用的是单一方程模型,仅仅反映了被解释变量 y 与解释变量 x 之间的因果关系。事实上,许多市场现象和经济过程都是由一些经济行为复合而成,它们的经济变量之间的关系错综复杂,有的甚至存在着双向因果关系(即一个经济变量影响另一个或另一些经济变量,反过来,它又受这个或这些经济变量的影响)。这时要完整地描述这些市场现象和经济行为过程,并预测其未来发展趋势,回归分析预测法单一方程就难以实现了,而计量经济预测法通过建立含多个方程的联立方程模型,即用计量经济方法来建立数学模式,则可以较为准确地预测这类复杂经济现象的未来变化趋势,其预测的精确度较高。

2. 计量经济预测法的缺点

同样与其他定量预测方法相比,计量经济预测法所需要的时间较长、成本费用较高、预测难度也较大。

二、计量经济模型的类型与识别

(一)计量经济模型的含义

广义地说,一切包括经济、数学、统计三者的模型,都是计量经济模型。

狭义地说,仅只用参数估计和假设检验的数理统计方法研究经验数据的模型,才是计量经济模型。

我们这里所说的是狭义上的计量经济模型,是指在以经济理论和市场现象变化事实为依据的定性分析基础上,利用数理统计方法建立的,用来描述预测目标与相关变量之间经济行为结构的动态变化关系的一组联立方程式。或者说,计量经济模型是指描述一个市场结构内各个变量之间复杂的相互依存关系的一组数学表达式。

计量经济模型包括一个或一个以上的随机方程式,它简洁有效地描述、概括某个真实经济系统的数量特征,更深刻地揭示出该经济系统的数量变化规律。计量经济模型由系统或方程组成,方程由变量和系数组成。其中,系统也是由方程组成。

比如:为了描述彩色电视机的销售量与其价格、普及率、企业广告费、目标市场人均收入等之间的关系,我们可以用以下联立方程组来表达:

销售量$=f$(生产量、价格、广告费用、人均收入水平)

工厂成本$=f$(生产量、生产成本、市场竞争)

价格$=f$(工厂成本、人均收入水平)

普及率$=f$(以前的销售量、人均收入水平)

广告费用$=f$(销售量、市场竞争)

这样一组方程式就构成了该预测问题的计量经济模型。

(二)计量经济模型方程的类型

计量经济模型所包含的方程式可以有数十个,甚至多达数千个,这些方程式反映着各种不同的市场经济结构关系,大体可分为以下几种类型:

1. 行为方程式

行为方程式是反映经济活动中生产、交换、分配、消费等各种经济行为关系的方程式。例如,某种商品需求量(y),受社会商品购买力(s)、价格(p)的影响,它们之间如呈线性关系,则可用下列方程表达:

$$y=b_0+b_1s+b_2p+e$$

b_0、b_1、b_2 是结构参数,e 是随机干扰项。

2. 技术方程式

技术方程式是反映技术关系的方程式,例如道格拉斯生产函数,反映产品产量取决于投入的资本量与劳动量的技术生态系统,就是一个技术方程式,该方程为

$$Y=A(t)L^{\alpha}K^{\beta}\mu$$

Y 是工业总产值、$A(t)$是综合技术水平,L 是投入的劳动力数(单位是万人或人),K 是投入的资本,一般指固定资产净值(单位是亿元或万元,但必须与劳动力数的单位相对应,如劳动力用万人作单位,固定资产净值就用亿元作单位),α 是劳动力产出的弹性系数,β 是资本产出的弹性系数,μ 表示随机干扰的影响,$\mu\leqslant 1$。

从这个模型看出,决定工业系统发展水平的主要因素是投入的劳动力数、固定资产和综合

技术水平(包括经营管理水平、劳动力素质、引进先进技术等)。

3. 制度方程式

制度方程式是表示政府政策、法令、制度所规定的某种关系。例如,政府规定营业税按销售额与法定生产率征收,用方程式表示为

$$y = rs$$

式中:y 为营业税税额;r 为法定税率;s 为企业销售额。

4. 定义方程式

定义方程式是对模型中的某些概念和指标给予定义,以明确其经济含义的恒等式。如,某些耐用消费品的家庭普及率 y,定义为每百户家庭保有耐用消费品的数量百分比,用定义方程式表示为

$$y = \frac{s}{f} \times 100\%$$

式中:s 为一定时点的社会保有量;f 为同一时点的家庭户数。

5. 平衡方程式

平衡方程式是反映经济系统中经济变量存在着某种平衡关系的恒等式,如在一定时期内的国民生产总值 y 和消费额 c、投资额 i、政府开支 g、进口额 f、出口额 e 存在着平衡关系。平衡方程式为

$$y + f = c + i + g + e$$

(三)计量经济模型变量的类型

计量经济模型中所有变量按照它们的数值范围,区分为内生变量和外生变量两大类。计量经济模型一般是一组联立方程,方程中的许多变量往往相互影响,互为因果。它与单个回归方程不同,各个变量不能简单地按单方向的直接因果关系区分为原因变量(自变量)和结果变量(因变量)。因为在联立方程中,某个变量在一个方程中是原因变量,而在另一个方程中可能成为结果变量。因此,要把它们区分为内生变量和外生变量。

内生变量是由模型本身所决定的变量,是模型求解的结果,其数值是在研究对象的范围内决定的。内生变量一方面影响所研究的联立方程模型系统,另一方面又受这个系统的影响。它是研究和预测的目标,是模型的输出部分。

外生变量是由模型以外决定的变量,其数值是在研究对象的系统范围以外决定的。它是非随机变量,是从制定模型的系统外部施加进来的,在模型之外确定。它影响系统,但不受系统影响,是模型的输入部分。

内生变量与外生变量之间的关系是:外生变量数值的变化能够影响内生变量的变化,但内生变量却不能反过来影响外生变量。

(四)计量经济模型的识别

只有能够被识别的计量经济模型才能用来进行预测。

计量经济模型的识别,是指模型的参数能否根据统计资料作出唯一估计值的问题。实质上,也就是指联立方程组能否有解和解的个数是否唯一的问题。

一个联立方程模型只有当所包含的每个方程都可识别时,才能说是可识别的。如果有一个方程识别不足,则整个联立模型也就识别不足。如果模型是可识别的,一般来说就可以估计出所有的参数值。为使一个方程组被识别,必须对方程组中的变量数目有一定的限制。一般

要求在一个包含 G 个方程的模型中，所要识别的特定方程的变量数目必须等于或小于整个模型变量总数减去 1 个，即为($G-1$)个，方程组才能被识别。所谓排除一个变量，就是使这个变量的系数为 0。

三、应用计量经济预测法的假设

应用计量经济预测法进行预测时，首先要进行如下假设：

(1)预测期的经济结构与变量观察期的经济结构相比没有发生根本变化。经济结构是指国民经济的组成和构造，它是一个由许多系统构成的多层次、多因素的复合体。计量经济预测法是对复杂的经济现象的描述与预测，其计量经济模型是建立在一个国家或地区的一定的经济结构的基础之上的，所以如果预测期的经济结构与变量观察期的经济结构相比发生了较大的变化，那么再运用建立在变量观察期的计量经济模型来进行预测，其精确度是很值得怀疑的。

(2)建立模型过程中所作的假设在预测期仍成立。

四、计量经济预测法的应用步骤

计量经济预测法是在一定假设前提下应用的，其预测步骤如下：

(一)确定变量

在计量经济预测法中，同样存在因变量和自变量。因变量就是我们要研究的因素，要预测的经济问题。这个在建立计量经济模型时不需要再确定，所以关键是确定自变量。

(1)确定自变量首先需要正确理解和把握所研究的经济现象中暗含的经济学理论和经济行为规律。这是因为不同的经济环境下，同一个因变量，其自变量是不同的。如，在企业生产问题中，如果是供给不足的情况，那么，影响产出量的因素就应该在投入要素方面，而在当前，一般的投入要素主要是技术、资本与劳动，也就是说这时的自变量就是技术、资本和劳动。但如果是需求不足的情况，那么影响产出量的因素就应该在需求方面，即此时的自变量就是影响需求的一些因素，比如，目标市场的消费者人数、消费心理、目标顾客的收入等。

(2)必须选择数据具有可得性的变量。要应用计量经济模型进行预测，就需要在样本数据，即变量的样本观测值的支持下，采用一定的数学方法估计参数，以揭示变量之间的定量关系。主要确定的变量必须是通过调研分析就可以得到的，也就是必须有可靠的数据来源。如果确定的变量从经济意义上分析虽然是与因变量具有非常大的因果关系，但是如果其数据难以获得，也是毫无意义的。

(3)注意选择的每一个自变量都是独立的。确定自变量时要考虑所有入选变量之间的关系，使得每一个自变量都是独立的。这是计量经济模型技术所要求的。当然，在开始时要做到这一点可能比较困难，如果在所有入选变量中出现相关的变量，可以在建立模型的过程中检验然后剔除出去。

(二)建立计量经济模型

确定模型中方程数目和数学函数形式。一般来说，用联立方程式来描述复杂的经济现象时，方程个数必须等于内生变量的个数，只有这样，模型才具有数学完备性，才能有唯一解。

(三)判断建立的联立方程模型的合理性

判断建立联立方程模型的合理性是指判断行为方程、平衡关系式或定义关系式构成的联立方程式中待定系数是否具有唯一性，即每一个方程式是否可以识别。如果是不能识别的情况，即使模型在理论上是合理的，但在统计估计上也是不可行的。

(四)收集统计资料

在数据模型设定出来以后,需要根据模型中包括的经济变量来收集有关的统计资料,以便对模型中的参数作出正确的估计。如果数据不完整,不准确,就会影响参数估计值的准确性。因此,数据的收集是一项重要的工作。

(五)确定计量经济模型中的待定参数

通过收集模型中变量的数据资料,运用适当的估计方法计算其中各方程的待定参数及有效性,再将它们的值代入结构方程组,才可建立实际应用的预测模型。

参数估计是建立计量经济预测模型中最复杂、最困难的一步,它是计量经济学研究的重要课题。任何模型不免带有主观性,只能近似地反映客观经济现象之间的依存关系。参数估计方法也只能力求完善,只要能估计出具有较好统计特性的参数估计量,就不失为一种较好的方法。估计参数的方法较多,基本方法是最小二乘法(或称最小平方法)。

(六)检验计量经济预测模型

为了保证模型应用结果的可靠性,需要对预测模型进行检验。

1. 经济意义检验

经济意义检验是检验模型参数是否符合经济意义。它涉及参数估计值的符号与大小。如果参数估计值符号与大小和经济理论以及实践经验不符,也就是说所建立的模型不能解释市场经济现象的明显规律,那么就应认为所建立的模型不可靠,应重新构造模型,估算参数。

2. 统计检验

对预测模型进行统计检验,即依据统计理论来检验模型参数估计值的可靠程度。常用的统计检验准则除有与前面回归分析检验相同的项目以外,还有计量经济学检验,它主要包括方程的识别条件、随机干扰项相关与异方差性检验等。计量经济方法的适用性有一定的假设条件,即随机干扰项不存在序列相关和异方差性。如果违背了这一假设,那么参数的标准差检验就不再是量度参数统计显著性的可靠准则了。实质上,计量经济学检验是对统计可靠性的检验。

3. 实验模型检验

实验模型检验是对模型的预测能力予以检验。它是将观察期数据代入计量经济模型,将计算结果与已经发生的经济结果进行比较,以检验计量经济模型的正确性。有时,所估计的预测模型对于样本期间来说,经济上是有意义的,上述的各种检验也是通过的,然而可能并不适用于预测。这种情况的出现原因可能是由于未来客观经济现象的结构关系相对于样本期来说已经发生了变化。所以,当模型估计出来以后,必须研究估计值的稳定性以及于样本容量变化时的灵敏度,必须确定估计出来的模型是否可以用于特性的检验。

(七)利用已确定的预测模型对市场的未来作出预测

根据已知模型中的前定变量的数值,代入预测模型,通过求解联立方程组,即可对未来市场作出预测,获得预测目标的预测值。

五、计量经济预测法的应用

【例 11.4】 某商场上一年 1～9 月的销售情况如表 11.11 所示。试用计量经济预测法建立预测模型并进行检验。

表 11.11　销售情况表

月份	销售额 y(百万元)	销售量 x_1	广告费 x_2	利润额 x_3
1	5.1	4.1	2.6	3.8
2	5.5	4.5	2.8	4.0
3	4.8	3.7	2.4	3.6
4	4.6	3.6	2.4	3.3
5	5.2	5.4	2.7	3.8
6	5.0	5.1	2.5	3.7
7	4.3	3.2	2.0	3.0
8	4.9	3.9	2.6	3.7
9	5.7	4.5	2.8	4.2

(1)用最小二乘法拟合方程得

$$\hat{y} = 0.668\ 135 + 0.25\ 548x_1 + 0.06\ 903x_2 + 1.110\ 405x_3$$

(2)相关系数检验。

有关计算见表 11.12。

表 11.12　回归模型检验有关计算表

年份	y	$\hat{y}$	$(y-\hat{y})^2$	$(\hat{y}-\bar{y})^2$	$(y-\bar{y})^2$
1	5.1	5.147 5	0.002 256	0.01 860	0.007 903
2	5.5	5.392 4	0.011 578	0.14 539	0.239 023
3	4.8	4.902 7	0.010 547	0.011 750	0.044 563
4	4.6	4.568 9	0.000 967	0.195 541	0.169 003
5	5.2	5.187 6	0.000 154	0.031 152	0.035 683
6	5.0	5.055 8	0.003 114	0.001 998	0.000 123
7	4.3	4.199 9	0.010 020	0.658 045	0.505 663
8	4.9	5.032 0	0.017 424	0.004 368	0.012 343
9	5.7	5.613 2	0.007 534	0.362 524	0.474 583
合计	45.1	45.100 0	0.063 6	1.429 4	1.488 9

$$R^2 = \frac{\sum (\hat{y}-\bar{y})^2}{\sum (y-\bar{y})^2} = \frac{1.425\ 4}{1.488\ 9} = 0.960\ 0$$

该值说明销售额与销售量、广告费、利润额之间的复相关程度是很高。

(3)显著性检验(F 检验)

$$F = \frac{\sum (\hat{y}-\bar{y})^2/(k-1)}{\sum (y-\hat{y})^2/(n-k)} = \frac{1.425\ 4/(4-1)}{0.063\ 6/(9-4)} = 37.34$$

取 $\alpha=5\%$,查 F 分布表,当分子自由度为 3,分母自由度为 5 时,其临界值为 5.41,F 统计量$>F_\alpha$,说明显著性是很高的。

(4)t 检验。根据 t 检验的计算公式

$$t = b/s_b$$

和计算表中的数据,计算可得

$$t_0=1.591, t_1=0.336, t_2=0.131, t_3=3.091$$

选择 95%的置信度,即 5%的显著水平,查 t 分布表($n-k=5$),得 t 的临界值 $t_\alpha=2.571$。这里只有 t_3 大于此临界值,通过了 t 检验,表明 b_3 有显著性。其他 3 个 t 值都小于此临

界值，都没有通过 t 检验，说明对应的回归系数都缺乏显著性。

另外，此模型还可做剩余量随机性检验，亦可证明此模型不能直接用于实际问题的预测，还须再改进。在此不再详述。

典型案例

应用因果分析法预测青岛港吞吐量

一、确定预测青岛港吞吐量的主要腹地

根据经验及有关信息确定预测青岛港吞吐量的主要腹地为：青岛市、山东其他地区、河南、山西以及河北。

通过调查关于青岛港及腹地的资料如下：

青岛港最主要的腹地——山东是农产品出口大省。该省大量出口的蔬菜、水果、肉类等农产品，在经济危机中所受影响不大，出口基本稳定。山东省提供的出口产品，约占经青岛港出口货物的八成。青岛港拥有码头 15 座，泊位 72 个(商用泊位 46 个)。其中可停靠 5 万吨级船舶的泊位有 6 个，可停靠 10 万吨级船舶泊位有 6 个，可停靠 30 万吨级船舶泊位有 2 个。主要从事集装箱、煤炭、原油、铁矿、粮食等散货进出口的装卸服务和客运服务。拥有全国最大的集装箱码头、原油码头、铁矿码头和国际一流的煤炭码头、散粮接卸码头。

青岛港的经济腹地为青岛市、山东省及河南、河北和山西省部分地区，纵横连接华东、华北、中南等地区。青岛港腹地内工业发达，主要有轻工、纺织、石油化工、机械制造、采掘、冶金等工业。腹地内矿产资源、建材资源、海产品、农副产品较为丰富。山东、山西都是中国主要的能源基地。通过青岛港出口的主要货种有原油、煤炭、五金、矿产、工业原料、纺织品、食品、冻货和其他农副产品；进口的主要货种有矿石、木材、粮食、五金、机电设备、化肥、纺织品等。

青岛港主要由以下几个港组成：

(1)北港——主要从事大宗化肥、粮食、硫磺、氧化铝等散杂货作业。

(2)大港——主要从事散货、件杂货、大件设备和内贸集装箱装卸作业，是青岛港进出口粮食、五金钢材的装卸运输基地。

(3)中港——主要从事内贸集装箱、冻货、纯碱装卸作业和客运服务等业务。

(4)油港——主要从事原油、成品油的装卸、储存及中转业务。

(5)集装箱港——主要承办集装箱船、半集装箱船、冷藏箱船和滚装船的装卸、中转及任何种类集装箱的拆装。

(6)前港——主要从事矿石、煤炭两大货种装卸作业，是中国主要矿石进口口岸和北煤南运及外贸煤炭出口的重要通道。

(7)西港——主要从事件杂货、散装货和集装箱的装卸、堆存、加工及集疏运业务。

二、查找各个腹地近十年来的有关数据

(1)工农业总产值 x(亿元)

(2)对外贸易额 y(亿元)

三、查找青岛港近十年来的吞吐量 z(万吨)

四、建立线性回归方程 $z-\bar{z}=b_{xz}(x-\bar{x})+b_{yz}(y-\bar{y})$

根据所查阅的数据求出 b_{xz}、b_{yz} 导出回归方程。

五、查找各腹地预测(1)工农业总产值 x(亿元)(2)对外贸易额 y(亿元),带入上述方程预测青岛港吞吐量。

(资料来源:作者根据网络资料改写,原文见 http://srdp.ouc.edu.cn)

案例讨论题:

(1)案例中应用的哪种因果分析法?

(2)案例中的因果分析法的应用步骤是否正确?如果不正确,你认为应该怎样做?

实训题

(1)调研一家计算机公司,分析其笔记本电脑的销售量与哪些因素有关,选择其中最重要的 3 个因素,尝试建立一个初级的回归模型。

(2)通过网络或其他渠道调研在实际的市场预测中是否已经应用了除本书介绍以外的因果分析预测法?如果有,了解其应用过程。

第十二章　市场预测方法的选择与市场预测报告规范性模板

关于个人职业预测报告

第一，预测方法。此次预测采用了因果关系分析法和类比法。

第二，采用这两种预测方法的原因分析。此次预测采用因果关系法是因为市场的变化同各种影响因素的变化之间存在着一定的依存关系，人的不同性格决定了人一生不同的命运，所谓凡事有因必有果，个人的职业发展就与是否有能力，有决心，有毅力而相关联，因此用因果关系法可以预测个人的未来职业发展。

类比法的采用是运用相似性的原理，把职业发展同其他类似能力问题的变化加以对比分析，从而推断个人未来发展趋势。

第三，预测过程与结果：

(1)列举所需资料。根据调研得到被调研者对本人最适合职业的估计如表 12.1 所示。

表 12.1　对本人最适合职业的评价

权重	被调研者分类	销售	管理	行政	技术
0.4	个人	60%	20%	10%	10%
0.3	最熟识	50%	15%	35%	0%
0.2	比较熟识	70%	10%	20%	0%
0.1	一般熟识	65%	10%	20%	5%

(2)分别计算期望值如表 12.2 所示

表 12.2　期望值

期望值	销售	0.4×60%+0.3×20%+0.2×70%+0.1×65%=0.505
	管理	0.4×20%+0.3×15%+0.2×10%+0.1×10%=0.155
	行政	0.4×10%+0.3×35%+0.2×20%+0.1×20%=0.205
	技术	0.4×10%+0.3×0+0.2×0+0.1×5%=0.045

结果显示:销售的期望值最大,由于我的专业是食品商品学,我以后的职业发展会趋向食品行业的销售工作。

(资料来源:天津商业大学商品学2009级学生王媛媛同学的作业)

上述预测报告是教学过程中要求学生做的作业,这个预测报告中显示该次预测运用的预测方法不是最恰当的,而且该预测报告的科学性和规范性还有待提高,那么我们究竟应该如何选择市场预测方法呢?又怎样才能撰写出科学规范的预测报告呢?

第一节 市场预测方法的选择

市场预测中可供采用的预测方法有很多,每种预测方法都有自己的特点和适用范围。企业进行市场预测时所选用的预测方法是否恰当,一方面表现在预测方法本身是否具有科学的依据;另一方面表现在预测方法的适用性是否得到了发挥。如果企业选择的预测方法不适合所预测的市场现象的发展变化规律,则取得的市场预测结果必然是不准确的。所以企业在进行市场预测时,挑选预测方法必须十分慎重。一般情况下,企业进行市场预测时,应根据以下几个条件选择预测方法:

一、预测的目的、内容、时间、费用和占有资料情况

市场预测项目的基本要求,如预测的目的、内容、时间和费用及占有的资料等,是选择预测方法的重要条件之一。尽管对不同的市场预测领域,或不同的预测目标,可以有多种不同的预测方法,但从实用和科学的角度来一一分析,再考虑到预测时间的限制和预测费用的约束以及占有的资料情况,实际可操作的预测方法类型就可以较明确地选择出来了。如企业对预测问题拥有充分的数据资料,则可选择定量分析预测方法。若企业对其未来发展方向和总体规划问题进行预测,且有较为宽裕的时间和费用,则可考虑采用定性分析法中的德尔菲法进行预测等等。

二、预测人员的水平

企业市场预测人员的水平或素质如何也是选择预测方法的重要依据。如果预测人员是多年从事市场经营活动的业务人员,有着丰富的市场工作经验,对客观市场现象本质及规律的认识深刻,并且善于对模糊的市场现象进行透彻的分析,则采用定性分析方法将有利于企业迅速地得出预测结论。对于那些具有较高的现代预测技术分析应用能力的预测人员来说,采用定量分析预测方法,可对大范围的、复杂的中长期的市场现象变化规律进行更为精确的预测。

三、各种预测方法或模型的特征

在市场预测中,同一种预测方法也可以适用于不同的预测领域或不同的预测目标,但在定性分析法中,每一种具体方法都有较为明显的应用领域或适用特征,一般比较容易分辨,而在定量分析法中,许多预测方法大同小异,企业若要选择适用性最佳的预测方法或预测模型,就必须进行更为细致的分析。下面我们介绍常用的预测模型的选择方法。

在定量分析法中,为预测变量配合一个符合实际发展变化规律的模型是预测有效的关键。由于可以近似地用作市场现象发展变化的数学模型是无穷的,市场现象本身的演化规律也是千姿百态,我们不可能穷尽各种方法来描述它。所以,企业预测者一方面可以结合自己的实践,运用一些数学方法创造性地开拓预测目标变化规律曲线描述和延伸的方法,另一方面可以参考常用的预测模型的识别方法:如经验法,图形识别法和差分法。

经验法是选择模型最直接、最简易的方法。它是预测者根据本人的经验或专家集体的经验，给常见的市场现象的发展变化规律确定数学模型。经验法是一种主观的方法，要使经验法更加符合客观实际，就要靠预测者平时正确的观察积累。经验法选定模型的过程中包含了预测者对市场现象发展的定性预测。所以定量和定性的关系总是不可偏废的。这里预测者可以考虑这样一些因素：①预测变量过去的变化过程曾用过哪一种经济理论所描述，其规律是什么；②类似的市场现象已知是依什么规律变化的；③预测变量是否是单调递增的，递增的条件今后是否存在；④预测变量的极大值、极小值情况，以及极值的限制；⑤预测变量发展过程是否有外界条件和时间上的限制。总之，预测者要深刻理解市场现象在一定条件下的发展趋势，才能正确地把市场、经济与数学结合起来，延伸预测市场现象的未来。

图形识别法是较为典型的统计方法。预测者将样本的时间数据绘制为以时间为横轴，以预测变量值为纵轴的曲线图，注意一般是要先将一些孤立的点连成平滑的曲线，然后将所绘图形与已知各种数学曲线模型进行比较。此时应注意两点：①所绘图形与数学模型只是近似接近，不可能完全重叠；②如果所绘图形变化不明显，可以调整坐标轴的长度单位，调节图形各部分的比例，重新描点连图。实际的预测变量的变化曲线往往不可能直接观察就可确认为属于某种模型，而是同时与几种模型所描述的规律或曲线接近。这样可以先选几个模型，或者是进行进一步的分析确定应选用哪一个模型，或者是同时用几个模型计算预测，最后比较各模型的精度来确定。

差分法是一种数学常用方法。其特点就在于较为准确，精度较高，但是其计算量较大。一般这些计算对于后来的参数估计还是有用的。差分法是计算时间序列的阶差，根据不同阶差的特征来识别不同的模型，常用的具体方法有一阶阶差和二阶阶差判断方法。

四、多种预测方法综合运用

（一）定性预测法与定量预测法相结合

在市场预测的实践中，经常将定性分析市场预测与定量分析市场预测法结合起来应用，这更能增加市场预测的灵活性和准确性。定性分析预测法和定量分析预测法，各自都有一定的优点，并具备相当程度的科学性，但它们在独立进行市场预测时，不免受到自身弱点的限制。如定量分析预测法，在根据市场现象的历史资料和现实的资料对市场现象的变化进行预测时，只能根据市场现象过去的发展变化数据和影响市场的一个或几个主要因素的数据，去推断市场现象未来的发展变化数量。这当然是具有一定科学性的，也是市场预测中十分需要的。但市场现象未来的表现毕竟不会与过去和现在的发展变化规律完全一致，也毕竟存在着一些对市场现象有比较重要影响的因素无法量化或难于搜集到量化资料。这些都会对定量市场预测法的预测结果准确性产生不利的影响。而如果用定性市场预测法与定量市场预测法相结合，充分发挥各种方法的优势，如预测者能发挥其主观能动性，根据他们的实践经验和判断分析能力，对难于量化的影响市场现象的因素，以及市场现象未来发展变化特点与其过去和现在的不一致之处，进行深入细致的分析研究，据此对定量市场预测法所得到的预测值，加以适当调整或补充，这对于提高市场预测的精确度显然是非常有利的。

（二）定性预测与定量预测中具体的多种方法相结合运用

不论是定量预测还是定性预测都包括多种具体的预测方法，每一种方法都有其优缺点和适用范围，在实际运用中，我们需要将多种方法结合起来运用，互相补充以提高预测的精确度。

第二节　市场预测报告的编写与规范性模板

进行市场调研，不论是专业预测机构还是企业自身的预测组织与预测人员都需要将预测过程和结果编写成预测报告呈给委托者或企业有关领导与部门。预测人员的辛苦、市场预测程序科学与否，预测结果精确与否都体现在市场预测报告之中，因此市场预测报告的编写是非常重要的。

一、撰写市场预测报告的原则

市场预测报告就是依据已掌握的有关市场的信息和资料，通过科学的方法分析进行研究，从而预测未来发展趋势的一种预见性报告。是在市场调研的基础上，综合调研的材料，用科学的方法估计和预测未来市场的趋势，从而为有关部门和企业提供信息，以改善经营管理，促使产销对路，提高经济效益。撰写市场预测报告必须遵循以下几个原则：

(1)针对性。首先，市场预测报告必须明确要解决什么问题；其次，市场预测报告必须有明确的读者对象。

(2)客观性。市场预测报告所引用的资料必须是真实的、客观的，而不是虚假的、歪曲的；也必须是具体的，而不是抽象的、笼统的。

(3)准确性。要写好市场预测报告，不但要说明现状，而且还要准确预测未来的发展趋势。准确性的基础是客观性，要对未来的预测做出准确的判断，要表明市场预测的结果是准确可靠的。

(4)时效性。市场预测是为企业或机构决策服务的，它应在决策之前完成。也就是说要讲究时间效果，如果错过了时机，就失去了它的价值，或造成不可弥补的损失。

(5)可行性。预测并不是目的，预测归根到底是为决策服务的。因此，作为市场预测报告的撰写者，应对该预测结果将会发生什么影响，应采取什么对策、措施提出自己的意见和建议，这些意见和建议要切实可行，切忌抽象笼统，便于企业作为决策的依据和参考。

二、市场预测报告的编写

(一)拟定写作提纲

市场预测报告的写作如同文章的写作一样，需要首先拟定写作提纲。市场预测报告的写作提纲拟定，没有固定不变的模式。但常用的有两种方法：一是标题法，即按一级标题、二级标题、三级标题和四级标题等的形式，将内容分层排列。这是一种常用的写作提纲形式，其特点是主题突出，层次清晰，结构严密。二是句子法，即用句子的形式，把所要论述的中心内容概括地表达出来。这种提纲形式的特点是内容明确，表述完整。究竟采用何种方法，要根据预测报告的具体内容和写作者的习惯而定。但不管采用哪种方法，都要以能充分表达预测的主题为原则。

(二)市场预测报告各部分的写作

1. 市场预测报告的标题

市场预测报告的标题根据预测的对象、内容和范围的不同，可有以下写法：一种是由“单位或地区名称”、“时间”、“内容”与“文种”组成，如《××县 2010—2015 年奶牛业发展预测报告》；另一种是由“内容”和“文种”组成，如《空调消费趋势预测报告》、《我国钢材市场预测报告》。此外，有时也可省略“报告”的字样，或有正副两个标题，如《国内电冰箱市场预测》、《小电器市场热销，大件电器需求减弱——近期电器市场形势预测》。

2. 市场预测报告的正文

通常由现状、预测、建议三部分组成，而且以预测为重点。

(1)现状。预测报告的现状部分主要介绍预测的目的、背景和所用的调研信息。这是预测的基础，因为任何预测都是从现状看未来，因此，报告正文的第一部分应是交代现状。要把握现状，就要根据企业生产经营的范围，对市场进行广泛深入的调研，搜集预测对象的各种相关数据资料，把这部分内容综合起来，采用夹叙夹议的手法，置于报告的开头。如《国内家电市场预测报告》正文的现状即开端部分是这样写的：

进入21世纪，家电市场出现供大于求的现象，原因如下：

①生产和进口出现失控现象。

②产品品种结构不合理也造成供过于求。

③收入水平低的用户占较大比重．是限制家电消费的重要因素。……

又如《我国电池产销预测报告》的开端部分，对现状的表述是：

近些年来，我国电池生产取得了较大的发展。到目前全国生产电池的工厂已达×××家，年产量××亿只，品种也从锌、锰单一品种扩大为锌银、镁铜、镁银、镉镍和锌空等50多个品种。目前，由于各地新上马较多，产量增长幅度较大，全国电池产销从总量上说已处于饱和状态。

从以上两例看出，交代现状的基本手法是边叙边议，重点在于找出问题、指明矛盾，为下一步转入分析预测打下基础。

(2)预测。预测是对市场的发展趋势作出明确的分析推断，这是全文的重心所在。主要包括预测运用的方法，运用该方法的原因，预测过程和预测结果。这一部分由于预测的对象和方法不同，其写法也不尽相同。凡采用定性预测分析方法的，由于它是预测者依据个人的经验和分析能力，通过对影响市场变化的各种因素的分析、判断、推理来预测市场未来的发展变化，所以，在写法上比较直接、简明、集中，多采用单一层次、一气呵成的写法，把判定性质、预测基本方向作为主要目的，侧重于结果，而对预测过程则轻描淡写。如“干电池的发展前景，取决于国内消费水平和出口状况。从国内市场分析，主要用于半导体收音机、手电筒和儿童玩具。进出口方面，世界市场电池进出口贸易不断上升．我国出口额甚小……。可见，扩大出口颇有潜力。”这是《我国电池产销预测报告》正文第二部分即分析预测部分的写法，由于是定性分析，所以表现为文字集中、单刀直入。

凡采用定量预测分析方法的，由于是根据大量统计资料，运用一定的数学方法进行运算，以从中揭示有关变化之间的规律联系，所以在写作上表现为不仅要结果，且要有推算过程，故多采用层层递进的形式，可以按时间序列一层一层地表述，也可用先讲结果后讲原因的方式来写作。

(3)建议。建议是在分析预测基础上，有针对性地提出改进生产经营的意见、建议和措施。在写作上一般是采取分条列项的方法，一条一条地表述，条与条属平行的并列关系，在内容上切忌你中有我、我中有你。

3. 结尾

凡有前言的预测报告，结尾一般要与开头相照应，或归结全文，以深化主题，或重申观点，以加深认识。如无前言，则大都是由署名和成文日期作结尾，用于报刊发表的，要把署名置于标题之下的正中位置。

(三)撰写市场预测报告时应注意的几个问题

1. 准确判断市场预测的对象和目的

市场经济活动千变万化,市场现象错综复杂,预测一种单一的经济对象往往就要涉及多个方面,头绪繁杂。因此在撰写时,要根据需要,确定预测的对象、范围、时间和目标及预测涉及的主要方面,集中材料分析说明关键性的问题。明确通过预测要达到什么目的、解决什么问题,这不仅是预测的前提,也是撰写市场预测报告的前提。

2. 明确市场预测报告的阅读对象

市场预测报告的阅读对象不同,他们的要求和所关心问题的侧重点也不同。比如若预测报告的阅读者是企业的决策者,那么他主要关心的是市场预测的结论和建议部分,而不是大量的数字分析和复杂的预测过程等,对于这样的阅读对象,则在撰写时就需要重点突出预测结论和建议,而简写预测过程。但是如果阅读的对象是市场研究人员,他所需要了解的是这些预测结论是怎么得来的,是否科学、合理,那么,他更关心的就是预测所采用的方式、方法,数据的来源等方面的问题,则需要描写详细的预测方法与过程。另外,预测报告是否使用专用术语也要根据阅读对象而定,如果预测报告的阅读对象是专业人士,当然应该尽可能多地使用专业术语,否则就必须避免使用专业术语。

3. 科学使用数据,表达规范、统一

使用数据应注意精确、典型、科学、规范。准确而典型的数据资料在分析论证中最具代表性和说服力,它能够透过复杂的现象把预测对象发展趋势的规律性令人信服地提示出来,这是市场预测报告取信于读者的关键。

4. 材料与主题要构成有机联系

材料与主题是有机的结合体。要使预测报告更具可信度与说服力,应注意言之有理,持之有据,材料是主题的有力论据,主题是材料的合理推断,是材料的统帅。

5. 在市场预测报告中有时应考虑包含对预测精度的分析

在我们采用定量预测方法(如计量经济学方法)进行预测时,由于如下原因,误差是难免的:模型本身的不精确性,模型是社会经济现象的高度抽象和简化,因此它总要忽略某些因素的影响,这种简化必然造成计量经济模型某种程度的不精确性;模型估计时所用数据的不精确性;估计方法的不精确性或偏误,必然会引起误差;在外生变量预测中以及附加因素中存在的误差;同预测结果进行比较的实际数据也有可能存在着不精确性。当然,某些误差也能互相抵消,在预测结果上导致虚假的精确度。

因此,在撰写预测报告时还应考虑进行预测精度的分析。

6. 在市场预测报告中可配合必要的图表

图表包括统计表和统计图,两者都具有简明、集中、直观、概括及醒目的特点。在市场预测报告中,适当地采用图表,可以使读者一目了然地把握事物总体面貌,增强市场预测报告的吸引力和说服力。

7. 要正确运用引用

在市场预测报告的写作中,为了增强论证的逻辑力量,经常要引用一些典型的、有价值的文献资料,从不同的角度、不同的侧面或层次上来证明作者的观点,这是市场预测报告写作中经常使用的方法。适当地引用别人的观点、权威理论家的观点或一些政策条文,对于证明自己

的观点会有事半功倍的作用。但引用要适度，不是越多越好，不能让引用内容掩盖作者的主张和看法，给读者似曾相识的感觉。

引用时需要注意的问题：一是作者必须对所引观点或语言的原文有深刻的理解，避免断章取义，避免有意无意地曲解原文，尤其是要注意不能采取置原文的整体意见于不顾，只截取与自己的观点相吻合的部分写进文章的做法；二是引用时要考虑读者的接受基础，即读者能否顺利地理解原文的意思。

在阐述和说明时，要明确区分引文的原意和作者对引文的解说，同时要明确表示作者个人对引文的态度，使读者清楚地看出哪些是引文的观点，哪些是作者的主张。

8. 加注

加注主要用于篇幅较长、理论性较强的市场预测报告，其作用在于对引文和出处、文章中的图表及专业性较强的词语等加以标注或说明。加注的形式主要有段中注、脚注、章节附注和尾注 4 种。

三、市场预测报告的规范性模板

我们认为市场预测报告应该按照规范性模板进行编写。市场预测报告的规范性模板如表 12.3 所示。

表 12.3　市场预测报告规范性模板

（封面） 标题： 预测者：（委托公司名称或具体参与预测的人员） 预测时间： （目录）（一般 5 页以上的预测报告就应该有目录） （正文） 第一，我们进行此次预测的目的是： …… 第二，我们进行此次预测的背景是： …… 第三，我们进行预测运用的方法及原因是： …… 第四，我们此次预测运用了以下调研信息： …… 第五，我们的预测过程如下： …… 第六，我们的预测结果是： …… 第七，根据预测结果我们有如下建议： …… （结尾） 总之…… （附录：专有名词的解释、一些数据图表等）

撰写预测报告时，对于规范性模板中的正文部分，可以将第一、二、三部分整合在一起，将第四、五两部分整合在一起，将第六、七两部分整合在一起。但是不论怎样整合，这7个方面的内容都不可少，否则预测报告的结构不完整、内容不全面、格式不规范，会给预测报告的阅读者造成困扰，使决策产生失误。当然对于规范性模板正文中的各部分描写的侧重点则可以视该次市场预测的目的和此预测报告的阅读对象而定。

典型案例

某地区未来3年的行业发展预测

某地区近年来产业发展格局已出现明显变化，一方面电子通信产业等高新技术产业增长速度一直稳居各行业首位，成为经济增长的主要带动力量；另一方面产业增长的均衡程度明显提高，说明经济增长的内在动力正在形成。

在今后3年内，以下行业的发展更应引起我们的关注和重视。

首先仍然是电子通信产业。目前，国家已经将推进国民经济和社会信息化作为未来5年至10年的中心任务之一，这将为信息产业的高速发展带来巨大的机会。预计今后3年中，电子及通信产品制造业增长速度仍将保持在24%以上的水平，其中投资产品（通信设备、计算机等）年均增长速度要达到40%以上，配套电子元器件平均增长速度达到22%，手机、PDA等消费类产品平均增长速度达到18%。

其次是汽车工业。从需求角度看，一方面随着经济的发展，社会对交通运输业提出了更高的要求，客、货汽车以及轿车的需求量增加，特别是轿车进入家庭消费后，市场需求将会持续增长。预计今后3年，该地区汽车工业的增长速度将保持在28%以上的较高水平，并形成以××集团、××公司为核心的汽车生产营销基地。

第三是建筑与房地产业。一方面以××新区为代表的一大批国家和地区的重点骨干工程的兴建，对建筑业在数量和质量上都提出了新的要求，这将继续拉动建筑业快速增长；另一方面随着人民生活水平的提高，消费热点将转到改善居住条件上，××××年要实现城镇人均10平方米居住面积（或人均15平方米使用面积）的小康目标，该地区将兴建约500万平方米的城镇住宅和250万平方米的农村住宅，改造80万平方米城镇住宅和农村住宅，这些都将形成对房地产业的巨大需求。预计今后3年中，该地区的房地产业增长速度会持续保持在5%以上。

第四是电信服务业。该行业增长的根本动因与电子及通信产品制造业基本相似。今后3年，电信服务业仍会以高于20%的速度增长，并成为第三产业增长的主要带动力量。预计××××年，电信业业务总量将达96 000万元，电信业务总收入达55亿元。市场规模预计会比目前翻一番，固定电话网和移动电话网的规模容量将双双跃居全国第一。

第五是机械工业。机械工业是国民经济的装备工业，是为国民经济各部门提供现代生产手段的唯一部门，国民经济各部门的扩张和发展都要求机械工业提供相应的设备作为中间投入，并要求机械工业在一定程度上超前发展。预计今后3年该地区机械工业发展速度将明显提高，增长速度将以每年约3个百分点的速度提高。

第六是旅游业。首先是旅游市场潜力巨大。一方面，居民收入水平的提高会推动国内旅游需求以更高的速度增长；另一方面，随着世界经济贸易的进一步回升，国际客源进一步增长。该地区具有得天独厚的旅游资源，开发潜力很大。预计今后3年中，旅游业增长速度将保持在18％以上，旅游业将成为该地区新的经济增长点。

同以上行业相比，有色金属、钢铁、煤炭、石化工业、电力等能源工业和基础工业将保持相对平稳的增长态势。其中石化行业受国际原油价格不稳定性和我国加入世贸组织影响，预计今后3年的发展速度将不会高于目前。化学工业将以生产和产品结构调整为主，精细化工和为支柱产业配套的产品增长速度将有所加快。电力行业××××年以来的高速增长带有较强的恢复性质，预计今后增长速度将与经济增长速度保持0.7～0.8的比例关系，实现适度快速增长。钢铁行业和有色金属行业的增长前景不容乐观，煤炭行业全行业供大于求的根本格局没有改变。

上海市××资讯有限公司

××××年××月×日

（资料来源：本文由作者根据相关网络资料改写，原文见 http://wenku.baidu.com）

案例讨论题：案例中的预测报告是否规范、科学？为什么？

实训题

（1）为预测你最适合的工作选择恰当的预测方法，并进行预测，再撰写一份关于你最适合工作的预测报告。

（2）根据第九章第三实训题的预测撰写一份科学规范的预测报告。

附录 A　相关系数表

$n-2$ \ α	5%	1%	$n-2$ \ α	5%	1%	$n-2$ \ α	5%	1%
1	0.997	1.000	16	0.468	0.590	35	0.325	0.418
2	0.950	0.990	17	0.456	0.575	40	0.304	0.393
3	0.878	0.959	18	0.444	0.561	45	0.288	0.372
4	0.811	0.917	19	0.433	0.549	50	0.273	0.354
5	0.754	0.874	20	0.423	0.537	60	0.250	0.325
6	0.707	0.834	21	0.413	0.526	70	0.232	0.302
7	0.666	0.798	22	0.404	0.515	80	0.217	0.283
8	0.632	0.765	23	0.396	0.505	90	0.205	0.267
9	0.602	0.735	24	0.388	0.496	100	0.195	0.254
10	0.576	0.708	25	0.381	0.487	125	0.174	0.228
11	0.553	0.684	26	0.374	0.478	150	0.159	0.208
12	0.532	0.661	27	0.367	0.470	200	0.138	0.181
13	0.514	0.641	28	0.361	0.463	300	0.113	0.148
14	0.497	0.623	29	0.355	0.456	400	0.098	0.128
15	0.482	0.606	30	0.349	0.449	1000	0.062	0.081

附录 B　F 分布表($\alpha=0.05$)

n_2 \ n_1	1	2	3	4	5	6	7	8	12	24	∞
1	161.4	199.5	215.7	224.6	230.2	234.0	263.8	238.9	243.9	249.1	254.3
2	18.5	19.0	19.2	19.2	19.3	19.3	19.4	19.4	19.4	19.5	19.5
3	10.1	9.55	9.28	9.12	9.01	8.94	8.89	8.85	8.74	8.64	8.53
4	7.71	6.94	6.59	6.39	6.26	6.16	6.09	6.04	5.91	5.77	5.63
5	6.61	5.97	5.41	5.19	5.05	4.95	4.88	4.82	4.68	4.53	4.36
6	5.99	5.14	4.76	4.53	4.39	4.28	4.21	4.15	4.00	3.84	3.67
7	5.59	4.74	4.35	4.12	3.97	3.87	3.79	3.73	3.57	3.41	3.23
8	5.32	4.46	4.07	3.84	3.69	3.58	3.50	3.44	3.28	3.12	2.93
9	5.12	4.26	3.86	3.63	3.48	3.37	3.29	3.23	3.07	2.90	2.71
10	4.96	4.10	3.71	3.48	3.32	3.22	3.14	3.07	2.91	2.74	2.54
11	4.84	3.98	3.59	3.36	3.20	3.09	3.01	2.95	2.79	2.61	2.40
12	4.75	3.89	3.49	3.26	3.11	3.00	2.91	2.85	2.69	2.51	2.30
13	4.67	3.81	3.41	3.18	3.03	2.92	2.83	2.77	2.60	2.42	2.21
14	4.60	3.74	3.34	3.11	2.96	2.85	2.76	2.70	2.53	2.35	2.13
15	5.54	3.68	3.29	3.06	2.90	2.79	2.71	2.64	2.48	2.29	2.07
16	4.49	3.63	3.24	3.10	2.85	2.74	2.66	2.59	2.42	2.24	2.01
17	4.45	3.59	3.20	2.96	2.812.77	2.70	2.61	2.55	2.38	2.19	1.96
18	4.41	3.55	3.16	2.93	2.74	2.66	2.58	2.51	2.34	2.15	1.92
19	4.38	3.52	3.13	2.90	2.71	2.63	2.54	2.48	2.31	2.11	1.88
20	4.35	3.49	3.10	2.87	2.68	2.60	2.51	2.45	2.28	2.08	1.84
21	4.32	3.47	3.07	2.84	2.66	2.57	2.49	2.42	2.25	2.05	1.81
22	4.30	3.44	3.05	2.82	2.64	2.55	2.46	2.40	2.23	2.03	1.78
23	4.28	3.42	3.03	2.80	2.62	2.53	2.44	2.37	2.20	2.01	1.76
24	4.26	3.40	3.01	2.78	2.60	2.51	2.42	2.36	2.18	1.98	1.73
25	4.24	3.39	2.99	2.76	2.59	2.49	2.40	2.34	2.16	1.96	1.71
26	4.23	3.37	2.98	2.74	2.57	2.47	2.39	2.32	2.15	1.95	1.69
27	4.21	3.35	2.96	2.73	2.56	2.46	2.37	2.31	2.13	1.93	1.67
28	4.20	3.34	2.95	2.71	2.55	2.45	2.36	2.29	2.12	1.91	1.65
29	4.18	3.33	2.93	2.70	2.53	2.43	2.35	2.28	2.10	1.90	1.64
30	4.17	3.32	2.92	2.69	2.45	2.42	2.33	2.27	2.09	1.89	1.62
40	4.08	3.23	2.84	2.61	2.37	2.34	2.25	2.18	2.00	1.79	1.51
60	4.00	3.15	2.76	2.53	2.29	2.25	2.17	2.10	1.92	1.70	1.39
120	3.92	3.07	2.68	2.45	2.21	2.17	2.09	2.02	1.83	1.61	1.25
∞	3.84	3.00	2.60	2.37		2.10	2.01	1.94	1.75	1.52	1.00

注：n_1是分子自由度，n_2是分母自由度。

附录C　t分布表

$n-k$ \ α	0.10	0.05	0.01	$n-k$ \ α	0.10	0.05	0.01
1	6.314	12.706	63.657	18	1.734	2.101	2.878
2	2.920	4.304	9.925	19	1.729	2.093	2.861
3	2.353	3.182	5.481	20	1.725	2.086	2.845
4	2.132	2.776	4.604	21	1.721	2.080	2.831
5	2.015	2.571	4.032	22	1.717	2.074	2.819
6	1.943	2.447	3.707	23	1.714	2.069	2.807
7	1.895	2.365	3.499	24	1.711	2.064	2.797
8	1.860	2.306	3.355	25	1.708	2.060	2.787
9	1.833	2.626	3.250	26	1.706	2.056	2.779
10	1.812	2.228	3.169	27	1.703	2.052	2.771
11	1.796	2.201	3.106	28	1.701	2.048	2.763
12	1.782	2.179	3.055	29	1.699	2.045	2.756
13	1.771	2.160	3.012	30	1.697	2.042	2.750
14	1.761	2.145	2.977	40	1.684	2.021	2.704
15	1.753	2.131	2.947	60	1.672	2.000	2.660
16	1.746	2.120	2.921	120	1.658	1.980	2.617
17	1.740	2.110	2.898	∞	1.645	1.960	2.576

附录D　市场调研国际准则

ICC/ESOMAR 的关于市场和社会研究的国际准则的内容如下：

任何一部准则都不是万能的，它无法给所有可能发生的情况都提供一套全面完整的建议和规定。一旦出现疑义，应征求各方意见，同时遵循准则所倡导的传统做法。未经 ESOMAR 的正式授权，任何对准则应用的变更都是不允许的。

在有些国家，当地的立法或专业机构制定了一些特殊规定，这些规定可能会与准则不符。在当地实施研究时，应优先考虑当地的特殊规定。这种做法还适用于其他国家的研究者或客户在有特殊规定的国家从事市场研究的情况。关于这方面的信息，各国的专业协会可负责提供。

任何从事市场研究的个人永远有责任确保其所在公司的其他市场研究人员意识到、并准确理解了准则的内容。他们必须尽力保证其所在的整个机构服从准则的规定。

对国际准则的接受是成为 ESOMAR 会员和认可该准则的其他国内外类似机构的会员的基本条件。这些会员还应熟悉 ESOMAR 为帮助准则的解释和应用所制定的其他细则和说明。

一、定义

(1)市场研究：是市场信息领域中的一个关键元素。它把消费者、顾客、公众与商家通过信息的形式联系在一起。这些信息用于判断市场营销中的机会和问题，制定、改进和评估营销活动，加深对营销过程的理解、对达成更有效的营销活动的途径的理解。

市场研究包括将相应问题所需的信息具体化；设计信息收集的方法；管理并实施数据收集过程；分析研究结果；得出结论并确定其含义。

市场研究包括定量研究、定性研究、媒介和广告研究、商业和工业研究、对少数民族和特殊群体的研究、民意调研以及桌面研究。

在这个准则之中市场研究一词也包含社会研究，即使用类似的方法和技术来研究与商品和服务的营销无关的问题。这些应用社会科学同样依赖经验研究的方法来研究和验证它们的假设，理解、预测社会内部的发展，并就此向政府、学术界或其他组织提供指导。

市场研究不同于其他形式的信息收集——信息提供者的身份是匿名的。数据库营销和其他将所接触的人的姓名、地址用于单独的销售、促销、资金筹措或其他非研究目的的任何活动，在任何情况下不得视为市场研究，因为后者是基于保留被访者匿名权的基础之上的。

(2)研究者：指任何个人、研究代理公司、组织、部门或分部。他们在市场研究项目之中作为顾问进行活动，或为此提供服务。

此概念还包括客户所在的机构中从事市场研究的部门。按此准则，与客户在这方面有关联的研究者同完全独立于客户的研究者，对客户的其他部门负有同样责任。

此概念也包含分包商在各工作环节应承担的责任，分包商负责的工作大致包括：数据收集或分析、打印、专业咨询等组成整个市场研究项目各个环节的工作。这种情况下，研究者必须保证任何分包商完全遵循准则规定的内容。

(3)客户：指对市场研究项目的整体或任何一部分提出需求、订购或委托他人研究的任何个人、组织、部门或分部（包括与研究者一样属于同一机构的部门）。

(4)被访者：指研究者为了特定市场研究项目可以从中寻求任何信息的任何个人或组织。此概念涉及通过如下途径获得信息的情形，包括：口头访问、邮寄和其他自填式问卷、机械或电子的设备、观察法和其他可记录或可跟踪被访者的方法。

(5)访问：指使用上述任何一种直接或间接地接触被访者的任何形式，目的是获取数据或信息，全部或部分地用于市场研究项目。

(6)记录：指任何与全部或部分的市场研究项目有关的项目说明书、研究方案、问卷、被访者资料、审核表、研究记录表、视听记录、数据报告或计算机打印的资料、电子数据处理盘或其他存储介质、公式、图表、报告等。它既包括客户做的记录，也包括研究者做的记录。

二、规则

1. 总则

(1)市场研究必须客观地执行，并与已有的科学原则一致。

(2)市场研究必须遵循研究项目所在国家的国内、国际法规。

2. 被访者的权利

(1)被访者在市场研究项目中的合作在任何阶段完全是自愿的。在要求被访者提供合作时，不允许误导被访者。

(2)被访者匿名权受到严格保护，经研究者要求，被访者同意将其个人资料提供给第三方，则必须告知被访者其个人资料将被提供给谁，和第三方索取资料的目的，以及研究者必须确保信息将不被用于任何非研究目的，并且信息的接受者已同意遵循这个准则的要求。

(3)研究者必须采取所有合适的预防措施，以确保被访者在参与一项市场研究后没有直接受到伤害或者受到负面的影响。

(4)研究者在访问儿童或年轻人的时候要特别注意，访问前要经过其父母或监护人的应允。

(5)如访问中使用观察方法或录音设备，应告知被访者（一般在访问的开始），除非这些方法运用于公共场所。如果被访者提出要求，则录音或其相关部分须销毁或删除。在使用这些方法时不得侵犯被访者的匿名权。

(6)被访者必须能够容易地检查研究者的身份和真实性。

3. 研究者的职责

(1)研究者不论是有意或是无意，都不能做出有损于市场研究行业的声誉或使公众丧失信心的举动。

(2)研究者对于其技能、经验或所在机构的其他情况不得做出不切实际的表述。

(3)研究者不得对其他研究者做出不公正的批评或污蔑。

(4)研究者必须不懈地努力，在节省费用并保证质量的前提下设计研究方案，征得客户同意后，按照合同的细则去实施研究。

(5)研究者必须保证对自己掌握的所有研究记录保密。

(6)在没有充分数据支持的情况下,研究者不能有意地散布从市场研究项目中得出的结论。研究者必须随时准备好必须的技术信息以评价其发布的市场研究结论的有效性。

(7)在从事市场研究工作时,研究者不得再承担随后的非研究活动,如:利用将被用于直接营销或促销活动的包括个人数据的数据库进行营销的活动。任何非研究活动,在其组织和实施的方式上,必须与市场研究活动明确地区分开来。

4. 研究者与客户的相互权利和职责

(1)这些权利与职责一般由研究者与客户之间签订的书面协议所约束。如果双方事先达成书面协议,则可以对下面的(4)~(8)条规则中提到的条款进行修改,但准则的其他规定不能用此方法进行更改。市场研究的实施必须参照一般意义上可被理解和接受的公平竞争的原则。

(2)研究者必须告知客户为其实施的项目是否与为其他客户实施的相同项目联合进行,但研究者不得泄露客户的身份。

(3)当项目的任何部分需要分包给研究者以外的机构(包括任何外来的顾问)时,研究者必须尽快事先通知客户。如果客户要求,必须向客户告知分包商的身份。

(4)在有关各方签署协议之前,客户没有独家使用研究者或其所在机构的服务的权力,不论这种使用是全部的还是部分的。在为不同客户提供服务时,无论如何,研究者必须努力避免可能出现的利益冲突。

(5)下列记录应视为客户的财产,在未经客户允许的情况下,研究者不得将其泄露给第三方。

①由客户提供的市场研究的研究说明,具体内容和其他信息。

②从市场研究项目中得到的数据及发现(除非是共享或多客户项目或服务,即同样的数据可提供给一个以上的客户)。

客户无权知道被访者的姓名及地址,除非研究者事先得到了被访者的明确许可。(本条款不得参阅第(1)条规定进行修改)

(6) 除非经过特别的许可,以下记录应视为研究者的财产:

①市场研究的方案和报价(除非已经由客户付款)。客户不得将研究者的方案和报价泄露给任何的第三方,除非是为客户的同一个项目工作的咨询机构(但作为研究者的竞争者出现的咨询机构除外)。特别要注意,上述方案和报价客户不能用于影响其他研究者的方案或报价。

②共享或多客户项目或服务的报告内容是指同样数据可提供给多个客户,并且参与方都明确理解报告结果可以公开销售或订购。客户在未经研究者许可的情况下,不能将这类研究发现提供或出售给其他组织机构(客户的业务活动中使用的咨询者或顾问除外)。

③所有其他由研究者编制的研究记录(客户已付费用的研究设计及问卷,以及非共享项目中提供给客户的报告除外)。

(7)研究者必须遵守现行的此行业的惯例,即在项目结束后一段时间内保留记录。在双方同意的记录保存期内,客户付出合理的相关费用后,根据客户的要求,研究者在不违背匿名权和保密条款的前提下,向客户提供上述记录的副本。

(8)研究者不得泄露客户的身份(如果没有法定的义务要求去做时),以及不得在没有客户许可的情况下向第三方泄露与客户业务有关的机密信息。

(9)只要客户要求和支付额外的费用,研究者必须允许客户对实地研究的质量及数据准备进行复核。此种复核必须符合保密条款的要求。

(10)研究者必须向客户提供所有为客户实施的任何项目的恰当的技术细节。

(11)在汇报市场研究项目的结果时,研究者必须对研究发现以及研究者对结论所做的解释和在此基础上提出的建议之间做出明确的区分。

(12)客户公布任何研究结论时,有责任确保这些结论不会误导。客户必须事先咨询研究者,并就公布的形式及内容征得他们的同意。研究者必须对研究及其研究结论中引起误导之处进行修正,并采取必要的措施。

(13)除非认为项目的所有方面都符合本准则的规定,研究者不允许用他们的名字作为项目的担保以证明这个项目的实施符合本准则的规定。

(14)研究者必须确保客户知道这一准则,而且需遵循本准则的规定。

5. 准则的执行

(1)有关该准则的任何疑问,及在具体问题上的应用,可向国际商会或欧洲民意和市场研究协会的国际秘书质询。

(2)任何明显地违反该准则的情况,如果仅限于某一个国家的活动,应当立即向那个国家的相应机构报告。相应国家的机构应对已经证明的违反该准则的情况进行调研并采取适当的行动,同时把结果通知给国际商会或欧洲民意和市场研究协会。

(3)下列情况下,明显地违反该准则的情况应直接报告给国际商会或欧洲民意和市场研究协会的秘书处:

①没有相应的国家机构。

②相应的国家机构不能采取行动,可让国际机构采取措施解决。

③不只涉及一个国家的国际性项目。

在适当情况下,上述国际组织应当对投诉进行研究,并采取可能被要求的进一步的措施。上述措施包括终止或收回相关行业或贸易组织的会员资格,并从相应组织的名单中剔除涉嫌违反该准则的会员名单。

(资料来源:本文由作者根据网络相关资料改写,原文见市场研究协会网,http://www.emarketing.net.cn)

参 考 文 献

[1] ZIKMUND G W. 营销调研精要[M]. 北京:清华大学出版社，2004.2.

[2] 丁玲．市场调研与预测[M]. 北京:中国铁道出版社．2011.8.

[3] 高微,冯花兰．市场营销调查与预测[M].3 版．北京:首都经济贸易大学出版社,2011.1.

[4] 赵伯庄,张梦霞．市场调研[M]. 北京:北京邮电出版社,2004.6.

[5] 王静．现代市场调查[M]. 北京:首都经济贸易大学出版社,2002.8.

[6] HANKE E J,REITSCH G A,WICHERN W D Business Forecasting[M]. 北京:清华大学出版社,2001.9.

[7] 百度文库.第四章 市场调研方式. http://wenku.baidu.com/view/ea9b8e3231126edb6f1a1091.html

[8] 百度文库.第 4 章 市场调研方式. http://wenku.baidu.com/view/f94bcf1e650e52ea55189809.html

[9] 百度文库. XX 产品线市场调研报告. http://wenku.baidu.com/view/4ea7a42dbd64783e09122b0c.html

[10] 百度文库. 天津市大学生笔记本电脑市场调研计划书. http://wenku.baidu.com/view/86a7568bcc22bcd126ff0c54.html

[11] 百度文库. 沃尔玛商圈调研报告. http://wenku.baidu.com/view/7b5fc094dd88d0d233d46ab0.html.

[12] 百度文库.第三章 时间序列分析法. http://wenku.baidu.com/view/626eb587e53a580216fcfe7f.html

[13] 百度文库. 第 11 讲 时间序列预测法. http://wenku.baidu.com/view/17fedac8050876323112124a.html.

[14] 百度文库. 第八章 因果分析法. http://wenku.baidu.com/view/df3b88f31693daef5ef73d94.html.

[15] 百度文库.第十二章_回归分析预测法. http://wenku.baidu.com/view/f8c34d4d2e3f5727a5e962f3.html。

[16] 百度文库. 第十章 相关回归分析预测法. http://wenku.baidu.com/view/05cc814bc850ad02de80416b.html.

[17] 魏振军. 抽样调研方法介绍(四)[J].统计教育,2010(11).

[18] 静恩英. 调查问卷设计的程序及注意问题[J]. 湖北民族学院学报:哲学社会科学版，2009(6).

[19] 王西存.分层按构成比系统整群随机抽样法[J]. 中国卫生统计,2006.12(23).

[20] 贺建风，刘建平. 基于双重抽样框的二阶段抽样调研方法研究[J]. 统计与信息论坛. 2011(5).

[21] 余建华. 两种不同类型的网络调查:网络调查优缺点的再认识[J]. 情报杂志. 2011(9).

[22] 郭书生.一道习题的模拟对话[J]. 中学生数理化·教与学. 2011(3).

[23] 杨汉东. 市场调研报告撰写中的几个关键环节[J]. 秘书. 2011(4).

[24] 孟勤宪,黄涛. 二次指数平滑法的成都市餐厨垃圾产量预测[J]. 四川环境. 2010(8).
[25] 肖新. 新产品试销的方法与操作[J]. 企业改革与管理. 2008(12)
[26] 张家文. 关于网络调查研究方法的思考[J]. 鄂州大学学报 2010(1).
[27] 杨宗英,陈晓丽. 扩散指数法在石油企业景气预测中的应用[J]. 当代经济,2007 (5).
[28] 李升才、王毅恒,类比预测法在城市群体建筑物震害预测中的应用[J]. 地震工程与工程振动,2011(10).
[29] 薛艳丽. 市场预测报告及其写作[J]. 秘书. 2009(11)
[30] 汪彩玲. 提高网络调查结果可靠性的措施研究[J]. 统计与咨询,2011(1).
[31] 廖彬杉. 网络调查的问题及解决方法[J]. 致富时代,2011(1).
[32] 刘笑兵,张姝. 移动平均法在毒品情报分析中的应用[J]. 情报探索, 2009 (10).
[33] 张宝忠. 怎样撰写市场预测报告[J]. 秘书工作. 2004(2).
[34] 曾允萱,蔡旭娜. 基于时间序列分析法的医院月门诊量预测模型[J]. 中国医药统计,2009(12).
[35] 韦滢坤. 我国城镇居民消费水平的分析与预测[J]. 价格月刊,2011(3).
[36] 朱印岗,余斌,黄朝华. 线性回归分析法在新疆煤炭煤电煤化工人才需求预测中的应用[J]. 企业导报,2011(11).
[37] 许王峰. 一元线性回归模型在水电自供区年供电量预测中的应用[J]. 小水电,2011(2).
[38] 何舒华,何霭琳. 指数平滑法初始值计算与平滑系数选取的新方法[J]. 广州大学学报:自然科学版, 2011(4).
[39] 张久祥,何旭东,唐岩,等. 指数平滑法在边坡变形预测中的应用[J]. 内蒙古草业,2011(6).
[40] 大学生消费情况调查方案. http://www. worlduc. com/blog2012. aspx? bid=541443
[41] 第三章 市场调研方法之二:观察法. http://www. 5doc. com/doc/229915
[42] 市场直接调查方法之二:观察法的构成. http://www. chinavalue. net/Biz/Article/2007-2-4/55980. html
[43] 中国市场研究网. www. cmrn. com. cn
[44] 市场研究信息网. www. 3see. com3SEE
[45] 中国市场营销网. http://www. ecm. com. cn/
[46] 中国报告大厅市场研究报告. www. chinabgao. com
[47] 中国信息协会市场研究分会. www. cmra. org. cn
[48] 网上市场研究论文:网上调查的理论与技术初探. www. whueb. com/NetMarket/Market/R4. htm
[49] 中国工业企业与市场调研系统. www. bfzh. com. cn
[50] 中国营销传播网. http://www. emkt. com. cn/
[51] 拓索市场咨询(北京)有限公司. http://www. marketprobe. com. cn/News/dczx. asp?id=35
[52] 上咨市场咨询公司. http://www. sicc-mc. com/research/researchContent1. asp